域外知识产权烽火之
中国企业故事

精选60例纠纷案件深度剖析与启示借鉴

李晓飞　王　璐◎主　编
刘迷迷　韩　冰◎副主编

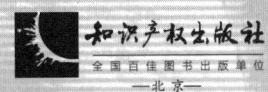

知识产权出版社
全国百佳图书出版单位
—北京—

图书在版编目（CIP）数据

域外知识产权烽火之中国企业故事：精选60例纠纷案件深度剖析与启示借鉴／李晓飞，王璐主编；刘迷迷，韩冰副主编． -- 北京：知识产权出版社，2025.8.

ISBN 978-7-5245-0057-5

Ⅰ．D923.404

中国国家版本馆 CIP 数据核字第 20255LD086 号

内容提要

本书精选并深度解析 60 个中国企业在海外面临的知识产权纠纷案例，涉及美国、欧洲、亚洲等多个国家和地区，全面展现了中国企业在全球化进程中遇到的知识产权挑战。本书不仅详细描述了每个案例的背景、经过和结果，而且深入剖析了纠纷产生的根源和企业在应对过程中的得失。通过这些深度剖析，读者可以了解中国企业在海外知识产权维权方面的艰辛与智慧，以及如何在不同法律和文化背景下制定有效的应对策略。此外，本书还总结了中国企业在海外知识产权纠纷中的经验教训，可以为拓展海外市场的中国企业提供启示和借鉴。

责任编辑：	王玉茂　章鹿野	责任校对：	谷　洋
封面设计：	杨杨工作室·张　冀	责任印制：	刘译文

域外知识产权烽火之中国企业故事
——精选 60 例纠纷案件深度剖析与启示借鉴

李晓飞　王　璐　主　编

刘迷迷　韩　冰　副主编

出版发行：	知识产权出版社有限责任公司	网　　址：	http：//www.ipph.cn
社　　址：	北京市海淀区气象路 50 号院	邮　　编：	100081
责编电话：	010-82000860 转 8541	责编邮箱：	wangyumao@cnipr.com
发行电话：	010-82000860 转 8101/8102	发行传真：	010-82000893/82005070/82000270
印　　刷：	三河市国英印务有限公司	经　　销：	新华书店、各大网上书店及相关专业书店
开　　本：	787mm×1092mm　1/16	印　　张：	30.75
版　　次：	2025 年 8 月第 1 版	印　　次：	2025 年 8 月第 1 次印刷
字　　数：	615 千字	定　　价：	180.00 元

ISBN 978-7-5245-0057-5

出版权专有　侵权必究

如有印装质量问题，本社负责调换。

编委会

主　编：李晓飞　王　璐
副主编：刘迷迷　韩　冰
编　委：夏文慧　诸　琳　顾　娟　蒋　燕
　　　　俞梦韵　陆　敏　李　珏　赵靓亮
　　　　谢　静　王煦莹　丁　超　徐　红

序　言

三十余载知识产权的工作，让我亲眼见证了中国企业出海闯荡的酸甜苦辣。中国企业出海之路，总与知识产权的涛声相伴。这些故事，像一部跌宕起伏的商战大片，有挫折，有反击，也有成长。

回忆往昔，我们初见国际规则时的生涩犹在眼前：彼时中国企业以手握"物美价廉"的自信去叩开世界之门，却未料到技术标准与法律壁垒构筑的铜墙铁壁如此森严。那些因一枚商标的疏忽痛失市场的叹息，因专利布局的空白被诉诸法庭的辗转，因文化隔阂陷入商业秘密迷局的困顿，都曾如重锤般敲击着产业界的神经。这些故事里，有企业折戟沉沙的凛冽教训，亦有绝处逢生的智慧火光，它们共同编织成一部厚重的启示录——全球化从来不是简单的市场叠加，而是规则体系的深层对话。

若将知识产权比作没有硝烟的战场，中国企业已从最初的"被动防御"走向"主动布阵"。书中 60 个故事，恰似 60 面棱镜，折射出不同维度的生存法则：从遭遇美国 337 调查时的仓促应战，到建立全球专利预警体系的未雨绸缪；从被诉侵权时的措手不及，到以自主创新反制专利围剿的锋芒渐露；从对国际规则雾里看花的迷茫，到娴熟运用各国法律差异构建防线的从容。每一次跌倒与站起，都在重塑中国企业对"规则"二字的理解——它不再是束缚手脚的枷锁，而是丈量创新价值的标尺。

掩卷之际，恍见敦煌壁画的商队穿越时光的风沙，与今日中国创新技术出口跨越洲际的身影重叠。千年前驼铃声响处，是丝绸与瓷器跨越文明的对话；千年后，技术的星辰在知识产权构筑的轨道上流转生辉。丝绸之路上，驼铃与集装箱轰鸣交响；规则的疆域中，对抗与和解交替上演。

书中的 60 个故事，既是警示的烽火台，亦是启程的灯塔。谨以这 60 个故事为薪，愿照亮后来者脚下的长路——毕竟，知识产权的博弈永无终局，唯敬畏规则者才能行稳，唯拥抱创新者才能致远。

2025 年 5 月 23 日

目 录

337 调查篇

1 美国 337 调查之百日程序 ·· 003
2 美国 337 调查之"国内产业"要求 ································ 012
3 美国 337 调查之马克曼听证 ······································· 018
4 美国 337 调查之修改程序 ·· 029
5 美国 337 调查之证据开示及专利不可执行 ······················ 039
6 美国 337 调查之不正当行为对专利行使的影响 ················ 045
7 美国 337 调查之全局应对策略 ···································· 052
8 美国 337 调查应对策略之不侵权抗辩 ···························· 060

专利侵权诉讼篇

9 美国电商平台侵权之限制令与禁令 ······························· 069
10 美国方法专利侵权诉讼之举证责任分配 ························· 077
11 美国专利侵权之"禁反言"原则 ·································· 083
12 美国知识产权侵权诉讼之陪审团制度 ···························· 088
13 美国专利侵权诉讼之应诉策略 ···································· 098
14 美国专利侵权诉讼中消极应诉之影响 ···························· 0105

15	欧盟专利侵权诉讼之欧洲统一专利法院	113
16	荷兰专利侵权诉讼之权利要求解释的认定	123
17	荷兰外观设计侵权诉讼之注册共同体外观设计宽限期	131
18	德国专利侵权诉讼之临时禁令制度	141
19	德国专利侵权诉讼之侵权认定	148
20	德国专利侵权诉讼之企业上市期间遭遇诉讼的应对策略	155
21	日本侵权诉讼之赔偿额认定及对应策略	165
22	日本外观设计专利侵权诉讼之在先使用	174
23	印度专利侵权诉讼之专家证据	182
24	越南专利侵权诉讼之知识产权评估	190

专利确权篇

25	美国多方复审程序之自由裁量权	199
26	美国仿制药专利挑战之应对策略	207
27	欧洲专利异议程序之补充实验数据的相关规定	216
28	欧洲专利异议程序之要点分析	223
29	欧盟外观设计专利之无效程序	229
30	欧盟外观设计专利无效之网络证据运用	237
31	日本专利无效之策略性使用	248
32	韩国专利保护范围之确认程序	260
33	韩国专利授权后程序之更正程序	268

商标侵权诉讼篇

| 34 | 美国商标侵权诉讼之赔偿额的计算 | 279 |

35	荷兰商标侵权诉讼之平行进口商品的侵权认定	288
36	德国商标侵权诉讼之商标侵权风险	298
37	韩国商标侵权及不正当竞争诉讼之要点	304
38	印度商标侵权诉讼之使用在先原则	310
39	越南商标刑事诉讼之侵犯工业产权罪	318

商标注册申请篇

40	美国商标注册申请之申请基础	327
41	美国商标注册申请之驳回应对	333
42	欧盟商标注册申请之显著性审查	340
43	日本商标注册申请之驳回理由通知书的应对	346
44	韩国商标注册申请驳回相关诉讼之前期检索和应对	352
45	印度商标注册申请之驳回应对	358

商标异议及无效篇

46	欧盟商标异议和上诉以及与诉讼之商标冲突判断	367
47	欧盟商标无效宣告后续诉讼之混淆可能性的判断	376
48	英国商标异议和无效宣告合并审理之异议主要基础	382
49	英国商标无效宣告之主要基础和程序	390
50	日本商标异议程序之特点	397
51	日本商标无效行政诉讼之恶意认定标准	404
52	韩国商标无效宣告后续诉讼之商标近似审查	412
53	菲律宾商标异议后续诉讼之要点分析	418

著作权及其他篇

54 美国著作权侵权诉讼之"长臂管辖"规则 …………………… 427

55 美国软件著作权侵权纠纷之禁令制度 ……………………… 436

56 美国软件著作权侵权诉讼对企业上市之影响 ……………… 446

57 越南软件著作权侵权诉讼之应对策略 ……………………… 455

58 美国合同纠纷之仲裁条款的应用 …………………………… 461

59 美国商业秘密侵权应诉策略之反诉 ………………………… 469

60 荷兰不正当竞争案之"奴隶式模仿"的认定 ……………… 475

337 调查篇

1

美国 337 调查之百日程序

该案涉及美国 337 调查的百日程序（100 – day proceeding）。涉案当事人分别为投诉方（专利权人）美国 VW 公司等，和被投诉方中国江阴 HC 公司、潜江 YA 公司、黄冈 FC 公司（湖北 YD 公司的全资子公司）以及这 3 家企业的数十家下游经销商。

该案涉及美国 VW 公司的 3 件美国发明专利 US9573890B2、US9745258B1 和 US10040755B2。上述 3 件发明专利均涉及牛磺酸的生产工艺。具体信息如表 1 所示。

表 1 涉案专利信息

公告号	发明名称	授权日期
US9573890B2	牛磺酸生产工艺（process for producing taurine）	2017 年 2 月 21 日
US9745258B1	生产牛磺酸循环工艺（cyclic process for producing taurine）	2017 年 8 月 29 日
US10040755B2	碱牛磺酸生产工艺（process for producing alkali taurinate）	2018 年 8 月 7 日

一、案情介绍

2019 年 1 月 31 日，美国 VW 公司等投诉方根据美国 1930 年关税法第 337 节（以下简称"337 条款"）的规定向美国国际贸易委员会（U. S. International Trade Commission，ITC）提出申请，主张向美国进口，或为了进口至美国销售，或在进口之后销售的特定牛磺酸产品❶侵犯了其专利权，请求美国 ITC 发布有限排除令（limited exclusion order，LEO）和禁止令（cease and desist order，CDO）。

2019 年 2 月 14 日，中国江阴 HC 公司、湖北 YD 公司、潜江 YA 公司等被投诉方向美国 ITC 请求启动百日程序，主张美国 VW 公司声称的"国内产业"主要是围绕胡博士（Dr. Hu）的个人活动及实验，且无法提供可信的证据支持其"国内产

---

❶ 牛磺酸（2 –氨基乙磺酸），英文名称为 Taurine（2 – Aminoethanesulfonic Acid）。

业"情况,不满足337调查的"国内产业"(domestic industry)要件。如果美国ITC启动百日程序,可以尽快调查有关"国内产业"要件的经济要素(economicprong)。

2019年2月28日,美国ITC同意对特定牛磺酸及其生产方法、制备方法以及含有该化合物的产品启动337调查,并同意启动被投诉方请求的百日程序。❶

2019年3月28日,美国ITC发布了百日程序调查时间安排表,涉及2019年4月3日至6月14日的各种截止日期和事件以及该案的目标调查日期。具体如表2所示。

表2 百日程序调查时间安排

截止日期	事 件
2019年4月3日	非负担争议交换(exchange of non-burden contentions)
2019年4月4日	根据行政法官行为准则第5.3.1条规定❷,每月进行一次关于证据开示的电话会议(Exemplary Administrative Law Judge Ground Rule 5.3.1, monthly teleconference on discovery)
2019年4月5日	初始专家报告的交换(exchange of initial expert reports)
2019年4月10日	反驳专家报告的交换(exchange of rebuttal expert reports)
2019年4月11日	事实证据开示的截止和完成(fact discovery cut off and completion)
2019年4月12日	强制证据开示的截止日期(deadline for motions to compel discovery)
2019年4月12日	各方交换证据清单(exchange of exhibit lists among the parties)
2019年4月12日	专家证据开示的截止和完成(expert discovery cut off and completion)
2019年4月15日	投诉方和被投诉方提供拟议的直接证据,包括直接示意❸证据和辨认直接实物证据(complainants and respondents serve proposed direct exhibits, including direct demonstrative exhibits, and identifying direct physical exhibits)
2019年4月15日	交换直接书面证词说明(exchange direct deposition designations)
2019年4月18日	各方均应提交拟议的反证,包括直接示意反证和辨认直接实物反证(all parties serve proposed rebuttal exhibits, including rebuttal demonstrative exhibits, and identifying rebuttal physical exhibits)
2019年4月18日	交换反证书面证词说明(exchange rebuttal deposition designations)
2019年4月19日	提交庭前意见陈述❹(私人当事方)[file pre-hearing briefs (private parties)]

---

❶ 该案案号为337-TA-1146。
❷ 行政法官会针对美国ITC的每一项调查(或其各个阶段),逐案制定独特的规则,且这些规则往往会发生变化。
❸ Advanced Trial Handbook [EB/OL]. [2025-01-20]. http://caught.net/prose/advtt/hbdemons.htm.
❹ U.S. Department of JUSTICE. 4.19-Pre-Hearing Briefs [EB/OL]. [2025-01-20]. https://www.justice.gov/eoir/reference-materials/ic/chapter-4/19.

续表

截止日期	事 件
2019年4月22日	提交限制性动议（file motions in limine）
2019年4月22日	工作人员提交拟议的直接证据，包括直接示意证据和辨认直接实物证据（staff serves proposed direct exhibits, including direct demonstrative exhibits, and identifying direct physical exhibits）
2019年4月23日	美国不公平进口调查办公室❶提交庭前意见陈述（file pre-hearing brief）
2019年4月24日	向行政法官提交拟定证据（submit proposed exhibits to administrative law judge）
2019年4月25日	提交对限制性动议的回应（file responses to motions in limine）
2019年4月30日至5月1日	"国内产业"听证会（hearing on "domestic industry"）
2019年5月2日	提交最终证据清单（file final exhibit list）
2019年5月10日	OUII提交庭后初步意见陈述（私人当事方）[file initial post-hearing briefs (private parties)]
2019年5月10日	OUII提交庭后初步意见陈述（file initial post-hearing briefs）
2019年5月15日	提交庭后回应意见陈述（私人当事方）[file responsive post-hearing briefs (private parties)]
2019年5月15日	OUII提交庭后回应意见陈述（file responsive post-hearing briefs）
2019年6月14日	国内产业初步裁定的截止日期（initial determination on the domestic industry due）
2020年5月6日	调查的目标日期（target date for investigation）

2019年4月1日，美国VW公司提交了请求撤回投诉的动议，请求完全终止该案调查。

2019年4月8日，被投诉方和OUII均表示不反对美国VW公司的撤诉动议。

2019年4月10日，行政法官（administrative law judge）发布了该案的初步裁定

---

❶ 美国不公平进口调查办公室（Office of Unfair Import Investigations, OUII）是下设于美国ITC的三个职能机构之一，其工作人员由调查律师组成。在337调查案件的不同阶段，OUII负有不同的职责：立案前，OUII负责受理337调查申请，与投诉方和被投诉方沟通，对申请书中的主张进行非正式的调查，向美国ITC提出是否立案的建议。立案后，OUII指定一名律师担任337调查中的调查律师，其职责是在整个调查程序中维护公共利益（包括公共健康和福利、美国经济的竞争条件、美国境内相似产品的生产及美国消费者）。在此阶段，调查律师的地位相对独立，既不代表任何当事方，也不代表行政法官的意见。调查结束后，OUII负责监督当事人对救济措施的执行情况。中国保护知识产权网. 337调查制度概述（一）[EB/OL]. (2023-08-15) [2024-07-12]. https://nxccpit.nx.gov.cn/ssflfw/jmmcyj_65231/mymcyd_65233/202308/t20230816_4220004.html.

（initial determination），批准美国 VW 公司的撤诉动议。

2019 年 4 月 25 日，美国 ITC 发布对该案调查的裁决通知（notice of commission determination），基于美国 VW 公司提交的撤诉动议，终止该案调查。

二、处理结果

在 2019 年 4 月 25 日的裁决通知中，美国 ITC 决定对该案行政法官于 2019 年 4 月 10 日作出的初步裁定不予复审，并基于美国 VW 公司在 2019 年 4 月 1 日提交的撤诉动议，终止该案调查。

2019 年 4 月 1 日，美国 VW 公司根据美国联邦法规（Code of Federal Regulations，CFR）第 19 卷第 210.21（a）条的规定提交请求撤回该案投诉，以终止该案调查。2019 年 4 月 8 日，被投诉方与 OUII 未反对该动议。

2019 年 4 月 10 日，行政法官发布批准美国 VW 公司撤诉动议的初步裁定，认为没有特殊情况会妨碍终止该案调查，并且终止该案调查符合公共利益，同时亦没有人提交复审请求。

在此基础上，美国 ITC 发布裁决通知，终止该案调查。

三、要点分析

该案涉及 337 调查案件中的百日程序。百日程序是美国 ITC 为了在某些情况下，快速解决调查中的潜在关键性问题（potentially dispositive issue）提供的一种快速的证据开示、事实查明和裁决机制。

在该案中，被投诉方请求美国 ITC 根据美国联邦法规第 19 卷第 210.10（b）(3) 条启动百日程序，以便针对"国内产业"的经济要素这一潜在关键性问题进行调查。其中，被投诉方主张，美国 VW 公司是一家没有客户、没有产品且没有生产能力的非生产专利实体（NPE），最多拥有两名员工。其所声称的"国内产业"情况仅围绕着胡博士的活动及实验情况，其办公楼是美国 VW 公司与其他公司共享的办公地点。因此，美国 VW 公司在起诉书及其证据中所声称的"国内产业"性质及规模是否满足 337 调查要求的问题，属于百日程序在设立时希望快速解决的潜在关键性问题。

美国 VW 公司所声称的"国内产业"规模无法达到美国 ITC 启动 337 调查的标准主要体现在以下三个方面。

第一，美国 VW 公司无法证明必要的关联关系。

根据美国 1930 年关税法第 337（a）(2) 条的规定，337 调查仅适用于美国境内存在或正在建立的，与受有关专利等保护的产品有关的产业情况。而在美国 VW 公司的起诉书及证据中，既无法证明其投资与涉案专利所要求保护的工艺方法有关，亦无法证明与基于该工艺方法生产的牛磺酸产品有关。

首先，美国 VW 公司的起诉书中试图将用于实验的支出纳入"国内产业"活动的范围。这在此前的 337 调查案件中前所未有，一旦允许美国国内产业活动可以包括上述情况，将会引发 337 调查对"国内产业"要件标准降低的严重问题。

其次，美国 VW 公司主张的为建立"国内产业"产生的支出，均为胡博士为开展与牛磺酸生产相关的研发活动费用，但这些费用不是仅针对涉案专利所要求保护的特定工艺流程，而是包括了在美国 VW 公司 2015 年成立之前，2011～2016 年胡博士独立活动及投资的相关支出。美国 VW 公司仅在起诉书中证明了这些费用与牛磺酸的研究有关是远远不够的，其还需要证明这些支出与涉案专利所要求的保护范围有关，但美国 VW 公司提供的证据不足以证明这一点。

第二，美国 VW 公司的"国内产业"建设仅依靠专利权人的活动。

美国 VW 公司试图仅依靠专利权人的活动证明在"国内产业"建设中投入了大量的时间和资源。美国 VW 公司声称胡博士曾先后 20 次到中国与制造商会面商谈涉案专利的许可问题。但是，根据相关规定，337 调查启动的最明显要求是相关投资发生在美国。同时，美国 VW 公司仅是具有许可涉案专利的意向，这样的意向并不足以建立"国内产业"，否则，任何专利权人仅通过表达自己的意愿即可以启动 337 调查。

第三，美国 VW 公司提供的证据存在可信度问题。

美国 VW 公司提供的编号 50 的证据未经签名且未经核实，甚至包含了大量修改，其目的在于描述出一家小型初创公司努力建设维持"国内产业"的画面。但是，美国 VW 公司作为上述合资企业的一部分，没有获得任何许可费或收入，也没有任何证据表明产品已被商业化。另外，美国 VW 公司所声称的用于牛磺酸研发和涉案专利许可的资源及活动，以及对于"国内产业"所作出的贡献，均来自胡博士的证词，没有提供任何其他证据支撑上述主张。

基于上述理由，中国江阴 HC 公司、潜江 YA 公司以及湖北 YD 公司等被投诉方请求美国 ITC 将美国 VW 公司的"国内产业"情况作为潜在关键性问题启动百日程序，以便加速裁决，并获得了美国 ITC 的批准。该案中，在美国 ITC 启动百日程序后，美国 VW 公司迫于"国内产业"调查的压力主动提交了撤诉请求，使针对被投诉方的 337 调查得以终止。

四、启示借鉴

近年来，随着我国科技水平的迅猛发展和创新能力的大幅度提升，中国企业在全球市场上的竞争力日益增强。然而，这也使得中国企业在进入国际市场，尤其是进入美国市场时，面临更多的知识产权挑战。

以该案的被投诉方为例，根据十大品牌网发布的"2024年CNPP牛磺酸行业十大品牌榜中榜名录"❶，潜江YA公司、湖北YD公司以及江阴HC公司分列实力榜前三位。江阴HC公司、潜江YA公司以及湖北YD公司不仅是中国的主要牛磺酸生产企业，而且是全球重要的牛磺酸生产商。美国企业通过发起侵权诉讼和337调查给中国企业施加压力，试图对我国甚至全球牛磺酸产业格局产生影响。

在专利权人美国VW公司发起该案的337调查之前，其还曾针对中国潜江YA公司和湖北YD公司发起侵权诉讼。2016年8月30日和2017年9月6日，美国VW公司向美国新泽西州联邦地区法院提起两件侵权诉讼，认为潜江YA公司及其经销商侵犯了其美国发明专利US9428450B2、US9428451B2和US9573890B2；❷ 2017年12月1日，美国VW公司向美国新泽西州联邦地区法院提起一件侵权诉讼，认为湖北YD公司同样侵犯了其上述3件美国发明专利。❸

为应对上述侵权案件，湖北YD公司在2018年9月28日向美国专利商标局（United States Patent and Trademark Office，USPTO）的专利审判和上诉委员会（Patent Trial and Appeal Board，PTAB）提出针对上述3件发明专利的多方复审（inter partes review，IPR）❹ 请求。在历经近两年的审理后，2020年4月2日，PTAB最终认为专利US9428450B2部分权利要求因缺乏非显而易见性而被宣告无效，而专利US9428451B2和US9573890B2因专利权人在2019年7月18日主动提出了撤销专利权而审理终止。

基于以上多方复审的审理结果以及该案337调查的最终裁决，美国VW公司在2020年6月11日和2021年2月8日分别无偏见（without prejudice）❺ 地撤回了向美国新泽西州联邦地区法院提起的3件侵权诉讼。

中国企业在上述案件中通过积极而有效的应对策略取得了胜利。然而，也应注意到，美国侵权诉讼的周期漫长，通常需要3~5年，这对中国企业是一个巨大的人力和财力消耗。尽管美国337调查的常规审理时间较短，为12~16个月，但对于需要在异地应诉的中国企业而言，这依然是一个不小的负担。

在该案中，面对美国NPE的挑战，中国江阴HC公司、湖北YD公司和潜江YA公司等被诉企业，针对投诉方（专利权人）在起诉书中的不足之处，巧妙地利用了

---

❶ 十大品牌网. 牛磺酸哪家好，牛磺酸厂家排行榜，牛磺酸哪个牌子好（2025）[EB/OL]. [2025-02-20]. https://www.cnpp.cn/china/list_9838.html.
❷ 该案案号分别为16-cv-05321、17-cv-06849。
❸ 该案案号为17-cv-12358。
❹ 该案案号分别为IPR2018-01766、IPR2018-01767、IPR2018-01768。
❺ "无偏见"是指原告可以重新提出指控、更改索赔或将案件提交另一家法院。

百日程序的优势。在调查过程中，中国企业掌握了主动权，成功迫使专利权人在案件立案后不久撤回诉讼，从而终止了该案的 337 调查。这一策略帮助中国企业节省了大量的时间、人力和资金成本。

（一）百日程序之设立目的

百日程序最早可以追溯至 2013 年 3 月立案的叠层包装案❶，由于该 337 调查案的投诉方疑似 NPE，美国 ITC 要求行政法官提前审理该投诉方是否满足"国内产业"要件的经济要素。最终，行政法官认为该投诉方无法满足"国内产业"要件的经济要素。

之后在 2013 年 6 月，美国 ITC 启动了一项关于百日程序的试点项目，目的在于测试在某些 337 调查中，对一些关键问题尽早作出裁定是否能限制不必要的诉讼，从而为所有参与方节省时间和成本。根据该试点项目，美国 ITC 需要在 337 调查开始时制定针对潜在关键性问题（例如该案中的"国内产业"问题）的调查计划，并指导行政法官通过加速事实调查和简短听证会，在调查初期对该问题作出判断，从而发布关于是否存在违反 337 条款事实的初步裁定。该试点项目要求行政法官在 100 天内快速进行初步裁定，因此被称为百日程序。❷

在历经 5 年的试点项目之后，2018 年 4 月，美国 ITC 发布了对美国联邦法规第 19 卷第 210 条部分的修订，将上述关于 337 调查的百日程序正式纳入法规之中。根据该修订，百日程序旨在对可能决定整个 337 调查结果的关键性问题进行早期裁定，以加快调查进程。

根据美国联邦法规第 19 卷第 210.10（b）(3) 条规定，美国 ITC 可以指示行政法官在 337 调查启动后的 100 天之内，针对调查通知中列出的潜在关键性问题发布初步裁定，这些问题是指可能对整个案件具有决定性影响的关键性问题。百日程序的期限从调查启动之日起算，在特殊情况下，可以适当延长。根据美国联邦法规第 19 卷第 210.36 条规定，行政法官有权举行加急听证会以对上述潜在关键性问题进行调查。同时，行政法官还有权在百日程序进行期间暂停对其他问题的调查。

如果在百日程序中行政法官对关键问题作出了裁定，且该裁定对案件具有决定性影响，那么整个调查可能会因此而终止。根据美国联邦法规第 19 卷第 210.42（a）(3) 条，如果在百日程序中，当事人未对行政法官发布的初步裁定提出复审请求，且该初步裁定在 30 天内未被美国 ITC 复审，则该裁定将自动成为美国 ITC 的最终裁决。

---

❶ 该案案号为 337-TA-874。
❷ Pilot Program Will Test Early Disposition of Certain Section 337 Investigations [EB/OL]. [2025-02-20]. https：//www.usitc.gov/press_room/featured_news/pilot_program_will_test_early_disposition_certain.htm.

(二) 百日程序之潜在关键性问题

百日程序旨在对337调查中的某些潜在关键性问题尽早作出裁定,以减少不必要的调查。由于在相关规定中并未明确限定哪些问题属于对整个案件具有决定性影响的潜在关键性问题,因此美国ITC在是否启动百日程序上拥有自由裁量。实践中,上述对整个案件具有决定性影响的潜在关键性问题除了该案涉及的是否存在国内产业问题,还包括是否满足进口要件、涉案专利是否具有可专利性或申请人是否适格等问题。例如,在2017年百日程序试点项目(100 – day pilot program)期间的 *Certain Portable Electronic Devices and Componets Thereof* 案❶中,其潜在关键性问题涉及涉案专利的可专利性问题,具体情况如下。

2016年3月24日,Creative Technology Ltd.(以下简称"Creative")等向美国ITC发起337调查请求,涉及向美国进口,或为了进口至美国,或在进口之后销售的某些便携式电子设备及其组件,理由是其侵犯了美国专利US6928433B2的部分权利要求。被投诉方包括中兴、联想、索尼、三星、摩托罗拉、LG、HTC、黑莓等18家公司。同时,由于被诉的便携式电子设备均涉嫌使用了谷歌公司的Play Music应用程序,因此谷歌公司作为第三方亦参与到该案的调查中。

2016年4月22日,被投诉方请求美国ITC在337调查中,根据百日程序试点项目,对涉案专利的有效性问题进行早期裁定。被投诉方认为涉案专利的权利要求涉及了专利不保护的抽象概念,不符合美国专利法第101条规定的可专利性主题要求。

被投诉方认为涉案权利要求涉及使用通用计算机技术选择有组织层次结构中的内容(例如音乐音轨),属于使用通用计算机技术实现抽象概念。根据美国联邦最高法院的判例 *Alice Corp. Pty, Ltd. v. CLS Bank International* 案❷,如果专利的权利要求是针对自然法则、自然现象或抽象概念,则该专利是无效的,因此涉案专利应当被宣告无效。

2016年7月6日至7日,行政法官举行了听证会,并在100天内,即2016年8月19日,作出了初步裁定。在初步裁定中,行政法官认定涉案专利无效。

虽然专利权人Creative提交了复审请求,但美国ITC决定不对初步裁定进行复审,即337 – TA – 994案终止。后续专利权人Creative上诉至美国联邦巡回上诉法院(United States Court of Appeals for the Federal Circuit,CAFC)。最终,法院维持了美国ITC对该案的裁决,即认定涉案专利无效。

---

❶ 该案案号为337 – TA – 994。
❷ 该案案号为Docket No. 13 – 298。

从该案以及上述337-TA-994案可以看出，对于被投诉方来说，百日程序是337调查快速结案的有效手段之一。中国企业一旦遭遇337调查，除了考虑常规应对手段，如果案件存在前述"国内产业"问题、进口要件问题、涉案专利的可专利性问题或申请人适格问题等影响337调查结果的潜在关键性问题，还可以考虑善用337调查中的百日程序规则，尽力说服美国ITC启动百日程序，以高效维护企业在美国公平贸易的权利。

(供稿：王煦莹)

2

美国 337 调查之 "国内产业" 要求

该案涉及美国 337 调查的 "国内产业" 要件情形,涉案当事人分别为投诉方(专利权人)北美 PLP 公司和荷兰 PLP 公司(以下统称 "PLP 公司"),被投诉方美国 Fb 公司,Gm 国际公司、Gm 美国公司和 Gm 瑞士公司(以下统称 "Gm 公司"),美国 IMI 公司,中国苏州 MC 公司和上海 IA 公司。

该案的涉案专利为 PLP 公司拥有的 4 件美国发明专利(以下统称 "涉案专利"),具体信息如表 1 所示。

表 1　涉案专利信息

公告号	发明名称	涉及权利要求
US9961186B2	报警报告故障转移机制(alarm reporting fail over mechanism)	1、3~4、8
US7845228B2	活动监控(activity monitoring)	1~3
US9820698B2	活动记录方法和装置(actigraphy methods and apparatuses)	1、6
US9717464B2	连续透皮监测系统和方法(continuous transdermal monitoring system and method)	1、6

一、案情介绍

2020 年 1 月 10 日,美国 ITC 根据投诉方 PLP 公司的申请启动了 337 调查。❶ PLP 公司指控被投诉方侵犯了 4 件涉案专利的某些权利要求,违反了美国 1930 年关税法第 337 节,涉及向美国进口,或为了进口至美国,或在进口之后销售的某些可穿戴监测设备、系统及其组件,即 337 条款。

2020 年 7 月 16 日,投诉方提交了一项未受反对的动议,请求部分终止对专利

---

❶ 该案案号为 337-TA-1190。

US9961186B2 的调查。2020 年 7 月 17 日，行政法官（Administrative Law Judge）作出第 25 号初步裁定，批准了投诉方的动议。2020 年 8 月 4 日，美国 ITC 发布公告，决定不复审第 25 号初步裁定，该裁定终止了针对专利 US9961186B2 的调查。

2020 年 10 月 1 日，行政法官作出第 34 号初步裁定，批准投诉方关于专利 US7845228B2 满足"国内产业"要件的经济要素的动议；并作出第 35 号初步裁定，部分批准被投诉方关于其被指控产品不侵犯专利 US9820698B2 的权利要求 1 和 6，以及专利 US9717464B2 的权利要求 1 和 6 的动议。2020 年 11 月 16 日，美国 ITC 决定对上述两项初步裁定进行复审。

2020 年 10 月 13 日，投诉方提交了一项未受反对的动议，请求终止对专利 US7845228B2 权利要求 1 和 3 的调查。2020 年 10 月 20 日，行政法官作出第 42 号初步裁定，批准了投诉方的动议。2020 年 11 月 2 日，美国 ITC 发布公告，决定不复审第 42 号初步裁定，该决定终止了针对专利 US7845228B2 权利要求 1 和 3 的调查。

2021 年 2 月 4 日，行政法官发布了初步裁定，主要观点在于 PLP 公司已经满足了专利 US7845228B2 的"国内产业"要件经济要素和技术要素（technical prong）要求，但裁定权利要求 2 无效；对于专利 US9717464B2，行政法官认为 PLP 公司满足经济要素要求，但不满足技术要素要求，裁定最终认为针对上述两件专利，被投诉方没有违反 337 条款。2021 年 4 月 12 日，美国 ITC 确认被投诉方没有违反 337 条款，并决定终止调查。

2021 年 5 月 5 日，美国 ITC 发布委员会意见（commission opinion），认为专利 US7845228B2 满足"国内产业"要件，但对专利 US9717464B2 是否满足"国内产业"要件经济要素要求不予评价。最终，美国 ITC 确认被投诉方没有违反 337 条款的行为，调查终止。

PLP 公司不服美国 ITC 的决定，向美国联邦巡回上诉法院（United States Court of Appeals for the Federal Circuit）提起上诉。[1] 2022 年 8 月 5 日，该上诉被驳回，维持原判。

二、处理结果

2022 年 8 月 5 日，美国联邦巡回上诉法院驳回 PLP 公司的上诉，案件维持原判，被投诉方未违反 337 条款。

---

[1] 该案案号为 21-2064。

三、要点分析

"337调查"是美国ITC针对在美国进口贸易中的知识产权侵权行为以及其他不公平竞争行为开展调查的一项准司法程序,美国ITC可以作出裁决,确定被投诉方是否侵权及是否有必要采取救济措施。

337调查中的申请人(即投诉方)可以是一个或多个实体或自然人,拥有在美国登记或注册的专利权、商标权、版权或集成电路布图设计权等权利,并且申请人能够证明其在美国国内已经存在或正在形成相应的"国内产业"时,可以依法向美国ITC提交337调查申请。

337调查的基本程序包括立案、证据开示、庭审、行政法官初步裁定、美国ITC复审与最终裁决、总统审查以及上诉等。行政法官对案件进行初步裁定后,不服裁定的任何一方当事人可以向美国ITC请求复审。❶

在美国ITC作出被投诉方违反337条款的最终裁决后,案件将进入总统审查程序;如果美国ITC认定被投诉方未违反337条款,投诉方不服裁决时可以向美国联邦巡回上诉法院提起上诉,该案属于这一类情形。

从整个案件的流程上来看,行政法官或美国ITC在裁定或裁决中除了需要判断涉案产品是否侵权,并针对专利有效性(例如新颖性)进行裁定或裁决,还需判断投诉方在美国国内是否已经存在或正在形成相应的"国内产业",即判断是否满足"国内产业"要件。因此,投诉方提起337调查时除了需要证明被投诉方进口行为及进口产品侵犯专利权,还需证明投诉方在美国具有与涉案专利有关的"国内产业"要件。

具体地,针对授权的专利权,行政法官在审理投诉方是否满足"国内产业"要件时,从技术要素和经济要素两个方面进行判断。其中技术要素要求投诉方证明其至少实施了所主张专利的一个权利要求,即比对投诉方的国内产品与所主张权利要求的对应性;而经济要素要求具体体现在:①对工厂和设备的实际性投资;②对劳动力或资本的实际性雇佣;③进行开发的重大投资,包括工程、研究开发或许可。

以该案中专利US9717464B2为例,PLP公司主张其健康带(health band)产品实施了上述专利的权利要求1和6。但是,行政法官认为PLP公司没有能够证明健康带包括权利要求1中的所有技术特征,例如预定范围(predetermined range),相当于该专利没有被实际应用到产品中,不满足"国内产业"的技术要素。

---

❶ 中华人民共和国商务部. 337调查简介[EB/OL]. [2024 - 12 - 20]. http://ipr.mofcom.gov.cn/zhuanti/337/337_index.html.

针对经济要素，PLP 公司提供了与健康带产品相关的研发和商业化过程中的投资证据，包括劳动力和资本的支出，以及研究与开发费用。对此，行政法官认为 PLP 公司未能提供足够的证据比较其在美国的投资与海外的投资，尤其是在研发费用方面，认为 PLP 公司在提起投诉之日前未能建立一个"国内产业"。但是，行政法官进一步认为 PLP 公司已经证明了"国内产业"正在建立之中，因此满足了经济要素。

但是，综合考虑技术要素和经济要素，专利 US9717464B2 未能满足美国国内产业要件，也成为判定被投诉方未违反 337 条款的理由之一。

四、启示借鉴

337 调查是权利人在美国采取区别于司法途径的另一种维权方式，通常称其为准司法途径。由于其调查速度较快（通常持续 12～16 个月），处罚措施极具威慑力，逐渐成为权利人维权的重要手段，并且其中绝大多数案件与专利侵权相关，该案讨论的是与专利权相关的 337 调查中的"国内产业"相关问题。

从调查程序和举证责任来看，337 调查程序比较复杂，牵扯的法律问题繁多。作为投诉方，即 337 调查的发起方，不仅需要证明被投诉方的进口产品侵犯了自身的专利权，而且要证明自身满足"国内产业"要件，即一方面要证明自身的产品实施了涉案专利（满足"技术要素"要求），另一方面需证明自身的产品在美国具备产业基础或正在建立相关产业（满足"经济要素"要求）。作为被投诉方，可以在 337 调查过程中提起专利无效宣告请求，也可以针对投诉方是否满足"国内产业"要件予以质疑。可以说，"国内产业"要件是 337 调查中较为独特的证明环节。

该案中，投诉方 PLP 公司主张其健康带产品实施了专利 US9717464B2 的权利要求 1 和 6。但是，行政法官认为 PLP 公司没有能够证明健康带产品包括权利要求 1 中的所有技术特征，即上述专利的权利要求 1 并未实际应用到健康带产品中，因此不满足"国内产业"要件的"技术要素"要求。

此外，投诉方提供了与产品相关的研发和商业化过程中的投资证据，由此证明满足"国内产业"要件的经济要素，虽然行政法官认为 PLP 公司在提起投诉之日前未能建立"国内产业"，但是认为"国内产业"正在建立之中，因此满足了"经济要素"要求。

由此可见，是否满足"国内产业"要件需要考虑诸多因素，既包括对工厂、设备的实际性投资，还需要考虑对劳动力或资本的实际性使用，并且需要证明进行开发的投资是重大且实际的。投诉方在进行"国内产业"要件证明时需要提交大量证据，从多个角度证明其已经形成产业或正在建立产业。综合"经济要素"与"技术要素"可知，337调查要求投诉方不仅获得了专利权，而且必须将该专利投入实际生产并形成或即将形成一定产业规模，这点要求也体现了启动337调查的目的在于保护"国内产业"免受不公平竞争行为的侵害。

337调查的程序较为复杂，对投诉方的举证提出了更高要求，但是越来越多的专利权人仍然通过337调查维权，其原因除了337调查程序持续时间较短，也与其救济措施密切相关。

根据337条款的规定，如果美国ITC认定被投诉方违反了337条款的相关规定，则可以颁布排除令（exclusion order），禁止被投诉方的涉案产品进入美国（有限排除令），并且在满足特定条件的前提下，裁定对相关产品实施不区分来源地普遍禁止入境措施（普遍排除令）。

相较于美国，中国没有类似337调查的维权方式。中国的专利维权主要有司法途径和行政途径两种。司法途径是指专利权人向人民法院提起专利侵权的民事诉讼，诉求主要包括停止侵权和赔偿损失等；行政途径则是专利权人向行政机关申请行政查处，主要目的在于快速停止侵权和没收侵权产品，但无法请求赔偿。无论是通过司法途径还是行政途径，通常来说，专利权人仅需要证明被诉侵权产品落入专利保护范围即可，至于专利本身是否已经由专利权人实施，是否在中国国内形成一定的产业并不要求，也不是专利权人需要举证的内容。

在中国，针对进口产品，可以通过海关查处的方式扣押侵权产品，例如侵犯专利权、商标权、著作权等的产品。由于不同知识产权侵权判断难度不同，因此海关进行查处扣押时的比例也不尽相同。根据中国海关总署发布的数据，2023年海关扣留涉嫌侵犯商标权货物61610批、8172.75万件，分别占全年扣留总数的99.12%和98.6%，占比非常突出；针对专利，海关扣留涉嫌侵犯专利权货物10批、14.53万件，占比0.02%和0.18%。❶ 虽然从数据上看，专利侵权产品所占比例并不高，但也是专利权人保护自身权益的方式之一。

反观美国，337调查作为知识产权维权的重要途径，未来可能发挥越来越重要的作用，也可能有更多的中国企业在出口美国时面临337调查。如何提前规避风险，应对337调查，都将成为中国企业面临的挑战。

对于中国企业来说，产品出口到美国之前应当做好充分准备，例如进行自由实施（FTO）风险排查，了解美国风险专利现状，从规避设计、公众意见、专利无效检索等多个角度做好准备工作。如果遭遇337调查，中国企业应当积极应对，必要时可以寻求经验丰富的律师协助，并与其他被投诉方充分协作，从专利无效、不侵

---

❶ 中华人民共和国海关总署. 2023年中国海关知识产权保护状况［EB/OL］.［2025-01-20］. http：//www.customs.gov.cn/customs/xwfb34/302425/5837035/index.html.

权和"国内产业"要件等多个角度进行抗辩。当然,如果作为专利权人,基于在美国形成一定产业规模的前提下,也可以考虑充分利用337调查维护自身权益。

(供稿:褚晓慧)

3

美国 337 调查之马克曼听证

该案涉及美国 337 调查的马克曼听证程序。涉案当事人分别为投诉方美国公司 B 公司及其全资子公司（以下统称"B 公司"），和被投诉方中国 TK 公司及其关联的中国 TK 公司和美国 TK 公司（以下统称"TK 公司"）。

该案涉案产品为干湿表面清洁设备，涉案专利具体信息如表 1 所示。

表 1 涉案专利信息

序号	公告号	发明名称	备注
1	US11122949B2	表面清洁设备（surface cleaning apparatus）	Xia 专利 同一优先权 US62/247503
2	US11096541B2		
3	US10820769B2		
4	US11076735B2		Resch 专利 同一优先权 US62/789661
5	US11071428B2		

一、案情介绍

2022 年 2 月 1 日，B 公司根据美国 1930 年关税法第 337 节规定向美国国际贸易委员会提出申请，主张 TK 公司向美国进口，或为了进口至美国，或在进口之后销售的特定干湿表面清洁设备（certain wet dry surface cleaning devices）侵犯了其专利权，请求美国 ITC 发布有限排除令、禁止令。B 公司还同时向美国特拉华州联邦地区法院提起专利侵权诉讼。

2022 年 3 月 9 日，美国 ITC 投票决定对特定干湿表面清洁设备启动 337 调查，❶该案行政法官同日通知了适用于该案的"基本规则"（ground rules），包括回答动议

---

❶ 该案案号为 337-TA-1304。

的时限、所需证据性附件的副本数量、翻译的使用、电话会议的程序等内容。

337 调查启动后，TK 公司向美国特拉华州联邦地区法院提交动议，申请中止诉讼程序。2022 年 3 月 31 日，美国特拉华州联邦地区法院裁定中止审理。

2022 年 3 月 23 日，TK 公司对 B 公司 337 调查指控进行回应，否认了 B 公司对 TK 公司侵犯专利权的指控，并主张这些专利无效或不可执行（unenforceable）。TK 公司详细列举了对 B 公司每项指控的否认，并提供了抗辩理由，包括专利不侵权、专利无效、缺乏"国内产业"等。

2022 年 3 月 30 日，行政法官发布程序进度表，将该案调查期限设置为 16 个月。

2022 年 7 月 8 日，双方当事人提交了一份拟议权利要求解释的对比表，列出双方有争议的权利要求术语解释，具体如表 2 所示。

表 2 权利要求解释对比

序号	权利要求术语	B 公司	TK 公司
1	搅拌器（agitator）； 专利 US11122949B2 的权利要求 1、18； 专利 US11096541B2 的权利要求 1	用于在表面上搅动清洁液的设备	带有刷毛的滚刷，可搅动待清洁表面
2	流体输送路径（fluid delivery channel）； 专利 US11122949B2 的权利要求 1、18、20； 专利 US11096541B2 的权利要求 12、13； 专利 US10820769B2 的权利要求 1、7	无须解释	由吸嘴盖和吸嘴外壳结合形成的结构，清洁液体通过该结构流动
3	至少选择性地适于接触（at least selectively adapted to contact）； 专利 US11096541B2 的权利要求 1、5、9	无须解释	适用于在接触与不接触之间进行选择
4	回收通道（recovery pathway）； 专利 US11076735B2 的权利要求 1、13； 专利 US11071428B2 的权利要求 1	无须解释	从吸嘴下游通过的路径，液体和碎屑在此路径中被回收
5	从刷辊抽取流体和碎屑（configured to extract fluid and debris from the brush roll）； 专利 US11076735B2 的权利要求 1、13； 专利 US11071428B2 的权利要求 1	无须解释	设计用于从滚刷中提取液体和碎屑
6	直立存放位置（upright storage position）； 专利 US11076735B2 的权利要求 1； 专利 US11071428B2 的权利要求 13	无须解释	以垂直于地面的垂直位置存放，或含义不明确

双方分别于 2022 年 7 月 22 日、8 月 12 日提交了各自的权利要求解释答辩状及对对方答辩状的答复。双方就上述"1. 搅拌器"及"4. 回收通道"两个权利要求术语解释达成一致。

2022 年 8 月 26 日，行政法官召开权利要求解释听证会［即马克曼听证会（Markman aearing）］。在会上，双方就上述"5. 从刷辊抽取流体和碎屑"相关释义达成一致。行政法官驳回了 TK 公司对于"2. 流体输送路径"和"6. 直立存放位置"两个有争议的权利要求术语的解释，并裁定不需要对这些术语进行额外的解释。在最终庭前会议上，双方就上述"3. 选择性地适于接触"❶ 释义达成一致。

2022 年 12 月 5 日至 9 日，行政法官召开庭审（evidentiary hearing）。

2022 年 12 月 30 日，双方当事人分别提交庭后答辩状，2023 年 1 月 17 日，双方当事人分别对对方答辩状提交答复意见。

2023 年 3 月 1 日，行政法官决定将该案初步裁定发布时间延期至 2023 年 3 月 24 日。

2023 年 3 月 24 日，行政法官发布了初步裁定，认定 TK 公司存在侵犯专利 US11076735B2、US11071428B2 的行为。

二、处理结果

2023 年 3 月 24 日，行政法官发布初步裁定的认定如下。

第一，该案中 Xia 专利被控侵权产品未侵犯 Xia 专利相关权利要求；原 Resch 专利被控侵权产品侵犯了专利 US11076735B2、US11071428B2 相关权利要求，重新设计的 Resch 专利被控侵权产品未侵犯 Resch 专利相关权利要求。第二，涉案专利均未被证明无效。第三，Xia 专利中的专利 US11096541B2 不满足"国内产业"要件，其他专利满足国内产业要件；Resch 专利均满足"国内产业"要件。

2023 年 12 月 18 日，美国 ITC 发布最终裁定（final determination），认定该案侵犯专利 US11076735B2、US11071428B2 相关权利要求，不侵犯专利 US11122949B2、US10820769B2、US11096541B2 相关权利要求，据此向 TK 公司发布有限排除令和禁止令；在 60 天的总统审查期间，对每个存在侵权的进口 iFloor 3 征税 99.01 美元、Floor One S3 征税 99.01 美元，对其他进口的侵权产品征税 0；该案调查终止。

2024 年 3 月 25 日，B 公司就该案最终裁定向美国联邦巡回上诉法院上诉，目前上诉案件正在审理中。

---

❶ 该案初步裁定，尽管双方当事人提交的"拟议权利要求解释的对比表"列为"at least selectively adapted to contact"，但双方随后同意将"at least"从有争议的术语中移除。

三、要点分析

B 公司主张 TK 公司以下产品侵犯了所述专利权,主张的权利要求、被诉侵权产品以及对应的"国内产业"产品分别如表 3 所示。

表 3　涉案专利与涉案产品对比

专利		权利要求	侵权产品代表	"国内产业"产品
Xia 专利	US11122949B2	7、19	iFloor； Floor One S3； Floor One S5 Pro	CrossWave Cordless Max（CrossWave 3.0）； CrossWave X7 Cordless Pet Pro（CrossWave 4.0）
	US11096541B2	1、13		
	US10820769B2	1、4		
Resch 专利	US11076735B2	1、13、15	Floor One S3； Floor One S5 Pro	
	US11071428B2	1		

注：本表信息来源为该案初步裁定书,表中示出的仅为侵权产品代表,其他侵权产品型号均包括在内。

(一) 关于专利侵权

1. 专利 US11122949B2

B 公司声称,被控侵权产品侵犯了专利 US11122949B2 的权利要求 7 和 19。

第一,针对权利要求 7。

该专利权利要求 7 是权利要求 1 的从属权利要求,行政法官认为有必要对权利要求 1 进行分析。具体的,行政法官认为 B 公司未能证明侵权产品实施了该专利权利要求 1 的技术特征 1 [d]:"一种设置在底座上并限定与所述抽吸源流体连通的吸嘴组件,其中包括一个吸嘴外壳,该吸嘴外壳定义了吸嘴组件的底面,并且其中至少一部分底面与搅拌器相邻。"

针对其中"吸嘴组件"的解释,B 公司曾在涉案专利的多方复审程序中进行了特定解释,而该解释方式与其在该案调查中的解释方式不一致。具体地,B 公司向 USPTO 陈述表示,图 1 (a) 突出显示的组件为吸嘴组件,但 B 公司向美国 ITC 陈述表示,图 1 (b) 突出显示的部件是一个吸嘴组件。

行政法官认为 B 公司对 USPTO 的解释更符合说明书本意,根据该解释,认为被控侵权产品不具有"设置在底座上"的吸嘴,所以被控侵权产品未实施技术特征 1 [d]。

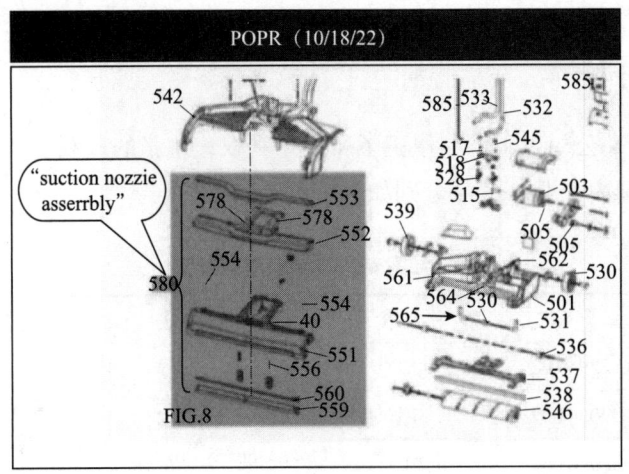

（a）吸嘴组件1

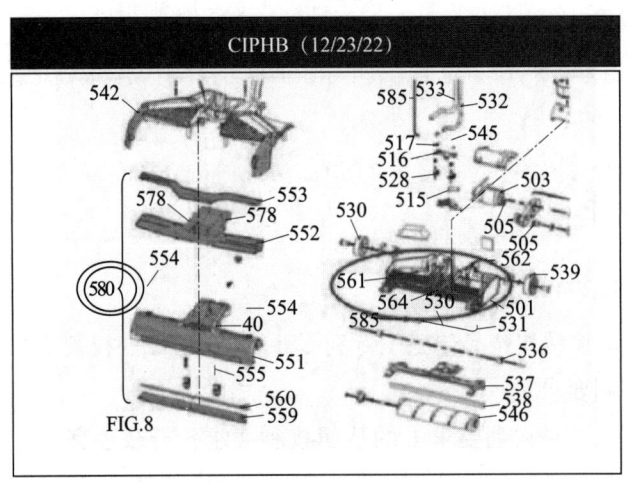

（b）吸嘴组件2

图1 "吸嘴组件"结构示意

此外，行政法官认为由于B公司进行的唯一测试是在iFloor产品上进行的，没有证据表明其对iFloor S3和iFloor S5 Pro产品进行了相同的测试，因此未能证明iFloor S3和iFloor S5 Pro中所谓的吸嘴是与抽吸源流体连通的吸嘴。而且，根据对产品实物的目视检查，iFloor产品的结构与iFloor S3和iFloor S5 Pro的结构有显著不同。

综上所述，由于行政法官认为B公司没有证明被控侵权产品实施了权利要求7中的技术特征1［d］，因此没有落入涉案专利的权利要求7的保护范围。

第二，针对权利要求19。

该专利权利要求19引用权利要求18，权利要求18与权利要求1基本对应。因此，出于上述相同原因，B公司也未能证明被控侵权产品实施了权利要求18中的技术特征 18［d］，即"一种设置在底座上并限定与所述抽吸源流体连通的吸嘴组件"。

综上所述，行政法官认为 B 公司没有证明被控侵权产品落入专利 US11122949B2 权利要求 7 和 19 的保护范围。

2. 专利 US11096541B2

B 公司声称，被控侵权产品侵犯了专利 US11096541B2 的权利要求 1 和 13。

第一，针对权利要求 1。

由于专利 US11096541B2 权利要求 1 与专利 US11122949B2 权利要求 1、权利要求 18 类似，基于与专利 US11122949B2 相同的理由，行政法官认为被控侵权产品没有实施专利 US11096541B2 的权利要求 1 的技术特征 1［d］，即"一种设置在底座上并限定与所述抽吸源流体连通的吸嘴组件"。

此外，专利 US11096541B2 权利要求 1 还包括技术特征 1［i］："通过所述底座设置的双重擦拭器配置，包括适于接触搅拌器的第一擦拭器和至少选择性地适于接触待清洁表面的第二擦拭器。"双方的争议焦点在于第二擦拭器是否"选择性地适应"接触待清洁表面。双方对"选择性地适应"解释为"配置为响应于选择的接触"（configured to contact in response to a selection）达成一致。

虽然 B 公司提供的专家证词表示，用户可以通过下压设备手柄从而抬起机器前端，如图 2 所示，以实现第二擦拭器与待清洁表面的选择性接触。但是行政法官认为，由于上述行为不属于用户正常操作设备的范围，因此被控侵权产品没有实施权利要求 1 中的技术特征 1［i］。

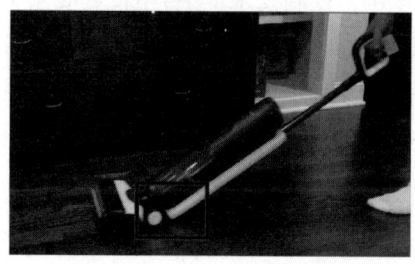

图 2　B 公司演示视频截图

第二，针对权利要求 13。

权利要求 13 从属于权利要求 11 和 12，权利要求 11 和 12 从属于权利要求 1。因此，基于相同的理由，行政法官认为被控侵权产品未侵犯权利要求 13。

综上所述，行政法官认为 B 公司没有证明被控侵权产品落入专利 US11096541B2 权利要求 1 和 13 的保护范围。

3. 专利 US10820769B2

B 公司声称，被控侵权产品侵犯了专利 US10820769B2 的权利要求 1 和 4。

该专利权利要求 1 中的技术特征 1 [d] 与专利 US11122949B2 中技术特征 18 [d] 相同，即"一种设置在底座上并限定与所述抽吸源流体连通的吸嘴组件"。因此，基于相同的理由，行政法官认为被控侵权产品没有侵犯专利 US10820769B2 的权利要求 1。

同时，行政法官认为被控侵权产品未实施权利要求 4 附加技术特征，没有落入权利要求 4 保护范围。

综上所述，行政法官认为 B 公司没有证明被控侵权产品落入了专利 US10820769B2 权利要求 1 和 4 的保护范围。

4. 专利 US11076735B2

B 公司声称，最初和重新设计的被控侵权产品侵犯了专利 US11076735B2 的权利要求 1、13 和 15。

行政法官认为，原被控侵权产品侵犯了专利 US11076735B2 的权利要求 1、13 和 15，重新设计的被控侵权产品并没有侵犯该专利的任何权利要求，因为重新设计的产品没有实施该专利权利要求中的技术特征的 1 [p]："电池充电电路，控制所述可再充电电池的再充电，其中电池充电电路在启动自清洁模式状态控制输入时被禁用，并在无人干预的自动清洁循环期间保持禁用"，即重新设计的产品与技术特征 1 [p] 所限定的再充电控制方式不相同也不等同，所以未落入权利要求 1 的保护范围。

由于权利要求 13 的技术特征 13 [l] 与 1 [p] 相同，因此基于相同的理由，重新设计的产品未实施技术特征 13 [l]，不落入权利要求 13 的保护范围。另外，由于权利要求 15 引用权利要求 14，权利要求 14 引用权利要求 13，因此基于相同的理由，重新设计的产品不落入权利要求 15 的保护范围。

综上所述，行政法官认为 B 公司没有证明重新设计的被控侵权产品落入专利 US11076735B2 的权利要求 1、13 和 15 的保护范围。

5. 专利 US11071428B2

B 公司声称，最初和重新设计的被控侵权产品侵犯了专利 US11071428B2 的权利要求 1。

行政法官认为，原被控侵权产品侵犯了该专利的权利要求 1，而重新设计的被控侵权产品没有实施权利要求 1 技术特征 1 [n]（与专利 US11076735B2 中的技术特征 1 [p] 相同）。

综上所述，行政法官认为 B 公司没有证明重新设计的被控侵权产品落入专利 US11071428B2 的权利要求 1 的保护范围。

(二) 关于专利有效性

337 调查中涉案专利被假定为有效，提出专利无效作为抗辩的被告有责任通过清晰且有说服力的证据推翻这一假定。

TK 公司主张涉案专利的相关权利要求根据美国专利法第 102 条或第 103 条应被宣告无效，理由是对比文件或对比文件的组合公开了权利要求的每个技术特征。最终行政法官认为 TK 公司未能通过清晰且有说服力的证据证明涉案专利相关权利要求无效。

（三）关于"国内产业"

在基于专利的 337 调查案件中，只有在与专利保护产品相关的美国产业存在或正在建立过程中时，才能认定违反了 337 条款。在 337 调查中，原告证明了其"国内产业"要件已满足的责任。"国内产业"要件包括经济要素和技术要素。技术要素涉及原告是否实施了至少一项所主张专利的权利要求，而经济要素涉及与专利或专利产品相关的国内活动。

该案中，由于行政法官认定 B 公司未能证明美国国内产业产品实施了专利 US11096541B2 的权利要求 1 或 13，即 B 公司未能证明满足"国内产业"要件中的技术要素，因此不存在与该专利相关的"国内产业"要件。

综上所述，行政法官发布初步裁定：Xia 专利被控侵权产品未侵犯 Xia 专利权利相关权利要求；Xia 专利中的专利 US11096541B2 不满足"国内产业"要件；原 Resch 专利被控侵权产品侵犯了专利 US11076735B2、US11071428B2 相关权利要求，重新设计的 Resch 专利被控侵权产品未侵犯 Resch 专利相关权利要求。

后续美国国际贸易委员会复审未推翻上述裁定。

四、启示借鉴

（一）中国企业出海所面临的挑战

近年来，随着中国企业向海外发展，开始面临日益复杂的知识产权风险。该案 TK 公司所遭遇的美国 337 调查，就是中国企业出海经常面临的知识产权挑战之一。根据美国国际贸易委员会官网公开信息❶，近年 337 调查相关数据如表 4 所示。

---

❶ Section 337 Statistics：Number of new, completed, and active investigcotions by fiscal year［EB/OL］.（2024–07–23）［2025–01–20］. https：//www.usitc.gov/intellectual_property/337_statistics_number_new_completed_and_active.htm.

表4　2019~2024年337调查相关数据

财年[1]	新增案件数	审结案件数	在审案件数
2019年	58	60	127
2020年	52	67	120
2021年	82	64	135
2022年	71	90	142
2023年	55	60	107
2024年第1~3季度	43	31	90

此外，根据美国国际贸易委员会官网公开信息[2]，2019~2023年，337调查主要涉及的工业领域如表5所示。

表5　2019~2023年337调查涉及工业领域

财年	汽车/制造/运输	化学	计算机和电信	消费电子	集成电路	液晶电视	照明产品	药品与医疗器械	印刷产品	小消费品	其他
2019年	14	5	21	5	0	0	12	14	2	12	16
2020年	7	2	25	9	0	2	5	18	0	9	23
2021年	6	0	40	18	2	2	3	8	3	3	15
2022年	6	0	36	14	0	4	0	12	0	4	24
2023年	7	0	32	7	2	5	5	15	0	7	20

根据相关统计数据[3]，2018~2020年1月底，美国ITC立案的337调查中，涉及中国当事人的比例超50%。中国企业已逐渐成为337调查的主要对象。

尤其值得关注的是，337调查程序已经成为部分知识产权持有人挤压竞争对手业务空间的手段之一。近年来，由于TK公司品牌出海成绩斐然，因此外界推测该案为洗地机传统公司利用337调查对新兴公司的打压。

---

[1] The federal government's fiscal year runs from October 1 of one calendar year through September 30 of the next [EB/OL]. [2025-01-20]. https://www.usa.gov/federal-budget-process.

[2] Section 337 Statistics: Technology areas of accused products [EB/OL]. [2025-01-20]. https://www.usitc.gov/intellectual_property/337_statistics_types_accused_products_new_filings.htm.

[3] 范丽敏. 面对美国"337调查"，中企打响反击战！[EB/OL]. (2022-12-16) [2025-01-20]. https://mp.weixin.qq.com/s?__biz=MzU4NTU0NTQ1Ng==&mid=2247541025&idx=3&sn=131b19659b25dbf202e42eaec3e06920&chksm=fd8a82becafd0ba82d194e246936787c31dc1d8819606110a6831dfa4930efa6dc53606b9a6e&scene=27.

（二）马克曼听证

1. 马克曼听证的起源

马克曼听证又称权利要求解释听证（claim construction hearing），是美国专利诉讼中的一个重要环节。该程序起源于1996年美国联邦最高法院审理的案件 *Markman v. Westview Instruments Inc.*❶

在马克曼听证制度确立之前，美国对专利侵权诉讼中的权利要求解释，通常交由法院陪审团判断，且不会在诉讼文件上单独就陪审团这一问题的判断进行记录。1996年，美国联邦最高法院就 *Markman v. Westview Instruments Inc.* 案作出终审判决，认定权利要求的解释是法官应当处理的法律问题，而不是应当由陪审团认定的事实问题，尽管在解释权利要求书的过程中可能包含一些对于事实问题的解释，但是这样做并不违反美国宪法第7修正案赋予陪审团的权利。这一裁决标志马克曼听证制度的正式确立。

在337调查程序中，马克曼听证也比较常见。行政法官颁布的基本规则主要对美国ITC委员会规则（commissions' rules）作补充规定，其中包括了马克曼听证会及相关程序的要求。例如该案行政法官在基本规则中规定，双方应根据程序进度表中规定的日期，提交待解释权利要求术语清单，并在规定的日期前交换意见，协商缩小争议范围，并提交拟议权利要求解释的对比表，该对比表应确定所有当事人一致认为最有可能对解决争议具有重要意义的最多10个术语，包括那些可能对调查中的某个问题有决定性影响的术语。

2. 马克曼听证的解释依据

马克曼听证制度确立后，确认了在对权利要求进行解释所使用的证据。根据证据来源，分为内部证据（intrinsic evidence）和外部证据（extrinsic evidence）。❷ 内部证据包括专利本身及专利审查历史，而专家证词、教科书和学术著作等属于外部证据。

针对权利要求解释时是否可以将内部证据与外部证据一起使用一直存在争论，直到2015年，美国联邦最高法院明确权利要求解释只能使用内部证据，经审查仍不能明确的，才可以使用外部证据。❸

3. 马克曼听证结果的影响

马克曼听证通常涉及关键术语的定义，其结果常常决定案件的成败。这一程序

---

❶ 52 F. 3d 967（Fed. Cir. 1995）.
❷ *Vitronics Corp. v. Conceptronic, Inc.*, 90 F. 3d 1576, 1582（Fed. Cir. 1996）.
❸ *Teva Pharms. USA, Inc. v. Sandoz Inc.*, 135 S. Ct. 831（2015）.

有利于当事人对仍有争议的权利要求术语达成共识,可能促使原告撤回对无关的权利要求的调查申请,减少证据开示的范围,甚至导致提前结案。

例如,在337-TA-1133案件中,行政法官举行马克曼听证,就涉案专利有争议的权利要求术语解释听取双方当事人的主张,最终确认了11个权利要求术语的解释。该案中行政法官支持了被告关于3个权利要求术语的含义"不确定"的观点,最终原告针对涉及3个术语的权利要求,均申请撤回调查。

(三) 全球化应对策略

根据公开途径查询的信息,TK公司与B公司除了在美国进行的337调查及侵权诉讼,双方在中国同样进行了多轮交锋,涉及多件专利无效宣告请求及侵权诉讼,双方你来我往,互有胜负。鉴于双方不可避免的市场竞争,可以预见未来双方专利战仍会继续。

在全球化的商业竞争中,企业之间的对抗不单单是单一国家内的行动,往往会演变为一场跨国界的专利纠纷。在这样的背景下,每一场专利攻防战都是企业全球战略布局中的关键一环,关键案件的成败往往具有牵一发而动全身的效果,可能对企业在全球范围内的专利布局和市场竞争力产生深远的影响。

在此前提下,企业必须具备灵活多变的知识产权战略,以应对复杂多变的市场竞争。通过积极的知识产权布局,企业需打造覆盖核心技术领域的知识产权网络,形成坚实的知识产权护城河。同时,企业需建立完善的专利预警机制,通过持续监控市场和竞争对手的专利动态,及时发现并应对潜在的专利风险。

(供稿:丁超)

4

美国337调查之修改程序

该案涉及美国337调查案件中的修改程序。该案当事人分别为投诉方（专利权人）美国CGI公司和被投诉方中国TI公司及其关联公司，以及无锡ET公司。

该案的涉案专利为专利权人美国CGI公司涉及门禁系统的3件美国发明专利，具体信息如表1所示。

表1 涉案专利信息

公告号	发明名称	授权日
US7161319B2	具有串行数据通信功能的可移动障碍物操作器（movable barrier operator having serial data communication）	2007年1月9日
US7196611B2	障碍物移动操作器人机交互方法及装置（barrier movement operator human interface method and apparatus）	2007年3月27日
US7339336B2	可移动障碍物操作器自动力设置方法及装置（movable barrier operator auto-force setting method and apparatus）	2008年3月4日

一、案情介绍

该案涉及337调查案及其修改程序，以及与当事人相关的多方复审程序，该案具体流程如图1所示，下面将分别介绍具体案情。

（一）337调查及其上诉

2016年7月5日，美国CGI公司向美国ITC提出申请，指控向美国进口，或为了进口至美国，或在进口之后销售的"门禁系统及其零部件"侵犯了其3件美国发明专利权US7161319B2、US7196611B2以及US7339336B2，请求美国ITC发布普遍排除令或有限排除令以及禁止令。2016年8月3日，美国ITC决定启动337调查。[1]

---

[1] 该案案号为337-TA-1016。

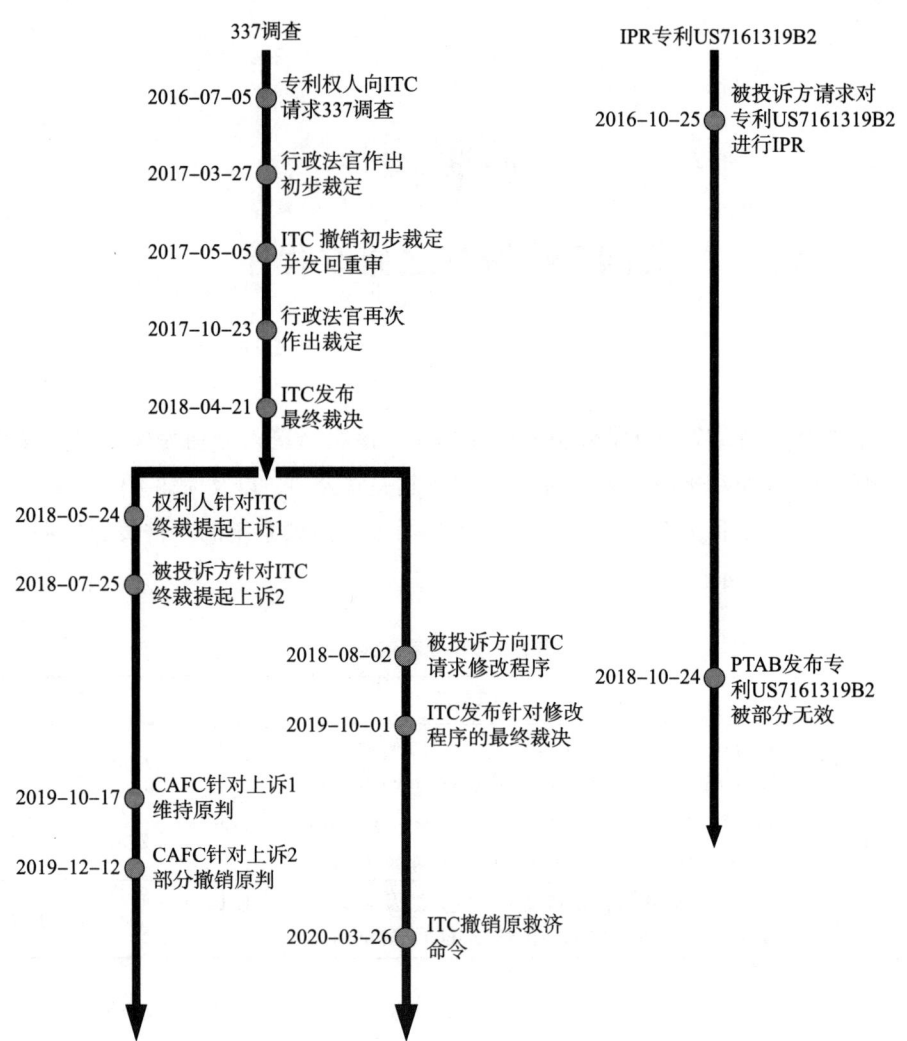

图 1 该案 337 调查及专利相关流程

2017年3月27日，行政法官作出了初步裁定，认定被诉产品没有侵犯专利 US7161319B2。其中，根据2017年1月26日行政法官对权利要求作出的解释，专利 US7161319B2 权利要求中的术语"wall console"被解释为"包括被动红外探测器的壁挂控制单元"，而被诉产品没有包含上述"wall console"。因此，行政法官在初步裁定中认定涉案产品没有侵犯专利 US7161319B2 专利权，且不存在实质性事实争议。

2017年5月5日，美国 ITC 针对行政法官的初步裁定进行了审查，具体如下。

第一，针对专利 US7161319B2，美国 ITC 认为术语"wall console"应具有其普通和通常的含义，即"壁挂控制单元"，而非行政法官基于说明书解释的"包括被动红外探测器的壁挂控制单元"。因此，撤销行政法官关于专利 US7161319B2 的初步裁定，并发回重审。

第二，针对专利US7196611B2，批准美国CGI公司请求终止调查关于该专利的所有主张。具体地，TI公司等被投诉方于2017年2月6日提交动议声称，有证据表明美国CGI公司在申请专利US7196611B2时故意隐瞒了现有技术信息，存在不正当行为（inequitable conduct）；美国CGI公司在2017年4月28日提出动议请求撤回基于专利US7196611B2的所有主张。

第三，针对专利US7339336B2，继续调查。

2017年10月23日，行政法官重新作出裁定，认为专利US7339336B2存在被宣告无效的可能，且不存在涉及专利US7339336B2的违反337条款的行为，以及专利US7161319B2具有非显而易见性，且存在涉及专利US7161319B2的违反337条款的行为。

2018年4月21日，美国ITC发布了最终裁决，确认了行政法官的裁定结果并发布了救济命令，具体如下。

第一，针对专利US7161319B2，确认被申请方的侵权行为，并发布有限排除令、禁止令。

第二，针对专利US7339336B2，美国ITC确认未发现侵权行为，并决定不对行政法官主张的"该专利是显而易见的"进行审查。

2018年5月24日，美国CGI公司不服美国ITC最终裁决中关于专利US7339336B2的决定，向美国联邦巡回上诉法院提起上诉。❶

2018年7月25日，TI公司等被投诉方被申请方不服美国ITC最终裁决中关于专利US7161319B2的决定，向美国联邦巡回上诉法院提起上诉。❷

针对上述两起交叉上诉案，美国联邦巡回上诉法院在合案审理后，先后发布了决定，具体如下。

第一，在18-2002案中，2019年10月17日，美国联邦巡回上诉法院决定维持原判，即维持美国ITC在最终裁决中认定的，确认未发现侵犯专利US7339336B2专利权的行为。

第二，在18-2191案中，2019年12月12日，美国联邦巡回上诉法院决定部分撤销美国ITC在最终裁决中认定的存在侵犯专利US7161319B2专利权的行为。具体地，美国联邦巡回上诉法院认为美国ITC在对专利US7161319B2的术语"wall console"的解释上存在错误，专利US7161319B2的保护范围不应包括"没有被动红外探测器的墙控单元"。

2020年3月26日，根据美国联邦巡回上诉法院关于18-2191案的判决结果，

---

❶ 该案案号为18-2002。
❷ 该案案号为18-2191。

美国 ITC 宣布撤销关于该 337 调查案的原救济命令。

（二）337 调查案的修改程序及其上诉

2018 年 8 月 2 日，TI 公司等被投诉方针对重新设计的车库门禁控制系统（Redesigned GDOs，以下简称"新设计"），向美国 ITC 请求修改程序（modification proceeding）。

2018 年 9 月 4 日，美国 ITC 决定启动针对新设计的修改程序，并确认专利 US7161319B2 为唯一涉案专利。同时，美国 ITC 指定行政法官决定是否对已发出的有限排除令、禁止令进行修改，以及其在修改程序中的具体权限。例如，进行必要程序、发出保护令、索取文件、证据开示、取证、举行听证会以及根据委员会规则从其他机构获取文件等。

2019 年 4 月 30 日，行政法官发布了关于修改程序的初步裁定。其中，行政法官建议修改前述发布的有限排除令、禁止令，使之不适用于 TI 公司等的新设计，因为新设计不具有"墙控台"和"电机驱动单元"之间的物理连接，也不存在等同侵权的可能。

2019 年 10 月 1 日，美国 ITC 发布了关于修改程序的最终裁决。其中，美国 ITC 确认新设计没有侵犯专利 US7161319B2 的任何权利要求。因此，新设计不受原始调查中发布的有限排除令、禁止令的约束。美国 ITC 决定另行发布修改的有限排除令、禁止令。

2019 年 10 月 23 日，美国 CGI 公司不服美国 ITC 关于修改程序的最终裁决，向美国联邦巡回上诉法院提起上诉。[1] 美国 CGI 公司最终在 2020 年 3 月 27 日主动撤回了上诉。

（三）IPR 程序及其上诉

在 337 调查期间，TI 公司等分别针对上述 3 件涉案专利向 PTAB 提出了多方复审请求，案件信息如表 2 所示。

表 2 多方复审案件相关信息

案号	涉案专利	请求时间	结果
IPR2017-00126	专利 US7161319B2	2016 年 10 月 25 日	权利要求 1~4、7、9~12 和 15 被无效，8 和 16 维持有效
IPR2017-00214	专利 US7196611B2	2016 年 11 月 10 日	权利要求 18~25 无效
IPR2017-00432	专利 US7339336B2	2016 年 12 月 6 日	PTAB 决定不启动多方复审程序

---

[1] 该案案号为 19-2429。

下述将以该337调查案主要涉及的专利US7161319B2的多方复审程序进行讨论。

2016年10月25日，TI公司等向PTAB请求对专利US7161319B2进行多方复审程序，涉及涉案专利权利要求1~4、7~12以及15~16。

2017年5月4日，PTAB决定启动多方复审程序，并在2018年8月7日举行了听证会。其中，争议焦点为，专利US7161319B2相对于现有技术的结合是否具有非显而易见性。具体如下。

TI公司等请求人主张，专利US7161319B2仅是将已知产品简单叠加，没有功能上的相互作用关系，亦没有产生超出预期的结果，因此相对于现有技术Doppelt文献、Jacobs文献、申请人自认的现有技术（applicant admitted prior art, AAPA）和Gilbert文献的结合不具有非显而易见性。

针对上述现有技术文献的结合，专利权人美国CGI公司辩称，Gilbert文献涉及家用电器，与专利US7161319B2（涉及车库门禁控制）的技术领域不同，导致现有技术文件之间缺乏结合启示。

2018年10月24日，PTAB作出了最终书面决定，认为专利US7161319B2的权利要求1~4、7、9~12和15相对于现有技术Doppelt、AAPA和Jacobs的组合是显而易见的，权利要求8和16相对于上述现有技术具有非显而易见性，因此，权利要求1~4、7、9~12和15被宣告无效，并维持权利要求8和16有效。

2019年4月4日，PTAB拒绝了美国CGI公司针对上述最终书面决定的复审请求。2019年5月6日，美国CGI公司针对最终书面决定提起上诉，之后主动撤回上诉请求。

二、处理结果

2019年10月1日，美国ITC发布了关于337调查修改程序的最终裁决，其中，美国ITC确认新设计没有侵犯专利US7161319B2的任何权利要求。

2020年3月26日，根据美国联邦巡回上诉法院关于上诉案（18-2191案）的判决结果，美国ITC宣布撤销关于该337调查案的原救济命令。

三、要点分析

该案中，双方当事人的争议焦点之一在于专利US7161319B2权利要求1、8中的术语解释。其中，专利US7161319B2的权利要求1、8如下。

1. An improved garage door opener comprising: a motor drive unit for opening and closing a garage door, said motor drive unit having a microcontroller and a wall console,

said **wall console** having a microcontroller, said microcontroller of said motor drive unit being connected to the microcontroller of the wall console by means of a digital data bus.

8. The garage door opener according to claim 7 wherein the **power conductors** convey both data and power.

（一）关于"wall console"

2017年3月27日，行政法官在初步裁定中认为术语"wall console"应被解释为"a wall-mounted control unit including a passive infrared detector"（包括被动红外探测器的壁挂式控制单元），并支持了被投诉方的以下观点。

第一，专利权人在专利US7161319B2的说明书中明确排除了不包括被动红外探测器的壁挂式控制单元。

根据专利US7161319B2说明书的文字记载，现有技术中将被动红外探测器放置在除"wall console"之外的其他位置的方式存在缺陷。例如，将被动红外探测器放置在车库门开启器的头部单元中，可能需要额外的对准机制以进行响应。针对现有技术中存在的缺陷，涉案专利中提供了一种包括被动红外探测器的壁挂式控制单元，且说明书记载的所有实施例中的"wall console"均包括被动红外探测器。

第二，专利权人在专利US7161319B2的审查过程中明确"wall console"包括被动红外探测器。

被投诉方引用了专利权人在专利US7161319B2审查过程中对审查员意见的回复。专利权人在意见陈述中特别强调了"wall console"包含被动红外探测器。

2017年5月5日，美国ITC在对上述行政法官的初步裁定进行复审时，认为术语"wall console"应解释为普通含义，而不须考虑是否包括被动红外探测器。原因在于专利US7161319B2的说明书和审查历史并未表明专利权人放弃了被动红外探测器的墙控制单元。

后续，行政法官于2017年10月23日再次作出裁定，将术语"wall console"解释为普通含义，并认定被诉产品侵犯了专利US7161319B2专利权。2018年4月21日，美国ITC发布了最终裁决，确认了行政法官的上述裁定结果。

但是，在被投诉方针对最终裁决的上诉案（18-2191案）中，美国联邦巡回上诉法院认为美国ITC在解释"wall console"一词时犯了错误，原因在于专利权人在专利US7161319B2的说明书中明确排除了不包括被动红外探测器的壁挂式控制单元。最终，美国联邦巡回上诉法院在2019年12月12日发布的判决中，推翻了ITC最终裁决中关于上述解释及相关侵权认定的部分。

（二）关于"the power conductors"

该案中，双方对于术语"the power conductors"含义的主要争议点在于，在专利

US7161319B2 中，连接车库门开启系统中两个主要组件之间的连接方式（即电机驱动单元和墙控制单元之间的连接方式）应该是指物理连接，还是可以包括物理连接与无线连接结合的方式。

其中，专利权人美国 CGI 公司认为，权利要求 8 中虽然使用了术语"the power conductors"，但是"物理连接与无线连接结合的连接方式"仍然属于权利要求 8 的保护范围。与之相对的，TI 公司认为应按照权利要求中术语"the power conductors"的一般含义进行解释。

最终，美国 ITC 在 2019 年 10 月 1 日发布的最终裁决中认定，专利 US7161319B2 的权利要求限定了电机驱动单元和墙控制单元之间的连接方式为物理连接，并基于上述解释，确定新设计采用的无线连接方式没有落入专利 US7161319B2 的保护范围，详见下述关于"修改程序"的分析。

修改程序是 337 调查中的正式法律程序，具体是指允许个人或实体基于法律或事实的变化，请求对美国 ITC 已发布的命令进行修改。修改程序的目的在于处理新产生的侵权行为，或者澄清新产品是否侵权。

在该案中，TI 公司等被投诉方在 2018 年 8 月 2 日向美国 ITC 请求启动修改程序，在请求动议中，TI 公司等被投诉方主要的理由如下。

第一，美国 CGI 公司针对专利 US7161319B2 的主张存在矛盾。

美国 CGI 公司在美国 ITC 针对原始涉案产品的调查中以及 PTAB 审理的相关多方复审案件中主张专利 US7161319B2 的保护范围包括"有线连接的墙控台和主单元"，而不包括"无线连接"。然而，在美国 ITC 针对新设计产品的调查中，美国 CGI 公司突然改变立场，声称部分有线、部分无线连接均属于专利 US7161319B2 的保护范围。

第二，美国 CGI 公司对于专利 US7161319B2 保护范围的解释过于宽泛。

美国 CGI 公司在对专利 US7161319B2 的解释中认为任何可能的通信系统，包括无线接收器安装在主单元内的电路板上，都会被认为是侵犯专利的行为。TI 公司等认为这种解释与美国 CGI 公司在之前的多个程序中的立场不符，同时也不符合专利的法律要求，即专利应该公开足够的细节和清晰的描述，以便他人在该领域进行创新。

第三，现有技术的使用。

TI 公司等认为，根据美国 CGI 公司对于专利 US7161319B2 权利要求的宽泛解释，现有技术文献 Doppelt 公开了美国 CGI 公司主张的专利 US7161319B2 中的多项权利要求，包括所有独立权利要求。此外，TI 公司等还认为，新设计中使用的微控制器之间的部分有线、部分无线连接等技术内容均被现有技术文献 Doppelt 公开。因此，美国 CGI 公司不能主张新设计侵犯了专利 US7161319B2 专利权，同时又认为专利 US7161319B2 是有效的。

基于上述理由，TI 公司等被投诉方认为启动针对新设计的修改程序具有一定紧迫性，且不需要额外的事实发现，对所有相关的问题都已经广泛地进行了听证。

另外，TI 公司等被投诉方在 2018 年 8 月 21 日答复美国 CGI 公司反对启动修改程序的意见时，还引用了相关判例来支持以下两个主要观点。

一是美国 CGI 公司针对专利 US7161319B2 权利要求解释的矛盾问题。

TI 公司等被投诉方认为美国 CGI 公司对于专利 US7161319B2 权利要求的解释涉及了司法"禁止反言"（judicial estoppel）问题，同时引用了判例 *Transclean Corp v. Jiffy Lube Int'l* 案［474 F.3d 1298，1307（Fed. Cir. 2007）］、*Data Gen. Corp. v. Johnson* 案［78 F.3d 1556，1564（Fed. Cir. 1996）］，以及 *HTC Corp. v. Cellular COMM's Equip., LLC* 案［701 F. APP'x 978，984（Fed. Cir. 2017）］来说明，如果一方在先前的法律程序中成功主张了某一立场，那么在后续的程序中，它将被禁止采取相反的立场，尤其是在其利益发生变化的情况下；而对于专利权人来说，其不能提供与先前立场相冲突的权利要求解释，因为这将损害对初始审判机构和对方当事人的利益。

二是美国 ITC 启动修改程序的合法性。

TI 公司等被投诉方认为美国 ITC 启动针对新设计的修改程序具有合法性和必要性，同时引用了判例 *Certain Network Devices, Related Software and Components Thereof*（*II*）案❶来说明美国 ITC 有先例支持通过修改程序来处理重新设计产品的专利侵权问题。

最终，在 2018 年 9 月 4 日，美国 ITC 根据美国联邦法规第 210.76 条决定就 TI 公司等被投诉方提出的修改程序请求进行审查，以确定其新设计是否侵犯专利 US7161319B2，并修改补救令以明确其是否覆盖新设计。同时，根据美国 ITC 在 2019 年 10 月 1 日作出的针对修改程序的最终裁决，其认为新设计采用了无线连接方式替代了原始产品中微控制器采用的有线连接方式，从而避免落入涉案专利 US7161319B2 的权利要求 8 的保护范围，也就是说，新设计没有侵犯专利 US7161319B2 的任何权利要求，无论是字面上的侵权还是等同侵权。因此，新设计不受原始调查中发出的有限排除令、禁止令的约束。

四、启示借鉴

近年来，随着中国企业竞争力的增强，中美两国企业之间的知识产权摩擦也不断加剧。在此背景下，美国 337 调查对中国企业的影响日益显著，一旦遭遇美国 ITC

---

❶ 该案案号为 337-TA-945。

裁决中国企业违反337条款，中国企业将面临产品禁售以及出口业务受限等问题。该案涉及的337调查中的针对新设计修改程序是减少上述损失的途径之一。

337调查中的修改程序存在多年，其中针对新设计的修改程序最早起源于美国ITC发布的试点项目"Pilot Program Will Test Expedited Procedures For USITC Modification and Advisory Opinion Proceedings"。

该试点项目旨在解决337调查案件当事人对于美国ITC发布的关于违反337条款的救济命令，是否涵盖新产品或重新设计的产品的困惑。根据该试点项目，任何人均可以通过向美国ITC提交请求来启动修改程序，通过陈述有关重新设计的产品或新产品是否包含在现有的排除令、同意令或禁止令中的事实，以解决该命令是否应将重新设计的或新产品排除在外的问题。

修改程序的请求人可以是专利权人、被投诉方，甚至是行政法官主动发起对新设计的调查。例如，在本案和 *Certain Human Milk Oligosaccharides and Methods of Producing the Same* 案❶中，均是由被投诉方提出的修改程序请求。

在337-TA-1120案中，2018年6月21日，美国ITC启动了专利权人G请求的针对被投诉方JBG关于特定人乳低聚糖及其生产方法的337调查。在调查过程中，JBG请求对其TTFL12替代菌株进行侵权审理，虽然行政法官在初步裁定中拒绝了上述审理请求，理由是G没有提出针对该替代菌株的侵权指控，但美国ITC后续推翻了行政法官的上述裁定，认为应该针对TTFL12替代菌株进行审理。最终，美国ITC认定TTFL12替代菌株不侵犯G主张的权利要求。

除了被投诉方可以提出修改程序的请求，在337-TA-945案中，专利权人提出了修改程序请求。具体地，2015年1月27日，美国ITC启动了Cisco指控Arista侵犯其多项专利的337调查请求。2017年11月1日，美国ITC根据Cisco的请求启动了修改程序，以确定Arista重新设计的产品是否侵犯了原始调查中认定的两件涉案专利（US7224668B1、US6377577B1）。2018年3月23日，行政法官认为Arista重新设计的产品侵犯了专利US7224668B1的相关权利要求，但未侵犯专利US6377577B1的相关权利要求。需要说明的是，在后续的专利无效上诉案中，美国联邦巡回上诉法院认定专利US7224668B1的权利要求无效，美国ITC因此暂停（Suspend）了关于专利US7224668B1的修改程序。

除了上述两种请求方式，行政法官也可以主动发起对于新设计的调查。在337-TA-796案中，行政法官主动针对重新设计的产品进行了调查。具体地，美国ITC在2011年8月5日启动了关于苹果公司与三星公司的337调查，苹果公司声称三星公司进口、销售电子数字媒体设备及其组件涉嫌侵犯其拥有的多项美国专利。行政

---

❶ 该案案号为337-TA-1120。

法官在调查中考虑了三星公司重新设计的替代产品，并在初步裁定中认定该替代产品没有侵犯苹果公司主张的4件涉案专利。最终，美国ITC确认了行政法官关于替代产品的初步裁定，即替代产品没有侵犯苹果公司主张的涉案专利。

由此可见，专利权人和337调查中的被投诉方均可向美国ITC请求启动针对重新设计的产品或新产品的修改程序，但是美国ITC拥有是否启动修改程序的自由裁量权。例如，在 Certain Digital Video Receivers and Hardware and Software Components Thereof 案❶中，美国ITC拒绝了针对替代设计产品的侵权审理。具体地，美国ITC于2016年5月26日启动了专利权人Rovi等关于数字视频接收器及其硬件和软件组件的337调查请求，被投诉方为Comcast等公司。在调查期间，Comcast提出了两种替代设计方案以规避Rovi的涉案专利权。美国ITC在评估上述方案后认为，有证据显示Comcast所提出的替代设计方案尚未最终确定，也就是说，这些设计可能还在开发阶段，没有达到可以进行生产和商业化的程度，鉴于这些方案的不确定性，并不适合对其进行侵权判定。

综上所述，337调查中的修改程序既可以作为专利权人将涉案产品的替代方案补充其救济措施涵盖范围的手段，亦可以成为被投诉方将新设计排除在救济措施之外的途径。例如，当美国ITC已经发布针对原始被控产品的禁止令，被投诉方可以通过申请修改程序，请求美国ITC将新设计排除在针对原始被控产品的禁止令之外。特别是对于被投诉方来说，可以将修改程序与其他法律途径结合来应对337调查。在该案中，被投诉方不仅提出了针对新设计的修改程序，同时请求了针对涉案专利的多方复审程序，以及针对美国ITC发布的违反337条款的裁决的上诉程序，有效利用了专利权人在多种程序中对于权利要求的解释不一致等，使得新设计的产品规避了涉案权利要求，并且在针对原始337调查的上诉程序中获得了胜利。

因此，对于中国企业而言，熟悉并善用美国的知识产权制度，形成综合应对策略，不仅是应对337调查的有效手段，而且是企业长远发展的重要保障。通过这些措施，企业可以在遵守国际规则的同时，保护自身的合法权益，实现可持续发展。

（供稿：王煦莹）

---

❶ 该案案号为337-TA-1001。

5

美国 337 调查之证据开示及专利不可执行

该案涉及美国 337 调查的证据开示及专利不可执行的情形。涉案当事人分别为投诉方（专利权人）美国 WAC 公司和被投诉方美国 CL 公司、中国广东 SWL 公司、美国 cBL 公司、美国 DMC 公司、美国 FC 公司、美国 LE 公司、中国江苏 SL 公司。

涉案专利为美国 WAC 公司拥有的 2 件美国发明专利（以下统称"涉案专利"），具体信息如表 1 所示。

表 1 涉案专利信息

公告号	发明名称	涉及权利要求
US10571101B2	照明方法和装置	1~6, 8~13, 18
US10920971B2	(LED lighting methods and apparatus)	1, 7, 8, 9

一、案情介绍

2021 年 3 月 8 日，美国 WAC 公司向美国 ITC 提出 337 调查申请。[1] 美国 WAC 公司在起诉书中指控被投诉方的发光二极管（LED）景观照明设备及其组件侵犯了其两件专利的某些权利要求，请求发布永久性有限排除令、禁止令，禁止被投诉方及其子公司、相关公司、分销商和代理商进口、销售、使用相关侵权产品等。

2021 年 4 月 8 日，美国 ITC 发布调查通知，准许调查美国 WAC 公司提出的投诉请求，并指出被投诉方应当在收到投诉书和调查通知后 20 天内作出回应，未及时回应可能导致对被投诉方不利的推论。

2021 年 4 月 15 日，美国 WAC 公司向美国 LE 公司和中国江苏 SL 公司提出证据开示请求（discovery requests）。美国 LE 公司和中国江苏 SL 公司分别于 2021 年 5 月 10 日和 14 日回应了美国 WAC 公司的请求。在美国 WAC 公司提交强制动议之前，

---

[1] 该案案号为 337-TA-1261。

美国LE公司和中国江苏SL公司多次补充了对美国WAC公司询问的回应，但美国WAC公司认为回应存在缺陷，并于2021年6月24日提交了一项动议，请求强制被投诉方美国LE公司和中国江苏SL公司提供部分技术信息和文件。2021年6月25日，即美国WAC公司提交强制动议的第二天，美国LE公司和中国江苏SL公司第8次补充了其请求回应。2021年8月13日，美国ITC发布第16号初步裁定，部分支持了美国WAC公司的动议，认为美国LE公司和中国江苏SL公司对美国WAC公司的请求回应在某些方面存在缺陷，要求其补充回应。

2021年6月14日，针对美国WAC公司对被投诉方美国cBL公司未回应投诉书和调查通知等情况进行听证的请求，美国ITC发布第9号初步裁定，批准了美国WAC公司的动议，要求美国cBL公司在2021年7月6日前说明为何不回应投诉书和调查通知等。2021年7月9日，由于美国cBL公司未对第9号初步裁定作出回应，也未回应投诉书和调查通知，因此美国ITC发布第13号初步裁定，宣布美国cBL公司缺席审判，相当于其放弃了出庭、被送达诉讼文件以及对此次调查中有争议的指控提出异议的权利。2021年7月29日，美国ITC决定不复审第13号初步裁定，确认美国cBL公司缺席审判。

2021年6月17日，美国WAC公司提出动议，请求对被投诉方美国DMC公司和美国FC公司未回应投诉书和调查通知等情况进行听证。2021年7月8日，美国ITC发布第12号初步裁定，要求美国DMC公司和美国FC公司在7月29日前说明为何不回应投诉书和调查通知等。2021年8月4日，由于美国DMC公司和美国FC公司未对第12号初步裁定作出回应，也未回应投诉书和调查通知，因此美国ITC发布第14号初步裁定，认定美国DMC公司和美国FC公司缺席审判。2021年8月18日，美国ITC决定不复审第14号初步裁定，确认美国DMC公司和美国FC公司缺席审判。

2021年7月8日，针对美国WAC公司于2021年5月28日提交的动议，请求驳回被投诉方美国CL公司和中国广东SWL公司关于"不正当行为"（inequitable conduct）的辩护，美国ITC发布第11号初步裁定，部分批准部分驳回了美国WAC公司的动议。

2021年8月31日，美国LE公司和中国江苏SL公司提出动议，请求基于同意令（consent order）来终止对其调查，其他被投诉方和投诉方均表示不反对。2021年9月8日，美国ITC发布第18号初步裁定，认为同意令忽略了对专利US10571101B2中权利要求18的引用，因此该动议被驳回。

2021年9月10日，美国LE公司和中国江苏SL公司提交第二次动议，再次请求基于同意令终止对它们的调查。在同意令中，美国LE公司和中国江苏SL公司同意不向美国进口，或为了进口至美国，或在进口之后销售侵犯涉案专利权利要求的产品，除非得到美国 WAC 公司的同意或许可。针对该动议，美国 ITC 发布第 20 号初步裁定，同意终止对美国 LE 公司和中国江苏 SL 公司的调查。

2021 年 9 月 20 日，美国 WAC 公司与美国 CL 公司共同提交了一份动议，请求基于和解协议终止对美国 CL 公司的调查。2021 年 9 月 24 日，美国 ITC 发布第 22 号初步裁定，决定终止对美国 CL 公司的调查，并批准了对和解协议的保密处理请求。2021 年 10 月 14 日，美国 ITC 决定不复审第 22 号初步裁定，终止对美国 CL 公司的调查。

2021 年 9 月 21 日，美国 WAC 公司与中国广东 SWL 公司和解，请求终止调查。2021 年 9 月 24 日，美国 ITC 发布第 23 号初步裁定，决定终止对中国广东 SWL 公司的调查。2021 年 10 月 26 日，美国 ITC 决定不复审第 23 号初步裁定，并向中国广东 SWL 公司发布同意令，对中国广东 SWL 公司调查终止。

2022 年 1 月 6 日，针对 3 家因未回应投诉书和调查通知等而被认定缺席审判的被投诉方，美国 ITC 发布有限排除令和禁止令。至此，对美国 cBL 公司、美国 DMC 公司和美国 FC 公司的调查结束。

二、处理结果

针对美国 cBL 公司、美国 DMC 公司和美国 FC 公司，美国 ITC 发布有限排除令和禁止令。对于美国 CL 公司、中国广东 SWL 公司、美国 LE 公司和中国江苏 SL 公司，美国 ITC 均因和解或同意令而终止调查。

三、要点分析

337 调查是美国 ITC 依据美国 1930 年关税法第 337 节的有关规定，针对在美国进口贸易中的知识产权侵权行为以及其他不公平竞争行为开展调查的一项准司法程序，美国 ITC 可以作出裁决，确定被投诉方是否侵权及是否有必要采取救济措施。

337 调查的基本程序主要包括立案、证据开示、庭审、行政法官初步裁定、美国 ITC 复审与最终裁决、总统审查以及上诉等。

当事人在 337 调查应诉中的主要工作之一是在证据开示程序中提供证据。具体到该案，投诉方美国 WAC 公司曾向美国 LE 公司和中国江苏 SL 公司（两个被投诉方为子母公司关系，以下统称"LE 公司"）提出证据开示请求，在被投诉方回应之后，美国 WAC 公司认为被投诉方的回应存在以下三类信息不足。

（一）被指控产品的识别

美国 WAC 公司要求 LE 公司确认被指控的 LE 公司产品，并提供每种产品的内部名称；对于每个有争议的产品，以图表形式确定：①产品名称；②产品编号；③产品所属的系列或产品；④产品类型；⑤产品的任何内部名称、代码名称或项目名称；⑥用来指代该产品的任何其他名称。

（二）技术文件

美国 WAC 公司要求 LE 公司提供与被控产品的设计、功能、结构和操作有关的所有文件。例如计算机辅助设计（CAD）文件、材料清单和制造/工艺流程。

（三）每个被指控产品的技术文件的标识

按型号指示与每个技术文件相对应的产品。

最终，美国 ITC 支持了美国 WAC 公司的请求，要求 LE 公司补足相关资料。

除此之外，在 337 调查过程中，作为抗辩理由，被投诉方允许对涉案专利提出"无效或不可执行"（unenforceability），即专利权人的不正当行为或不公平行为，会导致诸如专利权人不可获得救济的结果，作为抗辩理由。在该案审理过程中，被投诉方美国 CL 公司和中国广东 SWL 公司也曾指出涉案专利应当被无效且不可执行。美国 CL 公司和中国广东 SWL 公司主张：由于美国 WAC 公司在专利 US10571101B2 申请过程中未披露公开在先的飞利浦 BL9 景观灯具和 IL9 景观灯具，因此涉案专利不可执行。美国 ITC 裁定认为由于美国 CL 公司和中国广东 SWL 公司未能提供支持关于 IL9 景观灯具公开在先的具体分析，因此批准了美国 WAC 公司要求驳回 IL9 景观灯具相关辩护的动议。对于 BL9 景观灯具，美国 CL 公司和中国广东 SWL 公司已经按照规定给出了具体的辩护理由，因此拒绝了美国 WAC 公司要求驳回与 BL9 景观灯具相关辩护的动议。

四、启示借鉴

证据开示是 337 调查过程中的一项重要环节。立案后，一方当事人可以通过口头询问、书面提问、书面质询、出示文件或物品，进入对方当事人的现场进行检查或其他途径提出与案件请求或抗辩有关的问题，对方当事人作出的答复可以作为证据使用。如果当事人未在规定时间内进行答复，拒绝提供相关证据，提供的信息不完整或不准确，拒绝配合现场检查或拒绝提供证人证言等，可能被认为对证据开示请求的回应不充分。在该案调查过程中，投诉方一方曾要求被投诉方在证据开示程序中提供资料，并在认为对方的回应存在不足时请求重新提供，且获得了美国ITC的支持。在337调查中，当事人可以考虑在证据开示环节有针对性地提出要求或问题，并在答复对方要求或问题时全面考虑，尽可能避免答复成为不利证据。

与337调查中一方当事人可以向另一方当事人请求提供证据不同，在中国进行专利维权时，只有当投诉方已经尽力举证但仍然无法获取某些证据或资料时，才可以请求法院或行政机关向被诉方调取，且调取程序由法院或行政机关执行或主导。

此外，该案审理过程中被投诉方曾提出专利不可执行，理由是美国WAC公司在专利申请过程中未充分披露现有技术。专利的不可执行在涉及专利有效性或侵权的诉讼中可以作为抗辩理由，具体是指由于某些特定情况或行为，投诉方无法行使其专利权，或者在法律上不能被用来阻止他人使用、销售或进口专利产品或方法。

专利的不可执行通常与违反诚信义务和/或其他法律原则有关。诚信义务要求申请人在专利申请过程中向USPTO披露所有实质性信息。如果申请人未能满足这一要求，专利可能会被认定为不可执行。

在美国专利申请过程中，申请人经常被要求提交信息披露声明（information disclosure statement，IDS）文件，将自己已知的所有相关现有技术资料提供给USPTO，以方便专利审查，即要求申请人充分披露现有技术。该案中，被投诉方认为投诉方作为飞利浦的竞争对手，在知晓飞利浦相关产品（即BL9和IL9景观灯具）的情况下，理应在申请阶段向USPTO充分披露该现有技术，但其并未进行披露，因此获得授权的专利是不可执行的。可以说，在美国申请专利过程中，"充分披露现有技术"是对专利申请人提出的一项较高要求，并且其披露程度可能影响后续专利审查及授权后的维权行为。

相较而言，中国专利申请虽然要求说明书中包括"背景技术"，申请人通常也会在背景技术中披露其申请的现有技术，并针对现有技术中存在的技术问题进行改进，但并不规定申请人披露现有技术的程度，即使背景技术未披露可能影响专利新颖性或创造性的现有技术，在专利处于有效状态时仍可以行使权利。

与美国法律中诚信义务类似，中国于2023年修订的《中华人民共和国专利法实施细则》第11条规定："申请专利应当遵循诚实信用原则。提出各类专利申请应当以真实发明创造活动为基础，不得弄虚作假"，并且上述规定是驳回条款和无效条款，且属于专利复审和无效过程中合议组可以依职权引入的条款。上述修订首次在我国专利申请和确权过程中引入诚信原则，在侵权诉讼和无效过程中当事人可以充分予以考虑。

总体来说，该案最终的结局是投诉方通过337调查打击了竞争对手的产品对其在美国市场的影响，但过程中也经历了被投诉方对专利可执行性的挑战。对于中国企业来说，产品出口到美国之前应当做好风险预期，例如进行 FTO 风险排查，了解美国风险专利现状，尽可能避免专利侵权情况出现。此外，由于中美专利法律法规的区别较大，美国的法律和流程复杂程度均较高。如果面临 337 调查，中国企业应当积极应对，必要时可以寻求经验丰富的律师帮助。如果确认无法规避侵权，可以考虑与投诉方进行充分沟通，达成和解，尽可能降低成本和损失。

（供稿：褚晓慧）

6

美国 337 调查之不正当行为对专利行使的影响

该案涉及美国 337 调查案件中不正当行为（inequitable conduct，也称为不公平行为）对专利行使的影响。涉案专利权人为美国 LL 公司，被投诉方包括 3 家美国婴儿产品生产企业（BT 公司、EBCI 公司、BB 公司），以及 4 家中国江苏纺织、家纺领域的贸易企业（无锡 KT 公司、靖江 DPG 公司、江苏 MT 公司和南通 SKHT 公司）。

涉案专利 US8172116B1，为莉丝贝思·勒汉（Lisbeth Lehan）（挪威公民）及其丈夫斯蒂芬·勒汉（Stephen Lehan）（美国公民）作为共同发明人于 2008 年 7 月 28 日申请的美国发明专利，其发明名称为："具有适应性腿部支撑的儿童背袋"（Child carrier having adaptive leg supports），授权日为 2012 年 5 月 8 日。

一、案情介绍

2019 年 3 月 6 日，专利权人美国 LL 公司向美国 ITC 提出 337 调查立案申请，主张被投诉方向美国进口，或为了进口至美国，或在进口之后销售特定儿童背袋及其组件的行为，侵犯了其美国公告号为 US8172116B1 的发明专利权，违反了美国 1930 年关税法第 337 节的相关规定，向美国 ITC 请求发布普遍排除令、有限排除令以及禁止令。

2019 年 4 月 10 日，美国 ITC 启动对特定儿童背袋及其组件的调查。[1]

在 337 调查期间，部分被投诉方因同意令或与申请人达成和解而被终止调查。上述涉案 4 家中国江苏企业，由于未能对 337 调查通知作出回应，被列为缺席被告。

2019 年 4 月 16 日，被投诉方 BT 公司、EBCI 公司以及 BB 公司请求披露涉案专利发明人变更的相关文件。

2019 年 8 月 6 日，被投诉方 BT 公司、EBCI 公司以及 BB 公司提交动议，认为美国 LL 公司在专利申请期间存在不正当行为（inequitable conduct），主张专利不可执行，

---

[1] 该案案号为 337-TA-1154。

即专利权人的不正当行为或不公平行为，会导致诸如专利权人不可获得救济的结果。关于不公平行为的证据，主要内容如下。

2008年7月28日提交涉案专利申请时，发明人Lisbeth Lehan及其丈夫Stephen Lehan分别签署并向USPTO提交了宣誓声明（sworn declarations），声称二人均为该专利申请的原始发明人。二人在声明中承认知晓其有义务披露对可专利性有重要意义的信息，称其声明是真实的，知晓故意虚假声明等行为将被处以罚款或监禁，且知晓故意虚假声明可能会损害专利申请和授权专利的有效性。

2018年7月31日，Lehan夫妇变更了发明人信息，将Stephen Lehan从发明人中删除。

针对该动议，专利权人美国LL公司答辩如下。

首先，相关法律已经废除，美国发明法案（American Invents Act，AIA）修订了美国专利法第256条，消除了对专利申请人在专利授权后寻求纠正发明人信息的调查。根据该规定，如果可以按照该条的规定进行更正，则遗漏发明人或指定非发明人的错误不会导致发生该错误的专利无效。

其次，虚假声明的非实质性。从法律层面，错误地加入Stephen Lehan，并没有给Lehan夫妇带来可实施性或专利强度的利益，不属于"实质性要件"（but-for materiality），即不添加Stephen Lehan不会导致专利无法获得授权。

最后，不存在欺骗意图。Lehan夫妇错误地理解了专利法，且未寻求代理所意见，因此不存在欺骗意图。

2019年10月4日，行政法官批准了该项动议。

2019年11月6日，被投诉方BT公司、EBCI公司以及BB公司提交动议，认为专利权人美国LL公司缺乏权利基础，请求终止调查。

2019年11月8日和2019年12月6日，专利权人美国LL公司分别提交动议，请求部分终止该调查，撤回涉案专利部分权利要求的侵权调查，行政法官批准了该动议。至此，专利权人美国LL公司所主张的权利基础仅为涉案专利的权利要求18。

2020年3月10日，行政法官作出初裁（initial determination），认定被投诉方BT公司、EBCI公司和BB公司不违反337条款，理由在于涉案专利权利要求18不具有非显而易见性，专利申请审查期间存在不公平行为而不可执行，被投诉方BT公司、EBCI公司和BB公司的产品不涉及侵权等行为。

2020年5月11日，美国ITC对初裁的结果进行部分复审，并作出最终裁决。

二、处理结果

在行政法官2020年3月10日的初裁结果中，认定被投诉方BT公司、EBCI公司和 BB 公司向美国进口，或为了进口至美国，或在进口之后销售特定儿童背袋及其组件的行为，未侵犯涉案专利的专利权，未违反 337 条款的相关规定。具体如下。

① 美国 ITC 对涉案双方当事人、调查事项，以及被调查产品均拥有管辖权；

② 被调查产品满足 337 条款的进口条件；

③ 专利权人美国 LL 公司具有提起 337 调查的权利基础，驳回第 1154-034 号动议；

④ 涉案专利的权利要求 18 相对于在先专利 US4986458B 不具有非显而易见性；

⑤ 涉案专利的权利要求 18 相对于在先专利 US4986458B 及本领域普通技术人员的认知，不具有非显而易见性，应当无效；

⑥ 涉案专利的权利要求 18 不清楚；

⑦ 涉案专利的权利要求 18，因专利申请过程中的不公平行为而不可执行；

⑧ 没有证据表明被控产品侵犯涉案专利的权利要求 18；

⑨ 如果涉案专利的权利要求 18 有效且可执行（如专利权人获得救济），那么专利权人美国 LL 公司对该权利要求的实施满足"国内产业"要件的技术要素；

⑩ 如果涉案专利的权利要求 18 有效且可执行，则与该权利要求所保护的物品有关的支出将满足"国内产业"要件的经济要素；

⑪ 进口或销售涉嫌侵犯涉案专利权利要求 18 的特定儿童背袋及其组件，未违反 337 条款；

⑫ 被投诉方 JB 公司和 BB 公司因和解而终止诉讼，批准第 1154-055 号动议。

2020 年 5 月 11 日，美国 ITC 对行政法官的初裁进行部分复审，具体如下。

① 对涉案专利权利要求 18 相对于现有技术或现有技术的结合是否具有显而易见性，不持任何立场；

② 对涉案专利权利要求 18 是否因专利申请过程中的不公平行为而不可执行，不持任何立场；

③ 专利权人美国 LL 公司对涉案专利的实施满足"国内产业"要件的经济要素；

④ 裁定的其余内容不予审查。

最终，美国 ITC 认为，一方面涉案专利的权利要求 18 相对于在先专利 US4986458B 可能被无效，另一方面涉案产品不侵犯涉案专利的权利要求 18。

基于上述原因，美国 ITC 作出最终裁决，未发现违反 337 条款规定的侵权行为，不建议对被投诉方等被诉产品发布有限排除令或禁止令。

三、要点分析

该案涉及不正当行为对于专利可执行性（如专利权人是否应获得相应救济）的

影响。

根据 *Therasense, Inc. v. Becton, Dickinson & Co.* 案 [649 F.3d 1276, 1285 (Fed. Cir. 2011)] 的标准，不正当行为要求证明以下两点。

一是欺骗 USPTO 的明确意图（intent to deceive）。二是实质性要件，如果没有虚假陈述或遗漏，专利就不会被授权。同时，明确了"实质性"的一个例外，即"严重不当行为"的肯定行为，如提交了明确无误的虚假宣誓书，即使该不当行为不会影响专利的颁发，也会被认定为具有实质性。

进一步地，*Outside the Box Innovations, LLC v. Travel Caddy, Inc.* 案 [695 F.3d 1285, 1290 (Fed. Cir. 2012)] 明确了虚假宣誓书或声明本身就是实质性的。

具体到该案，针对专利权人美国 LL 公司的不正当行为，行政法官有以下两个方面的考量。

第一，宣誓声明具有实质性。

针对被投诉方 BT 公司、EBCI 公司以及 BB 公司提出的涉案专利发明人变更的文件披露请求，专利权人美国 LL 公司在回复 Stephen Lehan 对涉案专利所作贡献时表示，Stephen Lehan 对涉案专利没有贡献且不是涉案专利的发明人之一，而专利权人在明知相关事实的情况下，仍在专利申请时，提交 Stephen Lehan 为发明人的宣誓声明。显然，Lehan 夫妇在专利权方面作了虚假声明，这点对于专利权是至关重要的。

第二，Lehan 夫妇提交虚假声明的行为存在明显欺骗意图。

Stephen Lehan 表示，他不记得在签署发明人声明之前是否阅读过该声明，并表示其不了解提交专利申请时发明人的法律概念。Stephen Lehan 还表示，将自己的名字写在专利申请中，是出于一种"误解"——由于他的妻子不是美国公民，他们错误地以为如果美国公民的名字写在专利上，会对专利起到更好的保护作用，并且以为虽然非美国公民也可以获得专利，但在申请中加入美国公民的名字可以提高专利的保护强度或持久性。

在听证会上，Lehan 夫妇声称他们误解了法律，混淆了公民身份与发明权的相关性和公民身份与美国 LL 公司所有权的相关性。行政法官认为其在听证会上的证词不可信，其证词与 Stephen Lehan 之前的证词背道而驰。之前的证词中，Stephen Lehan 表示，他被列为发明人的"唯一原因"是"Lisbeth Lehan 不是美国公民"且"不知道还有其他原因"，但在听证会上，他又表示将他列为发明人的决定"与公司的所有权有关"。

根据相关事实，可以推断涉案专利的专利申请代理人 Dr. Tobey 应当已经向 Lehan 夫妇解释过发明专利权的法律要求，但其依然签署了声明。

由此可见，Lehan 夫妇有向 USPTO 提交虚假声明的明确动机，且是有意提交该声明，存在有意欺骗 USPTO 的明确意图。

行政法官经调查发现，专利权人将 Stephen Lehan 列为涉案专利发明人的行为，满足上述两条不公平行为的认定标准，因此认定涉案专利不可执行。

四、启示借鉴

当中国企业在美国遭遇 337 调查或知识产权侵权诉讼时，面对复杂的法律环境和激烈的市场竞争，采取多角度的应对策略是非常必要的。除了常见的法律应对手段，如应诉、和解、反诉等，还可以针对涉案专利的缺陷进行分析和探讨，例如，该案中专利申请过程中的不正当行为。

美国联邦法规第 37 卷第 1.56 条（37 CFR § 1.56）规定，向 USPTO 提出专利申请的过程中，申请人应负有"坦率和诚信义务"（duty of candor and good faith），并强调对于在专利申请中实施或企图实施对 USPTO 的欺诈行为，或因恶意或故意不当行为而违反了披露义务的，则将不予授予专利权。该规定，奠定了美国专利授权过程中不正当行为导致专利不可执行的法律基础。

根据美国专利法第 282 条的规定，在专利有效性及专利侵权诉讼中，可基于不可执行进行司法抗辩。❶ 美国专利审查程序手册第 2016 条（Manual of Patent Examining Procedure，MPEP）也规定，在专利申请或专利的任何权利要求中存在欺诈、不正当行为或违反披露义务的，将导致该专利申请或专利的所有权利要求无法授权或无效。一旦法院认定存在不公平行为，整个专利将不可执行。

美国专利法第 115 条规定，专利申请的发明人或共同发明人本人应签署誓言声明，声明其本人为专利申请的发明人。该案中，专利权人在专利申请过程中签署了上述誓言声明，行政法官认定该声明属于虚假声明，构成不正当行为。因而，行政法官在初裁中裁定涉案专利不可执行。

从此案件可以看出，对于在美国从事经营活动的中国企业来说，遭遇 337 调查时，除了进行不侵权抗辩、对专利的有效性发起挑战等抗辩手段，还需要特别关注专利的审查历史，在充分阅读审查档案后，除了明确权利要求保护范围以及禁止反悔等常见问题，还可以进一步寻找案件的其他突破口，例如该案中的不正当行为——发明人或共同发明人作出虚假声明等，从而寻求获得有利判决。

另一方面，对于计划在美国申请专利的中国企业来说，在美国专利申请中，应当尤其注意避免不正当行为，以免在专利维权时遭遇专利被裁定不可执行的情形。

基于上述裁定，虽然该专利权法律状态仍然为有效，但是，由于其"不可执行"，几乎与该技术本身进入了任何人均可以使用的公有领域无异。并且，这样的效

---

❶ *Therasense, Inc. v. Becton, Dickinson & Co.*, 649 F. 3d 1276, 1285 (Fed. Cir. 2011).

力是针对全部权利要求的。更有甚者,考虑到不公平行为的严重性,当事人还可能面临相应处罚。

在美国专利法中,"坦率和诚信义务"是申请人、发明人、专利代理人和律师在与 USPTO 互动时必须遵守的基本原则。涉及该原则,除了上述讨论的不公平行为,在美国专利申请中,申请人还需特别关注信息披露(information disclosure statement, IDS)制度。根据美国联邦法规第 37 卷第 1.56 条,在美国专利申请过程中,专利申请的每一位发明人,参与专利申请和审查过程的每一位律师和专利代理人,以及其他实质性地参与专利申请和审查过程,且与发明人或者受让人有关联的人,对专利申请有关的重要信息都负有披露的义务,直至专利被撤回、放弃或获得授权。

根据信息披露制度,向美国递交专利申请时,应提交其知晓或可能知晓的重要信息,如美国以外的相关专利申请中引用的对比文件,与正在申请的美国专利申请有关的信息,与相关诉讼和/或授权后程序有关的信息,从其他专利中复制的权利要求有关的信息等。

递交美国专利申请,如不履行信息披露义务,可能导致一系列的不利后果,如专利的有效性受到质疑、专利不可执行等。

实践中,因专利权人未尽到信息披露义务,而被法院认定其专利在专利申请过程中存在不正当行为而导致专利无法实施的案例并不在少数。例如,在 *Regeneron Pharmaceuticals v. Merus N. V.* 案 [No. 16 - 1346 (Fed. Cir. 2017)] 中,被告 Merus 指控:①专利权人 Regeneron 代理律师在专利审查过程中知晓与涉案专利实质相关的 4 份公开文件(涉案专利的子案及其同族欧洲专利审查过程中,由第三方提交的公众意见中的对比文件),但其向 USPTO 隐瞒了这些文件;②上述 4 份公开文件的共同作者是专利权人 Regeneron 的员工,该员工在涉案专利申请过程中,曾与专利发明人就这些文件进行过沟通,因此专利权人应当知晓上述 4 份公开文件。

基于上述事实,被告 Merus 认为专利权人 Regeneron 应当知晓这些文件而故意隐瞒,构成不公平行为,因此涉案专利不可执行。

法院推定专利权人 Regeneron 不向 USPTO 披露这些文件的行为存在恶意,属于故意隐瞒行为,且经过权利要求解释和分析,这些文件属于实质相关文件(若审查员知晓这些文件,将据此驳回涉案专利申请)。因此,法院认定专利权人故意隐瞒与专利性实质相关的材料,违反披露义务而构成专利申请过程中不公平行为,进而判定涉案专利不可执行。

类似的案件屡见不鲜,例如,在 *Deep Fix, LLC v. Marine Well Containment Co.* 案 [No. 4:2018cv00948 (S. D. Tex. 2019)] 中,涉案专利的专利权人 Deep Fix 的代理律师 Holroyd 故意不披露《专利合作条约》(PCT)国际专利申请中的多份 Y 类文件,以防止引导专利审查员查看该些 Y 类文件,法院认定不公平行为成立。

与之对应的是现行的《中华人民共和国专利法》以及《中华人民共和国专利法实施细则》，均规定了诚信原则的相关条款，特别是根据《中华人民共和国专利法》第38条的驳回规定和第45条的无效规定，上述诚信原则将贯穿专利审查和专利确权的完整过程。同时，根据《中华人民共和国专利法实施细则》第100条的规定，违反诚信原则可能被予以警告，还可能被处以高达10万元的行政罚款。

我国在涉及一起恶意知识产权诉讼案[1]中，一审法院判决专利权人张某赔偿原侵权诉讼之被告深圳QA公司经济损失共计254000元。认定张某滥用诉讼权利，构成恶意诉讼，主要理由包括：①明知其公司产品已公开，仍申请外观设计专利，违背了诚实信用原则，属于恶意申请专利的行为；②明知涉案专利权利基础具有较大不稳定性仍提起侵权诉讼，并提出高达1000万元的赔偿诉讼请求和1000万元的财产保全，使被告受到了经济上的损失。

二审法院支持了一审判决，认定张某提起诉讼构成恶意，其中关于其具有主观恶意认定如下：①张某1000万元的赔偿诉请明显超出了外观设计专利对产品利润的贡献，即便侵权成立也不会获得法院全额支持，其显然具有诉讼维权以外的不正当目的；②张某应当预见诉讼标的获得法院全额支持的可能性极低，申请冻结被告资金会给被告造成损失。因此认定张某提起诉讼具有损害被告利益的不正当目的，且存在明显不当、有违诚信的诉讼行为。

由此可见，无论在美国还是中国，在专利的整个生命周期中，遵守诚信原则都是至关重要的。这不仅是法律的要求，更是维护公平竞争和促进技术创新的重要保障。

（供稿：徐红）

---

[1] 参见上海市高级人民法院（2019）沪民终139号民事判决书。

7

美国337调查之全局应对策略

该案涉及美国337调查和民事诉讼并行的系列案件的应对策略。涉案当事人分别为投诉方美国LL公司和ST公司；被投诉方美国GI公司及其中国关联公司（以下统称"美国GI公司"）、加拿大SH公司、中国宁波HM公司、中国宁波LS公司、美国LB公司、美国SBE公司、中国南通YT公司、美国NS公司、加拿大VF公司、美国MS公司、中国宁波MB公司、美国D公司、中国深圳ZJWE公司、中国深圳JZP公司、中国宁波SH公司、中国义乌SD公司、中国深圳TFGD公司及其关联公司（以下统称"深圳TFGD公司"）、中国深圳TFL公司、中国广州TFZM公司的深圳分公司（以下简称"广州TFZM公司"）、英国VC公司等22家公司，其中包括十余家中国企业。

涉案专利为5件美国发明专利（以下统称"涉案专利"），专利权人均为LL公司。具体信息如表1所示。

表1 涉案专利信息

公告号	发明名称	涉及权利要求
US8550660B2	动能火焰装置（kinetic flame device）	28
US9366402B2	电子照相装置及其制造方法（electronic lighting device and method for manufacturing same）	15
US9512971B2		30
US9523471B2		30
US10533718B2	电子照明装置（electronic lighting device）	22

一、案情介绍

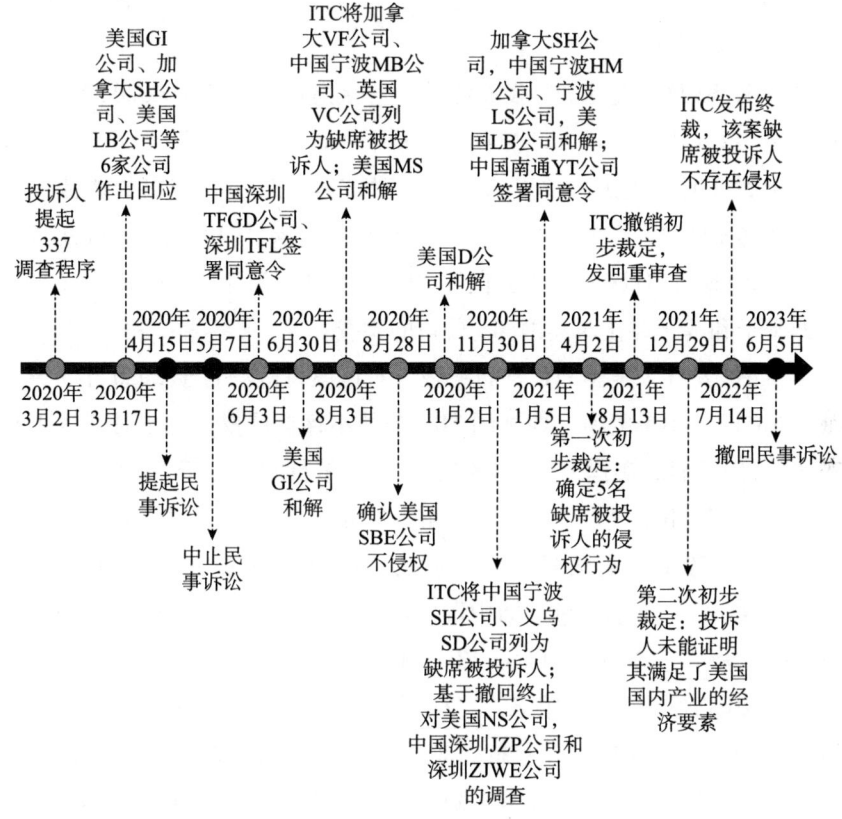

图1 相关案件时间线

(一) 337调查

2020年3月2日，投诉方美国LL公司、ST公司根据美国1930年关税法第337节规定向美国ITC提出申请，主张向美国出口，或为了进口至美国，或在进口之后销售的特定电子蜡烛产品及其组件（以下简称"涉案产品"）侵犯了其专利权，请求美国ITC发布普遍排除令、有限排除令以及禁止令。[1]

2020年3月17日，包括美国GI公司、加拿大SH公司、美国LB公司、美国SBE公司、美国MS公司在内的6家企业共同向美国ITC提出申请，认为投诉方不具备"国内产业"要件，请求美国ITC在立案之后启动百日程序（100-day proceeding）。

---

[1] 该案案号为337-TA-1195。

2020年3月31日，美国ITC投票决定对特定电子蜡烛产品及其组件启动337调查（调查编码：337-TA-1195），并以案情复杂为由拒绝了启动百日程序。

2020年6月3日，美国ITC发布终裁：对该案行政法官于2020年5月4日作出的初裁（No.7）不予复审，该初裁决定基于同意令，终止对中国深圳TFGD公司、深圳TFL公司的调查。

2020年6月30日，美国ITC发布终裁：对该案行政法官于2020年6月15日作出的初裁（No.12）不予复审，该初裁决定基于和解，终止对美国GI公司的调查。

2020年8月3日，美国ITC发布终裁：对该案行政法官作出的初裁（No.12）不予复审，即加拿大VF公司、中国宁波MB公司、英国VC公司为缺席被投诉方（default respondents）；对该案行政法官于2020年7月15日作出的初裁（No.15）不予复审，即基于和解，终止对美国MS公司的调查。

2020年8月28日，美国ITC发布终裁：对该案行政法官于2020年7月27日作出的初裁（No.17）不予复审，即美国SBE公司不存在侵权，终止对该企业的调查。

2020年11月2日，美国ITC发布终裁：对该案行政法官于2020年10月19日作出的初裁（No.29）不予复审，即基于和解，终止对美国D公司的调查。

2020年11月30日，美国ITC发布终裁：对该案行政法官于2020年10月27日作出的初裁（No.33）不予复审，即中国宁波SH公司、义乌SD公司为缺席被投诉方；对该案行政法官于2020年11月13日作出的初裁（No.35）不予复审，即基于撤诉，终止对美国NS公司、中国深圳JZP公司和深圳ZJWE公司的调查。

2021年1月5日，美国ITC发布终裁：对该案行政法官于2020年12月17日作出的初裁（No.37）不予复审，即基于同意令，终止对中国南通YT公司的调查；对该案行政法官于2020年12月17日作出的初裁（No.38）不予复审，即基于和解，终止加拿大SH公司、中国宁波HM公司、中国宁波LS公司、美国LB公司的调查。

2020年11月13日，投诉方请求对缺席被投诉方发出简易裁决，并建议发布一项普遍排除令。

2020年12月4日，OUII提交了回复，质疑投诉方是否满足"国内产业"要件的经济要素，但在其他方面支持了违反337条款，并建议发布普遍排除令。

2021年4月2日，行政法官发布了初裁（No.41），并批准了投诉方的动议，确定5名缺席被投诉方加拿大VF公司、中国宁波MB公司、英国VC公司、中国宁波SH公司、义乌SD公司的侵权行为。5名缺席被投诉方满足337调查的技术要素以及投诉方满足了"国内产业"要件的经济要素。

2021年5月19日，美国ITC发布终裁：对该案行政法官于2021年4月2日作出的初裁（No.41）关于之前裁定侵权和投诉方满足在"国内产业"要件的经济要素部分进行复审。

2021年8月13日，美国ITC发布终裁：撤销该案行政法官作出的关于投诉方满足"国内产业"要件的经济要素部分的初裁，并发回行政法官重新调查。

2021年12月29日，行政法官再次发布了初裁，认为投诉方未能证明其满足了"国内产业"要件的经济要素部分。

2022年1月20日，投诉方提交了对初裁的复审申请。

2022年4月1日，美国ITC决定对初裁进行复审，但没有要求当事各方进一步通报情况。

2022年7月14日，美国ITC发布公告称，对涉案产品作出337调查部分终裁：对该案行政法官于2021年12月29日作出的撤回初裁进行复审并确认，即投诉方未能满足"国内产业"要件的经济要素部分，因此该案缺席被投诉方不存在侵权。

（二）民事诉讼

2020年4月15日，LL公司、ST公司向美国得克萨斯州西区联邦地区法院就涉案专利针对上述被诉侵权方提起民事诉讼。❶

2020年5月7日，法院签署命令，同意LL公司、ST公司向法院提出暂停案件动议（motion to stay case），暂停该案的审理，等待与该案平行的337调查结果。

2020年6月11日，法院签署命令，同意LL公司、ST公司撤销对美国GI公司及其中国子公司的所有指控。此次撤诉是有偏见的。❷

2020年12月14日，法院签署命令，同意LL公司、ST公司请求撤销对南通YT公司带有偏见的撤诉命令，并请求正确地无偏见地撤回对南通YT公司的指控。

2021年1月14日，法院签署命令，同意LL公司、ST公司向法院提出动议，要求请求法院撤销之前有偏见地撤回对南通YT公司的指控的命令，并请求法院无偏见地撤回对南通YT公司的指控，保留对南通YT公司重新提出诉讼的权利。

2023年6月5日，LL公司、ST公司向法院提出动议，请求法院有偏见地撤回所有指控。法院签署该动议。

二、处理结果

该案中，针对22家被投诉方，其中337调查结果如下。

① 8位被投诉方与投诉方达成和解，终止337调查；

② 5位被投诉方申请美国ITC颁布同意令，终止337调查；

---

❶ 该案案号为20 - cv - 293。

❷ "有偏见"原告不能基于相同理由再次对相同的被告提起诉讼。

③ 1 位被投诉方的进口行为未能被证明，确定不存在侵权，进而终止 337 调查；

④ 3 位被投诉方未收到投诉书，投诉方撤回投诉，终止 337 调查；

⑤ 5 位被投诉方在 337 调查程序中缺席审判。最终，由于美国 ITC 认为投诉方未能满足"国内产业"要件的经济要素，因此缺席被投诉方不存在侵权。

被投诉方的处理结果如表 2 所示。

表 2　被投诉方相关处理结果信息

结果	公司名称
不侵权 （缺席审理）	中国宁波 SH 公司、义乌 SD 公司，加拿大 VF 公司、宁波 MB 公司、英国 VC 公司
和解	美国 GI 公司及其中国关联公司、美国 MS 公司、美国 D 公司、加拿大 SH 公司、中国宁波 HM 公司、宁波 LS 公司，美国 LB 公司
同意令	中国深圳 TFGD 公司及其关联公司、深圳 TFL 公司、广州 TFZM 公司、南通 YT 公司
不侵权 （未能证明进口行为）	美国 SBE 公司
撤回 （未收到投诉书）	美国 NS 公司、中国深圳 JZP 公司、深圳 ZJWE 公司

三、要点分析

在 337 调查程序中，投诉方需要证明相关产品满足"国内产业"要件，美国国内产业要件包括"技术要素"和"经济要素"。

"技术要素"指的是被投诉方必须至少实施所主张的专利的一个权利要求。

"经济要素"指的是根据美国法典第 19 编第 1337（a）（3）条，投诉方可以通过证明与受保护产品有关的下列情况之一来满足经济要素的要求：①对工厂和设备的重大投资；②大量雇用劳动力或资本；③对其开发进行的大量投资，包括工程、研发或授权许可。

在以上 3 种情况中，第①点和第②点适用于所有类型的不公平行为，第③点适用于专利、商标、版权等侵害法定知识产权的不公平行为。

美国 ITC 认为，该案的投诉方提供的证据不足以证明其构成"国内产业"要件的经济要素。该案投诉方是否满足经济要素的要求应着重考虑第③点。投诉方提交其工程、研究、设计和发展（ERDD）活动相关证据，主要细分为 5 个类别：产品设计和开发活动、测试活动、市场研究活动、客户服务活动以及存储空间，并为每个类别提供了进一步的解释和证据。证据主要涉及有关颜色、香水和"风格、特色和/或技术"的研究、开发和设计。但是美国 ITC 认为上述证据无法证明上述投资与改善、开发以及实施专利相关的技术之间存在足够联系，因此不满足第③点要求。此外，美国 ITC 也认为投诉方未提供足够的证据证明满足第①点和第②点的要求。

四、启示借鉴

在该案中，投诉方采取了同时发起 337 调查和提起民事诉讼的策略，对被投诉方施加了较大压力。这种双重夹击的策略，有效促使多数被投诉方在 337 调查的初步裁决之前，纷纷选择与投诉方达成和解或请求美国 ITC 颁布同意令，以避免更为严重的法律后果。

在 337 调查中，一般存在以下 3 种应对方式。

（一）同意令

同意令是指被投诉方与美国 ITC 签订的一种协议。同意令本质上是被投诉方同意不出口涉案侵权产品，由美国 ITC 监督同意令的执行。被投诉方或双方可以在听证会开始前的任何时间向行政法官提出以同意令终止的动议以及拟定同意令的条款。根据美国联邦法规第 19 卷第 210.21（c）条，通常情况下，在综合考虑公众健康和福利、美国经济的竞争条件、美国同类或直接竞争产品的生产以及美国消费者等公众影响后，行政法官会决定是否以同意令结束调查，并发出初步裁定。如果被投诉方违反同意令，可能会导致美国 ITC 颁布排除令，即禁止被投诉方的涉案产品进入美国的命令，具有法律强制力。签署同意令可以使被投诉方迅速摆脱长期法律纷争，减轻其在美国司法程序中可能产生的沉重的经济负担。但是，同意令的签署会被要求停止进口或销售特定产品，可能会对企业未来的商业行为造成影响。此外，由于同意令的签署并不代表调查程序的结束，因此美国 ITC 也会继续监督被投诉方的执行情况。

需要注意的是，在同意令签署的过程中，行政法官会考虑涵盖的产品是否宽泛，即包括先前未考虑的"当前"和"未来"产品，范围较窄的同意令有可能被行政法官驳回。❶ 在考虑是否签署同意令时，企业应评估多个因素，包括是否构成侵权、企业未来的商业规划、签署同意令的范围以及时机予以综合考量。

---

❶ 美国"337"调查制度概述报告［EB/OL］.（2022-08-09）［2025-01-20］. http://www.sziprs.org.cn/szipr/hwwq/fxydzy/fxfkzy/content/post_830166.html.

(二) 达成和解

和解协议由投诉方和被投诉方签署。和解协议的内容通常包括：被投诉方停止进口或销售侵权产品；投诉方放弃对被投诉方的指控；投诉方与被投诉方之间达成许可、销售协议等。337调查过程中通常会组织3次法定和解会议。❶ 企业可以考虑在和解会议中，寻找合适的机会与投诉方达成和解，并向美国ITC提出和解动议。根据美国联邦法规第19卷第210.21（b）条，行政法官决定和解协议是否能够获得批准，并作出初步裁定。

与同意令的签署类似的是，企业在达成和解协议之前，应当进行全面而深入的考量。这涉及多个关键因素，包括签署的恰当时机、案件的潜在走向、潜在的侵权风险以及企业未来的商业布局与规划，以在最有利的时机达成协议，以最大限度地减少损失并维护企业声誉。

(三) 缺席审判

在337调查中，在不能提供合理解释的情况下，被投诉方未遵循程序回应投诉和调查通知，或未对投诉和通知作出回应，将被视为缺席审判。此外，如果被投诉方滥用程序或未参与或未配合调查取证，也可能被认定缺席审判。在司法实践中，行政法官可能给予被投诉方多次回应的机会，避免过于轻易将被投诉方认定为"缺席被投诉方"。

美国ITC将基于投诉方提交的证据作出裁决。如果被投诉方在初裁中被认定为缺席被投诉方，则将被视为放弃所有出席、送达文件和抗辩的权利，这对被投诉方是不利的。在被投诉方缺席的情况下，投诉方所主张的事实将被推定为真实的，这将极大程度降低投诉方的举证义务。美国ITC可能视情况向被投诉方颁布排除令或禁止令，或两者同时颁布。

在特定LED照明装置及其组件案❷中，投诉方美国Fraen公司以侵犯其专利权为由提起337调查。该案中，6家中国企业被列为被投诉方，其中1家企业积极应对导致投诉方申请撤回调查，其余5家企业被认定为缺席被投诉方，最终美国ITC对这些缺席被投诉方的中国企业作出了普遍排除令。

在该案中，大部分被投诉方采取了上述较为妥协的应对方式。然而，美国ITC在经过深入审查后，最终裁定该案的投诉方并未能构成"国内产业"要件，进而认定被投诉方并未实施侵权行为。这一裁决结果提醒了中国企业在面临337调查这样

---

❶ 337调查主要程序[EB/OL].（2007 - 11 - 29）[2025 - 01 - 20]. https：//trb. mofcom. gov. cn/mym-cyd/mgdc/jianjie/art/2007/art_07c03be985fb4208b984e4494 ed24dd3. html.

❷ 该案案号为337 - TA - 1107。

的国际贸易争端时，一味地采取不应诉或妥协的解决手段并非明智之举。中国企业在面对337调查时，无论胜诉概率多少，都应积极参与诉讼程序，以保护自己的权益。例如，生产牛磺酸方法及包含牛磺酸产品案❶是2019年的一个中国企业积极应诉的典型案例。该案中，美国Vitaworks IP等企业向美国ITC提出调查申请，指控26家中国企业侵犯其专利权。被指控的3家中国大型牛磺酸生产企业积极应诉，并请求美国ITC启动百日程序，以加快调查进程。美国ITC支持了中国企业的请求，并要求在100天内就投诉方是否满足"国内产业"要件的经济要素进行听证和裁定。投诉方在举证压力下，提出撤销调查的申请。

在积极应诉的基础上，企业需要聘请和组织专业的法律团队，对投诉方指控的内容进行详尽的分析和反驳。在特定植绒拭子及其下游产品和使用方法的案中❷，意大利Copan Italia S. P. A. 和波多黎各Copan Industries Inc. 向美国ITC提出337调查立案申请，主张美国、韩国、中国共26家企业出口、进口和销售的相关产品侵犯了其专利权，请求美国ITC发布有限排除令、禁止令。在该案中，5家中国企业聘请中国和美国的律师团队积极应诉，面对投诉方大量的问卷，安排技术人员就技术问题进行解答，并积极收集产品研发、生产和销售证据，证明产品未落入对方专利保护范围。每家企业花费逾1500万元的律师费，以及大量的精力和时间。最终，美国ITC裁定认为5家企业的植绒拭子不侵犯Copan Italia S. P. A. 相关专利权。

除此之外，企业在遭遇337调查时还可以积极寻求政府和相关行业协会的支持与协助，并注重与国际市场的沟通和合作，建立良好的国际形象和声誉。

综上所述，中国企业在面对337调查时，需从多个层面出发，综合运用法律、管理、技术等多方面的相关手段，积极把握337调查的节奏，制定合理的应对策略，尽可能将337调查造成的不利影响降至最低。

（供稿：雷亚芸）

---

❶ 该案案号为337-TA-1146。
❷ 该案案号为337-TA-1279。

8

美国 337 调查应对策略之不侵权抗辩

该案涉及美国 337 调查案件的不侵权抗辩策略。涉案当事人分别为投诉方（专利权人）意大利 CISPA 公司及其在美国的分公司（以下简称"CI 集团"），被投诉方为中国江苏 JCMICL 公司、无锡 BCCL 公司、深圳 HTCL 公司、深圳 MTCL 公司、无锡 WNBCL 公司及其美国分公司（以下简称"无锡 NB 公司"）等 26 家公司。

涉案专利为 CI 集团拥有的 3 件美国发明专利（以下简称"涉案专利"），具体信息如表 1 所示。

表 1 涉案专利被调查部分权利要求信息

公告号	发明名称	涉及权利要求
US9011358B2	用于采集生物样本的拭子（swab for collecting biological specimens）	1，6~9，11~14，16~19，21~22
US9173779B2		1，4~6，8~9，11~13，16~20，22~24
US10327741B2		1，3，5，7~10，18，20

一、案情介绍

该案中被投诉的产品是用于收集、取样或测试流感、SARS-CoV-2[1]等传染病的拭子，包括鼻咽拭子，以及包含这些拭子的试剂盒。

2021 年 7 月 9 日，CI 集团向美国 ITC 投诉，美国 ITC 于 2021 年 8 月 27 日正式立案调查。[2] 投诉指控被投诉方违反了 337 条款，涉及向美国进口，或为了进口至美国，或在进口之后销售某些植绒拭子及其产品和使用方法，理由是被投诉方侵犯了其 3 件专利的部分权利要求，同时 CI 集团请求美国 ITC 发出普遍排除令或有限排除令、

---

[1] 2020 年 2 月 11 日，国际病毒分类委员会将 CoVID-19 正式命名为 SARS-CoV-2。
[2] 该案案号为 337-TA-1279。

永久性禁止令等。

2021年12月6日至2022年7月11日，基于CI集团多次申请，该案行政法官作出第30号、32号、37号、43号和68号初步裁定，撤回了对涉案专利部分权利要求的调查，最终保留仍在调查的权利要求包括专利US9011358B2的权利要求1和6，专利US9173779B2的权利要求1和9，专利US10327741B2的权利要求1、3和10。

2022年10月28日，该案行政法官发布了初步裁定，其认为被投诉方不侵犯涉案专利权，且虽然CI集团满足"国内产业"要件的经济要素，但不满足"国内产业"要件的技术要素（即其产品并未实施涉案专利）。因此，被投诉方没有违反337条款。

2023年3月17日，美国ITC发布公告，对*Certain Flocked Swabs, Products Containing Flocked Swabs, And Methods of Using Same*案❶作出337调查部分终裁，确认被投诉方没有违反337条款，以及该案不存在侵权，终止对被投诉方的调查。

2023年3月20日，CI集团向美国联邦巡回上诉法院就上述337调查终裁结果提起上诉。❷

2023年12月7日，美国联邦巡回上诉法院经审查后维持了美国ITC于2023年3月17日作出的337终裁。

二、处理结果

2023年3月17日，美国ITC发布的最终裁决中，对该案行政法官于2022年10月28日作出的初步裁定进行复审，并终止该案调查。具体如下。

（一）涉案产品不侵权

被投诉方生产的涉案产品不侵犯CI集团主张的涉案专利的专利权。

（二）投诉方的产品不满足"国内产业"要件

关于技术要素：由于投诉方未实施涉案专利的任何一项权利要求，CI集团生产的涉案产品不满足涉案专利权利要求的限制条件，因而，不满足"国内产业"要件的技术要素要求。

关于经济要素：CI集团在美国波多黎各的工厂租赁、设备设施、劳动力和资本的支出等方面的投资，支持了其在美国对产品的制造和生产活动。因此，满足了"国内产业"要件的经济要素。

---

❶ 该案案号为337-TA-1279。
❷ 该案案号为CAFC-23-1668。

综上，因 CI 集团生产的产品不满足技术要素要求，导致其不满足"国内产业"要件。

2023 年 12 月 7 日，美国联邦巡回上诉法院驳回 CI 集团的上诉，案件维持原判，被投诉方未违反 337 条款。

三、要点分析

该案涉及 337 调查，该调查是依据 337 条款，由美国 ITC 执行的一项准司法程序，旨在针对在美国进口贸易中出现的知识产权侵权及其他不正当竞争行为进行调查。美国 ITC 有权作出裁决，判定被投诉方是否构成侵权，并决定是否需要采取相应的救济措施。

337 调查程序通常由一名行政法官主持审理，该程序依次包含立案阶段、证据开示阶段、开庭审理阶段、行政法官初步裁决阶段、美国 ITC 复审阶段、美国 ITC 终裁阶段、总统审查阶段以及上诉阶段等。若美国 ITC 根据调查结果判定被投诉方违反了 337 条款，则在投诉方提出申请后，美国 ITC 可向被投诉方发布排除令，该排除令分为普遍排除令与有限排除令。其中，普遍排除令针对的是产品本身，旨在排除 337 程序中投诉方涉案专利涵盖的所有侵权产品进入美国，不限于特定的被投诉方生产，而签发普遍排除令的前提条件是，普遍排除此类产品进入美国市场对于阻止规避有限排除令的行为是必要的，或者存在违反 337 条款的侵权模式且侵权产品的来源难以确定。而有限排除令则仅针对特定的被投诉方，限制其生产或销售的相关产品进入美国市场。

该案中，美国 ITC 终裁的重点在于判断涉案产品是否侵犯涉案专利的专利权，涉案专利均涉及采集生物样本的拭子，技术方案之间的相关度较高，裁定中评述理由相近。因此，以专利 US9011358B2 为代表，分析裁定中认定江苏 JCMICL 公司的涉案产品不侵犯 US9011358B2 权利要求 1 和 6 的理由。

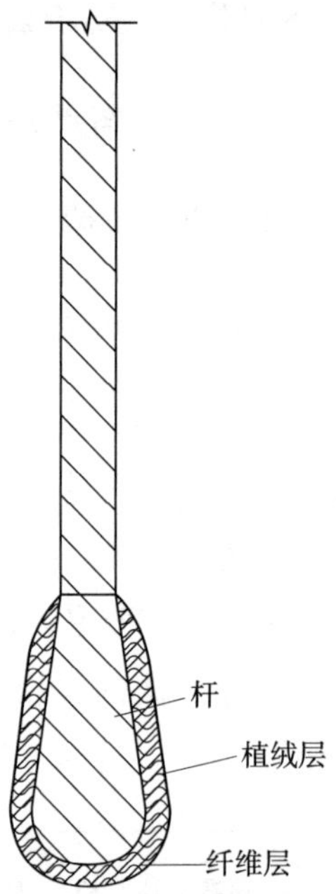

如图 1 所示，关于权利要求 1，该案将其技术方案拆分为技术特征（a）~（f），即（a）一种用于采集待分析生物样本的拭子，该拭子包括；（b）一个末端有尖端的杆；和（c）通过植绒技术设置在尖端的纤维层，其中，该纤维层有序地、垂直地沉积在拭子尖端的杆上；（d）所述纤维层的厚度为 0.6~3mm；（e）纤维数为 1.7~3.3Dtex（分特）；（f）所述纤维层通过毛细作用可吸收一定量的液体样本，沉积形成植

图 1　涉案专利附图

绒层的纤维能使 40μL 的样本被配置在拭子尖端的纤维层所吸收。

上述专利属于一种用于采集待分析生物样本的拭子，该案中江苏 JCMICL 公司涉案产品为 JCM CF 150 – P2C 拭子（以下简称"JCM 产品"），如图 2 所示。

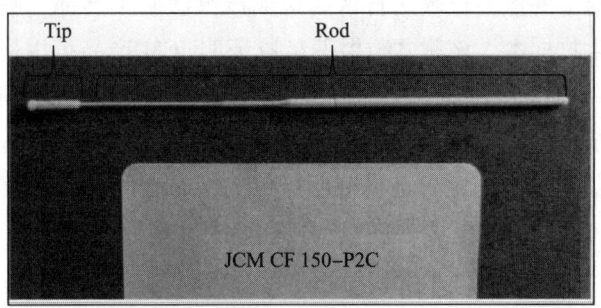

图 2　JCM 产品实物照片

第一，JCM 产品与权利要求 1 的对比。

关于技术特征 a 和 b，CI 集团通过大量证据（包括产品宣传手册、产品包装和使用说明书等材料等）证明 JCM 产品是用于收集待分析生物样本的拭子。如图 2 所示，该产品的末端是具有尖端的杆，与图 1 相同。因此，JCM 产品满足技术特征（a）和（b）的限制条件。

关于技术特征（c），CI 集团主张 JCM 产品是通过静电植绒技术制造的，该技术决定了纤维沉积是垂直排列的。江苏 JCMICL 公司聘请的技术专家通过对 JCM 产品的电子显微镜图像分析，如图 3 所示，JCM 产品纤维层的纤维沉积方式是随机的，表明其是多向杂乱的，与权利要求 1 记载的"有序地、垂直地"不同，垂直是指纤维层上的纤维与杆成 90°设置，而图 2 和图 3 中纤维层并非垂直于产品末端有尖端的杆。因此，JCM 产品不满足技术特征（c）的限制条件。

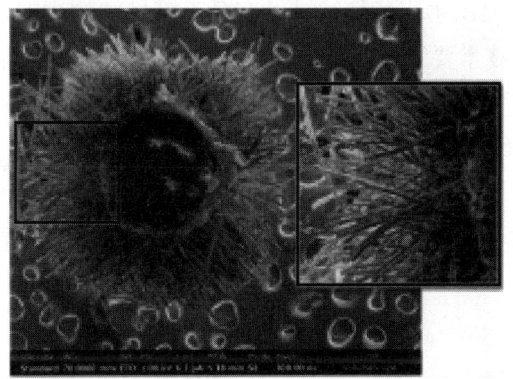

图 3　JCM 产品扫描电子显微镜分析

关于技术特征（d）和（e），CI集团通过纤维质量报告和植绒质量报告证明JCM产品纤维层的厚度和纤维数满足技术特征（d）和（e）的限制条件。

关于技术特征（f），CI集团通过测试拭子利用毛细作用吸收甜菜汁的量，以证明拭子吸收生物样本的量，行政法官认为该测试方法并不严谨，吸收甜菜汁的测试结果不等于吸收生物样本，该测试结果不足以证明JCM产品可以通过毛细作用能够吸收40μL样本。因此，无法证明JCM产品的吸收量和吸收方式与技术特征（f）相同，进而不满足技术特征（f）的限制条件。

由此可见，CI集团没有足够证据证明JCM产品满足技术特征（c）和（f）的限制条件，因此，JCM产品未落入涉案专利权利要求1的保护范围。

第二，JCM产品与权利要求6的对比。

权利要求6是权利要求1的从属权利要求，其附加技术特征为：所述拭子用于采集人体的临床样本。虽然CI集团聘请的技术专家证明JCM产品结构设计是用于采集人类样本，其附加技术特征满足该限制条件，但在JCM产品未落入权利要求1保护范围的基础上，也不落入其从属权利要求（权利要求6）的保护范围。

因此，JCM产品未侵犯US9011358B2的专利权。

同时，337调查还需判断是否满足"国内产业"要件。投诉方提起337调查时除需证明被投诉方进口行为及进口产品侵犯专利权外，还需证明投诉方在美国具有与涉案专利有关的美国国内产业。行政法官在审理投诉方是否满足"国内产业"要件时需要从技术要素和经济要素两个方面进行判断。

关于经济要素，行政法官认为CI集团在美国的投资在定量和定性上均显示出对"国内产业"的显著贡献，因此，满足了经济要素。

关于技术要素，行政法官认为CI集团生产的植绒拭子产品不满足涉案专利US9011358B2权利要求1技术特征（c）和（f）的限制条件，进而也不满足其从属权利要求6的限制条件，也就是说，CI集团没有将该专利实际应用到其在美国的相关产品中。因此，CI集团主张的植绒拭子产品不满足"国内产业"的技术要素。

最终，综合考虑技术要素和经济要素，CI集团未能满足"国内产业"要件，也成为被投诉方未违反337条款的理由之一。

回顾该案，因CI集团专利布局和撰写质量不佳，导致其自身产品未落入涉案专利保护范围，不满足"国内产业"要件的技术要素，同时涉案专利也未覆盖被控侵权产品，最终导致其败诉。可见专利质量、布局与产品竞争优势紧密相关，因此，必须予以高度关注。

四、启示借鉴

337调查是美国区别于司法途径的一种维权方式，通常称其为准司法途径，其中绝大多数案件与专利侵权相关。由于其调查速度快，处罚措施极具威慑力，逐渐成为专利权人维权的重要手段。

随着中国企业的产品出口，特别是对美国贸易出口份额逐步增加，中国企业可能面临成为337调查的目标。在进入美国市场后中国企业一旦遭遇337调查，企业应评估被诉产品是否落入涉案专利保护范围，在确定未落入保护范围的情况下，可积极推动不侵权抗辩，维护企业权益。在该案审理过程中，中国企业为证实其相关产品并未落入涉案专利的保护范围，聘请技术专家在听证会上提供了关于被诉产品未侵犯涉案专利权的意见，技术专家的证词和分析在该案审理中起到了重要作用。同时，中国企业还向法庭提交了多种类型的资料，例如部分企业提交了宣传手册、用户手册、产品网页等营销材料和产品资料，以展示其采用的植绒技术并非CI集团主张的静电植绒技术，而是采用先进的喷涂技术等。

同时，中国已经建立了众多知识产权保护机构，能够为企业处理海外知识产权纠纷提供协助和指导，以维护中国企业的合法权益。例如该案中，江苏省知识产权保护中心监测到该案后，迅速对接企业，组织专家研讨，明确争议焦点，并建议采取和解谈判、不侵权抗辩、对其在中国的相关专利提起无效宣告请求的"三步走"策略，积极为涉案企业应对337调查进行指导。

江苏JCMICL公司等5家企业积极应对，历时两年，花费7500万元（人民币），每家企业分摊1500万元（人民币），最终胜诉。❶ 此次胜利，挽救了中国企业12.8亿美元的市场份额，消除了市场准入障碍，为中国植绒拭子产品出口美国铺平了道路，并防止了普遍排除令对其他中国企业的影响。

该案在江苏省知识产权保护中心和海外纠纷应对指导专家的支持下获得胜利，5家企业节省了大约1000万美元的诉讼费用。由此可见，我国知识产权保护中心为中国企业海外维权提供指导和帮助，保障了中国企业的合法权益，体现了国家对企业"走出去"战略的坚定支持和对知识产权保护的高度重视。

该案因其突出的代表性，入选2022年度江苏省知识产权十大典型案例。在世界经济一体化的时代背景下，该案对我国医疗器械企业的全球化战略具有较高的借鉴意义。❷

（供稿：王普天　刘兴）

---

❶ 百泰克生物. 无锡百泰克领衔应诉美国"337调查"获胜［EB/OL］. （2022 - 11 - 04）［2025 - 01 - 20］. https：//mp. weixin. qq. com/s/T4QNNUUkd1Dt2iwDerkCsQ.

❷ 佚名. 江苏公布2022年知识产权十大典型案例［EB/OL］. （2023 - 04 - 23）［2025 - 01 - 20］. https：//www. cnipa. gov. cn/art/2023/4/23/art_3212_184555. html.

专利侵权诉讼篇

9

美国电商平台侵权之限制令与禁令

该案是在电子商务平台上发生的美国外观设计专利权侵权案件,具体涉及美国侵权诉讼中的临时限制令、初步禁令以及永久禁令。涉案当事人分别为外观设计专利权人 ZCM,被诉方为 300 多个商业实体或者个人❶,具体为互联网电子商务平台(如 Amazon、AliExpress、Walmart、eBay 等)上的卖家。

根据该案官方文件的公开内容,专利权人 ZCM 于 2022 年 6 月 21 日向 USPTO 申请注册了外观设计专利 USD955664S,该外观设计专利的名称为"宠物中心控制座椅"。

在外观设计专利权人 ZCM 的起诉书附表 A 中列出 300 多个被诉方,均为 Amazon、AliExpress、Walmart、eBay 等电子商务平台的卖家。其中,序号 286 的卖家是在 Amazon 平台上销售产品的中国南通 TK 公司。

一、案情介绍

2022 年 12 月 12 日,外观设计专利权人 ZCM 向美国佛罗里达州南区联邦地区法院提起诉讼,主张多个被诉方在电子商务平台上未经授权使用了其注册的外观设计专利,侵犯了其外观设计专利权。❷

2022 年 12 月 21 日,专利权人 ZCM 单方面向美国佛罗里达南区联邦地区法院申请临时限制令,以冻结被诉方资产。

2022 年 12 月 22 日,美国佛罗里达南区联邦地区法院发布了关于授予专利权人 ZCM 加速第三方证据开示(expedited third–party discovery)的命令,允许其从第三方电子商务平台(如 Amazon、AliExpress、Walmart、eBay 等)获取被诉方的真实身份信息及其销售历史。同时,法院要求第三方电子商务平台协助识别所有与被诉方

---

❶ 300 多个被诉方为最初提起诉讼中的数量,最终判决中的被诉方数量为 49 个。

❷ 该案案号为 22–cv–24013。

涉嫌侵权行为有关的账户，包括提供必要信息并实施资产冻结，以防止被诉方转移或使用涉嫌侵权所得的资金。

此外，法院批准了专利权人 ZCM 请求的替代送达方式，授权其可以通过电子邮件和网站发布的方式将法律文书送达居住在外国（除了美国）或者在外国（除了美国）经营的被诉方。

2023 年 1 月 23 日，法院举行了听证会并发布了初步禁令。初步禁令包括：①禁止被诉方制造、进口、广告、推广、销售或分发侵犯涉案外观设计专利的产品；②禁止被诉方隐藏、销毁或转移侵权产品、证据或资产；③要求被诉方停止在所有相关电子商务平台上使用未授权的外观设计专利；④禁止被诉方在诉讼期间转让卖家账号；⑤第三方服务提供商（如支付处理器、银行等）在接到命令通知后，必须冻结被诉方的资金并将其转移到法院信托账户；⑥被诉方和第三方服务提供商必须继续向原告提供有关资金账户的信息；⑦该禁令在诉讼期间有效，直到法院另行决定。

2023 年 3 月 7 日，RH 等 11 名被诉方提交了反诉，声称涉案外观设计专利因不具有新颖性和/或非显而易见性而无效，并申请延长答辩期限。2023 年 3 月 8 日，法院认为短暂的延期不会造成对专利权人 ZCM 的损害，批准了上述 11 名被诉方的延期申请。但是上述 11 名被诉方后续并未有进一步的动议。

2023 年 3 月 10 日，专利权人 ZCM 自愿撤回了针对南通 TK 公司的所有指控。需要说明的是，在该案审理过程中，专利权人 ZCM 陆续撤回了针对部分被诉方的指控，或者与部分被诉方达成和解并提交联合撤诉协议。

2023 年 10 月 4 日，法官 G 根据专利权人 ZCM 请求进行缺席审判的动议，提交了报告和建议。

2023 年 11 月 2 日，法院采纳了法官 G 的建议，对部分被诉方进行了缺席审判并发布了永久禁令。

二、处理结果

在 2023 年 11 月 2 日发布的最终判决中，美国佛罗里达南区联邦地区法院判定专利权人 ZCM 胜诉，每个被诉方❶（最终判决中附表 A 中列出的被诉方）的赔偿金额为 250 美元或其电子商务账户中的被限制金额二者中的较大者，专利权人 ZCM 最终获赔 145163.92 美元。

同时，法院发布了永久禁令。具体包括禁止每个被诉方及其关联对象或得到该

---

❶ 附表 A 中列出的 49 个被诉方，赔偿金额从 250 美元到 52518.57 美元。

命令通知的所有人使用涉案外观设计专利，除非得到专利权人 ZCM 的直接授权。法院还命令所有第三方（包括 Amazon、AliExpress、eBay、Walmart、Joom、Wish 等电子商务平台，以及 Google、Bing 和 Yahoo 等搜索引擎提供商）立即并永久停止使用涉案外观设计专利，以及将被诉方在电子商务平台金融账户中的资金根据该判决进行处理。

三、要点分析

该案涉及美国法院发布的命令。根据美国联邦民事诉讼规则（Federal Rules of Civil Procedure，FRCP）❶ 第 65（a）和（b）条的规定，法院可签发临时限制令或初步禁令。

其中，临时限制令是在原告单方申请的情况下，法院可以在没有书面通知或口头通知对方当事人或其律师的情况下签发的短期命令。初步禁令一般是在临时限制令之后，如果原告希望获得更长时间的禁令保护，可以申请初步禁令。初步禁令需要在双方当事人都有机会表达意见的听证会上或之后发布，其有效期可以持续到诉讼终结。如该案中的初步禁令亦是在 2023 年 1 月 23 日美国佛罗里达南区联邦地区法院举行的听证会上发布的。

美国联邦民事诉讼规则第 65（d）条规定了法院在发布临时限制令或初步禁令时必须考虑的因素。该案中，美国佛国里达南区联邦地区法院在发布初步禁令时结合判例❷对需要考虑的因素进行了分析。

法院认为，专利权人 ZCM 为了获得初步禁令，必须证明：①专利权人在实质上胜诉的可能性很大；②如果不授予初步禁令，将对原告造成无法弥补的损害；③限制侵权商品交易对被诉方造成的伤害远小于对原告声誉造成的潜在影响；④授予禁令不会损害公共利益。

首先，专利权人 ZCM 提供了证据以证明被诉方销售或推广的产品侵犯了其外观设计专利权。由于证据显示侵权事实很可能成立，因此如果初步禁令不被批准，专利权人 ZCM 很可能立即遭受无法弥补的损害。而下列具体事实也表明，初步禁令不被批准将对专利权人 ZCM 和消费者造成直接和不可挽回的损失。

一是该案的被诉方在电子商务平台上宣传、推广、销售含有侵权图片的产品，侵犯了专利权人 ZCM 的外观设计专利权。

二是有理由相信，市场上会出现更多的侵权产品，消费者很可能被这些产品的

---

❶ 美国联邦民事诉讼规则由美国联邦最高法院制定，是美国联邦地区法院审理民事案件的主要程序规范。
❷ *Pass & Seymour, Inc. v. Hubbell, Inc.*, 532 F. Supp. 2d 418, 427（N.D.N.Y. 2007）；*Suntrust Bank v. Houghton Mifflin Company*, 268 F. 3d 1257, 1265（11th Cir. 2001）.

质量所误导,导致消费的困惑和失望。

其次,发布初步禁令保护专利权人 ZCM 的专利利益,从公共利益角度,有利于鼓励尊重法律,保护公众不被非法销售侵权商品所欺骗。

基于上述原因,法院最终批准了专利权人 ZCM 关于请求初步禁令的动议,并发布了初步禁令。

美国专利法第 283 条赋予了法院在专利侵权案件中根据公平原则颁发禁令的权力。也就是说,法院拥有自由裁量权在合理的条件下发布禁令,以防止对专利权的侵犯。发布禁令旨在维护专利权人的合法权益,防止未来的侵权行为。

该案中,法院结合多个判例❶考虑了授予永久禁令涉及的 4 个因素,具体如下。

一是不可挽回的损害。

法院认为,专利权人 ZCM 已证明其是涉案外观设计专利的权利人,被诉方在未经专利权人 ZCM 许可(即未支付许可费)的情况下在各电子商务平台上使用涉案外观设计专利,以宣传或销售相关商品。同时也导致了消费者对被诉方未经授权使用涉案外观设计专利的混淆。因此,被诉方的侵权行为将持续对专利权人 ZCM 的知识产权和商誉造成不可弥补的损害。

二是法定救济不充分。

专利权人 ZCM 认为其在法律上没有获得足够的救济,因为金钱的损害赔偿并不能弥补被诉方侵权行为对其造成的所有损害。

三是发布禁令与否对于双方的伤害比较。

法院认为发布永久禁令是有利于原告的,如果不发布永久禁令,专利权人 ZCM 遭受的伤害将超过禁令本身对被诉方的影响。

四是颁发禁令不会损害公共利益。

该案中,如果法院永久禁止被诉方实施侵权行为,公共利益将不会受到损害,因为防止消费者混淆的永久禁令更符合公共利益。

该案中,基于对上述因素的分析以及相关判例的引用,法院最终发布了针对部分被诉方的永久禁令。

---

❶ *eBay Inc. v. MercExchange*, *L. L. C.*, 547 U. S. 388 (2006); *Levi Strauss & Co. v. Sunrise Int'l Trading Inc.*, 51 F. 3d 982 (11th Cir. 1995); *Ferrellgas Partners*, *L. P. v. Barrow*, 143 F. App'x 180 (11th Cir. 2005), *Chanel*, *Inc. v. besumart.com*, 240 F. Supp. 3d 1283 (S. D. Fla. 2016); *Chanel*, *Inc. v. Replicachanelbag*, 362 F. Supp. 3d 1256 (S. D. Fla. 2019); *Badia Spices*, *Inc. v. Gel Spice Co.*, *Inc.*, No. 1:15 - CV - 24391 - MGC, 2019 WL 7344820 (S. D. Fla. Oct. 23, 2019); *Mantua Mfg. Co. v. Irize Mattress*, *Inc.*, No. 20 - 25036 - CIV, 2021 WL 3375837 (S. D. Fla. Feb. 24, 2021).

四、启示借鉴

近年来，我国企业在美国跨境电子商务平台上频繁遭遇知识产权纠纷，有数据显示，2022年中国企业在美国遭遇的跨境电商知识产权诉讼新立案共559起。❶其中以美国伊利诺伊州北区联邦地区法院（United States District Court for the Northern District of Illinois）处理的案件数量最多；2023年中国企业在美国涉及跨境电商案件1092起。中国企业作为被告的案件1033起，占比94.60%。跨境电商专利诉讼案件数量为197起，新立案158起，结案103起。❷

与此同时，美国也出现了大量承接此类业务的律师事务所。例如，Greer Burns & Crain律师事务所（以下简称"GBC"），其代理了诸多知名品牌在跨境电子商务领域的维权案件，如Nike、UGG、Dyson等，在跨境电子商务领域对中国卖家提起的大规模诉讼而备受关注。

例如，在24-cv-01749案中，GBC代理的外观设计专利权人D公司在2024年3月1日向美国伊利诺伊州北区联邦地区法院发起诉讼，认为多个被诉方在电子商务平台上销售的产品侵犯了其外观设计专利权USD715996。在24-cv-01749案中，法院对于临时限制令、初步禁令以及永久禁令的发布用时相比该案更短。具体如下。

2024年3月13日，D公司提出了关于电子送达请求、单方面临时限制令请求及冻结被诉方账户的动议，法院即在2024年3月15日批准了相关电子送达请求以及临时限制令，该临时限制令于14日之后到期。之后，法院认为，根据美国联邦民事诉讼规则第65条维持在临时限制令中授予的禁令是必要的，因此在2024年3月27日批准了D公司请求初步禁令的动议，并发布了初步禁令。2024年4月30日，法院批准了D公司缺席判决动议，并对被诉方下达了永久禁令。

比较可以看出，美国伊利诺伊州北区联邦地区法院对于跨境电商平台案件的审理效率相比该案中美国佛罗里达州南区联邦地区法院效率更高。公开数据显示，2021年以来，美国伊利诺伊州北区联邦地区法院审理的仅由GBC代理的D公司作为权利人的跨境电商知识产权纠纷案件就有几十件。

该案以及上述D公司的涉案知识产权类型均为外观设计专利权。除此之外，近年来美国商标及版权的权利人也经常针对电子商务平台上的卖家提出批量维权请求，众多中国卖家因此遭遇商标或版权纠纷，其中不乏中国江苏企业。例如以下4个案例。

---

❶ 中国知识产权研究会. 2022年中国企业在美知识产权纠纷调查报告［EB/OL］. (2023-06-29) ［2024-10-11］. http://www.cnips.org.cn/a18319.html.

❷ 中国知识产权研究会. 2024年中国企业在美知识产权纠纷调查报告［EB/OL］. (2024-07-31) ［2024-10-11］. http://www.cnips.org.cn/a18979.html.

在19-cv-09399案中，权利人P公司在2019年10月10日向美国纽约南区联邦地区法院（United States District Court for the Southern District of New York）提起商标权侵权诉讼，认为多个被诉方在电子商务平台销售的玩具侵犯了其商标权。其中未应诉被诉方之一为中国无锡H公司。

在 Kelly Toys Holdings, LLC v. Baoding Mi Xiaomei Trading Co., LTD., et al. 案❶中，美国纽约南区联邦地区法院审理了权利人K公司与多家被诉方之间在跨境电商平台上发生的商标侵权和反不正当竞争的法律纠纷。其中未应诉默认被诉方中包含了中国多家江苏企业。

在 Bestway Inflatables & Material Corp. v. The Individuals, Corporations, Limited Liability Companies, Partnerships And Unincorporated Associations Identified On Schedule A Hereto 案❷中，权利人B公司❸在美国伊利诺伊州北区联邦地区法院提起商标侵权诉讼，指控多个被诉方在电子商务平台上销售假冒其SALUSPA商标的产品。其中被诉方之一为中国淮安F公司。

在 Ontel Products Corp. v. Yangzhou Step Toys & Gifts Co. Ltd., Dong Juan & John Does 1-10 案❹中，美国新泽西州联邦地区法院审理了权利人O公司对中国扬州S公司等被诉方提起的版权侵权诉讼。

美国法院在审理上述跨境电子商务平台的侵权案件时，通常会批准权利人关于临时限制令、初步禁令或永久禁令的动议。例如，在19-cv-09399案中，法院不仅发布了临时限制令以及初步禁令，还在最终判决中发布了永久禁令。❺ 在21-cv-06029案中，法院亦在权利人提起诉讼的当天发布了临时限制令；在听证会之后对未应诉的缺席被诉方发布了初步禁令，最终判决时法院发布了对未应诉的缺席被诉方的永久禁令。

由此可见，美国法院在审理跨境电商知识产权纠纷案件时，发布临时限制令、初步禁令是较为常见的。特别是美国伊利诺伊州北部地区联邦地区法院，其发布上述命令的周期较短。由上述24-cv-01749案可以看出，从2024年3月13日D公司提起临时限制令请求，2天后（2024年3月15日）法院即发布了临时限制令。在12天（2024年3月27日）之后，又发布了初步禁令，此时临时限制令甚至没有超过其14天有效期，而在1个月之后的2024年4月30日，法院又发布了永久禁令。

上述较短的审理周期无疑给跨境电商平台上进行商务经营的中国企业带来了较

---

❶ 该案案号为21-cv-06029。
❷ 该案案号为23-cv-01346。
❸ B公司是一家位于中国上海的公司，SALUSPA商标的注册权利人。该公司开发、市场推广、销售和分销全球的充气休闲产品、水上运动产品等。
❹ 该案案号为22-cv-05549。
❺ 在19-cv-09399案中，法院还判定权利人可以从每个未应诉默认被诉方收取50000美元损害赔偿金。

大的应诉压力。无论是时间成本还是资金成本，都是导致中国企业在遭遇跨境电商知识产权纠纷时主动或被动采取消极应对的重要因素，而消极应对也往往直接导致了案件向不利于被诉方的方向发展。

有数据显示，2022 年，在已结案跨境电商的商标诉讼案件中，中国企业获得的最有利结果是与对方和解。❶ 这也导致了美国近年来出现众多权利人向法院提起类似的批量诉讼，利用法院快速发布的临时限制令冻结被诉方的账户及资金，并以此为由进一步与被诉方沟通并附加高额和解金。

因此，对于参与美国跨境电商平台经营的中国企业，应该提高自身的知识产权保护意识，有效防范可能出现的知识产权风险，在遭遇相关知识产权纠纷时也要积极维护自身权益。

一是针对外观设计专利权、商标权及版权的风险排查。

所谓知己知彼，百战不殆。对于有意在美国从事跨境电子商务行业的中国企业来说，应当在产品出海美国之前，对可能的知识产权风险进行排查。例如，出具 FTO 调查分析报告，特别是针对电子商务平台知识产权纠纷一般涉及的知识产权类型，即外观设计专利权、商标权及版权。主动进行风险排查的优势在于，一方面可以最大限度地降低侵权风险，另一方面有利于在被控侵权时，减少被认定为恶意侵权的可能性。

二是善用电子商务平台的知识产权管理机制。

随着电子商务平台的完善和发展，大部分美国电子商务平台制定了较为严格的知识产权管理制度，且提供了相应的知识产权纠纷处理渠道。对于我国在美国开展电子商务业务的企业，充分利用电子商务平台的知识产权纠纷处理机制应对侵权投诉，往往能够最大限度地降低成本并减少损失。

例如，在前文提到的 22 – cv – 05549 案中，O 公司在提起诉讼之前，曾向 Amazon 电子商务平台提交侵权投诉，要求该案的被诉方 S 公司下架疑似侵权产品。S 公司随后提交了针对 O 公司投诉的答复，主张 O 公司的投诉中存在错误和/或误认，并请求 Amazon 将被下架的产品重新上架。

因此，在遭遇跨境电商平台的知识产权纠纷时，除了通过诉讼途径维护权利，还可以通过电商平台的知识产权政策寻求纠纷解决办法。以 Amazon 电子商务平台的中立评估程序（Amazon Patent Evaluation Express，APEX）为例，当知识产权的权利人和卖家在 Amazon 电子商务平台上发生纠纷时，权利人可以请求启动 APEX 程序维权，每个被指控的卖家可以选择是否参与该 APEX 程序，如果被指控卖家选择不参

---

❶ 中国知识产权研究会. 2022 年中国企业在美知识产权纠纷调查报告［EB/OL］.（2023 – 06 – 29）［2024 – 10 – 11］. http：//www.cnips.org.cn/a18319.html.

与,其被控侵权产品可能面临下架风险,如果被指控卖家选择参与,Amazon平台方将启动后续评估。具体地,Amazon平台方会选择一名第三方专利律师作为中立评估方来判断相关产品是否侵权,而权利人和每个选择参与中立评估程序的卖家都会向这个第三方中立评估方缴纳4000美元的费用。根据评估结果,败诉方将承担费用,胜诉方的费用将被退还。

由此可见,结合美国的知识产权环境,善用电子商务平台知识产权管理机制,可以为中国企业应对知识产权纠纷提供有效的帮助,以便减少被诉至法院产生的更多成本。

三是根据案件实际情况制定纠纷应对策略。

如该案及前文提到的类似案件中,对在美国电子商务平台上的卖家不利的是,当其获知被诉时,通常法院已发布了临时限制令,或相关账户已被冻结。在有限的答辩期限内,作为被诉方可以从以下角度进行综合评估,并制定针对性的应对策略。

第一,评估是否侵权。作为被诉方,需谨慎评估被诉产品是否确实侵犯了涉案知识产权,并进一步判断具体的侵权程度是否存在争辩空间。

第二,判断是否存在胜诉可能性。基于上述评估的侵权情况,综合考虑其他影响案件发展的因素,例如原告在诉讼中是否存在程序性问题,或者涉案知识产权是否存在权利被宣告无效的可能性或不可执行(例如专利权人不应获得救济)等情况,从而判断案件胜诉的可能性。

如果存在被诉方胜诉可能性,或者赔偿金等相关诉讼成本远小于账户冻结资金(即账户冻结金额非常大),建议被诉方积极应诉;如果侵权判定争议空间不大,或者希望节约时间和应诉成本,或希望保留相关账号或店铺继续经营,建议被诉方主动推进和解协商;如果账户冻结金额不大,且无须保留相关账号或店铺继续经营,消极应对亦是可选途径之一。

综上所述,我国在美国从事跨境电子商务业务的企业可以在商品出海之前利用针对相关知识产权的调查分析最大程度降低风险。在面对知识产权投诉时,可以通过电子商务平台的知识产权管理机制减少维权应对成本。企业即使遭遇了知识产权侵权诉讼,也可以结合美国知识产权的知识产权环境,根据电子商务知识产权纠纷案件的特点制定应对策略,维护自身的合法权益。

(供稿:王煦莹)

10

美国方法专利侵权诉讼之举证责任分配

该案涉及美国专利侵权的举证责任分配。涉案当事人分别为专利权人美国 ARN 公司，被诉方 BGG 中国公司、美国 JkG 公司、中国江苏 XXV 公司、美国 Ky 公司。

涉案专利为美国 ARN 公司在 2000 年 5 月 24 日申请的美国发明专利 US6350453B1，其发明名称为"来自 Bixa orellana 副产品的生育三烯酚和香叶基香叶醇"（Tocotrienols and geranylgeraniol from Bixa orellana byproducts），授权日为 2002 年 2 月 26 日。其中，权利要求 1 具体保护"一种形成生育三烯酚组合物的方法，包括将溶剂从 Bixa orellana 种子组分的副产物溶液中挥发以由此形成所述生育三烯酚组合物的步骤"。

一、案情介绍

2018 年 12 月 12 日，美国 ARN 公司向美国加利福尼亚州中区联邦地区法院（United States District Court for the Central District of California）提起针对涉案专利的诉讼，提出对被诉方的 3 项指控，包括专利侵权、违反保密协议和商业秘密的不当使用。

2019 年 3 月 4 日，美国 ARN 公司提交修正起诉状，仅针对专利侵权部分提出指控，要求确认被诉方侵权，停止侵权行为并赔偿相应损失，支付律师费等合理支出。美国 ARN 公司主张的涉案专利权利要求为权利要求 1、6、7、10。

2019 年 6 月 20 日，法院驳回被诉方动议。在该动议中，被诉方认为涉案专利不符合美国专利法第 101 条规定的专利适格性要求，是无效和不可执行的（即专利权人的不正当行为或不公平行为，会导致诸如专利权人不可获得救济的结果），而法院认为涉案专利权利要求描述了一个适用于从特定原材料中恢复化合物的专利适格过程，并且创新性需要深入事实调查，不适合在驳回动议阶段进行处理。

2020 年 1 月 10 日，法院对涉案专利中有争议的技术术语进行了解释。具体包括："挥发溶剂"（volatilizing a solvent）、"Bixa orellana 种子复合物的副产品溶液"

（a byproduct solution of Bixa orellana seed componets）、"生育三烯酚组分"（tocotrienol component）、"香叶基香叶醇组分"（geranylgeraniol component）和"底流"（bottoms stream），为后续的法律程序提供了基础。

2021年5月25日，专利权人提交了一份133页的《无争议事实陈述与法律结论》（statement of uncontroverted facts and conclusions of law，PSUF），其中包括447项单独声明，支持其部分简易判决动议。被诉方则认为PSUF过于繁重，其中包括许多与专利权人动议实质无关的内容，法院最终支持了被诉方。

2021年11月22日，专利权人请求法院根据美国专利法第295条，对被诉方侵权行为进行推定，要求被诉方承担证明其产品的制造过程未侵犯涉案专利的责任。对此，法院认为，专利权人未能证明被诉方存在侵权的合理可能性，也未能证明其在合理努力后仍然无法确定被诉方的实际制造过程，因此驳回专利权人的请求。

2022年1月3日，法院认为专利权人未能证明被诉方实施了专利中的所有步骤，特别是未能证明被诉方通过挥发溶剂的步骤形成生育三烯酚，并由此作出判决，驳回专利权人诉讼请求。

二、处理结果

2022年1月31日，双方达成和解，专利权人撤诉，双方同意各自承担其成本及律师费用。

三、要点分析

该案涉及方法类专利侵权过程中被诉方的答辩策略及举证责任分配，主要涉及美国专利法第101条、第295条。案件进程中的关键点如下。

第一，被诉方在侵权过程中曾提起驳回动议，认为涉案专利不符合美国专利法第101条的规定。美国专利法第101条规定了可申请专利的发明需要满足的条件，即发明或发现任何新的有用的工艺、机器、制造或物质组成，或对其进行任何新的有益改进的，可以获得专利。被诉方提出涉案专利的权利要求指向自然产生的物质，而自然规律、自然现象和抽象概念是不可申请专利的。

针对被诉方的意见，法院认为涉案专利保护的是一种物质的提取方法，并列举了大量的案例支持涉案专利满足可专利性要求的观点，因此驳回了被诉方的请求。

第二，该案涉及方法类专利在侵权诉讼过程中举证责任的分配。美国专利法第295条规定，在基于进口、销售、许诺销售或使用由美国专利方法制成的产品而指控侵犯方法专利的诉讼中，如果法院认定该产品极有可能是通过专利方法制造的，以及专利权人已尽合理努力确定产品生产中实际使用的制造方法，仍无法确定，则应推定该产品是通过该专利方法制造的，若要证明该产品不是通过该专利方法制造，应由被诉方承担举证责任。

在该案诉讼过程中，专利权人一方认为被诉方的产品极有可能通过专利方法制造，并且陈述了专利权人一方已经尽力完成举证，但由于种种原因使专利权人无法获得被诉方产品生产过程中的方法细节，因此请求法院判令被诉方承担举证责任。法院经过审理后认为，专利权人不满足美国专利法第295条所要求的两个条件，因此驳回了专利权人请求，具体理由如下。

一是关于侵权的实质性可能性（substantial likelihood of infringement）。

法院指出专利权人试图通过其专家罗克斯特劳博士（Dr. Rockstraw）的报告证明侵权的实质性可能性。然而，法院指出专家意见涉及的部分文件和流程图超出了专利权人在侵权内容陈述中披露的侵权理论范围，并且被认为是不恰当的。因此，罗克斯特劳博士的意见不足以证明存在侵权的实质性可能性。

此外，专利权人没有根据罗克斯特劳博士关于2018年3月提交的膳食成分标准化信息（standardized information on dietary ingredients，SIDI）文件的证词辩称它可以证明侵权的实质性可能性。因此，专利权人未能履行其责任来证明侵权的实质性可能性，不满足美国专利法第295条所要求的第一个条件。

二是关于尽合理努力但无法确认实际制造过程（inability to confirm actual manufacturing process despite reasonable efforts）。

专利权人声称其对被诉方BGG中国公司的制造工艺进行了15项事实和专家陈述，并对在中国的制造工厂进行了检查，但是其发现的结果产生了矛盾和差异，因此仍无法确认BGG中国公司使用的实际制造工艺。

首先，专利权人声明了被诉方的证人就BGG中国公司的制造过程提供了相互矛盾的证词和证据。BGG中国公司首席科学官李博士证实，在"2014年4月制造工艺"文件BGG0000009-20和"2018年3月制造工艺"文件BGG0000021-37反映了被诉方的实际制造过程，而其他5名被BGG中国公司确认的"制造、市场和/或销售"的证人作证说，他们不熟悉这些文件。对此，被诉方回应，李博士给出的证词已经充分证明了BGG中国公司使用的制造工艺，而面向客户（例如销售商）的文件中的内容不能准确描述产品的实际制造过程。

法院认为，李博士为BGG中国公司的首席科学官，其对生产过程应当更加了解，关于其他证人，法院认为专利权人没有提供任何信息使得法院可以确定，与产品的营销或销售相比，他们更了解BGG中国公司的实际生产过程。

其次，法院指出，专利权人未能证明其在发现过程中遇到的问题足以证明其无法确定被诉方的实际制造过程。例如，虽然专利权人认为由于客观环境的影响，罗克斯特劳博士不能完全检查被诉方的制造设施,但是专利权人没有解释为什么未要求第二次视频检查,也未向法院寻求救济。

最后,法院还指出,专利权人对被诉方证人李博士的证词存在异议,但李博士证词的分量和可信度是陪审团需要决定的问题,专利权人的异议并不构成转移举证责任的理由。

基于上述理由,法院驳回了专利权人的请求。由于专利权人无法实现将举证责任转移给被诉方,因此无法证明被诉方实施了专利中的所有步骤,特别是未能证明被诉方通过挥发溶剂的步骤形成产品,从而被驳回起诉。

由此可见,该案的关键点在于举证责任的分配,特别对于方法专利,专利权人获得被诉方工艺流程的难度较大,如果无法将举证责任转移给被诉方,将很可能导致最终的不利结果。

四、启示借鉴

该案是美国方法专利的侵权诉讼案件,涉及专利权人诉讼请求的变更、侵权诉讼中的驳回动议以及举证责任分配等问题,流程中的各个环节体现了美国专利诉讼中的复杂性,为今后中国企业在美国应诉提供了经验。

首先,从案件进展过程中可以看出,专利权人从最开始的3项诉求:专利侵权、违反保密协议和商业秘密的不当使用,变更为后来的仅针对专利侵权提起诉讼。事实上,在中国,以上3项诉求也很难在同一个诉讼案件中同时请求,从最初的3项诉求可以看出,专利侵权相对于其他两项,对于专利权人来说举证相对容易且直观,这也可能是专利权人方最终选择专利侵权作为诉讼理由的原因之一。

其次,被诉方在该案侵权诉讼中提起过驳回动议,其理由在于涉案专利权利要求指向自然产生的物质,而自然规律、自然现象和抽象思想属于不可申请专利的情形。这也类似于中国专利法中的保护客体要求。《中华人民共和国专利法》第2条规定了发明、实用新型和外观设计专利的保护客体;第25条规定了不授予专利权的情况,例如科学发现等。由此可见,中国和美国专利法在不授予专利权的客体上有相似之处,二者的区别在于程序上的差异较大。

美国的驳回动议可以在侵权诉讼过程中向同一个法院提起,而中国的保护客体问题必须在专利无效宣告请求阶段提出,作为无效宣告请求的理由,由国家知识产权局进行审理。但是,无论经过哪些程序,专利保护客体均是专利是否能授权并获得稳定权利的一项重要要求。

对于该案来说,虽然其权利要求涉及一种自然界中存在的化学成分,但是保护的是化学成分的提取方法,这样的权利要求无论是在中国还是美国,均满足专利授权客体的要求。被诉方提起驳回动议可能只是为侵权诉讼争取时间。

事实上，被诉方在侵权诉讼过程中以可专利性为由提出驳回动议，是美国专利侵权中的常见程序，如果获得法院支持，可能实现在诉讼早期结束案件。除此之外，被诉方也可以考虑从创新性等其他角度切入，在侵权诉讼过程中对专利权发起挑战。

与中国只能通过行政手段提起专利无效宣告请求不同，美国可以通过行政途径或司法途径提起无效宣告请求，其中行政途径包括多方复审❶、涵盖商业方法复审（Covered Business Method Review，CBMR）❷和授权后复审（Post-Grant Review，PGR）❸等程序；司法途径指被控侵权人直接向联邦地区法院提起专利无效，由该法院判断专利的有效性。

最后，在侵权诉讼中，无论是中国还是美国，大多数情况下，举证责任由专利权人承担，即"谁主张，谁举证"。只有在专利权人已经竭尽所能进行举证，但部分技术内容仍然无法获得时，才有可能将举证责任转移给对方，在中国司法实践中常被称为"举证责任倒置"；例如《中华人民共和国专利法》第71条❹规定，在确定赔偿数额时，可以在特定情况下责令侵权人提供与侵权行为相关的账簿、资料。

当然，《中华人民共和国专利法》中还规定了一种特殊情形，即新产品的制造方法。《中华人民共和国专利法》第66条规定："专利侵权纠纷涉及新产品制造方法的发明专利的，制造同样产品的单位或者个人应当提供其产品制造方法不同于专利方法的证明。"但是该法条仅限于"新产品"，而对于"新产品"的举证也是专利权人方需要面对的挑战。

相对而言，美国专利法中没有"新产品"制造方法举证责任倒置的明确规定，但是《与贸易有关的知识产权协定》（Agreement on Trade-Related Aspects of Intellectual Property Rights，TRIPS）第34条第（1）款包含了上述"新产品"制造方法的类似规定，美国作为世界贸易组织（WTO）成员，上述规定也应当适用。

一方面，站在侵权诉讼的专利权人角度，无论是中国还是美国，对于方法专利，特别是产品的制造方法或制造工艺等专利，由于涉及具体流程步骤，甚至具体工艺参数，上述步骤及参数在最终获得的产品上无法体现，因此专利权人存在较大的举证困难，给维权带来了较大阻力。在美国，专利权人可以充分利用司法途径寻求法

---

❶ USPTO. Inter Partes Review [EB/OL]. [2024-07-16]. https://www.uspto.gov/patents/ptab/trials/inter-partes-review.

❷ USPTO. Ransitional Program for Covered Business Method Patents [EB/OL]. [2024-07-16]. https://www.uspto.gov/patents/ptab/trials/transitional-program-covered-business-method.

❸ USPTO. Post Grant Review [EB/OL]. [2024-07-16]. https://www.uspto.gov/patents/ptab/trials/post-grant-review.

❹ 《中华人民共和国专利法》第71条："人民法院为确定赔偿数额，在权利人已经尽力举证，而与侵权行为相关的账簿、资料主要由侵权人掌握的情况下，可以责令侵权人提供与侵权行为相关的账簿、资料；侵权人不提供或者提供虚假的账簿、资料的，人民法院可以参考权利人的主张和提供的证据判定赔偿数额。"

院帮助，以便更好地获取被诉方制造工艺细节。对于该案来说，尽管专利权人认为其已经尽可能举证并请求法院判令被诉方承担举证责任，但仍未能得到法院支持，其中，法院认为专利权人未向法院提出救济是拒绝专利权人请求的理由之一。相应地，由于产品专利举证过程相对简单，更容易维权，因此建议针对方法专利可以考虑从产品角度同时进行保护，以获得更全面更易维权的保护范围。

另一方面，站在被诉方角度，如果在美国被诉侵权，可以考虑驳回动议，在创新性审查之前进行可专利性审查，至少能在流程上争取时间，也可以考虑通过行政途径或司法途径提起专利无效宣告请求；除此之外，对于方法专利，被诉方应尽可能注意不要自行披露关键技术细节，也无须在法院判决前承担不必要的举证责任。

（供稿：褚晓慧）

11

美国专利侵权之"禁反言"原则

该案涉及美国专利侵权中的禁反言原则,涉案当事人分别为原告 HW 公司,被告 LJLN 公司及其在我国山东、浙江等分公司/子公司。其中,原告为美国专利 US9893215B2 的专利权人,该专利涉及太阳能电池的制造方法和相应的太阳能电池。

针对同一专利,HW 公司及其美国分公司(以下统称"HW 公司")申请启动 337 调查,被投诉方分别为 JKNY 公司(包括其美国和中国江西、浙江等分公司/子公司,以下统称"JKNY 公司")、LJLN 公司(包括其在我国山东、浙江等分公司/子公司,以下统称"LJLN 公司")、REC 公司(包括其新加坡、美国等分公司/子公司,以下统称"REC 公司")。

针对 HW 公司的上述起诉和 337 调查申请,JKNY 公司、LJLN 公司和 REC 公司分别提起多方复审程序,请求宣告涉案专利的部分权利要求无效。

该案涉及专利 US9893215B2 的权利要求 12~14,其中独立权利要求 12 保护一种太阳能电池,包括:硅基板;第一介电层,其包括硅基板表面上的氧化铝;和第二介电层,直接位于第一介电层的表面上,第一介电层和第二介电层的材料不同,氢嵌入第二介电层中;其中所述第一介电层的厚度小于 50nm,并且被置于所述硅基板的表面和所述第二介电层之间。

一、案情介绍

2019 年 3 月 4 日,投诉方(专利权人)HW 公司向美国 ITC 提交申请,请求针对被投诉方 JKNY 公司、LJLN 公司和 REC 公司启动 337 调查,认为其侵犯了涉案专利的权利要求 12~14。2019 年 4 月 9 日,美国 ICT 启动 337 调查。[1]

2019 年 3 月 5 日,专利权人 HW 公司作为原告,向美国特拉华州地方法院提交起诉书,起诉被诉方 LJLN 公司未经许可的情况下,在美国境内制造、使用、销售或

---

[1] 该案案号为 337-TA-1151。

进口侵犯涉案专利的某些太阳能电池和模块产品。2019年4月16日，法院批准暂停审理该侵权案件，等待337调查结果。

2019年9月26日，美国ITC发布第24号初步裁定，详细讨论了专利权利要求中特定术语的解释，包括专利权利要求的前序部分是否具有限制作用、硅基底、硅基底的表面、第一介电层等术语的具体含义。

2020年4月10日，美国ITC发布第40号初步裁定，裁定被投诉方不存在侵权行为，并在裁定中简要评述了专利"审查历史禁反言"（prosecution history estoppel）。

2020年6月3日，美国ITC发布公告，作出337调查部分终裁，复核确认第40号初步裁定，认定被投诉方不存在侵权行为，终止该案调查。

在侵权诉讼和337调查进行过程中，LJLN公司于2019年5月13日提交多方复审申请。❶ 2020年12月3日，USPTO作出最终决定，宣告涉案专利权利要求12~14无效，因为上述权利要求相对于LJLN公司提交的现有技术是显而易见的。专利权人提起上诉，2022年6月，美国联邦巡回上诉法院发布上诉判决❷，维持了USPTO的无效决定。

此外，JKNY公司和REC公司也于2019年6月3日提交多方复审申请❸，2020年12月8日，USPTO作出最终决定，宣告涉案专利权利要求12~14由于缺乏新颖性和非显而易见性而被无效。

2022年6月27日，原告HW公司撤回了其在美国特拉华州联邦地方法院提交的专利侵权诉讼。

二、处理结果

337调查中认为被投诉方的产品未侵犯涉案专利的专利权，IPR决定认为涉案专利权利要求12~14无效。最终，原告HW公司撤回了其在美国特拉华州联邦地方法院提交的专利侵权诉讼。

三、要点分析

该案专利权人作为投诉方首先提起337调查申请，并随后在法院提起专利侵权诉讼，但法官以等待337调查结果为由暂停了审理。在337调查过程中，被投诉方向USPTO提起多方复审，试图宣告涉案专利的相关权利要求无效，同时也在337调

---

❶ 该案案号为IPR2019-01072。
❷ 该案案号为2021-1629。
❸ 该案案号为IPR2019-01145。

查中提交动议，主张未侵犯涉案专利相关权利要求。

美国ITC在作出被投诉方未侵犯专利权的裁定时，针对专利审查过程中申请人曾经提出的意见进行了简单评述。在审查过程中，申请人针对USPTO审查员基于现有技术作出的审查意见，进行了意见陈述，明确表示涉案专利所要求保护的太阳能电池仅具有两层介电层，二者直接接触，中间不存在其他层结构，即放弃了三层结构的太阳能电池。申请人的上述陈述构成了"禁反言"，并且不能在后续的侵权诉讼中使用等同原则来重新获得其在审查过程中放弃的权利要求保护范围。由于被投诉方的相关产品均多于两层结构，因此未侵犯涉案专利的相关权利要求。

在美国ITC终止调查后几个月，三方被投诉方提起的多方复审公布了最终决定，涉案专利的权利要求12～14被宣告无效。被投诉方在337调查和专利无效程序中均占据了主动，并最终导致专利权人撤回了其在法院的起诉。

四、启示借鉴

该案涉及专利侵权诉讼、337调查和多方复审，三者分别属于司法途径、准司法途径和行政途径，是美国专利纠纷中常见的程序，被诉侵权人可以在上述三种程序中提起专利无效宣告请求。

专利侵权诉讼由专利权人作为原告向法院提起，审理时间通常较长。337调查是专利权人作为投诉方向美国ITC提交申请，请求依据美国1930年关税法第337条的有关规定，针对在美国进口贸易中的知识产权侵权行为以及其他不公平竞争行为开展调查的一项程序，相较于司法途径，337调查速度较快。多方复审是在USPTO专利审判和上诉委员会进行的程序，是专利无效的行政手段之一，可以基于美国专利法第102条所要求的新颖性以及第103条的非显而易见性提出无效宣告理由。

从该案流程来看，337调查从发起到终裁历时一年多的时间，进展速度较快，专利权人提起337调查的同时也向法院提起侵权诉讼，侵权诉讼因等待337调查结果而中止。另外，被投诉方/被诉方除了在337调查中进行答辩外也提交了多方复审，力求以多个程序进行抗辩。该案中，无论是专利权人还是被投诉方，均在各自的角度尽可能寻找有利于自身的方式维护权益。

相较于美国，在中国专利侵权领域，也存在司法途径和行政途径两种维权方式，前者类似于美国向法院提起的专利侵权诉讼，而后者主要是行政查处的形式。但是，在中国提起专利无效宣告请求只能通过行政途径，即向国家知识产权局专利局复审和无效审理部提起无效宣告请求。

在中国专利侵权诉讼中，被告一方通常采用的答辩策略包括现有技术抗辩、不侵权抗辩和无效宣告请求等。其中，无效宣告请求与该案中被投诉方提起的多方复审类似,并且侵权诉讼中的被告可以在无效宣告请求被受理后向法院提交案件中止申请,有一定概率暂停侵权诉讼的审理而等待无效结论,从而节约司法资源。一旦专利权被宣告无效,侵权诉讼的权利基础将不复存在。因此,专利无效成为被诉侵权人常用的抗辩手段之一。

如果侵权诉讼的被告为多方,其也可以同时提起无效宣告请求,类似于该案的三方被投诉方,一方面可以增加专利无效成功率,另一方面可以给专利权人增加应诉压力。

该案的关键点在于在 337 调查过程中进行侵权判断时引入的"禁反言"。美国专利法中的"禁反言"原则,具体是指在专利审查过程中,申请人为了满足授权要求而通过修改或解释对权利要求的范围进行了限缩,在专利侵权诉讼中,专利权人不能适用等同原则将通过限缩而放弃的内容重新纳入专利权的保护范围。"禁反言"原则是防止专利权人在审查过程中为获得专利权而限制专利保护范围,而在侵权诉讼中又试图扩大权利要求保护范围的行为。

在 *Festo Corp. v. Shoketsu Kinzoku Kogyo Kabushiki Co., Ltd.* 案〔535 U. S. 722 (2002)〕中,法院就"等同"原则与"禁反言"原则之间的关系作了审理。❶ 根据该判决,等同原则受制于专利申请审查过程中的禁反言原则。如果专利权人通过对申请文件的修改放弃了某些权利要求保护范围,此后专利权人不能就其放弃的特征主张等同侵权。

具体到该案,专利权人在专利申请过程中进行意见陈述时,为了区别于审查员引用的现有技术,明确强调涉案专利中的太阳能电池为两层结构,两层直接接触,而在随后的维权过程中专利权人又试图将三层结构以"等同侵权"的形式重新纳入权利要求的保护范围内,这样的做法违反了"禁反言"原则,因此没有被美国 ITC 接受。

与美国专利法中的"禁反言"原则类似,中国在专利侵权的司法实践中也遵循"禁止反悔"原则,并且在进行"等同特征"判定时同样需要考虑"禁止反悔"原则。

根据《最高人民法院关于审理侵犯专利权纠纷案件应用法律若干问题的解释》(2010 年 1 月 1 日起施行)第 6 条规定:"专利申请人、专利权人在专利授权或者无效宣告程序中,通过对权利要求、说明书的修改或者意见陈述而放弃的技术方案,权利人在侵犯专利权纠纷案件中又将其纳入专利权保护范围的,人民法院不予支持。"上述规定通常称为"禁止反悔"原则。

根据《最高人民法院关于审理专利纠纷案件适用法律问题的若干规定》(2021

---

❶ 该案案号为 00 - 1543。

年1月1日起施行）第13条规定："等同特征，是指与所记载的技术特征以基本相同的手段，实现基本相同的功能，达到基本相同的效果，并且本领域普通技术人员在被诉侵权行为发生时无需经过创造性劳动就能够联想到的特征。"由于等同侵权判定不再局限于权利要求的文字记载范围，而是将权利要求的保护范围扩大到其技术特征的等同范围，因此为了防止权利要求的扩张解释不当，在专利侵权判定中还需考虑"禁止反悔"原则和"捐献"原则，以对"等同"原则进行适当限制，防止架空授权权利要求的公示作用，损害公众利益。

以我国某侵犯发明专利权纠纷案为例，关于"活性钙"与"葡萄糖酸钙"是否构成等同的问题，最高人民法院认为专利权人在专利授权程序中对权利要求1所进行的修改，放弃了包含"葡萄糖酸钙"技术特征的技术方案，根据禁止反悔原则，专利申请人或者专利权人在专利授权或者无效宣告程序中，通过对权利要求、说明书的修改或者意见陈述而放弃的技术方案，在专利侵权纠纷中不能将其纳入专利权的保护范围。基于该原则，涉案专利权的保护范围不应包括"葡萄糖酸钙"技术特征的技术方案。由于被诉侵权产品的相应技术特征为葡萄糖酸钙，属于专利权人在专利授权程序中放弃的技术方案，因此不应当认为其与权利要求1中记载的"活性钙"技术特征等同而落入专利权的保护范围。[1]

总体来说，无论在中国还是美国，为了防止专利权人"两头得利"，在专利申请、确权和专利侵权过程中都需要遵循"禁反言"或"禁止反悔"原则。这就要求专利申请人或专利权人在进行权利要求修改、答复审查意见通知书或针对无效理由进行抗辩时综合考虑，尽可能避免不必要的限缩性解释或非必要特征的修改，防止在授权和确权过程中的不当陈述或修改给维权带来负面影响。对于被诉侵权一方来说，在进行抗辩时也可以深入研究审查过程中的文件，挖掘专利权人在专利申请和确权过程中对自己有利的陈述或修改。

（供稿：褚晓慧）

---

[1] 参见最高人民法院（2009）民提字第20号民事判决书。

12

美国知识产权侵权诉讼之陪审团制度

该案涉及美国侵权诉讼中的陪审团制度。涉案当事人分别为权利人美国 T 公司和被诉方中国台州 YS 公司、南通 AT 公司等电子商务平台（Amazon、eBay）卖家。

涉案知识产权包括美国第 2645923 号注册商标 Split-Ender（以下简称"涉案商标"）、美国 T 公司美发产品的产品包装（VA2-092-823）以及说明书（VA2-093-2090）（以下简称"涉案版权"）、该美发产品涉及的美国专利 US6588108B2、US7040021B2 和 US9587811B2（以下简称"涉案专利"）❶，如表 1 所示。

表 1　涉案美国 T 公司主张的权利信息

发明专利	版权	商标
US7040021B2	说明书（VA2-093-2090）、包装（VA2-092-823）	注册商标 Split-Ender（第 2645923 号）
US6588108B2		
US9587811B2		

一、案情介绍

图 1 给出了该案的具体进展时间，具体如下介绍。

2018 年 4 月 30 日，美国 T 公司在美国加利福尼亚州南区联邦地区法院起诉中国台州 YS 公司以及包括中国南通 AT 公司在内的 Amazon、eBay 卖家（Seller ID Defendants）❷。

美国 T 公司主张中国台州 YS 公司制造及销售的 FASIZ、LESCOLTON、UMATE 和 HAIR TRIMMER 系列美发产品（以下简称"涉案产品"）侵犯了美国 T 公司的涉案商标权、版权、专利权、商业外观；美国 T 公司还主张包括中国南通 AT 公司在内

---

❶ 该案中，美国 T 公司还主张产品包装构成"商业外观"，但未获法院支持，详细论述参见下文。
❷ 该案案号为 18-cv-00823。

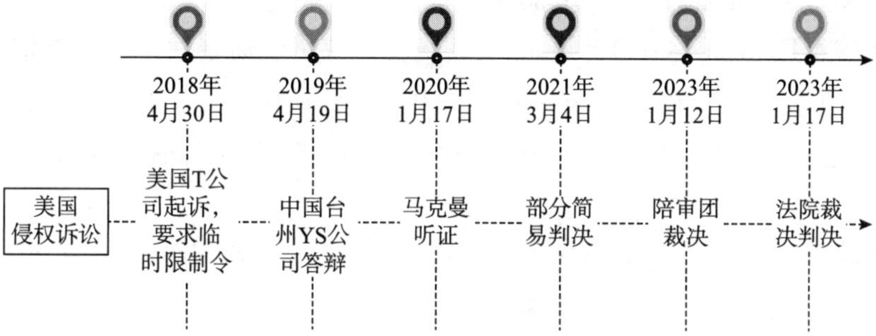

12 美国知识产权侵权诉讼之陪审团制度

```
美国          2018年      2019年      2020年      2021年      2023年      2023年
侵权诉讼      4月30日     4月19日     1月17日     3月4日      1月12日     1月17日

              美国T公     中国台      马克曼      部分简      陪审团      法院裁
              司起诉，    州YS公      听证        易判决      裁决        决判决
              要求临      司答辩
              时限制令
```

图1　相关案件时间线

的 Amazon、eBay 卖家销售涉案产品侵犯了其涉案商标权、版权、专利权、商业外观。美国 T 公司请求法院发布停止侵权行为的临时限制令、初步禁令和永久禁令、下架涉案产品、赔偿美国 T 公司因侵权行为遭受损失以及其他救济措施等。此外，美国 T 公司还请求了陪审团审理。

2018 年 5 月 10 日，法院认为美国 T 公司完成了申请临时限制令的举证责任，发布了临时限制令，并要求美国 T 公司提交 10000 美元的保证金，以赔偿可能因错误禁令而产生的损害。

2018 年 5 月 29 日，法院同意了美国 T 公司自愿撤回对第 23 号被诉方的起诉，并要求美国 T 公司采取措施以确保被诉方的资金不再受限制。之后该案的部分被诉方，如第 15 号被诉方等也按此方式结案。

2018 年 5 月 24 日，法院批准了美国 T 公司请求的替代送达方式，授权其可以通过电子邮件和网站公告的方式将法律文书送达被诉方，并对初步禁令的听证会进行了排期。

2018 年 6 月 11 日，法院发布命令确认美国 T 公司与第 76 号、第 77 号被诉方达成了同意判决和永久禁令。该命令对被诉方的被禁止的行为、违反判决的后果、账户解冻、后续管辖权等事项进行了安排。之后该案的部分被诉方，如第 2 号被诉方也按此方式结案。

2018 年 6 月 12 日，法院批准了美国 T 公司请求的加速第三方证据调查（expedited third–party discovery），允许美国 T 公司从第三方电子商务平台 Amazon 获取被诉方的真实身份信息及其销售记录，并对临时限制令进行了延期，重新安排了初步禁令的听证日期。

2018 年 9 月 18 日，法院发布了案件状态更新的命令，以同步美国 T 公司获得的第 1~61 号和第 75~78 号中新增被诉方身份信息，并要求美国 T 公司对新识别的被诉方通过电子邮件和网站公告方式送达法律文书。

2019 年 2 月 21 日，法院将包括中国南通 AT 公司在内未限期答辩的部分被诉方登记为缺席被告，而后对其作出缺席判决。

2019年4月19日，中国台州YS公司提交了答辩状质疑法院对其管辖权，还主张其与美国T公司已经在2016年的中国专利侵权诉讼中达成了和解协议，且中国台州YS公司已遵守该和解协议，并于2019年7月11日提交了证据材料以支持其答辩理由。

2020年1月17日，鉴于该案当事人对权利要求解释均不存在争议，法院取消了马克曼听证口审，对双方同意的权利要求解释进行书面审查。

2020年3月2日，法院驳回被告关于请求根据诉状予以判决的动议。

其中，中国台州YS公司在答辩状中主张，美国T公司在该案中关于涉案专利的请求与双方已达成和解的中国专利侵权诉讼请求一致，且该中国专利（该案专利US6588108B2的中国同族专利）与该案的涉案专利本质相同。因此，上述美国T公司在该案中关于涉案专利的请求应被驳回。具体地，2016年10月17日，美国T公司以中国台州YS公司侵犯其中国专利ZL02808380.6（以下简称"中国专利"）为由在浙江省台州市中级人民法院发起诉讼，2016年12月，经浙江省台州市中级人民法院确认，双方达成和解协议，中国台州YS公司承诺不再侵权并支付和解金。同时，中国台州YS公司在答辩状中提供了经公证的中国专利诉讼起诉书、和解协议、中国专利翻译件等文件以支持其上述主张。

针对中国台州YS公司的上述主张，美国T公司以专利地域性、涉案专利与中国专利不同、中国法院对未主张侵权的涉案专利没有管辖权等理由进行了反驳。

最终，美国加利福尼亚州南区联邦地区法院虽然确认了中国专利和浙江省台州市中级人民法院专利诉讼、和解协议的存在，但认为上述和解协议仅涉及中国专利，不涉及该案中的涉案专利。因此，美国加利福尼亚州南区联邦地区法院驳回了中国台州YS公司在上述动议中的请求。

2021年3月4日，美国加利福尼亚州南区联邦地区法院作出了部分批准和部分驳回美国T公司请求部分简易判决的命令。其中，法院认定涉案产品侵犯了涉案版权、专利权，并确认美国T公司的产品包装不属于受保护的商业外观以及中国台州YS公司在多国拥有FASIZ注册商标权。同时，法院批准了美国T公司针对"41名缺席被告在Amazon和eBay上销售涉案产品"进行简易判决的请求并在后续进行处理。由于美国T公司提供的证据不足，法院将关于"中国台州YS公司是否为Amazon或eBay上所销售涉案产品的制造商或来源"的问题留待陪审团审判解决。

2022年6月3日，美国T公司提交了专家声明，以支持其对41名缺席被诉方的赔偿请求。具体包括Amazon和eBay的销售记录，以及经专家计算获得的不同店铺的销售金额和销售数量。

2022年6月12日，法院作出了对41名缺席被诉方的判决和永久禁令，确认41

名缺席被诉方的赔偿金额为 5278142.42 美元。具体地，美国 T 公司通过 Amazon 成功获取了 39 名缺席被诉方的销售记录，该销售记录完整显现了 39 名缺席被诉方的销售金额和数量，销售数量总计 88358 套，销售金额为 6603512.42 美元，结合美国 T 公司提供的成本证据，计算出 39 名缺席被诉方销售利润总计 5278142.42 美元。美国 T 公司利用专家证言、公司声明、产品售价变化等证据成功论证了按照损失利润计算赔偿的合理性。满足了按照 *Panduit Corp. v. Stahlin Bros. Fibre Works, Inc.* 案❶所失利润计算赔偿的要件：①市场对专利产品的需求；②缺少专利产品的替代物；③专利权人具备制造销售专利产品的能力以满足市场需求；④专利权人可赚取的利润。美国 T 公司提交 eBay 的 2 名缺席被诉方售卖侵权商品的证据，一套证据仅为宣传 1 名缺席被诉方已售卖 28 套的广告，而另一套证据为另 1 名缺席被诉方售卖侵权产品的网页截图，该截图显示有 16 套已售、4 套以 84.89 美元每套的价格在售。由于法院认为仅根据以上证据不足以证明 eBay 的 2 名缺席被诉方的销售数量与金额，因此将 eBay 的 2 名缺席被告的销售数量与金额从美国 T 公司的诉讼请求中减掉。最终，法院认为足以支持美国 T 公司的赔偿金额为 5278142.42 美元。

2022 年 9 月 8 日，法院对陪审团审判进行了排期并要求美国 T 公司和中国台州 YS 公司在 2022 年 9 月 15 日之前提交联合事实声明（joint statement），中国台州 YS 公司申请证人通过 Zoom 的方式出庭并更新了证据及英文翻译文件。

2023 年 1 月 9 日至 1 月 10 日，法院举行了正式庭审，由 8 名陪审员出席审理，法院在 2023 年 1 月 10 日对陪审团进行了最后陪审团指示，并决定在 1 月 11 日进行陪审团评议。

2023 年 1 月 12 日，基于该案现有的证据，陪审团支持了美国 T 公司的专利和版权诉讼请求并填写了各项赔偿金额（由于保密，因此各项具体赔偿金额被涂黑），陪审团认定 Amazon 缺席被诉方的涉案产品来源于中国台州 YS 公司，中国台州 YS 公司构成了专利帮助侵权、专利诱导侵权、版权帮助侵权，中国台州 YS 公司生产制造侵权产品的行为构成了专利直接侵权、版权直接侵权。

2023 年 1 月 17 日，法院发布陪审团审理判决（judgment on jury verdict），对被诉方中国台州 YS 公司的直接与连带赔偿金额进行了确认。

2024 年 4 月 1 日，经美国 T 公司第二次修改永久禁令的范围，法院同意了对中国台州 YS 公司的永久禁令。

---

❶ *Panduit Corp. v. Stahlin Bros. Fibre Works*, 575 F. 2d 1152 (6th Cir. 1978). 该案是美国第六巡回上诉法院的判决，在该判决中，法院认为，当专利所有者试图依据损失利润来确定损害赔偿时，必须证明上述四个要件。

二、处理结果

2021年3月4日，法院认定该案的涉案产品侵犯了涉案版权、涉案专利权，由于美国T公司未能证明产品包装商业外观具有固有显著性（inherently distinctive）或通过第二含义获得显著性（has acquired distinctiveness through secondary meaning），因此产品包装不属于可保护的商业外观，法院驳回了美国T公司商业外观侵权简易判决的请求。

2023年1月12日，经过法官对陪审团的指示，陪审团认为美国T公司已完成其举证责任。在直接赔偿方面，陪审团认定中国台州YS公司构成了专利直接侵权、版权直接侵权；并按照专利损失利润、版权法定赔偿填写了直接赔偿金额。

在间接赔偿方面，陪审团认定中国台州YS公司为Amazon的39名缺席被诉方侵权产品的来源方，陪审团认定美国T公司已证明中国台州YS公司构成专利帮助侵权、专利诱导侵权、版权帮助侵权。

2023年1月17日，法院裁决判决中国台州YS公司向美国T公司直接赔偿总计65942256.00美元，中国台州YS公司作为39名缺席被诉方侵权产品的来源方，应在5278142.42美元范围内与39名缺席被诉方承担连带责任。

三、要点分析

该案涉及美国侵权诉讼案件的审判程序，具体包括简易判决以及陪审团审判。其中，根据美国联邦民事诉讼规则第56（a）条的规定，任一方当事人均可以提出请求作出简易判决的动议，该当事人应当证明要求作出简易判决的案件重要事实（material facts）没有实质争议。

（一）简易判决

该案中，法院在2021年3月4日部分接受了美国T公司关于请求针对案件事实进行简易判决的动议，具体如下。

第一，针对"涉案产品包装侵犯美国T公司已注册包装版权"。

美国T公司请求针对涉案产品包装侵犯其已注册版权进行简易判决。美国T公司提供了其在2018年2月5日注册关于"Split-Ender产品包装"的版权证据，注册号为"VA2-092-823"，对此被诉方中国台州YS公司并未质疑。因此，美国T公司提供的上述证据可以推定有效。法院认为，由于美国T公司的包装和涉案产品的包装完全相同（virtually identical and word-for-word），因此法院认定涉案产品的包装侵犯了美国T公司已注册的包装版权。

第二，针对"涉案产品手册侵犯美国T公司已注册产品手册版权"。

美国T公司请求针对涉案产品手册侵犯其已注册版权进行简易判决。美国T公司提供了其在2018年2月5日注册关于"Split-Ender产品手册"的版权证据，注册号为"VA2-093-2090"。对此被诉方中国台州YS公司并未提出疑问，法院认为，由于美国T公司的手册和涉案产品的手册十分相似（overwhelmingly identical），因此，法院涉案产品的手册侵犯了其已注册的版权。

第三，针对"涉案产品包装侵犯美国T公司的商业外观权"。

商业外观是商标权保护对象的延伸，指产品或其包装的视觉外观特征，向消费者表明产品的来源。美国兰哈姆法（Lanham Act）规定了商业外观的保护。虽然可以将商业外观注册为商标，但实践中，大多数商业外观和产品配置即使未经注册，亦可受到美国兰纳姆法的保护。具体地，根据美国法典第15编第1125（a）条的规定，在商业中使用任何单词、术语、名称、符号或装置，或其任何组合，或任何虚假的原产地名称、虚假或误导性的事实描述，可能造成混淆，或造成错误，如果任何人认为自己受到或可能受到上述行为的损害，应在民事诉讼中对受到的损害承担举证责任。具体地，请求保护商业外观的人应当证明：①其商业外观具有固有显著性或通过次要含义具有显著性；②公众有可能对侵权产品的使用产生混淆；③商业外观是非功能性的（nonfunctional）。

该案中，美国T公司请求针对涉案产品的包装侵犯其商业外观进行简易判决。虽然美国T公司提供证据证明其拥有关于"电动和电池供电的理发器"商标SPLIT-ENDER，注册号为2645923，但法院未发现美国T公司拥有与产品包装相关的已注册商标。在此基础上，法院针对美国T公司的产品包装不属于商业外观进行了认定，具体如下。

一是美国T公司的产品包装不具有固有显著性。美国T公司的产品包装所包含的元素均为常规的配色方案、图形布局和字体选择，不具有固有显著性以满足商业外观的条件。因此，法院认为，美国T公司未能履行举证责任，证明其商业外观在法律上具有固有显著性。

二是美国T公司的产品包装不具有通过次要含义获得的显著性。该案中，虽然美国T公司提供了广告营销证据，然而该证据未使消费者认识到产品包装与产品来源具有对应关系。同时，中国台州YS公司涉案产品的侵权包装突出地显示了"FASIZ"等的标志，且"FASIZ"是中国台州YS公司拥有的已注册商标，仅凭中国台州YS公司抄袭的间接证据并未证明产品包装通过次要含义获得显著性。因此，法院认为，美国T公司未能证明其产品包装是可保护的商业外观，驳回了美国T公司关于商业外观侵权简易判决的请求。

第四,针对"涉案产品侵犯美国 T 公司的专利权"。

美国 T 公司请求针对涉案产品侵犯其专利权进行简易判决。法院针对涉案专利有效性以及侵权比对分别进行了判定。

一是涉案专利有效性。由于中国台州 YS 公司等被告未对涉案专利有效性质疑,因此法院认为美国 T 公司已授权且未到期,涉案专利是有效且可执行的。

二是涉案专利与涉案产品的侵权比对。美国 T 公司提供了专家 Ben Esplin 关于涉案专利的权利要求与涉案产品的侵权比对表。法院认为,美国 T 公司提供的证据表明涉案产品侵犯了美国 T 公司的涉案专利。

因此,针对"涉案产品侵犯美国 T 公司的专利权",法院作出了有利于美国 T 公司的简易判决,且案件不存在实质争议。

此外,针对美国 T 公司请求针对"41 名缺席被诉方在 Amazon 和 eBay 上销售涉案产品"进行简易判决,法院在 2021 年 8 月 6 日作出的简易判决中批准了该请求,并在美国 T 公司提供进一步的证据后,在 2022 年 7 月 12 日作出的缺席判决中判定 41 名缺席被诉方赔偿美国 T 公司共计 5278142.42 美元并发布了永久禁令。

由于美国 T 公司没有提供证据,因此法院将关于"台州 YS 公司是否为 Amazon 或 eBay 上所销售的侵权产品的制造商或来源"的问题留待陪审团审判解决。

(二) 陪审团审判

根据美国宪法(Constitution of the United States)第 7 修正案的规定,在普通法诉讼中,争议价值超过 20 美元的,应保留陪审团审判的权利。如果案件当事人请求陪审团审判,需要按照美国联邦民事诉讼规则第 38(b)条规定的时间内申请,当事人须在诉状中或诉状送达 14 日内,以书面方式向法院申请由陪审团审理。该案美国 T 公司即在起诉时申请了陪审团审理。

具体地,陪审团审理了以下案件事实。

第一,针对"专利侵权诉讼请求"的事实认定。

一是直接侵权。原告是否证明了被告侵权的可能性大于非侵权可能性。

二是所失利润。原告是否证明了如果没有被告的侵权活动,原告本应可能实现的销售利润?

三是合理许可费。假设原告未能证明所失利润,被告过去销售合理许可费是多少?

第二,针对"版权侵权诉讼请求"的事实认定。

一是包装直接侵权。原告是否证明了被告更可能侵权:①原告是包装注册版权的所有者;②被告是否以复制或其他方式侵犯了版权专属权利?

二是产品手册直接侵权。原告是否证明了被告更可能侵权:①原告是产品手册注册版权的所有者；②被告是否以复制或其他方式侵犯了版权专属权利？

第三，针对"版权侵权损失赔偿"的事实认定。

一是实际损失。原告是否证明了因为被告的侵权行为而遭受的实际损失？

二是如果认为原告证明了遭受的"实际损失"，须明确原告已证明的因被告侵犯包装和/或产品手册的实际损失。

三是法定赔偿。如果认为被告更可能侵犯原告的包装和/或产品说明书版权，须在法定赔偿范围明确具体的数额。

第四，专利侵权：间接责任。

一是帮助侵权。原告是否证明更有可能：①直接侵权人侵犯了原告的专利权；②被告提供了产品侵权部分的一个重要组件；③该组件不是适用于非侵权用途的普通组件；④被告在提供该部件时知晓该专利，并知晓该部件是专门为侵权用途而制造或改装？

二是诱导侵权。原告是否证明更有可能：①直接侵权人侵犯了原告的专利权；②被告采取的行动实际上诱使了直接侵权人的侵权行为；③被告知晓专利，并认为其行为会鼓励对有效专利的侵权，或者被告故意对其行为会鼓励侵权视而不见？

第五，版权侵权：间接责任。

一是帮助侵权：包装。原告是否证明更有可能：①被告知道或有理由知道他人在 Amazon 上利用涉案产品包装进行侵权活动；②被告故意诱导或在实质上促成他人在 Amazon 网站从事涉案产品包装的侵权活动。

二是帮助侵权：产品手册。原告是否证明更有可能：①被告知道或有理由知道他人在 Amazon 上利用涉案产品手册进行侵权活动；②被告故意诱导或在实质上促成他人在 Amazon 网站从事涉案产品手册的侵权活动。

最终，陪审团一致认定美国 T 公司已完成其举证责任，在直接赔偿方面，陪审团认定中国台州 YS 公司构成了专利直接侵权、版权直接侵权和版权故意侵权；并按照专利损失利润、版权法定赔偿填写了直接赔偿金额。在间接赔偿方面，陪审团认定中国台州 YS 公司为 Amazon 的 39 名缺席被诉方侵权产品的来源方，陪审团认定中国台州 YS 公司构成专利帮助侵权、专利诱导侵权、版权帮助侵权。在此基础上，法院裁决判决中国台州 YS 公司直接向美国 T 公司赔偿总计 65942256.00 美元，并在 5278142.42 美元范围内与 39 名缺席被诉方承担连带赔偿责任。

四、启示借鉴

美国的陪审团审判制度是美国司法体系中重要的组成部分。美国在 1787 年宪法中明确规定，除非被告方以书面形式自愿放弃，刑事案件中必须通过陪审团审判程序。但该宪法未对民事案件中的陪审团审判制度明确规定，这导致了美国各州的抗议。在这种压力下，负责起草宪法的人员最终将民事诉讼中陪审团审判制度写入了美国宪法第 7 修正案中。

一般来说，美国司法审判过程中，陪审团的职责在于案件事实认定，法官的职责在于法律适用。

例如，美国联邦最高法院在 Markman v. Westview Instruments, Inc. 案❶明确指出"专利的构造，包括其权利要求中的术语，完全属于法院的职权范围"，确立了"马克曼听证会"的概念，即在专利诉讼中，法官将先于陪审团审理之前对专利权利要求进行解释，其目的是通过法官的解释来统一专利诉讼的裁决，避免因陪审团对技术术语理解不同而导致的不一致裁决。该案对于美国专利侵权诉讼的审判实践产生了深远的影响，将专利权利要求的解释权从陪审团转移到了法官手中。后续，美国联邦巡回上诉法院在 Cybor Corp. v. FAS Technologies, Inc. 案❷的审理中重申了 Markman v. Westview Instruments, Inc. 案的立场，确认权利要求的解释是法官而非陪审团的职责，并且这一解释是完全的法律问题，应由法官独立进行，不受陪审团事实认定的影响。

针对陪审团对于事实认定的审查，美国司法体系中通过"明显错误"等标准予以保护。例如，在 Universal Camera Corp. v. NLRB 案❸中，美国联邦最高法院确认了"明显错误"标准，即上诉法院不能仅仅因为它们自己可能有不同的看法就推翻地区法院的事实认定，除非确信地区法院的认定存在明显的错误。

后续，美国联邦最高法院在 Anderson v. City of Bessemer City 案❹重申了"明显错误"标准，要求上诉法院在审查地区法院的事实认定时必须非常谨慎，即使上诉法院对证据的权衡有不同的看法，也不能仅仅基于此推翻地区法院的裁决。只有当地区法院的裁决在整体证据的基础上显得不合理时，才能被认为明显错误。也就是说，如果地区法院的事实认定是基于证据的，即使存在其他合理的解释，也不意味地区法院的认定就是错误的。而"明显错误"这一上诉标准，同样适用于知识产权相关的上诉案件中，例如，涉及专利权利要求解释和专利申请过程中事实认定的 Anderson v. Bessemer City 案❺中，美国联邦巡回上诉法院就讨论了相关"明显错误"标准的适用问题。

由此可见，在美国司法体系中，对于陪审团事实认定结果存在"明显错误"的

---

❶ Markman v. Westview Instruments, Inc., 517 U. S. 370 (1996).
❷ Cybor Corp. v. FAS Techs., Inc., 138 F. 3d 1448, 46 U. S. P. Q. 2D (BNA) 1169 (Fed. Cir. Mar. 25, 1998).
❸ Universal Camera Corp. v. NLRB, 340 U. S. 474 (1951).
❹ Anderson v. City of Bessemer, 470 U. S. 564 (1985).
❺ In re Brana 51 F. 3d 1560 (Fed. Cir. 1995).

标准相对严格，这也使得针对陪审团事实认定结果的上诉较为困难。特别是在相对复杂的知识产权诉讼案件中，更为陪审团事实认定结果不利的一方增加了维权难度。

近年来，在专业性较强的专利侵权诉讼中，由"外行"的陪审团来决定专利是否有效，或者判断是否存在侵权事实存在众多争议。由于陪审团成员是通过随机抽样进行选定，通常不具有技术背景，因此陪审团可能对案件事实的判断不够精准。此外，陪审团的裁决可能受到陪审员个人情感和经历的影响，而不仅仅是基于案件的法律和案件事实。

同时，陪审团在专利侵权诉讼中判赔的数额通常较高，据统计，2021～2023年，涉及最高赔偿金额60亿美元许可费、129件诉讼是通过陪审团裁决得出的。❶虽然有研究发现，在损害赔偿方面，美国法官和陪审团裁决差距在最近几年期间有所缩小，但陪审团裁决的赔偿金额仍然显著高于法官的裁决。而且，专利权利人在陪审团裁决中的成功率通常高于法官裁决。以上问题均给被告企业，尤其是外国（美国之外）企业，带来巨大的经济压力和风险。

综上所述，中国企业应结合诉讼阶段综合考虑和解谈判、简易判决等以避免陪审团判决，以减少诉讼成本和不利后果的发生。同时，企业应积极准备和评估案件，聘请合适的律师，全程参与司法程序，并考虑使用专利无效等策略应对诉讼风险。

（供稿：王煦莹 宋奇奇）

---

❶ Lex Machina Releases 2024 Patent Litigation Report［EB/OL］.［2025-01-20］. https://www.lexisnexis.com/media/press/lex-machina-releases-2024-patent-litigation-report.

13

美国专利侵权诉讼之应诉策略

该案涉及美国专利侵权诉讼的应诉策略。涉案当事人分别为专利权人美国 L 公司和被诉方中国常州 KD 公司及其在美国的关联公司 KD。

涉案专利为美国 L 公司在 2017 年 6 月 30 日申请的美国发明专利 US10066717B2，其发明名称为"Linear Actuator"（线性制动器），涉案专利享有美国临时专利申请 US61862409P0 的优先权，优先权日为 2013 年 8 月 5 日。

一、案情介绍

图 1 给出了该案的具体进展时间，具体介绍如下。

图 1　相关案件时间线

（一）美国侵权诉讼程序

2018 年 9 月 4 日，美国 L 公司在美国密西西比州北区联邦地区法院起诉中国常州 KD 公司及其美国关联公司 KD 侵犯了涉案专利的专利权。2018 年 9 月 27 日诉状送达被诉方中国常州 KD 公司。

2018 年 12 月 14 日，中国常州 KD 公司提交了答辩状。2018 年 12 月 27 日，法院通知进入证据开示初始阶段（initial disclosures）。2019年1月8日，美国L公司要求中国常州KD公司提供文件，并接受书面质询（interrogatory）。

2019年3月8日，中国常州KD公司对涉案专利提出了专利无效抗辩。2019年5月17日，法院将权利要求解释证据开示（claim construction discovery）的截止期限从2019年6月14日延长至6月28日。

2019年5月17日，双方提交联合权利要求解释和庭审前陈词（joint claim construction and prehearing statement）。

2019年6月18日，法院因相关的多方复审程序裁定中止案件审理（order granting motion to stay）。

2020年12月21日，双方提交了无效案件的状态报告。2021年2月16日，因涉案专利权利要求全部被宣告无效，地区法院结案。

（二）美国专利无效程序

2019年6月7日，中国常州KD公司向USPTO专利审判和上诉委员会提出针对涉案专利的多方复审专利无效请求（IPR）。❶

在IPR请求中，一方面，中国常州KD公司主张涉案专利不能享有临时专利申请的优先权。在涉案专利不能享有优先权的基础上，专利US20150033885 A1（以下简称"885出版物"）公开了涉案专利权利要求1、5~8、10~12、15以及18~20的技术内容，并且涉案专利的权利要求9因No. 2015/0033885A1出版物与专利US20100186529A1（以下简称"Chiang文献"）的结合，不具备非显而易见性。

另一方面，中国常州KD公司主张即便涉案专利享有优先权，涉案专利被挑战的权利要求也应被宣告无效。中国常州KD公司主张涉案专利的权利要求相对于专利US5588257（以下简称"Duhame文献"）不具备新颖性；中国常州KD公司主张涉案专利的权利要求1、5~6、8、11~12、15以及18~19相对于专利US5927144（以下简称"Koch文献"）和专利US4512208（以下简称"Lipinski文献"）的结合不具有非显而易见性；涉案专利的权利要求9相对于Koch文献、Lipinski文献和Chiang文献的结合不具有非显而易见性。

2019年9月19日，美国L公司针对多方复审程序的无效宣告请求进行了答复，主要内容是涉案专利享有优先权，美国L公司反驳了中国常州KD公司无效宣告请求书中的观点并对涉案专利具有新颖性和非显而易见性的理由进行了说明。

2019年12月11日，PTAB认为被挑战的权利要求1、5~12、15和18~20至少一项可能不具有可专利性，决定对涉案专利启动多方复审程序。

---

❶ 该案案号为IPR2019-01184。

2020年9月16日，PTAB举行了听证会。

2020年12月9日，PTAB作出涉案权利要求全部无效的决定。

二、处理结果

2019年6月18日，由于中国常州KD公司在证据开示初始阶段提起了多方复审请求并申请中止诉讼，法院因相关的多方复审程序裁定中止案件审理。

2020年12月9日，PTAB作出无效决定，认定被挑战的权利要求全部无效。其中，Duhame文献影响了涉案专利权利要求1、5~7、10、15、18和20的新颖性，Koch文献结合Lipinski文献，涉案专利1、5、6、8、11、12、15、18、19不具备显而易见性。因此，作出了涉案专利被挑战的权利要求全部无效的决定。

具体地，PTAB认为"用于可调节家具"对于涉案专利权利要求不具有限定作用。"主轴螺母""刚性臂穿过刚性臂通道"的技术特征解释不能用说明书的技术特征限定解释，且被Duhame文献公开，所以涉案专利权利要求1、5~7、10、15、18和20不具有新颖性，Koch文献结合Lipinski文献影响了涉案专利权利要求的非显而易见性。

2021年2月16日，由于涉案专利被无效，因此美国L公司丧失了专利诉讼的权利基础，法院据此结案。

三、要点分析

该案涉及美国专利诉讼程序及多方复审程序。多方复审程序是美国发明法案中的新修订程序。多方复审程序允许专利权人之外的任意方以美国专利法第102条、第103条为依据对专利有效性进行挑战，但在专利侵权诉讼中，被诉侵权人需要在收到诉状一年内提出，否则PTAB将不予立案。

该案中在双方提交联合权利要求解释和庭审前陈词后，专利诉讼即将进入实质审理，如果专利诉讼程序继续推进，法院可能行使裁量权拒绝中止诉讼。

而从该案法院中止专利诉讼的结果分析，在证据开示初始阶段，中国常州KD公司即针对美国L公司主张侵权相关的全部权利要求提起了IPR请求并及时申请中止诉讼，减少了专利侵权诉讼带来的风险与成本。

同时在多方复审程序中，中国常州KD公司主张了专利无效的多种证据组合方式，从涉案专利的优先权、新颖性、非显而易见性等多角度对涉案专利的可专利性进行了挑战，并提出了多种证据组合方式以提高涉案专利的无效胜率，在多方复审程序的权利要求术语解释过程中正确解释了涉案专利的技术特征，最终成功地无效宣告涉案专利，彻底解除了侵权风险。

四、启示借鉴

(一) 多方复审程序对专利侵权诉讼的影响

多方复审程序与中国的专利无效宣告请求程序类似。作为反制专利权人的手段,一方面,涉案专利的多方复审程序立案后,美国法院可能中止诉讼程序的审理,这将节省大量的法律服务成本。同时涉案专利在多方复审程序中被宣告无效后,专利诉讼的权利基础将会不存在,彻底解除侵权风险。另一方面,因禁止反悔原则的影响,专利权人和被诉侵权人在多方复审程序作出的对权利要求解释也会在诉讼程序中参考,并且根据禁反言原则,被诉侵权人在多方复审程序中提起的无效宣告请求观点不能在专利诉讼程序中再次主张,因此多方复审程序对专利诉讼的影响比较大。

1. 应诉策略之程序方面

在美国专利诉讼程序中,若被诉侵权人已发起多方复审程序,并向法院申请诉讼,法院会综合考虑案情,自由裁量是否中止诉讼。在 Realtime Data LLC v. Actian Corp 案[1]中,法院主要考量以下三个因素(以下简称"三因素")裁量是否中止诉讼。

第一,中止诉讼是否会对非申请中止方造成不适当的损害或将其置于明显的劣势。

第二,中止专利侵权诉讼审理是否会简化案件问题的审理。

第三,法院审理程序是否已进入后期阶段,包括证据调查是否完成和庭审日期是否确定。

在 Realtime Data LLC v. Actian Corp. 案中,尽管被诉侵权人在收到诉状一年内提起了多方复审请求,并在提起多方复审请求后 1~7 个月提出中止诉讼的动议,但法院考虑到上述三因素后,认为 PTAB 的审理程序比法院的速度慢,PTAB 未对涉案专利作出立案决定,中止可能会不当损害专利权人的利益,并且诉讼程序的证据调查已经完成重要部分,马克曼听证将于 1 月内进行,所以法院驳回了被诉侵权人 Actian 中止诉讼的动议。

在该案中,被诉侵权人在证据开示初始阶段提出了多方复审请求,并及时向法院申请中止诉讼程序。考虑到此时法院诉讼程序仍在早期的证据开示阶段,法院审理并未进入涉及马克曼听证、侵权比对等实质审理阶段,反而可能基于简化案件问

---

[1] Realtime Data LLC v. Actian Corp., No. 6:15-cv-463-RWS-JDL, 2016 WL 3277259, at *3 (E.D. Tx. June 14, 2016).

题审理的目的，同意了被诉侵权方中止诉讼的动议。

在应对美国专利诉讼时，为节省法律服务成本以及有效降低诉讼风险，被诉侵权人可在诉讼程序的早期阶段发起多方复审程序，并及时向法院申请中止诉讼程序的动议，在动议中向法院详细论述多方复审程序胜诉可能性较高、中止申请可简化诉讼审理，以及中止申请不会对被中止方造成不适当的损害，以期中止诉讼程序。一旦法院中止诉讼程序，被诉侵权人可将更多的精力用于多方复审程序的充分准备。反之，对于专利诉讼中提起多方复审请求未中止诉讼的案件，被诉侵权人可能面临多线作战以及成本增加的风险。

2. 应诉策略之实体方面

与中国专利无效宣告请求程序类似的是，多方复审程序中专利无效概率比较高。据统计，截至 2024 年 7 月，USPTO 多方复审程序的受理率约为 67%，案件受理的情况下，被挑战的权利要求约有 70% 概率被全部认定无效。❶ 在被挑战的权利要求被认定无效后，专利诉讼的相应权利基础即已丧失，进而解除侵权风险。

在某些情况下，即便多方复审程序没有成功无效涉案专利，若专利权人在多方复审程序中对于涉案专利权利要求进行限缩性描述，也会影响等同原则的适用，由于上述限缩性描述所放弃的技术方案将不能被纳入权利要求的保护范围，因此会影响专利侵权认定。上述原则即为 Festo Corp. v. Shoketsu Kinzoku Kogyo Kabushiki Co. 案❷中，美国联邦最高法院所确立的禁止反悔原则，该案中，Festo 公司为克服可专利性问题，在复审程序将"专利还包含一对密封环，每个密封环的一边都有唇边以防止杂质进入活塞组件"加入 Carroll 专利中，将"装置外壳（套管）由磁性材料制成"加入 Stoll 专利中，而被诉侵权人的产品设备是"一个双向唇边的密封环以及管套由非磁性合金制成"，专利权人在作出限缩性描述后主张被诉侵权人等同侵权。然而，美国联邦最高法院认为：限缩性描述所放弃的技术方案不能通过等同原则将已放弃的技术方案重新纳入权利要求的保护范围，最终认定被诉侵权人未构成等同侵权。

为充分利用多方复审程序的上述优势，多方复审请求人必须在提起多方复审程序之前就做好充分的准备。与中国专利在无效宣告请求之日起一个月内可以补充新证据或理由不同的是，多方复审请求人在启动多方复审程序时，应当在其请求书中具体列明其要无效的权利要求、无效理由以及相应的证据，未列出的无效理由或证据将被限制在后续程序中增加，否则会面临被 PTAB 认定为"新的无效理由"而不

---

❶ 中国保护知识产权网. 最新统计数据显示：美国 PTAB 的专利无效率继续攀升 [EB/OL]. (2023 - 06 - 29) [2024 - 10 - 11]. http：//ipr. mofcom. gov. cn/article/sjzl/gj/tjsj/202407/1986661. html.

❷ *Festo Corporation v. Shoketsu Kinzoku Kogyo Kabushiki Co.*, *Ltd.*, *a/k/a SMC Corporation*, *and SMC Pneumatics*, *Inc.*, 344 F. 3d 1359（2003）.

予考虑的风险。PTAB 对多方复审程序的立案具有裁量权，不予受理的立案决定不可上诉❶。因此，多方复审请求人要深入检索获取有利证据，并综合考虑诉讼程序中权利要求的解释方向，全面组织无效理由和证据，尽可能提高无效涉案权利要求的可能性。

此外，需要注意的是，多方复审程序同时受"禁反言"原则的影响，被诉侵权人在多方复审程序中挑战涉案权利要求有效性的已提出理由或者本可以提出的理由将不能在专利诉讼程序中主张。❷

（二）美国专利诉讼无效抗辩与多方复审程序之比较

在应对美国专利侵权诉讼时，被诉侵权人除了可以利用多方复审程序对涉案专利发起无效宣告请求，还可以在诉讼程序中直接提出专利无效抗辩。相较于多方复审程序，美国法院可主张专利无效的理由更多，被诉侵权人可以依据美国专利法第 101 条、第 102 条、第 103 条、第 112 条主张专利无效。并且，较之多方复审程序仅能采用在先专利和印刷出版物形式证据，法院对于主张专利无效的证据没有形式限制，尤其是可以引入销售公开的证据。据统计，在 2021~2023 年，美国各法院审结的专利侵权案件中，有 305 件案件被认定专利无效，有 352 件案件被认定专利有效。❸

尽管在诉讼程序中直接提出无效抗辩存在上述优点，但专利诉讼烦琐的证据调查、马克曼听证、陪审团审判等程序也给被诉侵权人带来沉重的时间和金钱成本，动辄需要花费上百万美元，且审理时长可能长达 2~3 年。另外，基于专利权推定有效原则，为证明涉案专利无效，被诉侵权人所承担的证明责任需要达到"明确且令人信服"（clear and convincing evidence）的较高标准，才能让陪审团对涉案专利的无效宣告请求作出认定，被诉侵权人很难说服随机挑选的陪审团。

相较而言，多方复审程序的判断主体为专利行政法官，行政法官擅长于专利的可专利性判断，更能对技术问题作出正确的理解，并且专利无效的证明责任只需要达到"优势证据"（preponderance of the evidence）标准，即可将涉案专利权利要求宣告无效。多方复审程序一般 1 年可以审理完毕，且成本较低。表 1 列出了美国专利诉讼与多方复审程序主张专利无效的简单比较。

---

❶ 美国联邦最高法院在 *Cuozzo Speed Techs.，LLC v. Lee* 案中支持了 PTAB 依据美国专利法第 314（a）条作出的拒绝启动多方复审的决定是不可上诉的，这进一步确认了 PTAB 在决定是否启动多方复审时的自由裁量权，并且该决定是最终的且不可上诉的。

❷ 美国联邦最高法院在 *Cuozzo Speed Techs.，LLC v. Lee* 案中支持了在多方复审程序中提出或可以合理提出的无效理由在后续的专利诉讼中不能再次主张。

❸ Lex Machina 2024 Patent Litigation Report ［EB/OL］．［2025 – 01 – 20］．https：//www.lexisnexis.com/media/press/lex – machina – releases – 2024 – patent – litigation – report．

表1　美国专利诉讼无效抗辩与多方复审程序之比较

项目	美国专利诉讼无效抗辩	IPR程序
证明标准	明确且令人信服的证据	优势证据
法律依据	专利法第101条、第102条、第103条、第112条等	专利法第102条、第103条
费用	百万美元以上	数十万美元
无效判断主体	陪审团	专利行政法官
证据	不限于在先专利和公开出版物	在先专利和公开出版物
审理期限	2~3年，根据案件情况变动	一般1年，特殊18个月

综上，我国企业在应对美国专利诉讼纠纷时，应全面分析案情并合理安排诉讼进程，在检索到足以影响涉案专利新颖性和非显而易见性的在先专利和公开出版物时，可尽快启动多方复审程序并在诉讼程序中尽早申请中止诉讼。在申请多方复审程序时，需要做好充分的准备，在配合诉讼程序的基础上，合理组织无效理由和证据，做到一击即中。如果企业是专利权人，也需要注意禁止反悔原则的约束，在多方复审程序中对权利要求进行合理解释，减少限缩性解释对于专利诉讼程序侵权判断的不利影响，同时还要注意"禁反言"原则，即在多方复审程序中挑战涉案权利要求有效性的已提出或者本可以提出的理由，将不能在专利诉讼程序中主张。

(供稿：王煦莹　宋奇奇)

14

美国专利侵权诉讼中消极应诉之影响

该案涉及美国专利和商业秘密侵权诉讼中的消极应诉影响。涉案当事人分别为专利权人美国 FGI 公司和被告中国江苏 LPEM 公司。

涉案专利为 FGI 公司的 2 件美国外观设计专利（以下统称"涉案专利"），具体如表 1 所示。

表 1　涉案专利信息

公告号	发明名称	申请日	授权日
USD699762S1	泵（pump）	2012 年 10 月 9 日	2014 年 2 月 18 日
USD700211S1		2012 年 8 月 10 日	2014 年 2 月 25 日

一、案情介绍

2018 年 5 月 7 日，专利权人 FGI 公司提起诉讼，指控被告中国江苏 LPEM 公司违反保密协议及技术许可协议，侵犯商业秘密及 2 件美国外观设计专利权，并存在不正当竞争行为。专利权人提供的证据包括：2012 年与被告签署的保密协议，与保密协议同日签署的技术许可协议，被告网站展示的根据之前的许可协议给专利权人 FGI 公司生产的涉案产品，专利 USD699762S1 公告文本；以及专利 USD700211S1 公告文本。

同时，专利权人请求法院：①判令被告违反保密协议和技术许可协议、侵犯商业秘密及专利权、侵害专利权人 FGI 公司的经济利益和业务关系、不正当竞争等侵权行为成立；②判令被告侵犯涉案专利权，依据美国专利法第 289 条，应赔偿专利权人一方实际损失、间接损失以及补偿性损失，包括但不限于被告因侵权行为所得的全部利润；③给予惩罚性损害赔偿；④给予更高的损害赔偿；⑤认定该案属于美国专利法第 285 条规定的例外情形；⑥发布初步和永久禁令（preliminarily and permanently enjoining），禁止被告及与其关联的公司或个人使用和披露 FNA 公司的机密信息、商业秘密、技术，停止侵犯涉案专利的专利权；⑦扣押并销毁侵犯涉案专利的专利权的所有侵权产品；⑧给予法院认为合理的其他救济措施。

2018 年 6 月 28 日，被告提交答辩状，之后被告律师申请退出案件。

法院指令被告聘请律师，并安排了 2019 年 1 月 18 日的进度会议（status conference），指令双方当事人出庭，而被告未能出庭，也未聘请律师出庭。

2019 年 2 月 12 日，法院书记员将被告登记为缺席被告（default entered）。

2019 年 3 月 11 日，专利权人 FGI 公司提出缺席判决动议（motion for default judgment），被告未对该动议提出反对意见，且被告自其律师退出后未在该案中出庭。

2020 年 5 月 31 日，法院作出缺席判决，对被告发布了永久禁令。

二、处理结果

2020 年 5 月 31 日，法院作出缺席判决，对被告发布了永久禁令。具体如下。

（1）批准专利权人 FGI 公司的缺席判决动议，指令法院书记员作出有利于专利权人、不利于被告的判决；

（2）判令永久禁止被告，包括与其关联的公司及个人，从事以下活动：第一，为任何目的直接或间接使用专利权人 FGI 公司的机密信息、技术秘密以及商业秘密（以下统称"FGI 公司的材料和信息"）。第二，为任何目的直接或间接向任何第三方披露 FGI 公司的材料和信息。第三，直接或间接销售、许诺销售、转让、转移、开发、设计、制造或以其他方式，将 FGI 公司的材料和信息商业化或从中获利。第四，以任何违反保密协议或技术许可协议的方式直接或间接使用、披露或访问任何信息，包括任何 FGI 公司的材料和信息。第五，以任何方式直接或间接使用、披露或访问任何信息，从而侵犯专利权人 FGI 公司任何知识产权，或违反有关使用、披露或访问任何 FGI 公司材料或信息的任何州或联邦法律；或以其他方式侵犯 FGI 公司的任何权利或特权。第六，直接或间接侵犯原告 FGI 公司的 2 件美国专利 USD699762S1、USD700211S1。

（3）判令被告江苏 LPEM 公司在该裁定生效后的 14 日内，将所有原告 FGI 公司的材料和信息归还并移交给原告。

三、要点分析

该案涉及当事人消极应诉对专利和商业秘密侵权诉讼结果的影响。

根据美国联邦民事诉讼规则第55条的规定，缺席判决的批准分为两个步骤。❶ 第一步，缺席判决所针对的一方"未进行抗辩或其他辩护"，被书记员登记为缺席被告；第二步，根据美国联邦民事诉讼规则第55（b）条，由法院自由裁量是否作出缺席判决。❷

在 *Eitel v. McCool* 案［782 F. 2d 1470, 1471（9th Cir. 1986）］中，明确了法院决定是否作出缺席判决时应考虑7个要素（以下简称"Eitel factors"），具体如下。①对原告造成损害的可能性；②原告诉讼请求的实质依据；③诉状的充分性；④涉诉金额；⑤对重要事实存在争议的可能性；⑥被告缺席是否由于情有可原的疏忽；⑦美国联邦民事诉讼规则中关于支持实体审理（on the merits）判决的规定。

该案中，法院就 Eitel factors 进行了具体讨论，认定已满足 Eitel factors 关于缺席判决的相关要求，并作出缺席判决。

（一）对原告造成损害的可能性

根据专利权人提供的证据，被告中国江苏 LPEM 公司基于专利权人 FGI 公司的专利制造并向专利权人的美国竞争对手提供侵权产品，给专利权人造成了客户、订单和市场份额方面的损失，并且被告在近两年的时间里都未出庭，法院若不作出缺席判决，专利权人将继续遭受损害。

（二）原告诉讼请求的实质依据（法院认可的部分）

1. 被告违反保密协议

被告是专利权人的产品制造商，双方于2012年3月27日签署了保密协议，有效期限为自该日起10年。在协议到期后，被告违反了保密协议第5条：①未能对保密信息进行保密。②未经许可方书面同意，使用或允许使用任何机密信息。③向第三方披露或分发保密信息。

2. 被告违反技术许可协议

双方于签署保密协议的同一日签署了技术许可协议，根据技术许可协议内容，被告可使用专利权人的技术和专有技术，在约定的管辖领域内制造许可产品，以及提供相关产品服务，双方的合作关系于2016年结束。根据专利权人提供的相关证据，被告：①在双方合作结束后，向第三方出售、转让、许可、处置或以其他方式提供专利权人的技术和专有技术；继续制造并使用许可产品、技术和专有技术；继续使用或披露保密信息；未向专利权人返还所有有形的（书面或其他形式的）保密

---

❶ *Eitel v. McCool*, 782 F. 2d 1470, 1471（9th Cir. 1986）.
❷ *Aldabe v. Aldabe*, 616 F. 2d 1089, 1092（9th Cir. 1980）.

信息以及技术和专有技术。②在技术许可协议期间，被告违反许可协议，曾在专利权人不知情的情况下，申请与专利权人产品有关的多项中国专利，并在合作关系结束后，基于该些中国专利对专利权人在中国的其他制造商提起侵权诉讼。经专利权人通知后，被告撤回专利权人产品相关的专利以及相关诉讼。③持续利用专利权人的保密信息、技术和专有技术，以及商业秘密制造产品，并销售和运输至美国，同时还利用这些保密信息、技术和专有技术，以及商业秘密制造、向第三方提供并销售与专利权人产品几乎相同的产品。

3. 被告盗用商业秘密

根据美国法典第 18 编第 1837 条的相关规定，如果一个行为对在美国的犯罪行为构成帮助，则该条款适用，法院有权对该行为颁发禁令。美国法典第 18 编第 1839 条规定了商业秘密盗用的定义。

该案中，被告通过与专利权人签署的技术许可协议和保密协议，获悉了配方、设计、产品图、定价和成本、销售计划、草图、模型等与其产品和服务相关的信息，以及与制造、组装、使用、销售、消费者反馈和市场调研相关的专有信息（proprietary information），该些信息构成了美国法典第 18 编第 1839 条所规定的商业秘密。即已有充分证据（包括保密协议）表明，专利权人 FGI 公司对该些信息采取了保密措施，并且该些信息因其保密性而具有独立的经济价值；被告明知或有理由知道其通过许可协议和保密协议获悉该些保密信息，应负有保密责任，仍未经专利权人同意，盗取该些保密信息用于制造、运输并销售侵权产品。

4. 被告侵犯涉案专利权

专利权人在诉状中提供了涉案专利与被告侵权产品的比对，并提供了被告制造、运输和销售侵权产品至美国的相关证据。

5. 被告构成不正当竞争

根据专利权人提供的相关证据，已经能够证明被告盗用商业秘密、侵犯涉案专利的专利权，并与专利权人的竞争对手签署与涉案产品相关的协议。

6. 对被告发布永久禁令

在 *eBay, Inc. v. MercExchange, LLC* 案［547 U. S. 388, 394（2006）］中，法院确认了版权侵权发布永久禁令需满足四个要素。在 *Herb Reed Enterprises, LLC v. Florida Entertainment Management Inc.* 案［736 F. 3d 1239, 1249（9th Cir. 2013）］中，法院进一步认为，继 *eBay* 案之后，商标侵权诉讼案中，发布永久禁令必须证明已实际造成无法弥补的损害。根据公平原则（principles of equity），请求法院给予永久禁令救济的，原告必须满足四个要素，即证明原告遭受了无法弥补的损害（irreparable injury）；法律所规定的补救措施（如金钱赔偿），已不足以弥补其所受到的损害；为平衡双方利益，有理由采取公平的救济措施（remedy in equity）；永久禁令不会损害公共利益（public interest）。

该案中，专利权人已经证明其遭受了无法弥补的损害，即被告的侵权行为使得专利权人损失潜在客户和商誉，根据 *Stuhlbarg Int'l Sales Co., Inc. v. John D. Brush and Co., Inc.* 案［240 F. 3d 832, 841 (9th Cir. 2001)］，潜在客户或商誉的威胁性损失的证据当然可以证明存在不可挽回的损害的可能性。并且，被告的行为一直持续，专利权人的产品市场竞争激烈，如果不发布禁令，专利权人可能失去更多的潜在客户。而被告在签署保密协议时也承认，客户损失是一种无形的损害，无法通过金钱赔偿予以弥补。

进一步地，根据专利权人提供的相关事实，权衡双方利益后，如果不发布禁令，专利权人将遭受无法弥补的损失。

最后，根据美国得克萨斯州欺骗性贸易行为——消费者保护法（*The Texas Deceptive Trade Practices——Consumer Protection Act*）以及美国法典第18编第1836条的相关规定，法院认为，发布禁止被告继续违反相关法规以及不正当竞争的行为的禁令，将有益于公共利益。

基于上述原因，法院认定，该案满足了发布禁令的相关要求。

（三）诉状的充分性

专利权人已充分举证，并满足公平原则。

（四）关于赔偿额

虽然专利权人在动议中要求给予永久禁令和损害赔偿等救济，但没有计算具体的损害赔偿数额，因此该案中被告的缺席行为仅可确定被告的责任，并不能确定专利权人在诉状中所要求的损害赔偿数额。法院认定该案重点在于确定是否永久禁令，并将救济途径限制为永久禁令。

（五）对重要事实存在争议的可能性

被告自2018年以来，一直未在该案中出现或以其他方式对专利权人的缺席判决动议作出回应。因此，法院认为，存在重大事实争议的可能性极小。

（六）缺席是否由于可被原谅的疏忽

专利权人在保持超过一年半的沉默之后，极不可能有令人信服的理由表明其缺席是由于可被原谅的疏忽，尤其是专利权人之前曾在律师的协助下进行过一次答辩。

(七) 关于支持实体审理判决的规定

由于被告未能出庭，基本上排除了该案进行实体审理的可能性。

四、启示借鉴

结合该案可见，在美国专利侵权诉讼中，被告采用无实质内容的应诉，甚至置之不理等消极应对的方式，均有可能导致法院作出对被告不利的判决。例如，该案中，被告仅提交了初步答辩意见，随后程序中未再进行任何回应，法院将其列为缺席被告，最终对其作出缺席判决，发出永久禁令。尽管该案的判决并未涉及具体赔偿，但这并不代表缺席审判不会被判赔偿。在 *Wright v. E - Systems LLC et al.* 案中，专利权人提交了被告侵权获利以及恶意侵权等相关证据，而被告在明知侵权的情况下依然在很长一段时间内持续侵权行为，且在此案中一直未作任何回应。法院部分批准了专利权人的缺席判决动议，基于被告的恶意程度给予了在专利权人请求的赔偿额基础上增加50%的加重惩罚，同时对被告发布了永久禁令。

此外，在收到专利权人的指控后，中国企业应尽早向法院作出回应，若应诉太迟，可能也会导致法院作出不利于被告的判决。例如，在 *PPG Indus. Inc. v. Jiangsu Tie Mao Glass Co. Ltd. et al.* 案〔Case No. 21 - 2288 (3rd Cir. Aug. 30, 2022)〕中，原告美国PPG公司起诉中国江苏TM公司等被告侵犯商业秘密。具体地，中国江苏TM公司唆使原告的前员工向其提供Opticor™技术相关的商业秘密，并凭借所获得的商业秘密生产同样的飞机窗户。

在一审审理过程中，中国江苏TM公司在被诉一年多的时间里均未出庭，法院书记员已将其列为缺席被告，直至原告PPG公司请求法院作出缺席判决动议的4个月后才出现，法院认为其提出的抗辩太少且太迟，实际上相当于承认了原告的指控。最终，一审法院考虑了中国江苏TM公司因侵权行为所避免的研发成本，判定中国江苏TM公司应赔偿其不当得利的3倍（总额2650万美元），同时对中国江苏TM公司发布了永久禁令。

中国江苏TM公司不服判决，针对赔偿数额向美国联邦第三巡回上诉法院提起了上诉。上诉法院支持了地方法院关于损害赔偿额的认定，维持原判。

由此可见，当中国企业在美国遭遇诉讼，尤其在收到法院通知时，应尽可能采取积极抗辩的应诉态度，以避免如上述案中的涉案企业被列为缺席被告或应诉太迟而败诉的情形。一旦被登记为缺席被告，法院会默认原告在诉状中所有有据可查的事实为可信的，极有可能致使法院作出对被告不利的判决。相应地，在中国的司法实践中也会出现类似的缺席审理的情况，虽然代表缺席一方失去在法庭上争辩的机会，但是这并不必然导致对其不利，中国法院仍然会基于原告提供的证据和相关事实居中对案件事实进行认定。

相反地，积极应诉则有可能获得相对有利的结果。在 *Fitness Anywhere，LLC d/b/a TRX v. The Partnerships and Unincorporated Associations* 案中，专利权人 Fitness Anywhere 起诉包括 INNSTAR（一家中国主体在 Amazon 平台注册的店铺）在内的多家在线销售店铺，认为该多家被告侵犯其专利 USD669945S1 的美国外观设计专利权。

专利权人提交初步证据及 10000 美元保证金后，法院依据美国联邦民事诉讼规则第 65 条对诉状中包含的全球 AliExpress、Amazon、eBay 等不同平台的 26 家在线销售主体发布了初步禁令并冻结该些被告在相应平台的资产。

在多家被告中，仅 INNSTAR 在收到法院通知后进行了答辩并采取了应对措施（见表2）：①否认了其与其他被告关联及从事相关侵权行为；②将专利 USD669945S1 与其产品进行比对，认为其产品不侵犯专利权；③主张专利权人的外观设计专利不具有专利性，进行专利无效的抗辩；④对专利权人提起确认不侵权之诉，认为其产品与专利权人的专利实质不同。

表 2　涉案专利与涉案产品之比较

USD669945S1 专利视图	被告 INNSTAR 的产品
①手柄整体呈桶状，中间部分隆起；②手柄表面凹槽的深度和宽度均不同	①手柄整体呈圆柱形；②手柄表面凹槽的深度和宽度相同

法院召开电话动议听证会（telephone motion hearing）后，作出如下判决：

第一，对 23 家缺席被告作出缺席判决，对其发布禁令并判决相应赔偿。

第二，撤回对被告 INNSTAR 的诉求，以及被告 INNSTAR 的反诉。

因此，中国企业在美国遭遇知识产权诉讼时，在综合考虑商业运营以及案件处理成本的前提下，中国企业应尽力应诉。中国企业可采取"应对＋施压"相结合的策略，一方面，在法庭上争取有利的抗辩地位；另一方面，可适时推动和解，以最大限度降低成本。

（供稿：徐红）

15

欧盟专利侵权诉讼之欧洲统一专利法院

该案涉及欧洲统一专利法院（Unified Patent Court，UPC）审理的专利侵权诉讼案件。该案当事人分别为专利权人中国 HW 公司，以及被诉方美国 NG 公司及其关联公司。

涉案专利为中国 HW 公司在 2015 年 10 月 14 日申请的发明专利 EP3678321B3，发明名称为"资源调度方法、装置及设备"（resource scheduling method, apparatus, and device），以及在 2016 年 8 月 31 日申请的发明专利 EP3611989B1，发明名称为"无线局域网信息传输方法及装置"（method and apparatus for transmitting wireless local area network information）。

一、案情介绍

2023 年 6 月 1 日，中国 HW 公司向欧洲统一专利法院的德国慕尼黑地方法院提起专利侵权诉讼，声称美国 NG 公司及其关联公司侵犯了其发明专利 EP3611989B1。法院于 2023 年 7 月 3 日发布的案件信息文件中公开了上述内容。[1]

需要说明的是，根据法院在 2023 年 10 月 3 日发布的命令，中国 HW 公司在 2023 年 6 月 1 日提交的起诉书中提出了保密请求，并在 2023 年 7 月 27 日的文件中重申了这些请求，同时也获得法院的批准，笔者将仅基于公开的信息对该案进行讨论分析。

2023 年 10 月 3 日，法院发布关于保密程序的命令。根据欧洲统一专利法院程序细则（Rules of Procedure of the Unified Patent Court，以下简称"RoP"）第 262.2 条和第 262A 条的规定，法院确认了中国 HW 公司在起诉书中提出的保密信息，要求美国 NG 公司必须严格按保密规定进行处理，并且不得在该程序之外使用或披露这些信息。另外，法院还规定了关于听证程序的保密措施，以及第三方对案件材料访问请求的相关保密处理。

---

[1] 该案案号为 UPC_CFI_9/2023。

2023年12月11日，法院发布了关于中国HW公司申请将诉讼扩展的初步命令。根据该命令公开内容，中国HW公司于2023年11月23日，申请将诉讼扩展至发明专利EP3678321B3，美国NG公司需在14天内以书面形式就诉讼扩展问题发表意见，中国HW公司随后有7天时间进行回应。

2024年1月18日，法院根据RoP第333.1条和第263条的规定，发布了批准中国HW公司的申请，允许其将诉讼扩展至发明专利EP3678321B3的命令。

2024年2月19日，法院发布了关于书面程序以及听证程序等程序的日程安排，并确认专利侵权诉讼价值以及专利无效反诉价值共计200万欧元。

2024年4月25日，法院发布命令要求中国HW公司提交与高通公司之间的许可协议，并对该协议内容进行保密处理。具体地，中国HW公司声称美国NG公司侵犯其专利权，并主张该专利对Wi-Fi 6标准至关重要。美国NG公司提出专利权用尽的抗辩，并声称被诉产品使用了高通公司的芯片，而中国HW公司与高通公司之间存在包含Wi-Fi 6标准专利的许可协议。

美国NG公司请求法院命令中国HW公司提交与高通公司之间的许可协议。中国HW公司请求法院驳回美国NG公司的请求。但作为替代方案，中国HW公司提出如果法院仍然要求提交该协议，应限制其使用范围，并采取以下措施：①将协议内容定为保密信息；②允许原告对协议中的某些部分进行编辑或删除，特别是那些与被告的事实主张无关的部分；③限制协议内容的知情范围；④要求被告及其相关人员在程序结束后销毁所有保密信息，并在程序期间严格保密。

法院最终决定要求中国HW公司在规定的时间内提交该协议，并采取一系列保密措施来保护协议内容。

2024年5月8日，法院发布了关于中国HW公司请求提交文件的命令。具体地，法院批准了中国HW公司请求提交与Amazon公司签订的Wi-Fi专利组合许可合同以及保密请求。

2024年12月18日，法院对中国HW公司与美国NG公司之间的专利纠纷案作出最终判决。在最终判决中，法院对以下4项主要争议焦点的判定如下。

（1）法院认为，中国HW公司在2023年5月24日针对涉案专利EP3611989的欧洲统一专利法院管辖"Opt-Out"的撤回程序是有效的。

（2）法院认为，基于中国HW公司与高通公司之间的协议，对于在协议规定的特定时间内首次在欧盟内投放市场且使用高通公司调制解调器的产品，美国NG公司针对专利权穷竭的抗辩成立；对于在该时间范围之外投放市场的产品，或使用其他调制解调器的产品，抗辩不成立。

（3）法院根据C-170/13 *Huawei v. ZTE* 案中的指导原则，认为中国HW公司在提起诉讼前已向美国NG公司发出侵权通知，并提供了详细的技术分析，满足了通知义务；中国 HW 公司向美国 NG 公司提供了具体的许可报价，包括双边许可和通过 SIS-VEL 专利池的许可选项，法院认为至少有一个报价满足了公平、合理、无歧视（FRAND）原则；但与此相对的，美国 NG 公司未能提供充分证据证明其在收到通知后表达了明确的 FRAND 许可意愿，且在后续谈判中存在拖延行为；同时，美国 NG 公司未能在合理时间内提供具体的反向报价，也未提供足够的使用信息等。因此，美国 NG 公司基于 FRAND 原则的抗辩不成立。

（4）法院认为，中国 HW 公司向电气电子工程师学会（Institute of Electrical and Electronics Engineers，IEEE）提交的保证书（letter of assurance，LOA）明确指出，其适用的是 2007 年的 IEEE 规则，而这些规则中并未包含禁止起诉的条款；虽然美国 NG 公司主张，2015 年的 IEEE 规则已经取代了 2007 年的规则，中国 HW 公司的 LOA 应适用 2015 年的规则。但法院认为，2015 年的 IEEE 规则未明确规定针对之前提交的 LOA 具有追溯效力。因此，法院认定，中国 HW 公司的 LOA 仅适用 2007 年的 IEEE 规则，这些规则中并未包含禁止起诉的条款。美国 NG 公司基于 IEEE LOA 的抗辩不成立。

二、处理结果

2024 年 12 月 18 日，法院作出最终判决，认为美国 NG 公司侵权成立，要求美国 NG 公司停止其在欧洲范围内（比利时、德国、意大利、芬兰、法国及瑞典）的专利侵权行为。具体包括：① 禁止继续销售侵权产品，并召回和销毁已销售的侵权产品；② 向中国 HW 公司提供侵权产品的销售信息，包括销售数量、价格等；③ 赔偿中国 HW 公司因侵权行为所遭受的损失；④ 承担大部分诉讼费用。

在该案的主要程序过程中，公开信息显示，美国 NG 公司针对上述案情介绍中法院发布的部分命令，曾多次提出关于程序问题的上诉请求，欧洲统一专利法院的上诉法院审理了这些上诉请求并发布了相关命令。

（一）上诉案一

2024 年 1 月 11 日，欧洲统一专利法院的上诉法院发布了命令，接受美国 NG 公司对法官报告员（judge rapporteur，JR）根据 RoP 第 333.1 条拒绝审查请求的命令的自由裁量审查请求。具体地：① 2023 年 9 月 7 日，美国 NG 公司根据 RoP 第 19 条提出初步异议；② 2023 年 10 月 30 日，针对上述初步异议，法官报告员发布决定通知各方，该初步异议将在主要程序中处理；③ 2023 年 11 月 14 日，美国 NG 公司根据 RoP 第 333.1 条提交复审请求，希望由合议组复审上述法官报告员在 2023 年 10 月 30 日发布的决定；④ 2023 年 12 月 11 日，法官报告员在发布的命令中认为美国 NG

公司在 2023 年 11 月 14 日提交的复审请求不可接受，并认为不能针对该命令提起上诉。

随后，美国 NG 公司根据 RoP 第 220.3 条的规定，向上诉法院请求自由裁量审查。最终，欧洲统一专利法院的上诉法院的常设法官（standing judge）允许美国 NG 公司对 2023 年 12 月 11 日的命令提出上诉，并将该上诉案提交给上诉法院院长（president of the court of appeal），由其将该上诉案分配给合议组。

2024 年 3 月 21 日，欧洲统一专利法院的上诉法院在 2024 年 2 月 20 日的听证会后发布了涉及程序管理的命令。具体地，欧洲统一专利法院的上诉法院认为法官报告员在 2023 年 12 月 11 日的决定中错误地拒绝了美国 NG 公司根据 RoP 第 333.1 条提出的复审请求，该决定属于程序管理决定，应由合议组根据 RoP 第 333.4 条进行审查，法官报告员不应自行决定其可接受性。因此，欧洲统一专利法院的上诉法院最终决定撤销法官报告员在 2023 年 12 月 11 日的命令，并将复审请求提交给德国慕尼黑地方法院的合议组进行决定。

（二）上诉案二

2024 年 2 月 22 日，欧洲统一专利法院的上诉法院发布了驳回美国 NG 公司请求加速上诉程序的命令。欧洲统一专利法院的上诉法院认为美国 NG 公司的请求没有充分考虑中国 HW 公司的利益，以及中国 HW 公司为准备上诉答辩所需的合理时间。如果批准美国 NG 公司请求的加速上诉程序，将违反公平公正的原则。

（三）上诉案三

2024 年 3 月 11 日，欧洲统一专利法院的上诉法院发布了针对中国 HW 公司请求将诉讼扩展至另一件发明专利的美国 NG 公司答辩期限的命令。争议焦点在于，答辩期限的起算日期应以法官报告员发布命令的日期开始，还是应以当事人收到该命令的送达日期开始。考虑到相关规定（RoP 第 263 条）中没有关于答辩期的具体规定，欧洲统一专利法院的上诉法院最终认为德国慕尼黑地方法院应以所发布命令的送达日期作为期限的开始，而不是法官报告员发布命令的日期。最终，欧洲统一专利法院的上诉法院撤销了德国慕尼黑地方法院设置的诉讼答辩期限截止日期，并确定新的答辩期限截止日期为 2024 年 4 月 18 日。

三、要点分析

该案的审理机构为欧洲统一专利法院。欧洲统一专利法院是基于欧洲统一专利法院协议（Agreement on a Unified Patent Court，UPCA）建立的，于 2023 年 6 月 1 日开始运行。2022 年 9 月 1 日生效的 RoP 详细规定了欧洲统一专利法院的运作程序，具体包括欧洲统一专利法院程序应遵循的章程和规则。该案中，中国 HW 公司根据 RoP 第 333.1 条和 RoP 第 263 条的规定，申请将诉讼扩展至另一件发明专利 EP3678321B3。

（一）将诉讼扩展至另一专利

根据德国慕尼黑地方法院在 2024 年 1 月 18 日发布的命令内容，中国 HW 公司在 2023 年 6 月 1 日仅基于发明专利 EP3611989B1 提起诉讼，后于 2023 年 11 月 23 日请求将诉讼扩展至另一件发明专利 EP3678321B3。主要原因在于发明专利 EP3678321B3 在 2023 年 4 月 13 日至 10 月 20 日期间正在进行欧洲专利局（EPO）的限制程序。

根据《欧洲专利公约》（European Patent Convention，EPC）第 105a 条和第 105b 条的规定，作为专利权人，可以在授权后、异议程序后甚至专利到期后的任何时间提出请求限制自己的专利。❶ 在限制程序结束后，专利的权利要求可能被修改、删除或限定。

基于上述理由，中国 HW 公司主张，受限于发明专利 EP3678321B3 限制程序的进行，其无法及时在 2023 年 6 月 1 日提起的初始诉讼中包含基于发明专利 EP3678321B3 的诉讼请求，而是需要等待限制程序的结果，以确定该专利的确切保护范围。

需要说明的是，根据公开信息显示，发明专利 EP3678321B3 在 2023 年 10 月 20 日结束限制程序后，中国 HW 公司通过主动修改，缩小了对应权利要求的保护范围。

针对中国 HW 公司上述扩展诉讼的请求，美国 NG 公司主张，中国 HW 公司在专利限制程序结束后才提出基于发明专利 EP3678321B3 的诉讼请求理由不充分。在该发明专利的限制程序期间，中国 HW 公司主动对专利权利要求的保护范围进行了修改，特别是将原始从属权利要求的部分技术特征补入了原始独立权利要求。美国 NG 公司认为中国 HW 公司在专利限制程序结束前，应当已知晓权利要求的具体限定情况，可以就该限定性权利要求提起诉讼。美国 NG 公司还认为中国 HW 公司之所以选择在专利限制程序结束后提出基于发明专利 EP3678321B3 的诉讼请求，是在试图避免美国 NG 公司在侵权诉讼中提出专利无效反诉。

美国 NG 公司还主张，中国 HW 公司上述诉讼扩展请求如果被允许，将不适当地妨碍美国 NG 公司在程序中的答辩权利。美国 NG 公司认为，中国 HW 公司的上述诉讼请求应该在专利限制程序结束前提出，以便美国 NG 公司有足够的时间和机会准备答辩。

德国慕尼黑地方法院在充分考虑中国 HW 公司与美国 NG 公司的意见后，在 2024 年 1 月 18 日发布命令，确认了中国 HW 公司的上述请求，并批准其将诉讼扩展

---

❶ Article 105a Request for limitation or revocation [EB/OL]. [2025-01-20]. https://www.epo.org/en/legal/epc/2020/a105a.html.

至发明专利 EP3678321B3。

法院认为，根据 RoP 第 263 条关于更改诉讼请求或修正案件的许可的规定，一方当事人可在诉讼的任何阶段向法院申请变更其诉讼请求或修正其案件。任何此类申请均应解释为该变更或修正未包括在最初的诉状中。因此，中国 HW 公司关于扩展诉讼的请求在法律上应当被允许。

法院确认了中国 HW 公司在限制程序期间无法提起诉讼请求的理由是合理的，并且认为中国 HW 公司没有必要在限制程序期间提交诉讼。如果中国 HW 公司在限制程序期间提出基于原始专利的诉讼请求，而之后该专利的权利要求在限制程序中发生变更，中国 HW 公司可能需要通过诉讼更改适应限制程序的结果，这将导致诉讼过程复杂化，增加程序负担。中国 HW 公司选择在限制程序结束后提出诉讼请求以确保涉案权利要求为专利权利要求的最新状态，从时机上看是完全合理的。

同时，法院认为，中国 HW 公司的诉讼扩展不会对美国 NG 公司的诉讼程序造成不当妨碍。法院指出，即便在同时审理涉及两件专利侵权诉讼案件的情况下，也必须确保美国 NG 公司拥有与面对新诉讼时相同或类似的答辩机会。

基于上述原因，法院最终在 2024 年 1 月 18 日发布命令中允许了中国 HW 公司的扩展诉讼请求。

（二）欧洲统一专利法院管辖"Opt–Out"的撤回程序

HW 公司在 2023 年 5 月 14 日提交了"Opt–Out"申请[1]，目的是将涉案专利 EP3611989B1 从欧洲统一专利法院的管辖范围中排除。2023 年 5 月 24 日，中国 HW 公司决定撤销这一申请，并通过欧洲统一专利法院的案件管理系统（CMS）提交了撤回申请，以便将该专利重新纳入欧洲统一专利法院的管辖范围。其中，中国 HW 公司在 CMS 中上传了撤回申请的模板（template），并在相关部分填写了必要的信息，包括专利号、专利权人信息，以及撤回申请的具体说明。

由于中国 HW 公司未按照规定的格式提交撤回申请，因此美国 NG 公司主张上述专利撤回程序无效。美国 NG 公司认为，根据 RoP 第 5.7 条，撤回申请必须使用官方提供的特定表格提交，而中国 HW 公司提交的模板不符合这一要求。

德国慕尼黑地方法院指出，根据 RoP 第 5.7 条的规定，专利权人可以撤回之前提交的"Opt–Out"申请，其中必须包含规定的详细信息。虽然中国 HW 公司提交的模板不是官方表格，但实际上可被认为一种辅助模板（template to support），而用户有权选择使用其他的辅助模板。法院进一步指出，中国 HW 公司通过 CMS 提交的撤回申请是符合规定的。CMS 是提交撤回申请的唯一在线官方途径，HW 公司的提

---

[1] 该案案号为 UPC_APP_144997/2023。

交行为是有效的。即使美国 NG 公司坚持要求使用特定的表格，法院认为，这种坚持会导致不必要的重复并使程序更加烦琐，违反了 RoP 第 1.1 条所规定的比例原则、公平合理程序的要求。

因此，德国慕尼黑地方法院最终认定中国 HW 公司的撤回程序是有效的，驳回了美国 NG 公司关于撤回程序无效的主张。

四、启示借鉴

欧洲统一专利法院的建立目的在于简化和协调欧盟成员国之间的专利诉讼程序，从而提高专利保护的效率和一致性。这不仅有助于减少专利权人在不同国家进行专利诉讼的复杂性和成本，而且有助于统一对欧洲专利法律的解释和应用，以使专利权的保护更加公平和透明。2023 年，欧洲统一专利法院的正式启动运行是欧洲统一专利制度建立过程中的一个重要里程碑。

欧洲单一专利制度的建立，最早可以追溯到 1973 年 EPC 签订，该公约由 EPO 执行，允许申请人通过单一的申请程序在多个缔约国获得专利保护，随后几十年，欧盟一直在推进单一专利制度的实施。

2011 年，欧盟委员会首次提出了建立欧洲统一专利法院的建议，以便简化专利诉讼程序并降低诉讼成本。

2012 年，大部分欧盟成员国在布鲁塞尔签署了欧洲统一专利法院协议。

2017 年，EPO 发布第一版单一专利指南（Unitary Patent Guide）。[1]

2022 年，德国正式批准欧洲统一专利法院协议，为其在欧盟生效扫清了最后的障碍。

2023 年 6 月 1 日，欧洲统一专利法院协议生效，欧洲统一专利法院正式运行。

欧洲统一专利法院的正式运行意味着欧盟范围内的专利持有者可以通过单一的诉讼程序保护其专利权，而不再需要在每个成员国分别进行诉讼。

根据欧洲统一专利法院协议的规定，欧洲统一专利法院适用于既是 EPC 成员国又是欧洲统一专利法院协议成员国的国家。欧洲统一专利法院可以对其管辖范围内的常规欧洲专利和单一专利审理侵权诉讼、确认不侵权之诉、无效诉讼以及相关反诉。需要说明的是，虽然英国在 2016 年签署了欧洲统一专利法院协议，但随着英国脱欧，其撤回了对欧洲统一专利法院协议的签署，亦退出了欧盟的单一专利制度。

欧洲统一专利法院的机构设置包括一审法院（court of first instance）、上诉法院（court of appeal）、登记处（registry）和专利调解与仲裁中心（patent mediation

---

[1] 单一专利指南已于 2024 年 11 月发布第 3 版。

and arbitration centre)。其中，一审法院包括中央法院（central division）、地方法院（local division）和地区法院（regional division）。该案的受理法院即为德国慕尼黑地方法院。

欧洲统一专利法院的中央法院分别设置在法国巴黎、德国慕尼黑和意大利米兰❶，上诉法院设在卢森堡，登记处设在卢森堡上诉法院，并在每家一审法院设有登记处分部，专利调解与仲裁中心设在葡萄牙的里斯本和斯洛文尼亚的卢布尔雅那。

欧洲统一专利法院的法官类型包括法律法官和技术法官。其中，法律法官通常为具有丰富专利案件审理经验的职业法官，技术法官通常为拥有特定技术领域专业知识的资深知识产权从业人员或 EPO 合议组审查员。在欧洲统一专利法院的案件审理程序中，通常会从负责审理案件的合议组中任命一名法律法官为法官报告员负责管理案件。

除了规定上述欧洲统一专利法院的组织结构、运作方式和程序，欧洲统一专利法院还规定了欧洲统一专利法院在过渡期间的安排，允许专利权人可以选择继续通过传统途径来处理侵权诉讼和专利无效案件。

欧洲统一专利法院协议规定了 7 年的过渡期，在该过渡期间，专利权人可以选择将传统欧洲专利（即在各成员国生效的国家专利）退出欧洲统一专利法院的管辖，使其仅受各成员国的国家法院管辖。专利权人一旦选择退出，该专利在整个保护期内将不再受欧洲统一专利法院管辖，除非专利权人申请撤回退出请求，例如该案中，针对涉案专利 EP3611989B1，中国 HW 公司最初提交了"Opt - Out"申请，后来决定撤销这一申请。与之不同的，通过单一专利途径登记的专利则始终受欧洲统一专利法院的专属管辖，不能选择退出欧洲统一专利法院的管辖。

在过渡期内，针对传统欧洲专利，未选择退出欧洲统一专利法院管辖的专利权人可以选择在欧洲统一专利法院或成员国的国家法院提起相关传统欧洲专利的诉讼。如果专利权人选择退出欧洲统一专利法院管辖，则相关专利诉讼只能由其本国的法院审理。

例如，欧洲统一专利法院在 2023 年 10 月 20 日发布的关于管辖权问题的案件判决。❷ 图 1 为该案的时间线以及涉及当事人在德国的侵权诉讼案件和专利无效案件的时间线。

545571/2023 案涉及专利权人 AIM 与被诉方 SUP 等关联企业之间的专利侵权诉讼纠纷。由上述案件时间线可以看出，AIM 在 2023 年 7 月 5 日向欧洲统一专利法院提起基于发明专利 EP3295663B1 的侵权诉讼之前，曾在德国慕尼黑地方法院提起基

---

❶ 英国脱欧后，原定设在英国伦敦的欧洲统一专利法院中央法院分院，改设在意大利米兰。
❷ 该案案号为 545571/2023。

于该发明专利的侵权诉讼，德国慕尼黑地方法院在 2022 年 4 月 4 日作出了一审判决，针对该判决的上诉案件，在当事人向欧洲统一专利法院提起诉讼时，德国慕尼黑高等地方法院已发布审理计划。

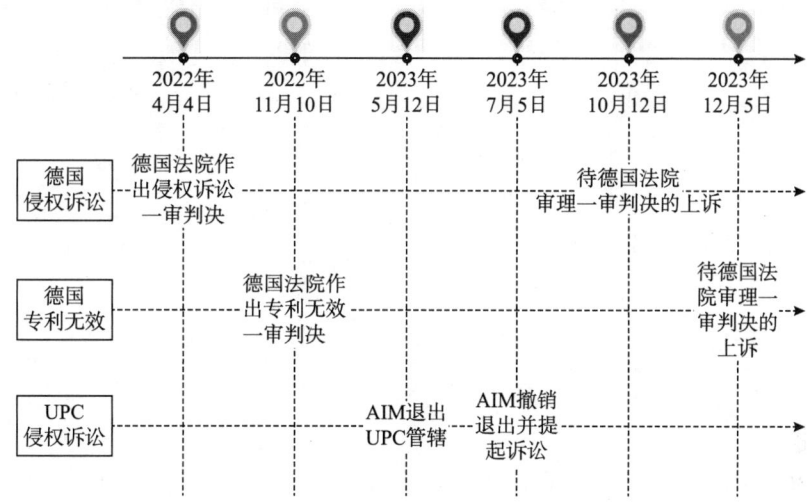

图 1　当事人相关案件审理时间线

与上述德国慕尼黑地方法院审理的侵权诉讼案件并行的是，SUP 曾向德国联邦专利法院提起针对该发明专利的专利无效宣告请求，德国联邦专利法院在 2022 年 11 月 10 日作出了一审判决，针对该判决的上诉案件，于 2024 年 12 月 5 日由德国联邦最高法院审理。

欧洲统一专利法院认为，虽然 AIM 在 2023 年 7 月 5 日向欧洲统一专利法院提起专利诉讼之前，申请撤销其之前在 2023 年 5 月 12 日提交的针对涉案发明专利 EP3295663B1 的退出欧洲统一专利法院管辖请求，但是根据欧洲统一专利法院协议第 83 条第 4 款以及 RoP 第 5.8 条的规定，由于在欧洲统一专利法院正式运行（2023 年 6 月 1 日）前，德国的法院已针对相同专利的侵权诉讼及无效案件作出了一审判决，且针对一审判决的上诉案件仍在进行中，因此，欧洲统一专利法院认定 AIM 针对退出欧洲统一专利法院管辖权请求的撤回申请无效。

最终，欧洲统一专利法院认为其对 545571/2023 案不具有管辖权。

综上所述，欧洲统一专利法院的建立和运行统一了欧盟各国的专利诉讼机制，提供了一个高效司法环境，中国企业在进行国际专利布局和保护时，欧洲统一专利法院是一个不可忽视的重要平台。

从该案和上述 545571/2023 案中可以看出，中国企业在欧洲统一专利法院发起专利相关诉讼，或者应对在欧洲统一专利法院审理的专利相关诉讼时，需要对欧洲统一专利法院的相关规则有深入的理解和掌握。这不仅包括基本的诉讼程序和法律适用,而且要特别关注在欧洲统一专利法院的过渡期内所实施的特殊规定。这些规则可能对中国企业的诉讼策略和专利保护计划产生重大影响。中国企业可以通过充分理解这些规则,更好地制定策略,保护自己的专利权益,同时避免法律风险。

(供稿:王煦莹)

16

荷兰专利侵权诉讼之权利要求解释的认定

该案涉及荷兰专利侵权案件的权利要求解释的认定，涉案当事人分别由专利权人美国 CCR 公司作为原告，荷兰 P 公司、法国 LF 公司、美国 AMD 公司以及相关公司的个人作为共同被告，其中法国 LF 公司是中国苏州 LH 公司在欧洲的子公司。

涉案专利为美国 CCR 公司在 2015 年 4 月 3 日申请的欧洲发明专利 EP3125811B1，其发明名称为"用于进行引导和徒手经会阴前列腺活检的设备"（apparatus for performing guided and free-handed transperineal prostate biopsies），其优先权日为 2014 年 4 月 3 日，授权日为 2020 年 6 月 3 日。

一、案情介绍

2021 年 10 月 21 日，美国 CCR 公司向荷兰海牙地方法院（Rechtbank Den Haag）起诉包括中国苏州 LH 公司在内的当事人专利侵权，并提出索赔请求。[1]

（一）一审程序

1. 一审程序的主张与证据

在一审程序中，美国 CCR 公司提出的主要主张和证据如下。

第一，专利侵权指控。美国 CCR 公司主张中国苏州 LH 公司等被告侵犯了其持有的欧洲专利 EP3125811B1，该专利涉及一种用于进行引导和徒手经会阴前列腺活检的装置。

第二，间接侵权的依据。美国 CCR 公司认为中国苏州 LH 公司等通过提供 SureFire 产品，间接侵犯了专利 EP3125811B1。美国 CCR 公司声称，当 SureFire 按照产品使用说明书（IFU）推荐的方式配备穿刺针时，形成的装置将落入专利 EP3125811B1 权利要求 1 的保护范围。

---

[1] 该案案号为 C/09/619229/KG ZA 21-974。

第三，等同侵权的主张。美国 CCR 公司认为即使不构成字面上的（间接）侵权，也至少存在等同侵权的情况，即中国苏州 LH 公司等的 SureFire 产品在功能上与专利 EP3125811B1 保护的装置等同。

第四，非法行为的指控。美国 CCR 公司指控中国苏州 LH 公司等非法地促使第三方进行专利侵权，并从中获利。

第五，直接侵权的威胁。美国 CCR 公司怀疑美国 AMD 公司可能提供与 PrecisionPoint 系统中使用的穿刺针相同或类似的穿刺针，这将构成直接侵权。

第六，证据提交。美国 CCR 公司提交了一系列证据，包括但不限于产品手册、宣传材料、使用说明书（IFU）等，以支持其主张。

第七，索赔请求。美国 CCR 公司在一审中请求法院对中国苏州 LH 公司等实施专利 EP3125811B1 荷兰部分的侵权禁令并进行赔偿，依据荷兰民事诉讼法和其他相关法律条款，要求中国苏州 LH 公司等支付诉讼相关费用。

2. 一审程序中的抗辩理由

2021 年 11 月 1 日，中国苏州 LH 公司等被告针对上述美国 CCR 公司提出的起诉进行了答辩，提出了以下主要抗辩理由。

第一，专利无效主张。中国苏州 LH 公司等主张美国 CCR 公司持有的欧洲专利 EP3125811B1 可能缺乏新颖性，因为存在一种名为 UA1232 的现有技术产品，该产品至少自 2011 年以来已经在市场上销售。它们认为 UA1232 满足了专利 EP3125811B1 权利要求 1 中的所有结构特征，并且适合与特定类型的穿刺针一起使用。

第二，不构成侵权的辩护。中国苏州 LH 公司等对美国 CCR 公司的侵权指控提出异议，认为它们没有侵犯专利 EP3125811B1。

第三，对索赔的质疑。中国苏州 LH 公司等对美国 CCR 公司的索赔质疑，包括对索赔的及时性和合理性质疑，认为美国 CCR 公司知道 SureFire 产品在市场上存在后等待了太久才提起诉讼。

第四，专利权利要求的解释。中国苏州 LH 公司等对专利权利要求 1 中提到的穿刺针是否构成专利保护范围提出异议，认为穿刺针是功能性特征，并且即使穿刺针属于专利保护范围的一部分，SureFire 作为针引导器也不应视为侵犯专利权。

第五，现有技术抗辩。中国苏州 LH 公司等提出，由于 SureFire 产品实际上是现有技术中已知的针引导器 UA1232 的一次性版本，因此不构成侵权。

第六，诉讼相关费用的索赔。中国苏州 LH 公司等要求美国 CCR 公司支付诉讼相关费用，根据荷兰民事诉讼法相关条款提出费用索赔。

这些抗辩理由在一审中被提出，并在法院的判决中得到了考虑。最终，一审法院于 2022 年 2 月 3 日作出一审判决，支持中国苏州 LH 公司等共同被告的抗辩理由，判决美国 CCR 公司的索赔请求不成立，并要求美国 CCR 公司支付诉讼相关费用。

（二）二审程序

美国 CCR 公司不服一审判决，于 2022 年 3 月 1 日向荷兰海牙上诉法院提起上诉。[1]

在二审程序中，美国 CCR 公司的上诉理由和中国苏州 LH 公司等的答辩理由与一审程序基本相同。

二审法院于 2023 年 3 月 28 日作出了最终裁决，该判决于 2023 年 8 月 25 日对外公布。在二审判决中法院驳回了美国 CCR 公司的所有上诉理由，并维持了一审判决。美国 CCR 公司被判令支付中国苏州 LH 公司等的诉讼相关费用，双方同意费用为 50000 欧元。

二、处理结果

（一）一审判决结果

荷兰海牙地方法院于 2022 年 2 月 3 日通过简易程序（kort geding）作出一审判决，主要观点包括以下三点。

第一，权利要求 1 应该被解释为保护具有某些结构和功能特征的针导引器，但不包括作为装置一部分的穿刺针。

由于 UA1232 公开了专利 EP3125811B1 权利要求 1 的所有结构特征，并且适合与特定的穿刺针一起使用，因此美国 CCR 公司的专利被认为不具备新颖性。

第二，由于不具备新颖性，涉案专利被暂时判定无效，因此不存在对医疗器械专利的（间接）直接侵权。

现有技术抗辩成功，即被告中国苏州 LH 公司等提供的 SureFire 产品，被认为是现有技术 UA1232 针导引器的一次性版本，不构成对涉案专利的侵权。

第三，在费用方面。美国 CCR 公司被判令支付诉讼相关费用 60000 欧元。

（二）二审判决结果

针对美国 CCR 公司的上诉，荷兰海牙上诉法院于 2023 年 3 月 28 日作出最终裁决，主要包括以下观点。

权利要求 1 的字面表述表明，受保护的导针器不包括穿刺针，而只是需要与穿刺针配合使用。专利的保护范围由权利要求确定，说明书和附图用于解释权利要求，

---

[1] 该案案号为 200.309.781/01。

说明书和附图没有提供足够的支持来证明穿刺针是导针器的必要结构部分。

由于涉案专利可能因缺乏新颖性而被宣告无效,因此苏州 LH 公司等的 SureFire 产品并未侵犯该专利。

法院维持了一审判决,认为美国 CCR 公司的上诉理由不成立。美国 CCR 公司作为败诉方,被判令支付苏州 LH 公司等的诉讼相关费用,双方同意费用总计为 50000 欧元。

三、要点分析

该案涉及医疗器械领域的专利侵权判定,被告主张涉案专利不具备新颖性,应予宣告无效,而如果涉案专利可以被宣告无效,则侵权诉讼的权利基础将不存在。因此,该案的关键在于对权利要求是否具备新颖性的判断。

涉案专利的权利要求 1 如下。

1. 一种装置(100),包括纵轴的上安装座(105);从上安装座(105)沿上安装座(105)的纵轴延伸的第一稳定杆(101)和第二稳定杆(101),第一稳定杆(101)和第二稳定杆(101)相隔一定距离;和一个下安装座(104),下安装座配置为与上安装座(105)连接,以在其间固定一个经直肠探针(103),经直肠探针(103)不是固定的,在操作中可自由移动,上安装座配置为支撑一个穿刺针,在引导和自由操作经会阴前列腺活检过程中,穿刺针被配置用于在患者目标区域的穿刺部位穿孔会阴部皮下组织,上支架被配置用于引导穿刺针,其中穿刺针的移动相对于经直肠探针的移动是固定的;其中,上支架进一步包括滑动平台(301),配置为可滑动的接收穿刺针,其中,滑动平台(301)配置为从第一和第二稳定杆(101)的后部滑动到前部。

涉案专利附图如图 1、图 2 和图 3 所示。

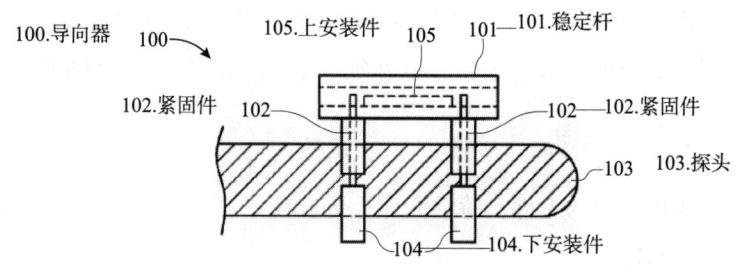

图 1　涉案专利之说明书附图(一)

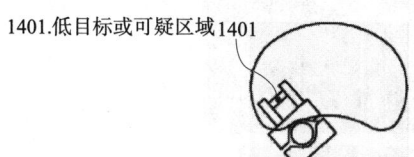

图2 涉案专利之说明书附图（二）　　图3 涉案专利之说明书附图（三）

上述装置属于一种前列腺穿刺引导装置，用于支撑和引导穿刺针，需要配合穿刺针进行使用。其对应的商业化产品为美国 CCR 公司的 PrecisionPoint™ 系统，如图4所示。

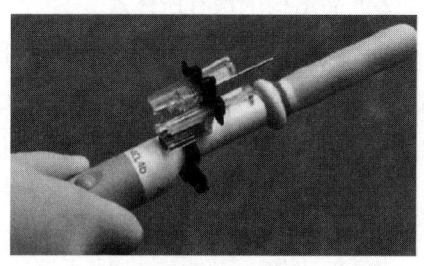

图4 涉案商业化产品

被诉侵权产品为苏州 LH 公司的 SureFire 产品，其同样为一种前列腺穿刺引导装置，如图5和图6所示。

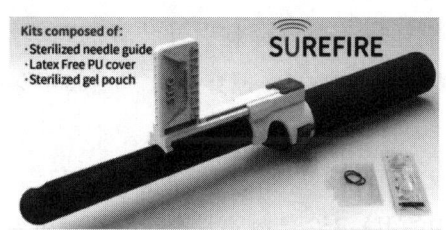 

图5 被诉侵权产品使用状态　　图6 被诉侵权产品

被诉侵权人提交的证据包括一种名为 UA1232 的现有技术产品，其同样属于一种前列腺穿刺引导装置。苏州 LH 公司等提出，由于 SureFire 产品实际上是现有技术中已知的针引导器 UA1232 的一次性版本，因此不构成侵权，同时 UA1232 产品破坏了涉案专利权利要求1的新颖性。两者对比如图7所示，其中左侧为 UA1232，右侧为 SureFire。

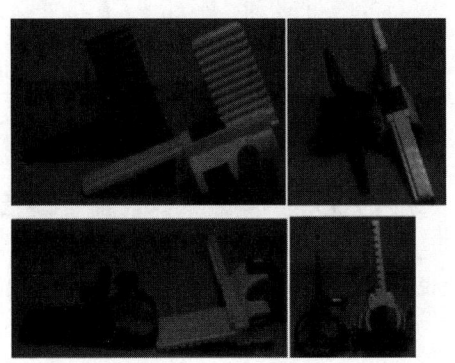

图 7　现有技术产品与被诉产品之比对

通过图 7 可以看到，UA1232 产品结构中并未包含穿刺针，而涉案专利权利要求 1 中所述其他特征在 UA1232 产品结构中均有所体现。

双方争议焦点主要在于，涉案专利权利要求 1 的保护范围中是否包含穿刺针。

如果认为涉案专利权利要求 1 保护范围包含穿刺针，那么 UA1232 产品中未公开包含穿刺针，不能破坏涉案专利权利要求 1 的新颖性；如果认为涉案专利权利要求 1 保护范围不包含穿刺针，那么 UA1232 产品可以破坏涉案专利权利要求 1 的新颖性。

针对该案的争议焦点，一审和二审法院作出了一致性裁决，尽管涉案专利的说明书及附图中明确记载了前列腺穿刺引导装置需要配合穿刺针使用，但专利权的保护范围应以权利要求记载的内容为准，法院进一步阐明，说明书及附图记载的内容属于对穿刺引导装置应用状态和功能效果的描述，而穿刺引导装置本身作为完整的产品，穿刺针并非其结构中必不可少的组成部分。

涉案专利权利要求 1 中对穿刺针的描述属于对该穿刺引导装置的功能性限定，虽然穿刺引导装置需要具有支撑和引导穿刺针的功能，但穿刺针并不属于穿刺引导装置的一部分。

综上，荷兰的法院得出结论，涉案专利权利要求 1 的保护范围中不包含穿刺针，即涉案专利权利要求 1 相对于现有技术中的 UA1232 产品不具有新颖性，应当被宣告无效，在此基础上各被告不构成专利侵权。

四、启示借鉴

当中国企业遭遇海外专利侵权诉讼时，除了针对侵权问题本身进行抗辩，对涉案专利的有效性质疑从而破坏侵权诉讼的权利基础，属于十分常用和有效的应对策略。

该案中，中国苏州 LH 公司等被告即采用了这种策略，在应诉过程中同时质疑了涉案专利权利要求的新颖性，并获得荷兰的法院支持，从而因专利被宣告无效而被裁定不构成专利侵权。

而在专利新颖性的判断过程中，对权利要求保护范围如何解释构成了各方当事人争议的焦点。

根据 EPC 第 69 条的规定，欧洲专利或欧洲专利申请所赋予的保护范围由权利要求的内容确定，说明书和附图可用于解释权利要求。❶

这意味着，尽管说明书和附图对于理解发明至关重要，但它们主要用于解释权利要求，而不是用来限制或扩展权利要求的保护范围。

在荷兰，欧洲专利的效力与荷兰国内专利相当，在荷兰办理生效手续后即可根据荷兰国内法获得保护。荷兰作为 EPC 的缔约国之一，遵循 EPC 的规定，包括 EPC 第 69 条关于权利要求解释的规定。

不过，欧盟各成员国在基于其国内法解释和适用 EPC 第 69 条的规定时可能存在差异，具体的法律实践和解释也可能根据荷兰国内法院的司法实践进行调整。

因此，该案从实践角度体现了荷兰法院对 EPC 第 69 条的具体适用标准，即严格遵循了 EPC 第 69 条所规定的专利保护范围由权利要求内容确定的要求。故而法院仅仅将权利要求 1 所述装置的保护范围解释为该前列腺穿刺引导装置本身。虽然说明书和附图中体现了与该穿刺引导装置配合使用的穿刺针，但该穿刺针仅仅用于解释说明穿刺引导装置的功能和应用场景，其不属于权利要求所保护的穿刺引导装置的一部分。

可见，荷兰的法院并未基于说明书和附图的记载而任意扩大和限缩权利要求的保护范围，在现有技术 UA1232 产品公开了具有相同结构和功能的穿刺引导装置的情况下，判定涉案专利不具备新颖性。

相应地，无论国内外，在侵权纠纷中对权利要求进行合理解释都是必要的关键环节，因此对与权利要求解释相关的中国法律规定也有必要予以关注。

《中华人民共和国专利法》第 64 条规定："发明或者实用新型专利权的保护范围以其权利要求的内容为准，说明书及附图可以用于解释权利要求的内容。"这表明权利要求是确定专利保护范围的核心依据，而说明书和附图则扮演辅助解释的角色，帮助理解权利要求的含义。

与该案相似的中国专利侵权案件中，法院指出，对于产品权利要求而言，用于说明有关被保护主题对象的用途、适用对象、使用方式等的技术特征，属于使用环境特征，对产品的结构并不具有直接限定作用。❷

---

❶ Convention on the Grant of European Patents（European Patent Convention）[EB/OL]．(2024 - 08 - 01)[2025 - 01 - 20]．https：//www.epo.org/en/legal/epc/2020/a69.html

❷ 参见最高人民法院（2020）最高法知民终 313 号民事判决书。

而根据《最高人民法院关于审理侵犯专利权纠纷案件应用法律若干问题的解释（二）》第9条规定："被诉侵权技术方案不能适用于权利要求中使用环境特征所限定的使用环境的，人民法院应当认定被诉侵权技术方案未落入专利权的保护范围。"

上述案例和规定表明，对权利要求中用于说明产品的用途、适用对象、使用方式等的技术特征，虽然需要在侵权判断中予以考虑，但并不被视为权利要求所保护产品本身的组成部分。

由此可见，欧盟关于权利要求解释的判断标准与中国专利法中的相关规定基本相同。因此，研究和明晰中国与欧盟在该问题上的判断标准，有助于提升中国企业应对海外专利侵权诉讼的效率。

由于专利保护范围的确定是专利维权和侵权判定的基础，因此中国企业需要深入了解目标市场所在国的知识产权制度，系统掌握各国关于权利要求解释的法律规定和裁判标准，在遭遇海外专利侵权纠纷时，应构建侵权抗辩和专利无效抗辩的协同应对策略，从而切实维护企业合法权益。

（供稿：王普天）

17

荷兰外观设计侵权诉讼之注册共同体外观设计宽限期

该案涉及荷兰外观设计专利侵权诉讼的宽限期。

起诉方 1 为中国杭州 HPP 公司，其成立于 2005 年，位于中国浙江省杭州市，是一家专业设计和生产猫笼、狗床和宠物配件的企业。

起诉方 2 是中国杭州 HPP 公司的所有人。

起诉方 3 是中国杭州 HPP 公司的欧洲分销商荷兰 PRP 公司，且被中国杭州 HPP 公司和起诉方 2 任命为在欧盟保护中国杭州 HPP 公司知识产权的授权代表。荷兰 PRP 公司成立于 2016 年 7 月 11 日，从事宠物用品的进出口以及这些产品的批发和零售贸易。

被诉方是荷兰 EBI 公司，其成立于 2005 年 2 月 14 日，从事宠物用品的进出口和批发贸易。

涉案专利 1 为共同体外观设计 003477488－0005，名称为"动物家具、抓柱"（furniture for animals, scratching posts）。起诉方 2 是涉案专利 1 的注册设计所有人，该设计于 2016 年 11 月 23 日申请，并于 2016 年 12 月 23 日注册，注册图像如图 1 所示。

涉案专利 2 为欧盟共同体外观设计 005138203－0001，名称为"动物之家"（animal houses）。中国杭州 HPP 公司是涉案专利 2 的注册设计所有人，该设计于 2018 年 3 月 30 日申请，并于 2018 年 4 月 17 日注册，注册图像如图 2 所示。

一、案情介绍

2017 年 3 月 22 日，荷兰 PRP 公司通过其 Facebook（已于 2021 年更名为 Meta）官方页面发布了一段宣传视频，该视频展示了上述名为"动物家具、抓柱"和"动物之家"的两件外观设计。

被告荷兰 EBI 公司以 Melrose 为名推出了一些猫抓柱产品，如图 3 所示，这些猫抓柱在被告 2018～2019 年的产品目录中有所展示（以下简称"Melrose 猫抓柱"）。

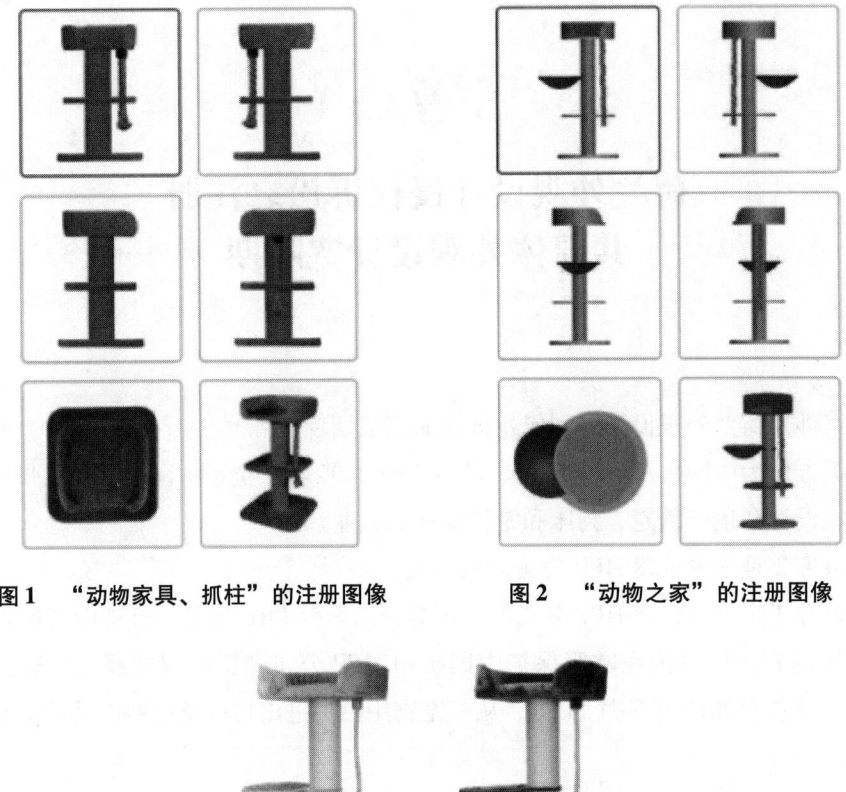

图1　"动物家具、抓柱"的注册图像　　图2　"动物之家"的注册图像

图3　Melrose 猫抓柱产品示例

2018 年 7 月 9 日，中国杭州 HPP 公司要求被告停止销售涉嫌侵权的 Melrose 猫抓柱。被告在 2018 年 7 月 20 日回复称，市场上早已存在类似模型，并且被告的产品设计在 2016 年或更早时期就已完成，因此不存在侵权问题。

2018 年 11 月 4 日，中国杭州 HPP 公司再次向被告发送催告函。

2018 年 11 月 23 日，中国杭州 HPP 公司正式向法院提出了诉讼请求。具体的，中国杭州 HPP 公司认为被告所推出的 Melrose 猫抓柱在设计上与其注册的猫抓柱设计存在显著的相似性，这一行为不仅侵犯其注册及非注册的共同体外观设计权，而且侵犯了其著作权。此外，中国杭州 HPP 公司进一步指控被告的行为构成"奴隶式模仿"（slaafse nabootsing）❶，意指被告的产品与中国杭州 HPP 公司的产品在外观上的高度相似可能引发消费者的混淆。

对此，中国杭州 HPP 公司要求被告立即停止对其共同体外观设计的所有侵权行为，并提供 Melrose 猫抓柱的详细生产和销售信息。同时，其要求被告收回已售出的侵权产品、销毁所有库存及相关的广告材料，并停止所有线上线下的广告宣传。此外，中国杭州 HPP 公司还要求被告在其官方网站上发布更正声明，并支付由此次维权行动所产生的所有费用。

2019 年 3 月 14 日，法院针对此案进行了口头审理，并接收了双方提交的书面陈述。

在口头审理后，案件被延至 2019 年 4 月 1 日，以便双方有机会达成和解。在 2019 年 4 月 1 日书面请求延长和解期限后，中国杭州 HPP 公司于 2019 年 4 月 19 日通过电子邮件请求作出判决。一个月后，即 2019 年 5 月 22 日，法院作出最终判决，驳回了中国杭州 HPP 公司的所有诉讼请求。

二、处理结果

法院认为，在设计新颖性方面，鉴于中国杭州 HPP 公司的猫抓柱在申请注册前已公开超过一年，故未能满足新颖性的要求。在著作权方面，中国杭州 HPP 公司亦未能有效证明其为该产品之著作权的合法拥有者。另外，针对"奴隶式模仿"的指控，法院经分析比对认为，被告的产品与中国杭州 HPP 公司的设计在视觉上存在显著差异，不足以造成消费者的混淆。

综上，中国杭州 HPP 公司未能提供充分证据以证明其对涉案设计拥有合法的知识产权，同时被告的产品并未侵犯其相关权利。因此，法院最终驳回了中国杭州 HPP 公司的所有诉讼请求。被告依据荷兰民事诉讼法第 1019 条第 h 款规定，要求作为败诉方的原告承担诉讼开销。最终，中国杭州 HPP 公司不仅未能获得侵权赔偿，而且需自行承担由此产生的相关诉讼费用。

三、要点分析

（一）关于"动物之家"注册共同体外观设计

中国杭州 HPP 公司认为，"动物家具、抓柱"和"动物之家"作为共同体外观

---

❶ 参见荷兰民法典第 6 编第 162 条。

设计，均在《共同体外观设计条例》第 7 条第 2 款所规定的宽限期内完成了注册（设计人、其权利继承人，或因设计人或其权利继承人的行为或提供的信息而使第三方公开的设计，在首次公开后的 12 个月内申请注册，该设计仍被认定为具有新颖性）。

此外，根据《共同体外观设计条例》第 11 条规定，这两款外观设计在首次推出后的 3 年内，还享有非注册共同体外观设计的保护。如表 1 所示，两款外观设计都是新颖的，并且各有特征。被告提供的 Melrose 猫抓柱与"动物之家"存在一致的整体印象，侵犯了中国杭州 HPP 公司和起诉方 2 的权利。

表 1 "动物之家"与 Melrose 猫抓柱之比对

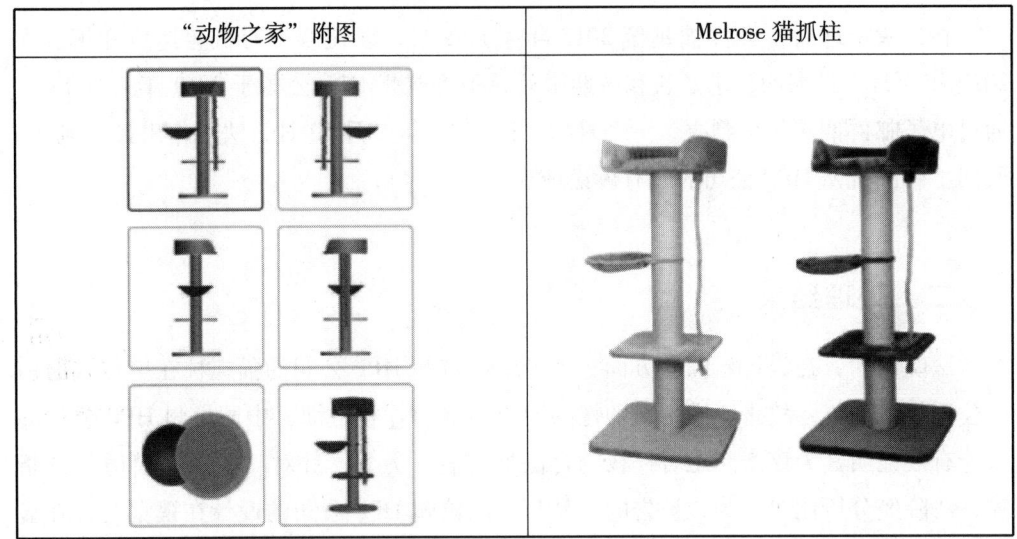

被告就此提出了抗辩，指出中国杭州 HPP 公司的猫抓柱设计在申请注册之前已被公开。如图 4 所示，荷兰 PRP 公司在 2017 年 3 月 22 日［显示为图 4（b）中的黑框］通过其 Facebook 页面发布的宣传视频，该视频清晰展示了"动物家具、抓柱"和"动物之家"的猫抓柱。

（a）宣传页面　　　　　　（b）视频截图

图 4　荷兰 PRP 公司宣传页面及视频截图

鉴于视频的预期功能，法院初步判断该视频应被视为向相关公众公开了涉案专利2。鉴于从2017年3月22日公开至2018年3月30日提交"动物之家"的申请已超过12个月的期限，法院认为"动物之家"在无效宣告请求程序中可能因缺乏必要的新颖性而被认定无效。因此，中国杭州HPP公司等人基于注册"动物之家"的侵权主张被驳回。

（二）关于未注册的"动物之家"

根据《共同体外观设计条例》第11条的规定，未按照该条例第12条注册的设计，自其首次在共同体内向公众公开之日起3年内，作为未注册的共同体外观设计受到保护。

中国杭州HPP公司等原告在其请求中表明，中国杭州HPP公司是未注册涉案专利2的所有人。然而，被告依据《共同体外观设计条例》第14条第3款提出异议，认为中国杭州HPP公司并非未注册的"动物之家"的持有人，因为如果一个外观设计是由员工在履行其职责或根据雇主的指示开发的，那么该共同体外观设计的权利应归属于雇主。被告主张，由于荷兰PRP公司时任董事之一A先生在之前为被告工作时设计了该外观设计，并且A先生与被告之间没有就共同体外观设计的权利达成任何不同的协议，因此该外观设计的权利应归属于被告。

为了支持其抗辩，被告提交了一份带有其公司名称信头的设计图和一张手写笔记的纸张，这些材料是在A先生在被告处工作期间使用的办公桌上发现的。被告明确指出，A先生与其的雇佣关系在2016年9月底正式终止，这一时间点与荷兰PRP公司在2017年3月22日发布展示"动物之家"猫抓柱宣传片的日期之间，存在较为短暂的时间间隔。此外，中国杭州HPP公司所主张的未注册的"动物之家"符合被告之前开发的猫抓柱的风格，并且仅由被告早期产品的部件组成，例如自2007年以来一直在其产品系列中的Classic Sofa和自2014年起由被告销售的Wakeboard猫爬架，如图5所示。

（a）Classic Sofa　　（b）Wakeboard

图5　Classic Sofa和Wakeboard猫爬架产品示例

对此，中国杭州 HPP 公司等也在法庭上承认，"动物之家"猫抓柱是由被告已长期在其产品系列中使用的元素构成的，并且所涉手写笔记确实是 A 先生所作。

法院认为，由于中国杭州 HPP 公司等原告未能提供足够具体的事实和情况以支持其是未注册的"动物之家"所有人的主张，因此与该设计相关的诉求亦被驳回。

另外，根据荷兰著作权法第 7 条的规定，除非另有约定，否则在雇佣关系中创作作品的著作权归雇主所有。前述关于中国杭州 HPP 公司等对 Maine Coon 173 猫抓柱的未注册的"动物之家"所有权的讨论，同样适用于作品创作者和权利人的确定。由于中国杭州 HPP 公司等未能充分证明"动物之家"猫抓柱设计的权利归属，因此相应的著作权侵权及"奴隶式模仿"的诉讼请求也被驳回。

（三）关于"动物家具、抓柱"的外观设计、著作权及"奴隶式模仿"

针对中国杭州 HPP 公司等原告基于已注册和未注册 Maine Coon 120 的"动物家具、抓柱"权利的侵权主张，经比对后法院认为，如表 2 所示，Melrose 猫抓柱与"动物家具、抓柱"在消费者中产生的整体印象不同，相应的诉讼请求应予以驳回。同样，基于整体印象不同的理由，中国杭州 HPP 公司等原告涉及 Maine Coon 120 著作权侵权的诉求亦被驳回。

表 2 "动物家具、抓柱"与 Melrose 猫抓柱之比对

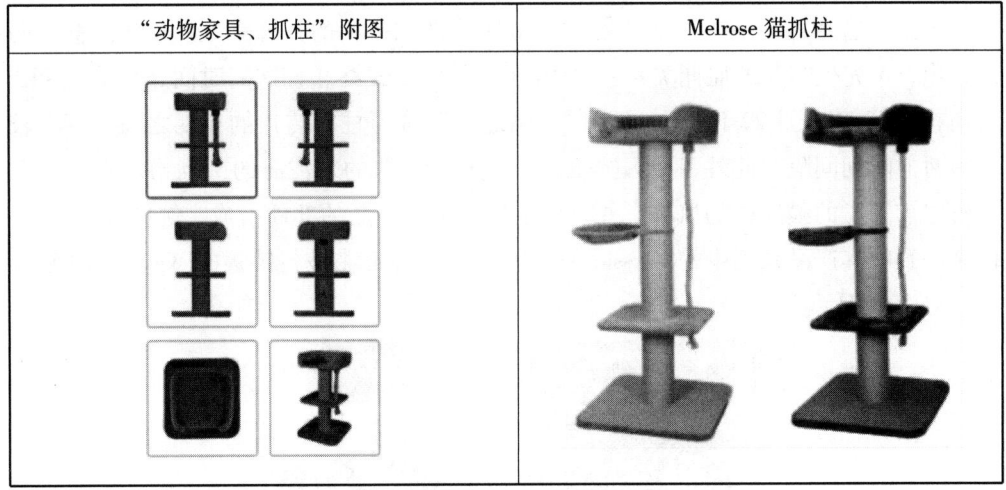

另外，涉及"奴隶式模仿"的争议，考虑到表 2 中 Melrose 猫抓柱与"动物家具、抓柱"存在较大差异，基于"奴隶式模仿"的诉求也同样不予支持。

四、启示借鉴

（一）善用宽限期

根据《共同体外观设计条例》，欧盟建立了自己的外观设计保护制度，即共同体外观设计，旨在保护产品的外观设计，其与《中华人民共和国专利法》的比较如表3所示。

表3 《共同体外观设计条例》与《中华人民共和国专利法》之比对

序号	《共同体外观设计条例》	《中华人民共和国专利法》
1	第4条 获得保护的条件 1. 获得共同体外观设计保护的外观设计应当具有新颖性和独特性。 第5条 新颖性 1. 外观设计具备新颖性是指没有相同的外观设计在下列日期前为公众所知： （a）对于非注册共同体外观设计而言，指在主张保护的外观设计第一次为公众所知之日之前； （b）对于注册共同体外观设计而言，指该外观设计申请登记、要求保护的申请日之前，有优先权的，指优先权日之前。 第6条 独特性 1. 如果一项外观设计给予知情用户的整体印象与任何在下列日期前能为公众所知的外观设计给予该用户的整体印象不同，则该外观设计具备独特性： （a）对于非注册共同体外观设计而言，指在主张保护的外观设计第一次为公众所知之日之前； （b）对于注册共同体外观设计而言，指该外观设计申请日之前，有优先权的，指优先权日之前。 2. 在评价独特性时，应当考虑到设计人在开发该设计时所享有的设计自由度	第23条 授予专利权的外观设计，应当不属于现有设计；也没有任何单位或者个人就同样的外观设计在申请日以前向国务院专利行政部门提出过申请，并记载在申请日以后公告的专利文件中。 授予专利权的外观设计与现有设计或者现有设计特征的组合相比，应当具有明显区别。 授予专利权的外观设计不得与他人在申请日以前已经取得的合法权利相冲突。 本法所称现有设计，是指申请日以前在国内外为公众所知的设计
2	第12条 注册共同体外观设计的起始和保护期限 根据欧盟知识产权局的登记，符合第1节规定的条件的外观设计可以获得自申请日起5年的注册共同体外观设计保护。权利人可以续展一个或者多个5年的保护期限，直到自申请日起25年的总期限	第42条 发明专利权的期限为20年，实用新型专利权的期限为10年，外观设计专利权的期限为15年，均自申请日起计算……

续表

序号	《共同体外观设计条例》	《中华人民共和国专利法》
3	第19条 共同体外观设计授予的权利 1. 注册共同体外观设计赋予其持有人使用和阻止第三人不经其同意使用该外观设计的排他权。前述使用特别包括制造、提供、出售、进口、出口或者使用包含有该外观设计或者使用该外观设计的产品或者为了上述目的贮存上述产品。 2. 然而，非注册共同体外观设计仅在有争议的使用是来源于抄袭被保护外观设计时，赋予其持有人第1款所述行为的权利。被合理地认为是不知晓上述持有人公之于众的该外观设计的设计人经由独立工作创造的外观设计，其有争议的使用不会被认为是来源于抄袭被保护外观设计	第11条第2款 外观设计专利权被授予后，任何单位或者个人未经专利权人许可，都不得实施其专利，即不得为生产经营目的制造、许诺销售、销售、进口其外观设计专利产品
4	第7条 公开 2. 请求注册共同体外观设计保护的外观设计由于下列情形为公众所知，不能被视为第5条、第6条所述的公开： (a) 由设计人，权利继承人或者由设计人或权利继承人的行为及提供的信息而得知的第三人；且 (b) 在申请日（有优先权的，在优先权日）之前的12个月内。 3. 第2款同样适用于因设计人或其权利继承人相关的滥用而导致的公开	第24条 申请专利的发明创造在申请日以前6个月内，有下列情形之一的，不丧失新颖性： （一）在国家出现紧急状态或者非常情况时，为公共利益目的首次公开的； （二）在中国政府主办或者承认的国际展览会上首次展出的； （三）在规定的学术会议或者技术会议上首次发表的； （四）他人未经申请人同意而泄露其内容的

从上述相关法条的比对可知，在宽限期的时间限制和具体要求方面，中国更加严格而欧盟则相对宽松。针对这一情况，我国企业在欧洲进行外观设计知识产权布局时，可以考虑充分利用欧盟的宽限期规定，合理规划设计公开和注册申请的时间节点。在设计工作完成并将产品快速投向市场的前提下，适时地在12个月内启动注册申请流程，避免申请时间过于滞后而使设计被不当公开，进而失去注册资格。

此外，在荷兰面临诉讼时，我国企业亦可参考上述案例，深入核查原告方的权利基础，确认其是否符合宽限期的要求，从而制定更全面的诉讼策略。

（二）非注册知识产权的保护及应对

在欧盟成员国之间，《保护文学和艺术作品伯尔尼公约》（以下简称《伯尔尼公约》）是一项具有法律约束力的国际条约，它的主要目的是保护文学、科学以及艺术领域的作品，确保这些作品的创作者能够享有他们的合法权益。

荷兰作为《伯尔尼公约》的缔约国，为了适应该公约的要求，也制定了荷兰著作权法以保护本国创作者的权益，其与《中华人民共和国著作权法》相关规定的比对如表4所示。

表4 《伯尔尼公约》、荷兰著作权法与《中华人民共和国著作权法》之比对

序号	《伯尔尼公约》和荷兰著作权法	《中华人民共和国著作权法》
1	《伯尔尼公约》第2条第1款 "文学和艺术作品"一词包括文学、科学和艺术领域内的一切成果，不论其表现形式或方式如何	第3条 本法所称的作品，是指文学、艺术和科学领域内具有独创性并能以一定形式表现的智力成果……
2	《伯尔尼公约》第5条第2款 享有和行使这些权利不需要履行任何手续，也不论作品起源国是否存在保护。因此，除本公约条款外，保护的程度以及为保护作者权利而向其提供的补救方法完全由被要求给以保护的国家的法律规定	第2条第1款 中国公民、法人或者非法人组织的作品，不论是否发表，依照本法享有著作权 第12条 在作品上署名的自然人、法人或者非法人组织为作者，且该作品上存在相应权利，但有相反证明的除外。 作者等著作权人可以向国家著作权主管部门认定的登记机构办理作品登记。 与著作权有关的权利参照适用前两款规定
3	荷兰著作权法第7条 如果某人在为他人工作期间制作了某些文学、科学或艺术作品，除非双方另有约定，否则这些作品的创作者应被视为该雇员服务的对象（即雇主）	第11条 著作权属于作者，本法另有规定的除外。 创作作品的自然人是作者。 由法人或者非法人组织主持，代表法人或者非法人组织意志创作，并由法人或者非法人组织承担责任的作品，法人或者非法人组织视为作者

通过上述比对可以看出，无论是在荷兰还是中国，作品在生成时都会自动获得著作权。然而，值得注意的是，对于雇佣关系中的著作权归属，在没有特别约定的情况下，著作权通常归属于雇佣方。此外，正如《共同体外观设计条例》第14条第

3款规定，由雇员在履行职责或遵照雇主指示完成的外观设计，若无特别约定，其共同体外观设计的权利也归属雇主。在具体的争议中，雇佣方应提供充足且有效的证据，以证明其对未注册共同体外观设计的合法持有权。

因此，中国企业在开发新产品设计时，应当前瞻性地保留关键的证据材料，例如：①知识产权归属协议、项目合同、合作协议或其他能证明设计权归属的书面材料；②设计草图、定稿图纸、产品开发记录、团队沟通邮件等能够证明实际创作过程的材料。这些材料将有助于在未来可能发生的知识产权纠纷中，证明企业是产品共同体外观设计或著作权的合法持有者。此外，在准备维护自身合法权益之前，还应特别核查本单位设计人员完成的设计工作是否与其前任职公司（尤其是竞争对手）存在任何形式的关联，以降低法律风险。

在应对非注册共同体外观设计或著作权侵权诉讼时，中国企业还应关注原告是否为非注册知识产权的合法持有者。如果发现原告的设计人员与己方存在关联关系，应充分挖掘该设计人员是否与己方的设计密切相关，以尽可能证明原告并非其所主张权利的合法持有者。

（供稿：邵晖）

18

德国专利侵权诉讼之临时禁令制度

该案涉及德国专利侵权诉讼中的临时禁令制度。涉案当事人分别为专利权人深圳 MR 公司和被诉侵权方深圳 KM 公司。

涉案专利为 MR 公司于 2015 年 5 月 7 日申请的欧洲发明专利 EP3102271B1，发明名称为"一种低阻力阀的装置和方法"（device and method for a low resistance valve）。

一、案情介绍

2015 年 5 月 7 日，专利权人 MR 公司向 EPO 提交了发明名称为"一种低阻力阀的装置和方法"的专利申请，优先权日为 2014 年 5 月 7 日。该专利于 2020 年 9 月 30 日授权，授权公告号为 EP3102271B1。

涉案专利的权利要求 1 如下：

一种阀（1、2、4、6、8），用于呼吸装置，其特征在于，包括：

一阀壳体（10、20）……

一设置于所述阀壳体（10、20）内的管状流体通道（18、28）……

一腔室（15、25）……

一阀体（13、23）……其特征在于；

其中，所述出口端（12、22、620、640）具有一出口端壳体……

连接到阀体的内圆柱表面，使得出口端壳体的至少一个平面部分的内表面与阀体的内圆柱表面切线排列，使得流体可以从腔室沿着出口外壳的至少一个部分的内表面以切线方向流出。

其中所述出口端被设置成所述出口端壳体内表面的至少第一部分与所述阀壳体的所述内表面在第一过渡部分处连接……

2022 年 11 月，KM 公司在德国杜塞尔多夫举办的某医药贸易博览会上展出型号为 V3 和 V8 的呼吸机（以下简称"被诉侵权产品"），这两款呼吸机均配置有用于呼吸设备的可拆卸阀门。

2022年11月14日，MR公司向KM公司发送警告函，要求其于当日下午5点之前停止展览被诉侵权产品。KM公司并未针对该警告信予以回应。同日，MR公司还向德国杜塞尔多夫地方法院申请了临时禁令。

2022年11月16日，考虑到该案情况较为紧迫，德国杜塞尔多夫地方法院在未经口头听证的情况下，针对MR公司的临时禁令申请作出了裁决，对KM公司下达了临时禁令，禁令内容包括：①禁止KM公司或任意第三方在德国销售、提供、使用、进口或拥有涉嫌侵犯MR公司涉案专利权的被诉侵权产品；②KM公司如违反上述禁令，将被处以最高250000.00欧元的罚款，或长达6个月的行政拘留；③KM公司将所有被诉侵权产品交由执行官保管，期限一直持续至针对是否销毁被诉侵权产品作出最后决定或达成和解为止；④由KM公司承担禁令费用；⑤为保证诉讼费用得以执行，对KM公司的动产进行扣押，扣押金额为5786.20欧元（如果KM公司缴纳5786.20欧元的金额，则扣押可以执行暂停）。

该裁决于2022年11月23日作出更正（并未公开更正内容）。

KM公司对该临时禁令提出异议，双方针对被诉侵权产品是否落入涉案专利的保护范围提交了证据并由德国杜塞尔多夫地方法院举行了听证。

2023年5月4日，德国杜塞尔多夫地方法院经审理认为MR公司没有充分的证据证明KM公司侵犯了其专利权，驳回了MR公司的临时禁令和扣押申请。❶

二、处理结果

德国杜塞尔多夫地方法院在对KM公司发布临时禁令之后进行了裁决，法院的裁决结果如下：①驳回了MR公司关于发布临时禁令的申请；②已经发出的临时禁令被废止；③诉讼费用由MR公司承担，其争议金额：221670.50欧元。其中，200000.00欧元涉及临时禁令申请，21670.50欧元涉及扣押申请。

该判决具有临时执行效力。

三、要点分析

在该案中，德国杜塞尔多夫地方法院在批准了MR公司的临时禁令之后，继续对KM公司是否构成专利侵权进行了审理。双方的争议焦点主要在于：被诉侵权产

---

❶ 判决参见 http：//www.justiz.nrw.de/nrwe/lgs/duesseldorf/lg_duesseldorf/j2023/4b_O_82_22_Urteil_20230504.html。

品是否包含涉案专利权利要求1中"连接到阀体的内圆柱表面,使得出口端壳体的至少一个平面部分的内表面与阀体的内圆柱表面切线排列,使得流体可以从腔室沿着出口外壳的至少一个部分的内表面以切线方向流出"这一技术特征。

涉案专利与被诉侵权产品的比对如表1所示。

表1 涉案专利与被诉侵权产品之比对

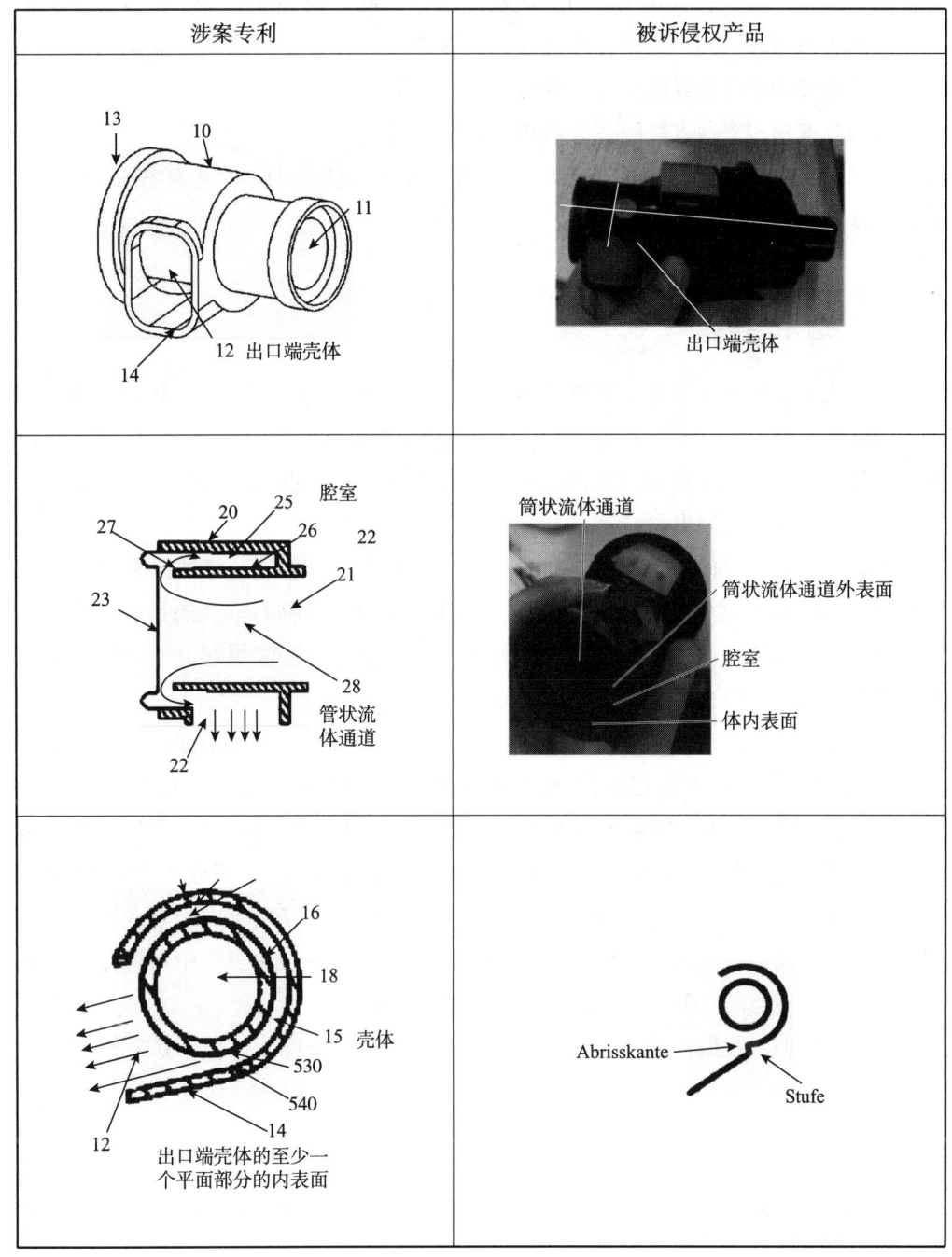

德国杜塞尔多夫地方法院认为，该特征中的切线排列意味着阀门壳体的圆柱形内表面在连接点结束，并且出口壳体的平坦区域的内表面从这个点开始，沿着阀门壳体内表面的相同方向延伸。法院进一步解释了"切线"一词通常的含义，即一个平面通过接触一个曲线或曲面上的一点而形成的直线或平面。在该案中，"切线"的意思是出口壳体的平坦内表面必须从阀门壳体的圆柱形内表面平滑延伸出来，形成一个没有折角、曲线、凸起或凹陷的流动过渡。因此，该特征隐含了出口壳体的平坦内表面必须与阀门壳体的圆柱形内表面直接连接，并且这种连接必须是切线排列的，以实现减少流阻和降低压力的目的。

德国杜塞尔多夫地方法院在分析被诉侵权产品时发现，该产品的出口壳体的平坦区域并没有实现与阀门壳体的圆柱形内表面形成切线排列，而是存在一个台阶。因此，涉案侵权产品不包含该特征。

四、启示借鉴

该案为一起具有典型意义的德国展会临时禁令相关案件。自2014年起，该案当事人MR公司与KM公司在中国存在多起专利侵权的诉讼纷争。在该案中，MR公司和KM公司将专利之战蔓延至欧洲。MR公司利用了德国知识产权制度中的临时禁令，使相关产品停止展出。

在德国知识产权保护措施中，临时禁令是一项重要的制度。德国民事诉讼法第935～940条是临时禁令的主要法律依据。这些条款规定了临时禁令的目的、管辖法院、措施、效力等。通过该制度，专利权人可以在正式向法院提起诉讼之前，迅速取得法院的禁令以停止可能存在的侵权行为。

近年来，中国企业在德国展会屡遭禁令。2007年，在德国汉诺威通信展（CeBIT）上，12家中国参展商因侵犯MP3相关专利被查。2008年，更大规模海关查处在CeBIT展会上再次发生，同年3月6日，39家中国企业展台被查抄。同年在柏林国际消费电子展（IFA）上，德国海关突袭69家中国企业展位，并没收了大量电视机、MP3和手机等展品。2016年，在德国汉诺威工业博览会上，两家中国企业被指控知识产权侵权，其中一家公司被德国法院发布临时禁令。[1] 由此可见，中国企业在参加在德国举办的展会时，需要预防临时禁令带来的困扰。

与德国类似，我国亦设有展会禁令制度。根据国家知识产权局2022年出台的

---

[1] 德国汉诺威国际工业博览会侵权案启示［EB/OL］.［2025-01-20］. https：//www.gzceia.com/index.php?a=show&m=Article&id=2604.

《展会知识产权保护指引》❶规定，在展会期间，主办方可以设立知识产权投诉工作站，接受并处理知识产权权利人的投诉。知识产权管理部门可以协调相关工作人员进驻工作站。例如，中国进出口商品交易会（以下简称"广交会"）作为中国重要的贸易盛会，对知识产权保护给予了高度重视，已建立一套线上线下并行的知识产权保护机制，并邀请知识产权行政管理部门派员以专家身份进驻广交会对知识产权投诉进行调查处理❷。根据广东省商务厅的相关数据，2024年的广交会线上线下受理知识产权投诉案件中涉及的被投诉企业共计389家，最终认定179家企业构成涉嫌侵权；受理、调解贸易纠纷28宗，达成和解20宗。❸

此外，《中华人民共和国民事诉讼法》和《中华人民共和国专利法》均明确规定了诉前禁令制度。然而，在当前的司法实践中，中国法院对于诉前禁令申请的审查采取了相对谨慎的态度。

在中国知识产权法院诉前禁令第一案中，申请人为法国知名品牌Christian Louboutin（克里斯提·鲁布托），其推出了子弹造型的口红，并拥有多项外观设计专利，包括专利号为ZL201430483611.7、ZL201430484500.8、ZL201430484638.8的外观设计专利权。克里斯提·鲁布托发现两家广州公司未经许可，制造、销售以及许诺销售被诉侵权产品，且这些产品完全落入涉案专利权的保护范围。

因此，克里斯提·鲁布托向广州知识产权法院提出诉前禁令申请，请求责令被申请人立即停止侵权行为。广州知识产权法院经听证后裁定，责令广州A公司立即停止制造、销售、许诺销售涉案9款口红产品，广州B公司立即停止制造涉案9款口红产品。

法院主要的考量因素包括：①申请人涉案专利是否稳定有效；②被申请人正在实施的行为是否存在侵犯专利权的可能性；③不采取有关措施，是否会给申请人的合法权益造成难以弥补的损害；④颁发禁令给被申请人带来的损失是否小于或相当于不颁发禁令给申请人带来的损失；⑤责令被申请人停止有关行为是否会损害社会公共利益；⑥申请人是否提供了有效、适当的担保等。

---

❶ 《展会知识产权保护指引》第8条规定："展会举办地知识产权管理部门可以会同有关部门指导展会主办方根据国家有关规定和实际需要设置工作站，并应展会主办方请求协调相关工作人员、执法人员、专业技术人员和法律专业人员进驻工作站。工作站主要承担以下工作：（一）受理涉及知识产权的相关投诉；（二）调解展会期间知识产权侵权纠纷；（三）提供知识产权有关法律法规及政策咨询；（四）对涉嫌侵犯知识产权的投诉提供判断意见，协调展会主办方进行处理；（五）将有关投诉情况及材料移送展会举办地知识产权管理部门，涉嫌违法线索移送相关执法部门；（六）对展会知识产权保护信息进行汇总和分析；（七）其他相关事项。"

❷ 广交会涉嫌侵犯知识产权的投诉及处理办法（2017年修正）[EB/OL].[2025-01-20]. https://cospub.cantonfair.org.cn/461100754573217792/1647092721763-2f891ce2-e662-4916-b400-799a0c0b479e.pdf.

❸ 线下出口成交247亿美元！第135届广交会圆满落幕[EB/OL].（2024-05-07）[2025-01-20]. https://com.gd.gov.cn/zwgk/zdhd/content/post_4420546.html.

德国和中国的诉前禁令制度存在以下不同。

（一）禁令的审查时间及基本内容

在德国，从权利人提出申请到临时禁令的送达是非常迅速的，甚至可能在 4~6 小时。❶ 临时禁令会由法庭执行员亲自送达到展台上，被诉侵权方必须立即遵守禁令要求。在申请临时禁令时，权利人通常只需将权利证明的复印件、被诉侵权产品的照片或产品目录、广告等宣传资料提交至法院，并"比较可信地"（glaubhaft machen）阐述其请求权成立且具有紧迫性。如果法院认为侵权的可能性较高，就会按照权利人的请求颁发临时禁令。同时，临时禁令无须经过双方进行辩论庭审阶段，可以直接由法院颁发。因此，德国展会的临时禁令往往令被申请人措手不及。

根据《中华人民共和国民事诉讼法》的相关规定，我国法院接受专利权人或者利害关系人提出责令停止侵犯专利权行为的申请后，应当在 48 小时内作出书面裁定。法院将会审查权利人的知识产权效力是否稳定、诉前禁令是否紧迫、权利人造成的损害是否超过采取行为保全措施对被申请人造成的损害、是否损害社会公共利益等因素。❷

此外，我国法院在前述期限内应当询问双方，然后作出裁定。❸ 由此可见，我国法院对临时禁令的判断较为谨慎。

（二）禁令的担保要求

根据德国民事诉讼法第 921 条规定，权利人在申请诉讼前禁令时，需要提供充足的理由和证据。只有当法院认为权利人的理由和证据不够充分的情况下，可以要求权利人提供担保。然而，担保的金额通常只是禁令可能给被申请人带来的损失的预估值。这种担保方式旨在确保被申请人在禁令被错误颁发时能够获得赔偿，同时不会给权利人带来过大的经济压力。由此可见，德国临时禁令的担保要求是较为宽松的。

相比之下，我国最高人民法院发布的《最高人民法院关于审查知识产权纠纷行

---

❶ 德国展会知识产权纠纷常见法律程序及应对 [EB/OL]. [2025 - 01 - 20]. http://ipr.mofcom.gov.cn/zhuanti/expo/tf_Ger_02.html.

❷ 《最高人民法院关于审查知识产权纠纷行为保全案件适用法律若干问题的规定》第 7 条规定："人民法院审查行为保全申请，应当综合考量下列因素：（一）申请人的请求是否具有事实基础和法律依据，包括请求保护的知识产权效力是否稳定；（二）不采取行为保全措施是否会使申请人的合法权益受到难以弥补的损害或者造成案件裁决难以执行等损害；（三）不采取行为保全措施对申请人造成的损害是否超过采取行为保全措施对被申请人造成的损害；（四）采取行为保全措施是否损害社会公共利益；（五）其他应当考量的因素。"

❸ 《最高人民法院关于审查知识产权纠纷行为保全案件适用法律若干问题的规定》第 5 条规定："人民法院裁定采取行为保全措施前，应当询问申请人和被申请人，但因情况紧急或者询问可能影响保全措施执行等情形除外。"

为保全案件适用法律若干问题的规定》第11条规定："申请人申请行为保全的，应当依法提供担保。申请人提供的担保数额，应当相当于被申请人可能因执行行为保全措施所遭受的损失，包括责令停止侵权行为所涉产品的销售收益、保管费用等合理损失。"这种担保方式旨在确保权利人在申请禁令时具有足够的诚意和赔偿能力，防止禁令的滥用。因此，在上文提到的口红外观设计专利侵权案中，法院要求申请人克里斯提·鲁布托提供100万元人民币作为担保。

（三）临时禁令的后续程序

德国法律对权利人在申请临时禁令之后是否一定要提起侵权诉讼并无要求。如果临时禁令被颁发，被申请人必须立即执行。如果被申请人对禁令有异议，可以在禁令颁发后向法院提出异议。被申请人一般是针对请求人提出临时禁令本身的不合理性提出的。如果法院认为异议的理由成立，将会撤销禁令。如果法院认为异议的理由不成立，禁令将持续有效。异议的提出不会影响临时禁令的执行。

此外，被申请人还可以要求法院责令权利人在规定期限内提起诉讼，如果权利人不在该期限内提起诉讼，临时禁令将会被撤销。

在中国，诉前禁令的后续程序相对复杂。如果临时禁令被颁发，被申请人可以在收到临时禁令后的法定期限内向法院提出复议申请。❶ 在临时禁令有效期内，如果权利人没有提起正式的诉讼，临时禁令将失效。❷

综上所述，德国展会临时禁令制度为权利人提供了一种迅速、有效的维权手段。虽然该制度在某些方面与中国存在差异，但其成功经验值得中国企业借鉴和学习。

（供稿：雷亚芸）

---

❶ 《最高人民法院关于审查知识产权纠纷行为保全案件适用法律若干问题的规定》第14条规定："当事人不服行为保全裁定申请复议的，人民法院应当在收到复议申请后十日内审查并作出裁定。"

❷ 《最高人民法院关于审查知识产权纠纷行为保全案件适用法律若干问题的规定》第16条规定："有下列情形之一的，应当认定属于民事诉讼法第一百零五条规定的'申请有错误'：（一）申请人在采取行为保全措施后三十日内不依法提起诉讼或者申请仲裁；（二）行为保全措施因请求保护的知识产权被宣告无效等原因自始不当；（三）申请责令被申请人停止侵害知识产权或者不正当竞争，但生效裁判认定不构成侵权或者不正当竞争；（四）其他属于申请有错误的情形。"

19

德国专利侵权诉讼之侵权认定

该案是在德国发生的洗地机相关产品的专利侵权案件。该案当事人为荷兰 FSN 公司和一家德国公司（判决中未披露当事人名称）。

涉案专利为申请人荷兰 FLP 公司分别于 2012 年 8 月 2 日和 2012 年 8 月 17 日申请的欧洲发明专利 EP2747625B1 和 EP2747626B1，发明名称均为"一种用于清洁由刷子和刮刀元件组成的表面清洁装置"（cleaning device for cleaning a surface comprising a brush and a squeegee element）。

一、案情介绍

原告以被告销售的被诉侵权产品侵犯其上述两件欧洲专利为由，向德国杜塞尔多夫地方法院提起 2 件专利侵权诉讼。[1]

（一）专利 EP2747625B1 案情

2012 年 8 月 12 日，原申请人荷兰 FLP 公司向 EPO 提交了发明名称为"一种用于清洁由刷子和刮刀元件组成的表面清洁装置"的专利申请，优先权日为 2011 年 8 月 23 日。

该专利于 2017 年 6 月 7 日授权，授权公告号为 EP2747625B1。荷兰 FSN 公司于 2021 年 11 月 16 日受让涉案专利。

涉案专利 EP2747625B1 的权利要求 1 为：

一种用于清洁装置（100）的喷嘴装置，包括：

可关于刷子轴线（14）进行旋转的刷子（12），所述刷子（12）具有在刷子（12）的圆周上均匀分布的柔性刷元件（16），其中所述刷子（12）至少部分被喷嘴壳体（28）所包围并且至少部分从所述喷嘴壳体（28）的底侧（30）突出，该底侧

---

[1] 2 件案例案号分别为 4c O 60/21 和 4c O 1/22。

(30)在设备(100)的使用期间朝向所要清洁的表面(20),其中所述刷元件(16)在所述刷子(12)的旋转期间在第一位置(33)与所述壳体(28)形成密封……

由此在所述刷子(12)、所述壳体(28)和所述所要清洁的表面(20)之间、在所述第一和第二位置(33,35)至少部分地密封的空间中限定吸取区域(34);

单个刮板元件(32)……

驱动装置……

涉案专利 EP2747625B1 附图如图 1 所示。

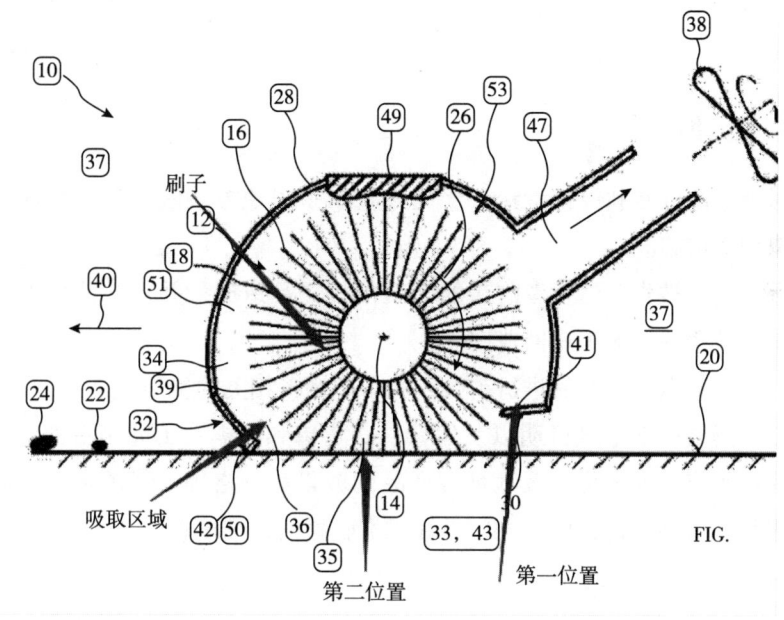

图 1　涉案专利 EP2747625B1 之说明书附图

自 2017 年 7 月 7 日起,被告在德国境内销售无绳吸力拖把(以下简称"被诉侵权产品 1")。

2023 年 1 月 10 日,法院下达判决,判定被告构成侵犯涉案专利 EP2747625B1 的专利权。被告已针对该案的一审判决提起上诉。

(二) 专利 EP2747626B1 案情

2012 年 8 月 17 日,原申请人荷兰 FLP 公司向 EPO 提交了发明名称为 "一种用于清洁由刷子和刮刀元件组成的表面清洁装置" 的专利申请,优先权日为 2011 年 8 月 23 日。该专利于 2017 年 5 月 3 日授权,授权公告号为 EP2747626B1。荷兰 FSN 公司于 2021 年 11 月 16 日受让涉案专利。

涉案专利 EP2747626B1 的权利要求 1 为:

一种用于硬地板清洁装置(100)的喷嘴装置包括:

关于刷轴（14）可旋转的单个刷子（12）……

单个刮板元件（32）……

驱动装置，其中所述驱动装置被适配为在所述尖端部分（18）处实现离心加速度，尤其在所述单个刷子（12）的旋转期间在当所述刷元件（16）未接触所述硬表面（20）时的污物释放周期期间，所述离心加速度是至少 3000m/s^2。

2017年6月3日起，被告在德国境内销售名为 Regulus Aqua Power–Vac 的吸力拖把（以下简称"被诉侵权产品2"）。原告遂向法院提起一审诉讼。

2023年4月20日，法院下达判决，判定被告构成侵犯涉案专利的专利权。

二、处理结果

针对上述两件专利侵权诉讼，德国杜塞尔多夫地方法院判定侵权成立，并责令被告采取如下措施。

第一，责令被告对消费者购买的涉案侵权产品退回，并且向消费者承诺退还已支付的购买费用并且承担退回费用。

第二，针对退回的产品进行销毁，并承担销毁相关的费用。

第三，提交以下信息说明以及发票、交货单和收据：①如制造商、供应商、商业购买者和销售点的名称以及地址，产品的数量、价格等。②被告必须向原告提供的详细账目，包括交付、报价、广告和成本收益的详细信息。

三、要点分析

（一）涉案专利权权属确认

在德国专利侵权诉讼中，确定专利合法受让时间的核心依据并非专利登记簿上的登记状态，而是通过切实依据法律事实进行判定。当受让的权利人在诉讼中主张专利权时，需要证明其如何在法律上成为专利的实质所有权人。如果成为实质所有权人的时间点距专利登记簿上登记的时间较近，通常不需要详细说明专利权的转让过程，凭专利登记簿的记载即可确定其获得专利权的实际时间。但是，当权利人主张的实际获得专利权的时间与专利登记簿上登记的时间存在显著时间差时，需要对此情况提供更详尽的说明。

该案的涉案专利为原告受让获得的，原告需提交证据证明成为涉案专利的实质所有权人早于专利登记簿中所载明的转让时间（2021年11月）。于是，原告提交了签订日期为2021年9月2日的知识产权转让协议，法院认为原告提供的证据足以证明其于 2021 年 9 月成为涉案专利的实际所有人。由于涉案专利的专利登记簿登记时间与专利权人提交的知识产权转让协议签订时间较近，因此法院认为，原告提供的证据足以证明其于 2021 年 9 月成为涉案专利的实际所有人，无须提交其他证据予以详细说明。

（二）侵权分析

在专利 EP2747625B1 侵权案中，双方的争议焦点主要在于：被诉侵权产品 1 是否包含权利要求中"刷元件（16）在所述刷子（12）的旋转期间在第一位置（33）与所述壳体（28）形成密封"这一技术特征。具体为，被诉侵权产品 1 中具有由橡胶制成的密封元件，该密封元件位于刷元件离开喷嘴外壳的位置。尽管从视觉上看，喷嘴外壳与刷元件接触，但两者未形成完全密封，至少留有一条狭窄的通道以允许空气流动。根据涉案专利的说明书，密封并非意味着物理上的完全密封，出风口降低到最小流速也被认为密封，即只有相对恒定的少量空气可以通过该区域，以避免不必要的漏气。因此，基于说明书的描述，法院认为被诉侵权产品包含上述特征，即落入涉案专利的保护范围内。

在专利 EP2747626B1 侵权案中，双方的争议焦点主要在于：被诉侵权产品 2 是否包含权利要求中的"单个刷子（12）的旋转期间在当所述刷元件（16）未接触所述硬表面（20）时的污物释放周期期间，所述离心加速度是至少 3000m/s^2"这一特征。原告提交了关于被诉侵权产品 2 尖端部分加速度的计算报告，通过计算曲率中心的方法计算得到刷子（12）的半径，进一步将刷子半径的值代入涉案专利说明书中记载的离心加速度计算公式，得到被诉侵权产品的离心加速度大于 3000m/s^2。而被告主张使用自由摆动阻尼悬臂梁的计算模型计算被诉产品尖端部分的加速度，得出低于 3000m/s^2 的结果。但是，被告未就使用自由阻尼悬臂梁模型的合理性进行说明。因此，法院认为原告的计算方法更为合理，认为涉案侵权产品 2 落入涉案专利的保护范围内。

（三）涉案专利新颖性和创造性分析

被告在两起诉讼程序中分别提交多份现有技术文献，证明涉案专利不具有新颖性或创造性。经过法院审查，认为被告提交的现有技术文献均不足以影响涉案专利的新颖性和创造性。

四、启示借鉴

在德国专利侵权诉讼中，法院需要确定涉案专利保护范围、确定是否侵权、评估涉案专利新颖性与创造性以及确定救济手段。在这些环节中，德国法院在确定涉案专利保护范围、确定是否侵权的过程中，所采取的方法与我国的司法实践类似。但是在评估涉案专利的新颖性与创造性，以及确定救济手段的过程中，德国法院所遵循的标准和方法与我国存在显著的差异。

（一）涉案专利的新颖性与创造性判定

在我国的司法实践中，专利民事侵权诉讼由法院进行审理，无效宣告请求程序由国家知识产权局进行审理。在专利民事侵权诉讼中，如果被诉侵权方发现可能影响涉案专利新颖性和创造性的证据，法院不会直接在侵权诉讼中对涉案专利的新颖性和创造性进行审查。被诉侵权方若在专利侵权诉讼过程中向国家知识产权局提起无效宣告请求，法院有可能根据无效宣告程序中的证据和理由考虑是否中止该侵权诉讼。❶ 此外，如果被诉侵权方发现与涉案专利构成无实质性差异的现有技术，那么被诉侵权方可以考虑基于该现有技术进行现有技术抗辩。

与中国专利侵权诉讼类似的是，德国的专利无效诉讼也必须向德国的专利法院单独提出。德国处理侵权诉讼的法院不受理专利无效诉讼。德国法院认为对涉案专利的异议或提起无效本身并不自动构成中止侵权程序的理由，法官会根据具体情况决定是否中止程序。被诉侵权人可以在侵权诉讼中提交现有技术文献，德国法院将在侵权诉讼程序中对涉案专利的新颖性和创造性进行判定。如果德国法院认为基于被告提交的现有技术文献，无法评价其新颖性或创造性，也不会中止诉讼。反之，如果法院认为专利被宣告无效的可能性比较大时，法院会中止侵权程序的审理。此外，德国专利法中同样规定了现有技术抗辩，与我国的司法实践相似。

（二）侵权责任的确定

在中国的司法实践中，如果认定专利侵权成立，在侵权诉讼程序中，被告的侵权责任通常只包括停止侵权及赔偿损失。如果原告能够证明被诉侵权方存在专用于制造被诉侵权产品的生产模具的情况下，法院才有可能支持原告关于"销毁模具"

---

❶ 《最高人民法院关于审理专利纠纷案件适用法律问题的若干规定》第5条规定："人民法院受理的侵犯实用新型、外观设计专利权纠纷案件，被告在答辩期间内请求宣告该项专利权无效的，人民法院应当中止诉讼，但具备下列情形之一的，可以不中止诉讼：（一）原告出具的检索报告或者专利权评价报告未发现导致实用新型或者外观设计专利权无效的事由的；（二）被告提供的证据足以证明其使用的技术已经公知的；（三）被告请求宣告该项专利权无效所提供的证据或者依据的理由明显不充分的；（四）人民法院认为不应当中止诉讼的其他情形。"第7条规定："人民法院受理的侵犯发明专利权纠纷案件或者经国务院专利行政部门审查维持专利权的侵犯实用新型、外观设计专利权纠纷案件，被告在答辩期间内请求宣告该项专利权无效的，人民法院可以不中止诉讼。"

的诉讼请求。此外，如果权利人希望对生产模具进行销毁，可以考虑诉诸行政手段。❶

在德国，除了停止侵权及赔偿损失侵权责任，法院还可能责令被告采取其他救济措施，如责令被告对消费者购买的涉案侵权产品进行退回，并承诺退还已支付的购买费用且承担退回费用；对退回的产品进行销毁，并承担销毁相关的费用；提交详细的账目信息和相关发票、交货单以及收据等。这些救济措施旨在全面保护原告的权益，尽可能彻底消除侵权行为，并防止被告再次从事类似侵权行为。

与我国诉讼程序不同的是，德国专利侵权之诉与损害赔偿之诉是两个单独的诉讼程序。以一起被诉侵权产品为"婴儿车"的外观设计专利侵权诉讼为例，德国联邦最高法院在专利侵权之诉❷中判定被诉侵权方的侵权行为成立，并要求被诉侵权方提交被诉侵权产品的销售证据。随后，原告向德国杜塞尔多夫地方法院提起损害赔偿之诉。❸ 在损害赔偿之诉中，根据前述侵权之诉中被诉侵权方提交的证据，法院确定被诉侵权产品的销售额总计为4663802.00欧元。可扣除成本包括被诉侵权产品的进货成本（样品成本、购买成本、配件成本、进口费用、关税等）和直接单独成本（仓储成本、包装成本、运输成本等）。法院根据上述销售额减去可扣除成本之后，估算侵权利润为146万欧元。法院估算被诉侵权方因侵犯外观设计专利权而产生的利润部分为侵权利润的40%，即58万欧元。在该案中，德国联邦最高法院以侵权人获取的利润为基础，对损害赔偿进行了计算。除此之外，德国联邦最高法院还会根据权利人遭受的损失以及专利许可费用等，计算损害赔偿，这与我国的司法实践有相似之处。

在我国，原告在案件中提起赔偿请求，需承担初步的举证责任。然而，举证情况往往复杂，特别是被诉侵权产品的获利等关键证据，通常由被告掌握，这无疑增加了原告获取这些证据的难度。因此，即便只是提供初步证据，对原告而言也是一项不小的挑战。而在德国的侵权诉讼中，一旦侵权事实被认定成立，法院将要求被告提供涉及判赔额计算的详尽证据。德国采取将专利侵权之诉与损害赔偿之诉分离为两个独立诉讼程序的做法，在一定程度上减轻了原告的举证压力。但这种制度也可能相应地延长整体的诉讼周期。

综上所述，虽然德国在专利侵权诉讼中的处理方式与我国有相似之处，但也存在一定的差异，这些差异主要集中在判定涉案专利可专利性、分配举证责任以及采

---

❶ 《专利行政执法办法》第43条规定："管理专利工作的部门认定专利侵权行为成立，作出处理决定，责令侵权人立即停止侵权行为的，应当采取下列制止侵权行为的措施：（一）侵权人制造专利侵权产品的，责令其立即停止制造行为，销毁制造侵权产品的专用设备、模具，并且不得销售、使用尚未售出的侵权产品或者以任何其他形式将其投放市场；侵权产品难以保存的，责令侵权人销毁该产品……"

❷ 该案案号为I ZR 23/10。

❸ 该案案号为14c O 237/11。

取救济手段上。因此,当我国企业在跨国专利侵权纠纷中面临挑战时,应当深入了解并熟悉不同国家的法律体系和司法实践,从而更精准地制定应对策略,有效保护自身的合法权益。

(供稿:雷亚芸)

20

德国专利侵权诉讼之企业上市期间遭遇诉讼的应对策略

该案涉及德国和美国专利侵权和无效系列案件的应对策略。涉案当事人分别为原告（专利权人）美国 BS 公司和被告中国南京 NW 公司。

该系列案件的涉案专利包括两个专利族，第一族专利名称为"通过范围张力构件释放夹"，其中包括美国专利 US9980725B2 和 US8974371B2；第二族专利名称为"用于通过内窥镜止血夹闭的装置和方法"，其中包括美国专利 US7094245B2，以及欧洲专利 EP3023061B1（以下简称"专利 1"）和 EP1328199B1（以下简称"专利 2"）。

一、案情介绍

（一）德国的相关专利侵权诉讼

2018 年 11 月 20 日，美国 BS 公司以销售 Sureclip 止血夹（以下简称"被诉侵权产品"）侵犯其 2 件欧洲专利为由，针对 NW 公司、NW 公司的德国子公司（以下简称"德国 NW 公司"）和 NW 公司的欧盟代表（以下简称"欧洲 NW 公司"）中的一家或多家，向德国杜塞尔多夫地方法院提起 2 件专利侵权诉讼。

2020 年 1 月 16 日，德国杜塞尔多夫地方法院作出针对专利 1 案件的一审判决，认定侵权成立。❶ 其中，德国 NW 公司针对专利 1 的一审判决向德国杜塞尔多夫高等法院提出上诉。

2021 年 5 月 4 日，德国杜塞尔多夫高等法院作出针对专利 1 案件的二审判决，驳回德国 NW 公司的上诉请求。❷

2021 年 6 月 17 日，德国杜塞尔多夫地方法院作出针对专利 2 案件的一审判决，

---

❶ 该案案号为 4c O 94/18。

❷ 该案案号为 15 U 4/20。

认定侵权成立。[1]

关于专利1和2的侵权案件,德国的法院判决结果如下。

第一,被告侵权行为成立,必须停止以下行为:在德国提供、销售、使用或拥有用于通过内窥镜实现血管止血的医疗设备。

第二,被告必须向原告提供制造商完整有序的说明以及相关购买凭证的复印件:①生产商、供应商及其他先前所有者的姓名和地址;②商业客户及销售点的姓名和地址,即预定接收产品的场所;③生产、交付、接收或订购的产品数量以及为产品支付的价格。

第三,被告应提供完整有序的清单,向原告详述自侵权之日以来,被告进行了各项侵权活动的具体情况,包括:①各次交付的详细信息,细分为交付数量、时间、价格和型号,以及收货人的姓名和地址;②各次报价的详细信息,包括报价数量、时间、价格及报价接受者的姓名和地址;③为产品投放的广告的详细信息;④按各个成本因素细分的成本及所得利润。

第四,被告必须赔偿原告因侵权行为所遭受的所有损失。

第五,被告必须召回第三方手中的侵权医疗设备,并承担相关费用。

第六,被告必须销毁在德国拥有或控制的所有侵权医疗设备,或按原告指定的法院执行官的要求将其销毁,并承担费用。

第七,诉讼费用由被告承担。

第八,临时执行需要提供一定金额的保证金。

第九,每件争议专利金额为100万欧元。

(二) 德国的相关专利异议程序

第一,针对专利2的异议程序。

2019年3月6日,案外人1、案外人2、德国NW公司同时对专利2提出异议请求。

2020年8月27日,NW公司基于被诉侵权方干预制度[2],申请加入专利2异议程序,EPO同意该请求。

2021年10月20日,德国NW公司撤回其异议请求。

2021年12月1日,NW公司通知EPO,其放弃参加该案口审。

2021年12月7日,举行该案的口审。

2021年12月30日,NW公司撤回其异议请求。

---

[1] 该案案号为4c O 89/18。

[2] Intervention of the assumed infringer [EB/OL]. [2025-01-20]. https://www.epo.org/en/legal/guidelines-epc/2024/d_vii_6.html.

2022年5月10日，EPO作出决定，认为涉案专利相对于现有技术具有新颖性和创造性，因此，驳回异议请求。❶

2022年7月20日，案外人针对异议的决定提出上诉。

2022年12月20日，驳回该上诉。

第二，针对专利1的异议程序。

2018年3月28日及2018年8月1日，案外人1、案外人2针对专利1提出异议请求。

2019年2月28日，德国NW公司基于被诉侵权方干预制度，申请加入专利1异议程序，EPO同意该请求。

2020年8月7日，权利人提交了对涉案专利权利要求的修改。

2020年8月27日，NW公司基于被诉侵权方干预制度，申请加入专利1异议程序，EPO同意该请求。

2021年10月20日，德国NW公司撤回其异议请求。

2021年12月1日，NW公司通知EPO，其放弃参加该案口审。

2021年12月9日，在口审过程中，权利人根据口审的进展，再次修改了权利要求，对该修改在口审过程中讨论并最终被接受。

2021年12月30日，NW公司撤回其异议请求。

2022年6月7日，基于权利人修改后的专利权利要求，EPO作出决定，认为涉案专利相对于现有技术具有新颖性和创造性，驳回上述异议请求。❷

2022年9月8日，案外人2针对异议决定提出上诉。

2022年12月27日，案外人1提出撤销异议请求。

2023年6月1日，专利权人在上诉程序中再次修改了权利要求。

2023年8月25日，案外人2撤回上诉。

（三）美国的相关侵权诉讼

2018年11月26日，BS公司以NW公司、NW公司的美国子公司（以下简称"美国NW公司"）及其经销商Henry Schein公司销售的Sureclip止血夹产品侵犯其在美国的3件专利（US9980725B2、US8974371B2和US7094245B2）为由，向美国特拉华州联邦地区法院提起专利权侵权诉讼。❸

---

❶ Summary of facts and submissions [EB/OL]. [2025-01-20]. https：//register.epo.org/application?documentId=L2RF6GW4RZB31XB&number=EP02775909&lng=en&npl=false.

❷ Summary of facts and submissions [EB/OL]. [2025-01-20]. https：//register.epo.org/application?documentId=L52582B01UBLKHS&number=EP15199778&lng=en&npl=false.

❸ 该案案号为18-cv-01869。

2019年3月13日，NW公司提出动议，主张美国特拉华州联邦地区法院在该案中缺乏属人管辖权，且原告方所提出的侵权指控缺乏充分的合理依据，应当对此次诉讼予以驳回。

2020年1月15日，法官助理在"报告和建议"（report and recommendation）中认为：①由于被诉侵权产品在美国境内销售并在美国举办的展会中展出，被告还设立了一家位于美国的子公司，旨在进行被诉侵权产品的推广与销售，因此美国特拉华州联邦地区法院对该案具有管辖权。②原告已充分履行了对侵权行为的举证责任，其提出的侵权指控具有合理性。

因此，法官助理建议驳回被告的动议。

2020年2月5日，法官基于法官助理的报告和建议驳回被告动议。

2020年4月1日，法院驳回NW公司关于BS公司申请涉案专利时存在不正当行为（inequitable conduct）的抗辩。BS公司在向美国食品药品监督管理局（FDA）申请市场许可时，将奥林巴斯（Olympus）公司的设备作为对比，声称其产品与之"实质等同"，但申请涉案专利时，由于BS公司没有向USPTO披露奥林巴斯设备作为相关现有技术，因此NW公司主张BS公司在申请涉案专利时，存在不正当行为。但法院认为，由于NW公司的抗辩未能明确说明如果专利权人提前知晓奥林巴斯设备，将会影响涉案专利的授权的实质性理由，因此法院驳回NW公司的动议。

2021年12月2日，美国特拉华州联邦地区法院下达调解令。

2022年1月13日，美国特拉华州联邦地区法院基于原告的撤回诉讼请求，下达撤诉通知。

（四）美国的相关专利无效程序

2019年11月26日，NW公司及NW公司美国针对专利US7094245B2向USPTO的专利审判与上诉委员会提出多方复审。

2020年5月4日，PTAB作出维持专利有效的决定，其在审查过程中认为，申请人未能提出充分理由，足以证明该专利不具备可专利性。

（五）其他案件

2021年7月，BS公司在德国杜塞尔多夫地区法院以专利2、专利EP3050518B1向德国NW公司及欧洲NW公司发起针对Lockado止血夹的专利侵权诉讼。同年9月，BS公司又以德国专利DE202017007428U1和DE202017007433U1向NW公司及欧洲NW公司发起Lockado止血夹的专利侵权诉讼。上述案件未开庭审理。

二、处理结果

该案相关案件对应处理结果如表 1 所示。

表 1 相关案件对应处理结果

国别	案号	类型	涉案专利	被诉产品	处理结果
德国	4c O 89/18	侵权诉讼	EP1328199B1	Sureclip	原告胜诉
德国	4c O 94/18	侵权诉讼	EP3023061B1	Sureclip	原告胜诉
德国	—	异议	EP1328199B1	—	维持专利有效
德国	—	异议	EP3023061B1	—	维持专利有效
德国	—	侵权诉讼	EP1328199B1	Lockado	和解
德国	—	侵权诉讼	EP3050518B1	Lockado	和解
德国	—	侵权诉讼	DE202017007428U1	Lockado	和解
德国	—	侵权诉讼	DE202017007433U1	Lockado	和解
美国	C. A. No. 18-1869-CFC-CJB	侵权诉讼	US9980725B2 US8974371B2 US7094245B2	Sureclip	和解
美国	IPR2020-00185	多方复审	US7094245B2	—	维持专利有效

注：图中"—"表示未查询到有关信息。

2021 年 10 月 20 日，BS 公司发表声明，宣布与 NW 公司达成和解，BS 公司撤回在美国、德国针对 NW 公司及其子公司和相关方的全部诉讼，对于已生效判决放弃执行。NW 公司撤回对于部分判决的上诉及对 BS 公司有关专利的异议请求。NW 公司向 BS 公司支付一次性和解费。

此外，NW 公司与 BS 公司针对在和解生效日前的全部止血夹相关专利达成为期 5 年的普通专利许可，NW 公司每年向 BS 公司支付 240 万美元的专利许可费，合计 1200 万美元。❶

三、要点分析

在专利 2 判决中，原告、被告就权利要求中关于被控侵权产品是否包括涉案专利中"易碎连杆"（frangible link）特征存在争议。在法院的专家意见中，认为专利

---

❶ 南微医学科技股份有限公司关于达成诉讼和解及专利许可的公告［EB/OL］.［2025-01-20］. https：//static.cninfo.com.cn/finalpage/2021-10-21/1211336671.PDF.

中使用的被设计为可在……的作用下断裂（is adapted to be broken by…）可以被理解为设计上允许在特定条件下发生断裂或变形，专利中的"易碎连杆"并不意味着完全断裂成两部分，部分断裂或变形也会落入专利的保护范围。原告针对被诉侵权产品提交了相关的检测报告，在检测报告中原告对15个涉案侵权产品进行了显微镜检查，显示被诉侵权产品存在裂纹。因此，专家认为在被告的产品中，当施加特定的拉力时，至少一个J形钩会发生断裂或变形，这符合专利中关于易碎连杆的要求。上述意见均被法院采纳。

该系列案件涉及在两个不同国家发生的多起维权和确权程序，在此期间，被告NW公司成功在该国科创板上市，并随后选择了恰当的时机进行和解，以实现公司利益的最大化。

相关事件的时间线如图1所示。

四、启示借鉴

该案为一起具有典型意义的全球化知识产权诉讼案件。值得关注的是，在该案诉讼期间，NW公司于2019年4月3日提出了在科创板上市的申请，并于2019年7月22日成功上市。

企业在申请科创板上市审查时，尤为关注企业是否存在商标、专利、核心技术等知识产权纠纷，以及这些纠纷可能对企业经营风险带来的潜在不利影响。因此，在企业的上市进程中，一些申请上市的企业往往容易面临竞争对手在知识产权方面的狙击。通常，竞争对手为了达到施加压力的目的，会采取在多个国家和地区同时提起知识产权诉讼，并据此要求支付高额的赔偿金的方式。这种做法旨在通过法律手段对竞争对手施加压力，以获取商业利益的最大化。知识产权纠纷直接或间接地导致上市失败的案例屡见不鲜。为了不影响上市进程，很多企业希望尽快解决相应的知识产权纠纷，达成妥协的和解条款是常见的解决方式。

中国证券监督管理委员会发布的《科创板首次公开发行股票注册管理办法（试行）》第12条规定："发行人业务完整，具有直接面向市场独立持续经营的能力：……（三）发行人不存在主要资产、核心技术、商标等的重大权属纠纷，重大偿债风险，重大担保、诉讼、仲裁等或有事项，经营环境已经或者将要发生重大变化等对持续经营有重大不利影响的事项的能力。"因此，在上市过程中遭遇知识产权诉讼有可能对企业上市造成不利影响。例如，贵州A公司于2019年4月申请科创板上市。2019年5月起，其竞争对手B科技公司以侵犯专利权为由对贵州A公司提起4项专利侵权诉讼，涉案金额共计高达2.5亿元人民币。随后，贵州A公司对B科技公司提起了专利侵权诉讼，索赔金额达到1.6亿元人民币。贵州A公司的近三年营收和净利

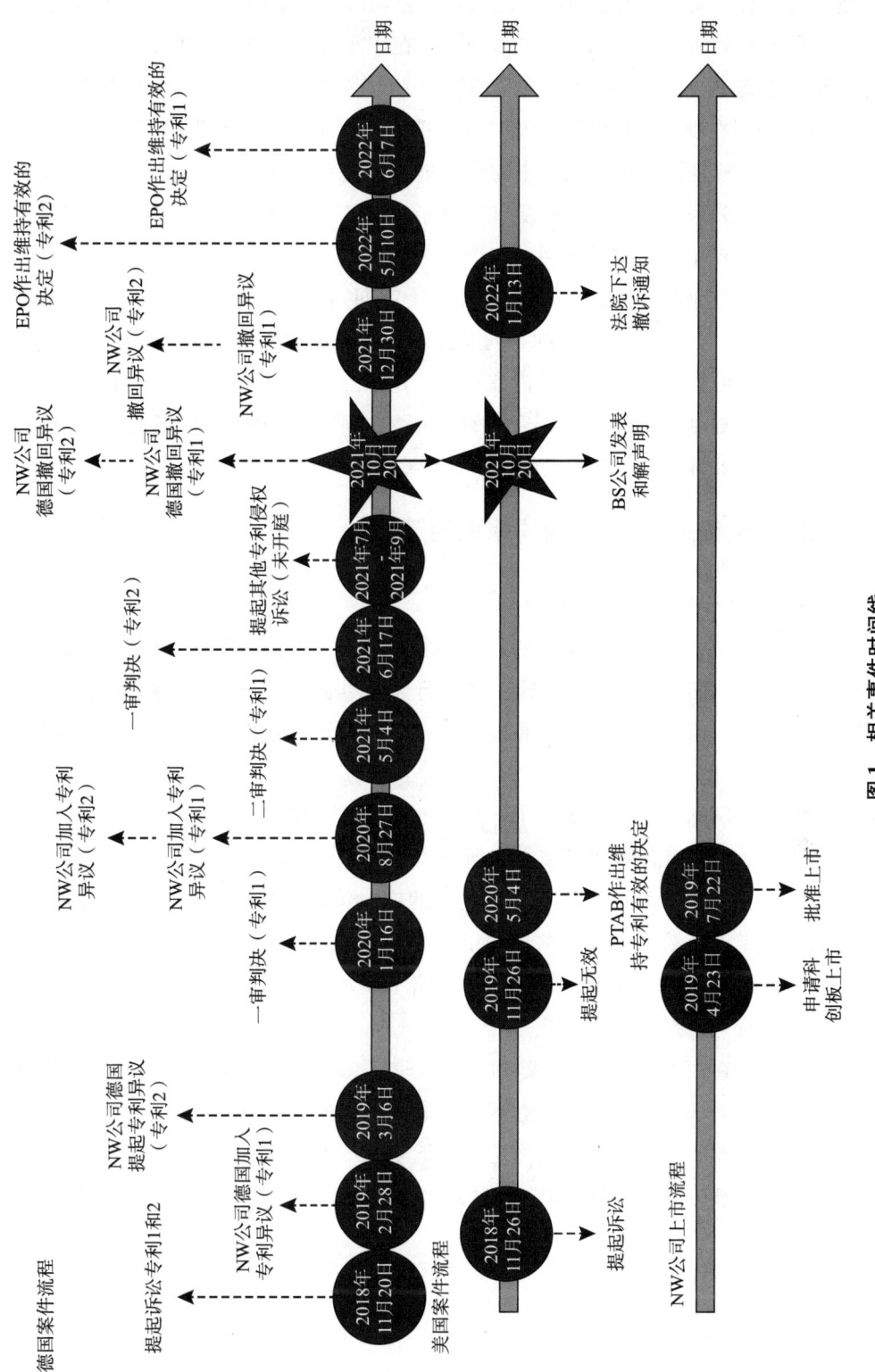

图1 相关事件时间线

润呈现下降趋势，而专利诉讼涉案金额已超过公司近三年的净利润总和。2019 年 11 月，上海证券交易所（以下简称"上交所"）在"上交所关于对科创板发行上市申请中的信息披露不当行为集中采取自律监管措施的答记者问"新闻发布会中❶公开披露，贵州 A 公司在项目审核期间未及时报告重大涉诉事项。该行为违反了上交所科创板发行上市审核规则及相关规定中的信息披露规范和具体工作要求，不利于投资者了解发行人相关信息，在一定程度上影响了审核工作的正常开展。2021 年 7 月 5 日，贵州 A 公司向上交所请求撤回上市申请。

即便如此，企业在首次公开募股（IPO）上市期间遭遇知识产权诉讼不必然会导致上市失败。NW 公司与 BS 公司的系列案件即为典型案例之一。面对专利权人发起的猛烈攻势以及可能对上市产生的潜在风险，NW 公司展现了积极应对的姿态。尽管诉讼的结果不尽如人意，但公司审慎评估形势，采取了明智而合理的和解策略，以最大程度减少因诉讼而可能引发的风险

（一）为筹备上市，NW 公司采取的策略

1. 在专利侵权诉讼中积极应诉

在此次诉讼中，专利权人选择在美国和德国这两大知识产权体系较为成熟的国家同时提起诉讼。面对专利权人的这一强势行为，尽管 NW 公司在最终诉讼中并未取得有利的结果，但是在应对诉讼的过程中，其制定了针对性的应对策略，并适时地推进了和解进程。

在发生于德国的专利侵权案件中，NW 公司聘请了专家证人，提交相关的专家意见进行不侵权抗辩，并聘请了多家律所出具法律意见。同样，在发生于美国的专利侵权诉讼中，NW 公司亦采取了积极主动的应对策略，提出了一系列抗辩理由，包括不侵权抗辩以及缺乏对人管辖权的抗辩等。与侵权诉讼配合的，NW 公司还针对涉案专利向 EPO 提出了异议。上述应对策略不仅对原告施加了压力，而且在客观上起到了为投资人增强信心的作用。

此外，企业在面临外国侵权诉讼时，若采取不参与诉讼的消极策略，可能因放弃辩护权而加速诉讼进程，从而产生不利后果。以专利权人中国苏州 Z 公司与被告北京 S 公司的德国子公司之间的专利侵权诉讼为例❷，涉案专利于 2024 年 4 月 18 日获得授权。由于被告缺席审判，德国杜塞尔多夫地方法院于 2024 年 8 月 13 日迅速下

---

❶ 上海证券交易所. 第 194 期新闻发布会［EB/OL］.［2025 - 01 - 20］. https：//www. sse. com. cn/aboutus/mediacenter/conference/c/c_20191108_4944824. shtml.

❷ 该案案号为 4c O 27/24。

达判决，判定专利侵权成立，并向被告方下达了停止侵权的命令。❶在企业上市的过程中，迅速且不利的判决结果可能成为投资者评估企业风险的考量因素，进而可能影响企业的上市进程。

2. 积极充分公开案件进展

在 NW 公司的招股说明书中❷，其针对上述两起案件进行了详细的披露，披露的内容主要包括：①案件的具体情况以及自身针对上述案件的应诉情况，即其委托了当地相关律师事务所进行侵权应诉、针对涉诉专利提出无效或异议并聘请律师事务所出具法律意见书。②为了消除诉讼对发行人带来的可能影响，NW 公司出具持有其 90% 股份的前五大股东的承诺函，承诺共同承担其因专利侵权诉讼可能带来的不利结果。③详细分析诉讼对其生产经营等方面的具体影响，包括涉案专利的有效性和稳定性、被诉侵权产品的可被替代性、被诉侵权产品在营业收入占比等多方面，以阐述上述诉讼对其生产经营等方面不会产生重大影响。

NW 公司通过对积极应对、股东承诺、经营影响等方面进行了详细的信息披露，充分说明了上述知识产权纠纷不会对持续经营造成重大不利影响，最终顺利达成上市目标。

在企业筹备上市的进程中，除了前述的积极应对策略，为确保最大限度地降低知识产权风险，建议企业采取以下两项措施。

（二）FTO 调查

FTO 调查可以帮助企业了解其在目标市场中使用某项技术或产品时是否可能侵犯他人的知识产权。通过 FTO 调查，企业可以预先识别潜在的知识产权风险，提前消除或规避风险点，从而避免在上市过程中或上市后遭遇法律纠纷。

（三）知识产权管理体系的建设

企业在筹备上市过程中还应注重知识产权管理体系的建设，建立有效的知识产权防御机制。一个完善的知识产权管理体系可以帮助企业更好地保护自身的创新成果，避免侵犯他人的知识产权，并在遭遇知识产权纠纷时能够迅速、有效地应对。例如，深圳 HD 公司于 2020 年 12 月申请科创板上市。在此之前，其于 2019 年 3 月遭遇 Illumina 公司在德国杜塞尔多夫地区法院提出的专利侵权诉讼。在申请上市之后，Illumina 公司对深圳 HD 公司的诉讼扩大到美国、德国、比利时等 12 个国家或地

---

❶ 德国法院对石头科技发出禁令［EB/OL］.（2024 - 08 - 18）［2025 - 01 - 20］. https：//mp. weixin. qq. com/s/fEqhR30MnCJsS - 3JJhRBXw.

❷ 南京微创医学科技股份有限公司首次公开发行股票并在科创板上市招股说明书［EB/OL］.［2025 - 01 - 20］. https：//static. sse. com. cn/stock/information/c/201904/cf562464e47047148177deb8194b55e0. pdf.

区[1]，深圳 HD 公司就上述海外诉讼花费的诉讼费高达 1 亿多美元。2019 年 5 月，深圳 HD 公司的子公司 CG 公司向美国特拉华州联邦地区法院起诉 Illumina 侵犯其美国专利。2022 年 5 月，美国特拉华州联邦地区法院就 CG 公司诉 Illumina 公司案作出判决，判决 Illumina 公司赔偿 CG 公司 3.34 亿美元。2022 年 7 月，深圳 HD 公司宣布与 Illumina 公司达成和解。2022 年 9 月 9 日，深圳 HD 公司于科创板上市。深圳 HD 公司与 Illumina 公司的专利纠纷为企业提供了启示：在企业面临知识产权纠纷之际，若其已构建完善的知识产权壁垒，则可以积极运用这一优势，采取有力措施进行反抗。

NW 公司与 BS 公司专利诉讼案例为我国企业提供了宝贵的经验。在面临上市期间的知识产权纠纷时，我国企业首先需要保持冷静与理性，避免盲目达成妥协条款。同时，我国企业可以审慎分析当前形势，综合考虑自身的实际情况，包括但不限于分析被诉侵权的具体情形以及可能采取的反制措施，从而制定恰当的应对策略。

（供稿：雷亚芸）

---

[1] 深圳华大智造科技股份有限公司 2023 年年度报告 [EB/OL]．[2025-01-20]．https：//www.sse.com.cn/disclosure/listedinfo/announcement/c/new/2024-04-26/688114_20240426_ZP6B.pdf.

21

日本侵权诉讼之赔偿额认定及对应策略

该案涉及日本发明专利侵权诉讼案件的赔偿额认定，涉案当事人分别为原告专利权人美国 PMP 公司和被告日本 J 公司、日本 A 公司。其中，日本 A 公司是中国 A 集团的日本法人，中国 A 集团旗下具有 100% 控股的苏州 YF 公司。

涉案专利为美国 PMP 公司于 2013 年 12 月 17 日在日本申请的发明专利特许第 6125008 号，其发明名称为"加热气溶胶发生器和产生具有一致特性的气溶胶的方法"（加熱式エアロゾル発生装置及び一貫した特性のエアロゾルを発生させる方法），其优先权日为 2012 年 12 月 28 日，授权公告日为 2017 年 5 月 10 日。

一、案情介绍

2020 年，美国 PMP 公司向日本东京地方法院（日文：東京地方裁判所）提出针对涉案专利的侵权诉讼请求。❶

在该请求中，美国 PMP 公司认为两个被告应当连带赔偿原告 99404113 日元。

美国 PMP 公司认为被告日本 J 公司在 2018 年 6 月至 2019 年 12 月，销售、进口并许诺销售可以使用原告商品专用的电子烟设备的加热式电子烟用设备（被告产品）。被告产品如图 1 所示。

同时，原告制作了侵权比对分析，认为被告产品同样具有涉案专利的第一温度、第二温度、第三温度以及这些温度所处的三个阶段。

根据原告、被告提出的观点，法院总结了该案的争议焦点：①被告产品是否落入原告各发明的专利保护范围；②涉案专利是否具有新颖性以及创造性，是否应当被宣告无效；③被告日本 A 公司的责任；④该案赔偿额。

---

❶ 東京地方裁判所. 令和 2 年（ワ）第 4331 号特許権侵害損害賠償請求事件 [EB/OL]. (2022 – 05 – 13) [2024 – 05 – 28]. https://www.courts.go.jp/app/files/hanrei_jp/339/091339_hanrei.pdf.

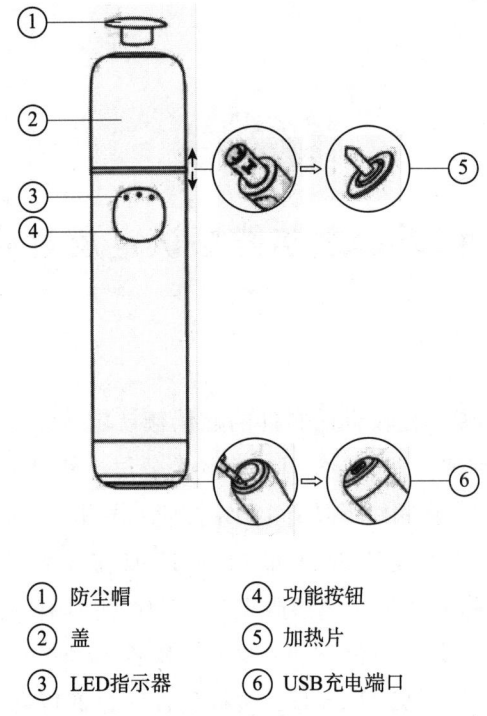

① 防尘帽　　④ 功能按钮
② 盖　　　　⑤ 加热片
③ LED指示器　⑥ USB充电端口

图 1　被告产品示意

其中，对于上述争议焦点，法院认为：①被告方法以及被告产品均落入涉案专利的保护范围。②涉案专利相对于现有技术具有新颖性以及创造性。③由于二被告均为 A 集团（中国 A 集团）所属法人，在日本 J 公司设立时与日本 A 公司原法定代表人为同一人，同时，日本 J 公司的总部所在地办公室为从日本 A 公司受让获得，因此认定日本 A 公司与日本 J 公司具有紧密的一体关系。此外，由于日本 A 公司基于日本 J 公司的委托，负责被告产品的开发辅助业务以及市场业务相关的一切附随业务，因此认为该委托内容包含对被告产品的销售等业务。最终法院认定，两个被告共同完成被告产品的销售、进口、许诺销售。

关于赔偿额，法院认为：①被告产品的销售额，应当扣除销售退货额；②应当扣除必要经费（产品原价、税、支付手续费、仓库保管费、电子平台的月租费、运费等），其中，针对广告宣传费，法院具体进行了以下评述。

第一，关于软文广告的费用。法院认为，根据证据，日本 J 公司支付了软文广告宣传费（视频制作费用），并将软文广告发布在 YouTube 上，该部分广告费用是被告产品销售所直接关联的必要费用，应当从销售额中扣除。

第二，关于需求方平台广告（DSP）的费用（MicroAD_DSP）。法院认为，根据证据显示，日本 J 公司投放在 DSP 的广告，与被告产品销售之间的关联性并不明晰，不能认为是被告产品销售所直接关联的必要费用，无法从销售额中扣除。

第三，关于乐天市场的广告宣传费。法院认为，由于根据现有证据无法证明两个被告在乐天市场的广告宣传内容与被告产品直接相关，因此乐天市场的广告宣传费不能认为是被告产品销售所直接关联的必要费用，无法从销售额中扣除。

第四，在汽车比赛中的宣传广告费用。

被告作为汽车比赛 Super GT 以及该比赛中参赛队伍的赞助商，支付了关键视觉制作费、记者发表会费、Super GT 赞助费、活动企划运营费，被告不仅在比赛赛场展出了被告产品的试用摊位，而且在赛车引擎盖、队旗等位置贴上日本 J 公司的标志，并宣传日本 J 公司是一家实现以创新力量让吸烟者和非吸烟者都能愉快共存的硬件制造商。

法院认为，由于被告在汽车比赛中的宣传是为了提高被告日本 J 公司自身的知名度，对被告产品的销售本身是否具有影响并不明确，因此在汽车比赛中的宣传广告费用不能认为是被告产品销售所直接关联的必要费用，无法从销售额中扣除。

关于日本 A 公司所获得的利润。日本 A 公司接受日本 J 公司的委托，原告认为该业务委托的费用可以认定为两个被告的推定利润。但是法院认为，由于在计算被告产品的销售所获得的利益时，该业务委托的费用并未从被告产品的销售额中扣除，因此不应当将该业务委托的费用计入被告产品销售所获得的利润。

综上，法院认为，根据两个被告的获利，推定原告的侵权损失赔偿额为 37060935 日元。

根据关于日本专利法第 102 条第 2 款（即侵权人获利推定为损害赔偿金额）的规定，可以得出该案的推定推翻事由❶（即依据参考判决，可以减少推定损害赔偿金额的事由）。

第一，被告产品的优点。被告主张相比于原告产品，被告产品具有：①连续吸烟功能；②较高的设计性；③温度调节功能；④手动加热清洁功能等。但是法院认为，即使相对于原告产品具有较好的功能，这些功能是否对侵权的销售额具有贡献的事项并不明确，因此不能推翻推定赔偿额。

第二，竞品的存在（即便没有被告产品，该购买被告产品的顾客也不一定会购买原告专利产品）。被告认为除了被告产品，至少还有 7 种可以与原告产品专用的电子烟设备的互换机。但是法院认为，上述互换品的销售时间和市场占有率等现有证据均无法明晰，至少在被告产品销售的 2018 年 6 月至 2019 年 12 月，无法认定与被告产品存在竞争的产品。

第三，涉案专利仅涉及被告产品的一部分。被告主张涉案专利涉及气溶胶产生

---

❶ 知的財産高等裁判所特別部. 平成 30 年（ネ）第 10063 号特許権侵害差止等請求控訴事件［原審·大阪地方裁判所平成 27 年（ワ）第 4292 号］［EB/OL］.（2019 - 06 - 07）［2024 - 05 - 28］. https：//www. courts. go. jp/app/files/hanrei_jp/717/088717_hanrei. pdf.

装置的结构，仅仅是被告产品的一部分。但是法院认为，由于被告产品是将烟插入电子烟中，按下按钮开始预热，在预热完成之后能够进行气溶胶发生从而进行吸烟行为的电子烟设备，因此被告产品实际是整体实施了涉案专利。

第四，日本J公司的营业努力。二被告主张，被告产品的销售额是日本J公司通过营业努力获得的。但是法院认为，在一般产品的制造与销售的过程中，商家通常都会进行营业努力，该通常范围内的营业努力不能构成推定推翻的事由。同时，被告并未提交超出通常范围内的特别的营业努力的证据。

第五，同一被告产品侵害另一专利权。法院认为，另一起案件中的专利，同样对被告产品提供一定的附加价值以及顾客吸引力，同样对被告产品的销售额具有同等贡献。因此，另一专利权给予销售额贡献，可以认定属于日本专利法第102条第2款的推定推翻事由。

综上所述，法院认为基于上述分析，该案中推定推翻的比例为50%，推定损害额为18530467日元。

根据日本专利法第102条第3款的规定，可以得出该案的损害金（即专利权人因专利的实施本应获得的金额可以作为损害赔偿的金额）。

法院基于以下因素，认定涉案专利的实施许可费用：①基于调查问卷的调查结果，技术分类为"食品；烟草"的专利权许可费率平均值为3.8%、技术分类为"健康；人命救助；娱乐"的专利权许可费平均值为5.3%。②原告对被告产品所提起的另一件侵权案中，法院认定该专利的实施许可费率为被告产品销售额的10%。③原告、被告之间具有一定的市场竞争关系。

综上所述，法院认定涉案专利的实施许可费率为10%。因此，基于日本专利法第102条第3款规定，该案确定的损害额为19752707日元。

同时，由于基于日本专利法第102条第3款所认定的损害额（19752707日元）高于基于日本专利法第102条第2款所认定的损害额（18530467日元），因此将日本专利法第102条第3款所认定的损害额作为原告的损害。

一审法院最终判决两个被告应共同向原告支付21727977日元（包含合理开支认定为损害额的1%，即1975270日元）。并且，诉讼费80%由原告承担，其余由被告承担。

随后，原告针对该一审判决提出了上诉❶，请求两个被告共同承担46528663日元的赔偿。同时，两个被告针对该一审判决提出了附带控诉，请求驳回一审判决。

二审法院认为，由于被告在广告、软文中除被告产品外，还进一步宣传JouzS产

---

❶ 知的财产高等裁判所第2部. 令和4年（ネ）第10073号、同年（ネ）第10096号 特許権侵害損害賠償請求控訴事件、同附帯控訴事件［原審・東京地方裁判所令和2年（ワ）第4331号］[EB/OL]. (2023-03-23)［2024-05-28］. https://www.courts.go.jp/app/files/hanrei_jp/017/092017_hanrei.pdf.

品，无法证明该 DSP 等费用与被告产品销售的关联性，因此并未认可被告的主张。但是，针对宣传费用，二审法院调整了被告产品应当扣除的经费数额❶，从而推定原告受到的损害额为 40972935 日元。同时，由于存在另案专利，该依据日本专利法第 102 条第 2 款计算的损害额为 20486467 日元。

由于基于日本专利法 102 条第 3 款算定的损害额为 19752707 日元，低于基于日本专利法第 102 条第 2 款算定的损害额，因此应以日本专利法第 102 条第 2 款算定的损害额作为该案的赔偿金额。

二、处理结果

二审法院基于上述事实，最终判决如下。

第一，根据上诉人的上诉，原判决主文第 1、2 款变更如下。

第 1 款二被告对原告连带支付 22536467 日元（包含合理开支推定为 205 万日元）以及从 2020 年 3 月 10 日起到支付完毕为止每年 5% 比例的滞纳金。

第 2 款驳回原告的其他请求。

第二，两个被告的该案附带上诉均予以驳回。

第三，诉讼费用（包括上诉费用、附带上诉费用），一、二审共计费用的其中 30% 由两个被告承担，其余由原告承担。

第四，该判决仅限于上述第 1 项，可以暂时执行。

第五，将原告对该判决的上诉及上诉受理申请的附加期限定为 30 天。

三、要点分析

该案涉及专利侵权诉讼中损害赔偿额的详细计算。关于日本专利法中涉及的侵权损害赔偿额，主要参见日本专利法第 102 条。其中，日本专利法第 102 条第 2 款涉及将"侵权人所获得的利润"推定为损害赔偿额。当然，如果存在可以推翻获利与侵权行为之间的因果关系的事由，则可以在一定程度上减少损害赔偿额。

第一，针对侵权人所获得的利润，根据该案的计算方式，为被告产品的销售额减去部分与被告产品销售所直接相关的必要经费。其中，需要证明前述必要经费与被告产品的销售密切相关。

第二，在适用日本专利法第 102 条第 2 款情况下，被告为了尽可能降低赔偿额，

---

❶ 由于判决作了隐私遮挡，因此无法具体判断数额的调整情况。

还可进一步主张推翻事由。❶ 例如可以证明：①专利权人与侵权人的业务形态不完全相同（市场的非同一性）；②市场竞品的存在；③侵权人的营业努力（品牌力、宣传广告）；④侵权产品的性能（性能、设计等特许发明以外的特征）等事由。同时，还需要证明该事由对被告产品的销售额具有贡献。

除了日本专利法第102条第2款规定，由于原告同时主张日本专利法第102条第3款有关专利许可费率的适用，法院同样参照上述判决❷（在该判决中，法院认为，类似领域专利侵权赔偿金额为销售额的10%，涉案发明具有重要性，且对被告的产品销售额和利润具有贡献，考虑到原被告双方之间具有竞争关系，许可费用率应当不低于10%），综合考虑各项因素，将使用许可费率定为10%。

在该案中，法院依据上述两种计算方式获得的金额，取二者较高金额作为原告的损害赔偿额。

四、启示借鉴

（一）损害赔偿额的计算方式

在日本，根据日本专利法第102条，损害赔偿额有以下三种计算方式。

第一种是"逸失利益"（参见日本专利法第102条第1款），即专利权人产品单位数量的利润额×侵权者销售的侵权产品数量，其中，侵权者销售产品的数量中，需扣除超过专利权人制造能力的产品数量（该部分数量对应的金额中与该数量对应的专利权许可使用费相当的金额可以与前述专利权人制造范围内的产品利润累计计算），具体如图2所示。

日本专利法第102条第1款所规定的"逸失利益"，与在《中华人民共和国专利法》第71条第1款❸规定的"权利人实际损失"类似，二者均是基于民事赔偿基本原则中的损失填平原则，规定由侵权人赔偿权利人的实际损失。但是二者又有所不同，《中华人民共和国专利法》中规定，权利人实际损失＝专利权人因侵权而造成的

---

❶❷ 知的财产高等裁判所特别部. 平成30年（ネ）第10063号 特許権侵害差止等請求控訴事件［原審・大阪地方裁判所平成27年（ワ）第4292号］［EB/OL］.（2019-06-07）［2024-05-28］. https://www.courts.go.jp/app/files/hanrei_jp/717/088717_hanrei.pdf.

❸ 《中华人民共和国专利法》第71条第1款规定："侵犯专利权的赔偿数额按照权利人因被侵权所受到的实际损失或者侵权人因侵权所获得的利益确定；权利人的损失或者侵权人获得的利益难以确定的，参照该专利许可使用费的倍数合理确定。对故意侵犯专利权，情节严重的，可以在按照上述方法确定数额的一倍以上五倍以下确定赔偿数额。"

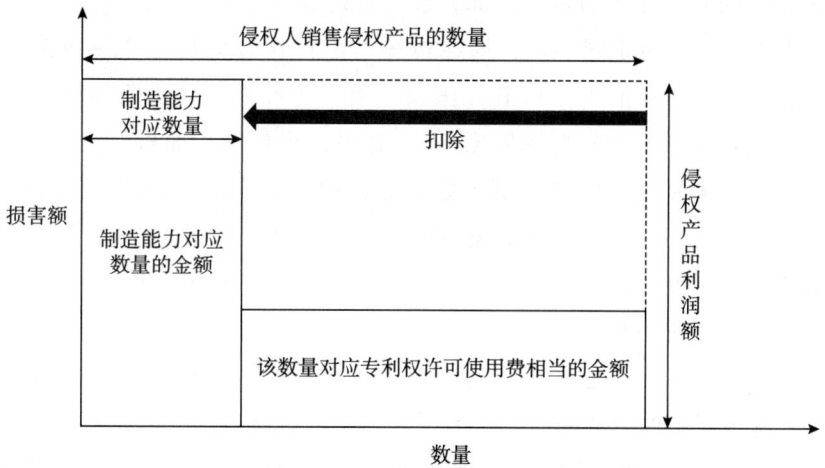

图 2 "逸失利益"计算方式示意

销量减少 × 每件专利产品的合理利润❶，但是，《中华人民共和国专利法》对于超出实际制造能力的部分如何"填平"并未明确规定。

第二种是"侵害者利益"（参见日本专利法第 102 条第 2 款），即侵权人获利推定为损害赔偿金额。其中，如果存在可以推翻该部分获利与侵权行为之间因果关系的事由（推翻事由），则该部分获利可以被扣除（如该案前文所述的另一专利权对被告产品销售额的贡献）。

在该案中，虽然如前文所述存在另一专利权对被告产品销售额具有贡献而导致推翻事由成立，认定推翻金额为推定损害额的 50%，但是，该推翻金额应当如何进行"填平"，法院未予进一步认定。

针对因推翻事由而未获得赔偿的部分金额如何"填平"，实践中也有相关的案例。例如，日本的法院根据日本专利法第 102 条第 3 款的规定，对于某一专利侵权案件中被推翻的部分金额，参照相应许可费用确定了赔偿金额。❷

具体而言，在该案中，被认定的推翻事由包括以下两方面。

一方面，发明专利仅占被告产品 1 的一部分，即类似于侵权诉讼赔偿额计算中常被考虑的贡献度问题。对此，由于发明专利对该因贡献度而被扣除的部分销

---

❶ 《最高人民法院关于修改〈最高人民法院关于审理专利纠纷案件适用法律问题的若干规定〉的决定》（法释〔2015〕4 号）规定："七、删除第二十条第一款，第二款改为第一款并修改为：'专利法第六十五条规定的权利人因被侵权所受到的实际损失可以根据专利权人的专利产品因侵权所造成销售量减少的总数乘以每件专利产品的合理利润所得之积计算。权利人销售量减少的总数难以确定的，侵权产品在市场上销售的总数乘以每件专利产品的合理利润所得之积可以视为权利人因被侵权所受到的实际损失.'"

❷ 知的财产高等裁判所特别部. 令和 2 年（ネ）第 10024 号 特許権侵害差止等請求控訴事件［原審・大阪地方裁判所平成 30 年（ワ）第 3226 号］［EB/OL］.（2022-10-20）［2024-05-28］. https://www.courts.go.jp/app/files/hanrei_jp/518/091518_hanrei.pdf.

量没有贡献，因此不能认为对于该部分数量可以实施许可。

另一方面，市场的非同一性，即在市场中尚存在其他具有竞争关系的同类产品。对此，由于被告产品 1 出口其他国家，而原告产品不认为有向该国出口的竞争关系（原告产品并未向该些国家出口），即在该出口国中原告产品与被告产品 1 不存在出口竞争关系，因此该推翻事由成立，即被告产品 1 的出口数量不能认为相当于原告产品的出口数量。但是对于该部分，原告有能力通过许可他人实施的方式占有市场，从而获得进一步利益。因此，这种情况可以适用日本专利法第 102 条第 3 款规定给予进一步"填平"。

第三种是"专利许可使用费"（参见日本专利法第 102 条第 3 款），即专利权人因专利的实施本应获得的金额可以作为损害赔偿的金额。该损害赔偿的金额，原则上，应当以被告产品的销售额作为基准，乘以使用相对应当给予的许可费率进行计算。根据日本知识产权高等法院关于平成 30 年（ネ）第 10063 号案件的裁判要旨❶，该专利许可使用费的计算费率应当综合考虑以下情况：

① 发明专利的实际实施许可协议中的实施费用（即已有专利许可合同中的许可费用），如果不清楚，可以考虑行业内实施许可费用的市场价格；

② 发明专利本身的价值，即发明专利的技术内容以及重要性，同时还应考虑其他产品的可替代性；

③ 发明专利在专利产品中使用时，对销售额、利润的贡献以及侵权的形态；

④ 专利权人与侵权人之间的竞争关系、专利权人的营业方针等。

此外，还应对前述诉讼中出现的事项进行综合考虑，从而确定一个合理的许可费率。

（二）如何降低诉讼的影响和损失

由此可知，日本专利侵权损害赔偿的计算方式与我国类似，因此，在日本一旦遭遇侵权诉讼，中国企业可以针对损害赔偿的具体金额进行多个角度抗辩，在充分理解并利用日本专利制度的相关规定的基础上，尽最大可能降低诉讼的影响和损失。具体可以在诉讼中考虑以下两个方面。

第一，针对赔偿额的计算，被告可以从成本、市场环境及其他因素等方面积极举证，以最大程度减少赔偿的金额。

针对日本专利法第 102 条第 2 款规定的推定赔偿额，可以通过证明部分费用为侵权产品制造销售所必需的费用，从销售额中减少该部分金额，例如，原材料费用、

---

❶ 知的财产高等裁判所特别部. 令和 2 年（ネ）第 10024 号　特許権侵害差止等請求控訴事件［原審・大阪地方裁判所平成 30 年（ワ）第 3226 号］［EB/OL］.（2022 - 10 - 20）[2024 - 05 - 28］. https：//www.courts. go. jp/app/files/hanrei_jp/518/091518_hanrei. pdf.

进口费用、运费、广告宣传费等,其中,广告宣传费需要证明与侵权产品的制造销售直接关联。

除了上述必要费用,还可以通过证明一些推翻事由,减少赔偿额,例如,竞合产品的存在(需要证明侵权产品的显著优点给销量提供了贡献)、被告的营业努力、专利贡献度等。

因此,对于企业而言,在推出新产品的过程中,可以考虑将除涉及商业秘密以外的产品的研发、测试、上市、宣传等过程中产生的关键证据进行妥善保存。

与日本类似,在中国大多以侵权人获利作为基础计算侵权赔偿额时,也需要在销售额的基础上扣除成本、税费等必要费用,最终计算得到侵权人因侵权所获得的营业利润。在此基础上,如果被告主张贡献度问题,法院也会进一步考虑该专利在侵权产品中所占的贡献度❶,从而合理确定赔偿数额。

第二,在综合考量维权成本及预期赔偿额的基础上,可以考虑在诉讼过程中,甚至是诉讼前积极与原告交涉,寻求和解或合作的可能性。

根据日本知识产权高等法院的统计❷,2014~2023年,在所有807件专利侵权诉讼纠纷中,以和解结案的案件量占总案件量的30%,判决支持原告诉讼请求的案件量仅占总案件量的21%。

事实上,根据日本最高法院发布的2023年度已结案的日本地方法院的一审普通诉讼案件统计来看,以金钱为目的的已结案的257件知识产权诉讼中,有93件和解,而以非金钱为目的的已结案的305件知识产权诉讼中,有74件和解。❸

可见,诉讼中和解已经成为解决日本专利侵权纠纷中的重要手段之一。企业可以在权衡案件事实情况以及可能造成的损失基础上,与对方充分交涉,以期寻找到相对高效的纠纷解决方案。

综上所述,在日本遇到侵权诉讼,中国企业可以在充分了解日本相关法律以及综合考量企业自身及市场情况的基础上,积极应诉并制定有针对性的应对策略,必要时积极与对方进行交涉,从而寻求降低损失的方法。

(供稿:张吉芸)

---

❶ 《最高人民法院关于审理侵犯专利权纠纷案件应用法律若干问题的解释》第16条第1~2款规定:"人民法院依据专利法第六十五条第一款的规定确定侵权人因侵权所获得的利益,应当限于侵权人因侵犯专利权行为所获得的利益;因其他权利所产生的利益,应当合理扣除。侵犯发明、实用新型专利权的产品系另一产品的零部件的,人民法院应当根据该零部件本身的价值及其在实现成品利润中的作用等因素合理确定赔偿数额。"

❷ 特許権の侵害に関する訴訟における統計(東京地裁・大阪地裁、平成26年~令和5年)[EB/OL].[2025-01-20]. https://www.ip.courts.go.jp/vc-files/ip/2024/j_sintoukeiH26_R5.pdf.

❸ 裁判所官网[EB/OL]. https://www.courts.go.jp/app/sihotokei_jp/list?filter%5Btype%5D=1&filter%5ByYear%5D=2023&filter%5ByCategory%5D=1&filter%5BmYear%5D=&filter%5BmMonth%5D=&filter%5BmCategory%5D=.

22

日本外观设计专利侵权诉讼之在先使用

该案涉及日本外观设计专利侵权诉讼中的在先使用，涉案当事人分别为原告专利权人日本 PO 公司和被告日本 S 公司。

涉案专利为日本 PO 公司于 2019 年 8 月 20 日在日本申请的第 1651754 号外观设计专利，其名称为"排水口用垃圾接收装置"，授权公告日为 2020 年 1 月 10 日，涉案专利附图如图 1 所示。

图 1　涉案专利附图

该外观设计专利的说明为：该物品涉及设置在洗脸台的排水口等处，防止毛发、垃圾、接触镜等侵入排水口配管内的排水口用垃圾接收装置。构成该物品的材质是脱水海绵或脱膜海绵。被告的产品如图 2 所示。❶

被告在抗辩时提出其产品是从日本 D 公司采购，而该涉案产品是日本 D 公司与中国无锡 WLH 公司、中国 CNTA 公司共同研发。因此，基于日本 D 公司具有在先使用的通常实施权（在先使用权），从而被告购买并销售具有通常实施权人制造的被诉行为，不具备违法性。

---

❶ 東京地方裁判所民事第 40 部. 令和 2 年（ワ）第 11491 号意匠権侵害差止等請求事件［EB/OL］. (2021–09–15)［2024–05–28］. https://www.courts.go.jp/app/files/hanrei_jp/703/090703_hanrei.pdf.

（a）实物图1　　　　　　（b）实物图2

图2　被告产品实物图

一、案情介绍

2020年，日本PO公司向日本东京地方法院提出针对涉案专利的侵权诉讼请求。❶

日本PO公司认为被告日本S公司从日本D公司处采购涉案产品，至少从2019年12月以后，以营利为目的，向日本CanDo公司（主要经营百元商店）销售涉案产品。因此，请求法院判令涉案产品的制造、销售、进口以及许诺销售侵害原告外观设计专利权，基于日本外观设计法第37条第1款以及第2款，停止涉案产品的制造、销售、进口、许诺销售，并销毁涉案侵权产品（被告制品），同时基于日本民法典第709条请求损害赔偿金2200万日元。

被告抗辩称，在涉案专利申请之前存在现有设计，涉案专利理应被宣告无效，同时，被告还抗辩称其具有在先使用权。

关于在先使用权，被告抗辩如下。

① 涉案产品从日本D公司处采购。

② 2019年4月11日，日本D公司与中国无锡WLH公司以及中国CNTA公司之间，就洗手台的排水口滤网进行新产品开发商讨，从中国无锡WLH公司处获得纸质的模具图纸【乙20】（案件中被告的证据编号，下同）。同日的商谈记录表中记载，预定于2019年4月13日确定模具形状，并于4月21日完成样品制造。

---

❶ 案号为令和2年（ワ）第11491号。

③ 日本 D 公司的负责人于 2019 年 5 月 27 日携带涉案产品的样品前往被告日本 S 公司处拜访，与被告的负责人进行商讨，确定于 2019 年 10 月开始销售作为目标推进商品化。

④ 日本 D 公司的负责人于 2019 年 6 月 5 日对中国 CNTA 公司的负责人发送了包含涉案产品样品的照片【乙 23 之 1】以及图纸的图像数据【乙 23 的 2 之 1.2】的电子邮件。

⑤ 日本 D 公司的负责人于 2019 年 6 月 12 日与被告日本 S 公司的负责人进行商讨之际，交付了竞争对手产品比较表【乙 23 之 4】。在该表格中的提案产品一栏的商品图像，与 2019 年 6 月 5 日电子邮件中的涉案产品样品的照片相同，其尺寸与从中国无锡 WLH 公司处获得的纸质模具图纸【乙 20】所记载的尺寸一致。

⑥ 被告日本 S 公司的负责人与日本 D 公司的负责人于 2019 年 7 月 22 日进行商讨会议，其中，日本 D 公司针对涉案产品按照最初的提案形状委托进行商品化，对此，得到了被告日本 S 公司的负责人的同意。

⑦ 被告日本 S 公司于 2019 年 7 月 25 日，向日本 CanDo 公司发送了涉案产品的报价单，并于同月 30 日，从日本 CanDo 公司处收到了采用通知书。随后，被告日本 S 公司的负责人向日本 D 公司的负责人通知了涉案产品的采用决定。

⑧ 日本 D 公司的负责人于 2019 年 7 月 31 日向中国 CNTA 公司的负责人发送了电子邮件，主要内容为涉案产品被采用，同时在该邮件的文本中，插入了涉案产品的照片图像，其中，该图像与样品、竞争对手产品比较表【乙 23 之 4】中涉案产品栏的商品图像相同，该图像的尺寸数值也与【乙 23 的 2 之 1】的图像数据相同。同时，该邮件中还记载了正在设计包装涉案产品的包装袋。

⑨ 被告日本 S 公司的负责人于 2019 年 8 月 2 日与日本 D 公司的负责人进行商讨会议，决定采用涉案产品，并针对价格和交货期进行了协商，同时，被告日本 S 公司当天向日本 D 公司订购了 2 万件涉案产品。

⑩ 被告日本 S 公司于 2019 年 10 月 30 日从日本 D 公司处采购涉案产品并入库，于 11 月 12 日开始向 CanDo 进行销售。

基于以上事实，法院认为原告的外观设计申请日为 2019 年 8 月 20 日，在此之前，日本 D 公司于 2019 年 8 月 2 日接受了被告日本 S 公司的 2 万个涉案产品的制造订单，可以认为在涉案专利的申请日（2019 年 8 月 20 日），被告已经开始实施了涉案专利或类似设计。此外，没有任何证据表明日本 D 公司在涉案专利申请日之时知道原告的外观设计。法院认为，即便原告外观设计与涉案产品相似，日本 D 公司基于日本外观设计法第 29 条对于原告的外观设计拥有基于在先使用的通常实施权。在这种情况下，被告从拥有原告外观设计通常实施权的日本 D 公司采购和销售涉案产品的行为不能认为侵犯原告的外观设计权。综上，一审法院判决驳回原告的所有诉讼请求。

对此，原告提出上诉，请求二审法院支持其诉讼请求。❶ 原告提出，基于以下①～⑤的内容，在2019年4月涉案产品设计时，日本D公司具有知晓涉案专利存在的恶意。退一步说，即便恶意不成立，也可以认为日本D公司从恶意创造者处知晓涉案专利，从而使得日本D公司的在先使用权不成立。

① 2018年11月～2019年3月，原告通过其母公司，与中国的合作公司（工厂），就洗脸台用垃圾接收装置的新商品进行了协商。在协商的资料中，显示了新商品的外观设计，如图3所示。

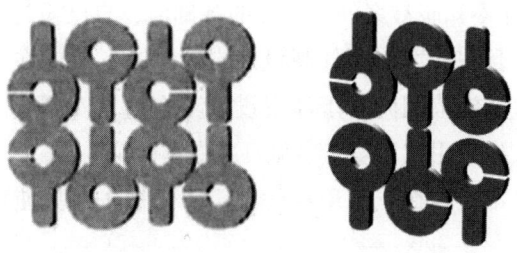

图3　原告协商资料中原告新产品外观设计

② 上述设计为涉案专利申请前的设计（以下简称"原告前设计"）与涉案专利相似，涉案专利与涉案产品设计相似。

③ 日本D公司在2019年4月从中国无锡WLH公司处获得涉案产品设计的公开。

④ 无锡WLH公司是中国公司（与原告合作工厂同位于中国）。

⑤ 在上述如此接近的时间，并且在洗脸台用垃圾接收装置这一限定领域中，突然进行与涉案专利以及原告前设计类似的涉案产品设计很难被认为是偶然的。并且，日本D公司在与中国无锡WLH公司的协商中，所公开的涉案产品设计与原告前设计相同或类似，中国无锡WLH公司极有可能是具有恶意的。

但是法院认为，在日本D公司与中国无锡WLH公司商讨开发涉案产品设计时，无法接触到原告前设计，其是参考已经上市的现有洗脸台用垃圾收集装置的构成，同时，在协商的过程中，还出现了关于设计把手部分以容易拆卸的意见，因此添加了把手。该整个开发的过程并没有任何不自然的情况。同时也没有证据证明中国无锡WLH公司因为地域上与原告的中国工厂相近而知晓涉案专利。

综上所述，法院认为原告的上诉理由无法成立。

---

❶ 知的财产高等裁判所第3部. 令和3年（ネ）第10078号意匠权侵害差止等请求控诉事件［原审・东京地方裁判所令和2年（ワ）第11491号］［EB/OL］.（2022–03–22）［2024–05–28］. https：//www.courts.go.jp/app/files/hanrei_jp/071/091071_hanrei.pdf.

二、处理结果

一审法院驳回了原告的诉讼请求,二审法院同样驳回了原告的上诉请求。

三、要点分析

该案涉及日本外观设计侵权诉讼中的在先使用权,该在先使用权规定在日本外观设计法第29条,在不知晓涉案外观设计的基础上,自己设计出与涉案外观设计相同或相似的设计,并且在涉案专利外观设计申请之时,已经在日本国内实施,或做好实施的准备,在该实施范围内对于涉案设计具有通常实施权。此外,日本发明专利同样具有类似的在先使用权制度,参见日本专利法第79条。

由上可知,在日本专利在先使用权的规定中,被告在先使用权抗辩成立,需要具备以下三个要件。

第一,在不知道专利申请所涉及的发明或外观设计的情况下自己进行发明创造或设计,或者,从不知道与发明专利申请有关的发明内容从而进行了该发明处得知(主观善意)。

第二,在专利申请时已经在日本国内[例如昭和63年(ワ)17513号❶外观设计侵权纠纷案件,在涉案专利申请日前,已经在日本国内制造样品]实施发明或做好必要准备[需要说明的是,根据日本最高裁判所的判决No.27 - 最,昭和61(オ)454]❷,实施的必要准备指的是不知道发明内容的人,虽然还未到事业的实施阶段,但是已经存在立即实施的意图,并且在客观上具有立即实施意图的表达。此外,前文所述"实施"并不仅仅是限定以营利为目的,非营利性法人,如大学等,如果在事业范围内实施,也可以认为具有在先使用权。

第三,在其实施或准备实施的范围内,关于该发明、外观设计专利具有通常实施权。

由此可见,被告进行在先使用权抗辩时,如何证明在专利之前已经自主开发相同或类似设计,并且在外观设计专利权申请时,既已做好相应准备,是收集抗辩证据的关键。

---

❶ 日本特许厅.【37—地】東京地裁平成3年3月11日判决[昭和63年(ワ)17513号、意匠権侵害差止請求事件][EB/OL].[2024-05-28]. https://www.jpo.go.jp/system/patent/gaiyo/senshiyo/document/index/saibanrei.pdf.

❷ 最高裁判所第二小法廷.昭和61(オ)454 先使用権確認等請求本訴・特許権・専用実施権に基づく差止・損害賠償請求反訴[EB/OL].(1986-10-03)[2024-05-28]. https://www.courts.go.jp/app/files/hanrei_jp/727/052727_hanrei.pdf.

该案中，被告在提出在先使用权抗辩的同时，提交了自研发起至事业准备多个阶段中的一系列的邮件、模具图纸、会议记录等证据，用于证明在涉案专利申请日前，涉案产品的设计既已进行开发。并且在涉案专利申请之前，被告已经完成设计并进行了相关制造、销售等必要准备。对于这些关键证据，原告在质证时亦提出如下怀疑。

（一）关于涉案产品的设计过程

针对被告提交的模具图纸【乙20】，原告提出该模具图纸并没有印制作日期，其制作时间是手写的"「4/13 最终案」"，可能是后期添加。对此，法院认为，基于日本 D 公司于 2019 年 4 月 11 日与中国无锡 WLH 公司以及中国 CNTA 公司进行商讨会议时所制成的会议记录表，该记录表中记载了产品的尺寸，同时记载了模具形状至 2019 年 4 月 13 日之前经过协商决定，并附模具图纸数据。基于该记录表的内容和形式，可以认为 2019 年 4 月 17 日的模具图纸上的制作日期是可信的。

此外，原告还提出，中国无锡 WLH 公司专门将 CAD 格式的模具图纸进行打印，并寄送给日本是不正常的。对此法院认为，尽管中国无锡 WLH 公司将模具图纸打印出来以纸件的形式进行发送的原因尚不明确，但是从防止数据被挪作他用、被改变的角度来看，将 CAD 数据打印出来，降低精度后，在与客户之间的交流中发送并无不自然之处。

关于 2019 年 6 月 5 日电子邮件【乙23之1】所附图像及照片数据【乙23之2之1】，原告认为【乙23之2之1】的图像数据以及竞争对手产品比较表【乙23之4】的图像数据容易变更，不具有真实性，同时，由于【乙23之2之1】的图像数据是在制作模具图纸之后，一般来说，应当是在图像数据制成之后才会打印模具图纸，被告的做法是不自然的。对此，法院认为，中国无锡 WLH 公司根据自己所拥有的图像数据，制作纸质模具图纸并交付给日本 D 公司，之后日本 D 公司将该纸质图纸中必要的部分进行部分数据化，制作【乙23之2之1】的图像数据，该图像数据的制作时间必然晚于纸质模具图纸打印的时间。

针对竞争对手产品对照表【乙23之4】，原告认为该表属性显示制作时间为 2014 年 12 月 17 日，远远早于该案所涉及的时间，其最终更新日期并未记载，而且该属性显示的最终印刷日期的画面因印刷而模糊不清。但是，法院认为，该属性仅仅是该表格原创建的时间，并非该表格制作日期。同时，根据 2019 年 5 月 27 日的会议记录表【乙22】中记载"接受确认是否有销售类似产品的委托，制作比较材料并提交"，随后商讨会议于同年 6 月 12 日进行【乙24】，可以认为该表格的最后更新时间（2019 年 6 月 5 日）是可信的。

（二）关于涉案产品设计的完成时间

原告提出，在2019年8月2日中的会议记录表【乙29】中记载了"尽管提出了设计提案，但是未获得同意（NG）"，因此在2019年8月2日，并未完成设计。

对此，法官认为：①2019年7月22日进行的被告与日本D公司之间的会议记录表记载"按照当初的提案，委托商品化"；②2019年7月30日日本CanDo公司发送给日本D公司采用通知书；③日本D公司的负责人发给中国CNTA公司负责人的电子邮件中记载"下述过滤器，决定采用"，并在邮件中插入涉案产品样品的图像，可以认为【乙29】的会议记录表中的"设计"并非涉案产品形状相关的设计，而是上述电子邮件中记载着"正在制作中"的涉案产品的外包装袋的设计。因此，对于原告质疑涉案产品设计完成时间的主张不予支持。

由上可知，被告通过递交相互可以进行印证的会议记录表、图纸数据、电子邮件证据等相关涉案产品设计过程中的文件，形成完整的证据链足以让法院确信，在涉案专利申请日前，涉案产品已经自主设计完成，并且在日本国内，已经做好了实施的必要准备。

四、启示借鉴

当在日本遭遇到专利侵权诉讼时，中国企业既可以采用常规的抗辩方式，如不侵权抗辩、无效抗辩等，如果产品确实为企业自主研发，也可以考虑在先使用权抗辩。

对于企业自主研发的技术，一方面可以进行专利申请布局，另一方面可以通过商业秘密进行保护。对于通过商业秘密进行管理保护的部分技术，除了通过保密措施防止商业秘密泄露，还需要进行研发、沟通证据的固定，以便未来在被卷入专利纠纷时，可以利用在先使用权制度，确保自身业务范围内可以继续实施专利。

对于企业而言，在产品的开发、制造、销售的整个生命周期中，对于证据的保存与固定至关重要。

具体而言，最好在各个阶段涉及的各类资料进行有针对性的保存与固定。

第一，在研发完成阶段，可以针对下述材料进行证据的保存与固定：产品立项计划书、研发笔记、技术成果的相关报告书（例如实验报告书、研究开发的月度和年度汇报等）、研发的图纸、模具图、样品（包括研发过程中各种改进的图纸和图片）等，此外，对于一些发明的技术思想、改进思路等资料，最好也一并保存与固定。

第二，在发明、设计完成阶段，可以针对下述材料进行证据的保存与固定：技术成果报告、技术交底书、研发完成发布报告等。

第三，在产品上市的准备阶段和整个过程中，可以针对下述材料进行证据的保存与固定：产品上市企划书、设计图、最终样品（实物或图片）、报价单、原材料采购订单或合同或发票、委托生产合同与发票、产品使用说明书、产品规格、产品测试报告、工作标准、维护和检查标准或手册等。

同时，在整个产品的生命周期中，相关会议纪要、工作日志、邮件等文件均需要进行保存，必要时可以活用公证制度或时间戳以进行证据固定。具体如图4所示。

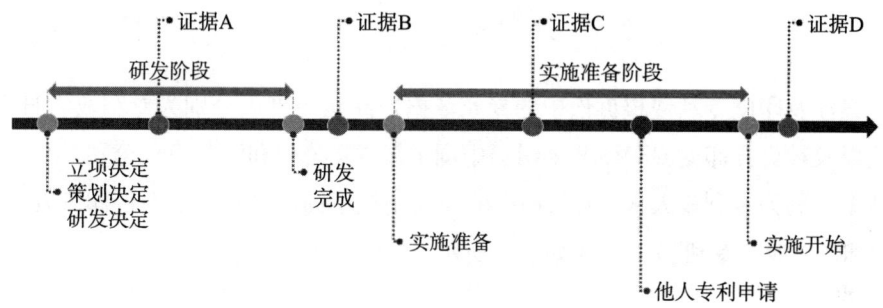

图4　产品生命周期中证据留存之时间节点

由图4所示，在收集、整理并提交证据时，贯穿整个产品生命周期的证据 A～D 的证据链是至关重要的。

（供稿：张吉芸）

23

印度专利侵权诉讼之专家证据

该案涉及印度专利侵权诉讼中的专家证据。涉案当事人分别为专利权人日本 KC 公司，以及被诉方印度 GAMSIP 公司、中国上海 YX 公司和江苏 WG 公司。

涉案专利为专利权人 KC 公司拥有的与收割机不同部件相关的 5 件印度发明专利（以下统称"涉案专利"），具体如表 1 所示。

表 1　涉案专利信息

序号	专利号	授权日	专利名称
1	IN249257B	2011 年 10 月 21 日	脱粒装置（threshing apparatus）
2	IN294814B	2018 年 3 月 23 日	联合收割机和可安装于其上的脱粒装置（combine and threshing apparatus mountable thereon）
3	IN312782B	2019 年 5 月 15 日	脱粒装置（threshing apparatus）
4	IN354002B	2020 年 12 月 18 日	联合收割机（combine harvester）
5	IN371938B	2021 年 7 月 14 日	普通型联合收割机（normal type combine）

一、案情介绍

专利权人 KC 公司，向印度德里高等法院提起专利侵权诉讼，指控被诉方名为 "Ruilong Plus ++" 的收割机（以下简称"涉案产品"）的制造部件侵犯其 5 件印度发明专利，寻求法院发布禁令，禁止三个被诉方制造、销售、出口、进口以及分销该涉案产品。

第一，2023 年 9 月 21 日，法院发布命令。

专利权人提交如下相应证据：①专利权人自 2006 年即开始向印度出口涉案专利产品（"HARVES KING"牌收割机），其产品 2020～2022 年在印度的市场份额为 35%～40%，并称其投入了大量的研发和宣传费用，其中，2022 年的广告费用约为

940万卢比。②专利权人调查员2023年5月向被诉方一购买的涉案产品，以及2023年9月5日的证词，与专利权人的专利产品相比，涉案产品的销售价格更低，给专利权人造成了损失。③涉案产品各部分与涉案专利的侵权对比，认为涉案产品侵犯了全部涉案专利的专利权。

被诉方认为，①被诉方一承认其2020年之前从被诉方二处进口涉案产品，数量约50台；②被诉方三认为，涉案专利在中国的一些同族专利已被宣告无效。

法院认为，考虑到该案案件性质以及需对5项涉案专利进行分析的事实，根据印度2022年知识产权规则第31条和2022年印度德里高等法院专利诉讼规则第13条的规定，法院指定来自印度理工学院卡拉格普尔分校（Indian Institute of Technology Kharagpur, IIT Kharagpur）和印度科学与工业研究理事会（Council of Scientific and Industrial Research, CSIR）中央科学仪器组织（Central Scientific Instruments Organisation, CSIO）的两位技术专家，分别对被诉方一处的涉案产品（包括收割机和除尘风扇）进行检查，并提交独立报告。专家检查费用为15万卢比/人，由专利权人承担。

同时要求三被诉方在规定的答复期内答复并提供包括进口数据、销售数据等详细信息，具体为：①三被诉方应向法院提交迄今为止进口的涉案产品的总数量，以及进口商的详细资料和相关文件；②被诉方一应提交其进口和销售涉案产品的数量、销售数额，以及相关文件；③被诉方二、三应提交全部提供迄今为止涉案产品在印度的完整销售数据，以及相关文件；④被诉方二、三还应继续保存被诉方产品的进口账目，并在提交答辩意见时一并提交，此后每季度向法院提交一次。

第二，2023年11月1日，法院发布命令。

专利权人表示，由于技术专家到被诉方一现场后发现涉案产品未安装除尘风扇，因此仅检查了收割机，未检查其部件除尘风扇。而根据专利权人提交文件，该除尘风扇在印度公开有售，且带有被诉方三江苏WG集团的商标名称，但不能确定该除尘风扇由谁制造、销售并进口到印度。

法院指定技术专家完成对除尘风扇的检查。专家检查费用为15万卢比/人，由三被诉方共同承担。

第三，2023年12月6日，法院发布命令。

被诉方三向法院提交请求，对专利权人处的已拆卸的收割机和风扇进行再次检查。

法院批准了该请求，并指令检查继续由原技术专家进行。专家检查费用为10万卢布/人，由被诉方三承担。

第四，2023年12月14日，法院发布命令。

关于除尘风扇，被诉方一（之前否认进口和销售除尘风扇）承认其进口了除尘风扇共224台（库存202台）。被诉方三，表示其既不生产也不向印度出口除尘风机。法院指令，现阶段，专利权人可以通过原技术专家对除尘风扇进一步检查。专家检查费用为 10 万卢布/人，由专利权人承担。

关于收割机，被诉方三认为不应对其发布禁令，理由包括：①其中一位技术专家已提交报告，结论为联合收割机不侵犯涉案专利权；②另一位技术专家尚未提交报告。

法院指令，另一位技术专家于 2024 年 1 月 15 日前提交报告。

第五，2024 年 1 月 24 日，法院发布命令情况。

被诉方三表示，请求延长法院指定的答复期限 110 天，理由是尚未收到专家报告副本。被诉方二表示，请求延长法院指定的答复期限 89 天，理由是尚未收到专家报告副本，以及相关文件的公证认证过程导致了延迟。法院批准了被诉方二和被诉方三的请求，但需要分别缴纳 2.5 万卢比的费用。

第六，2024 年 3 月 18 日，法院发布命令情况。

专利权人提交了临时禁令申请，庭审于 2024 年 4 月 1 日举行，法院指示被诉方二、被诉方三于 2024 年 3 月 27 日之前提交答辩。

第七，2024 年 4 月 3 日，法院发布命令情况。

专利权人请求修改 2024 年 4 月 1 日的命令，被诉方未提交异议。允许被诉方三延期 13 天提交答辩意见。针对单方面临时禁令，法院允许双方在各自期限内答辩。被诉方三请求延迟 6 周提交对当前已提交答辩的再次答辩。

第八，2024 年 5 月 28 日，法院发布命令情况。

被诉方三提交反诉，并请求法院允许提交未经公证认证的宣誓书。专利权人请求再次寻求专家的意见，以回应被诉方三援引的专家报告，但法院要求专家与专利权人、被诉方双方均没有利害关系。

第九，2024 年 7 月 15 日，法院发布命令情况。

专利权人对两份专家报告提交了异议。法院指令双方在 4 周内提交答辩意见，下一次法庭辩论定于 2024 年 9 月 30 日。

第十，2024 年 9 月 30 日，法院发布命令情况。

法院签署命令，将优先审理被诉方三提交的相关申请及答辩，听证日期定为 2024 年 11 月 5 日。

二、处理结果

根据 2024 年 9 月 30 日的法院命令，该案尚未结案，下一次的法庭审理定于 2024 年 11 月 5 日进行。截至 2025 年 3 月，笔者在公开途径未查到该案进一步发展。

但就目前的情况来看，上述法院在审理过程中指令技术专家进行调查并出具的专家报告将在该案中起到重要作用。

三、要点分析

该案自2023年9月至2024年7月，法院举行听证会并发布多项命令，多次涉及双方基于专家证据方面的交互，具体如表2所示。

表2 该案审理期间相关事件信息

命令日期	请求/指令方	检查对象/目的
2023年9月21日	法院	被诉方一处的涉案产品（仅检查收割机，未检查除尘风扇）
2023年11月1日	法院	前次检查未安装的除尘风扇
2023年12月6日	被诉方三	收割机和除尘风扇
2024年5月28日	被诉方三	法院文件未公开（应为收割机全部或部分部件）

可以看出印度诉讼案件中技术专家参与并提供专家证据是相当普遍和关键的，可以由法院指定，也可以由双方当事人申请进行。

四、启示借鉴

专利诉讼案件通常涉及比较复杂的技术问题，专家证据可以帮助法官理解复杂的技术概念，提供专业的侵权比对和专利有效性意见，甚至在行业标准、经济损害评估以及技术实施的可行性等诸多方面给予支持，在印度法院的审理中发挥至关重要的作用。例如该案涉及收割机发明专利的相关技术，印度德里高等法院在审理过程中，多次指令技术专家对于相关事实进行调查并出具专家报告。

关于技术专家及专家证据在印度专利诉讼中的重要地位，相关法律也有明确规定。2022年2月24日，印度德里高等法院通过宪报通知发布的2022年印度德里高等法院专利诉讼规则，对技术专家进行了具体的规定：①诉状中应包含专家名单以及用于侵权分析的专家报告；②反诉中应提交所依据的专家报告或技术报告；③在专利诉讼中，法院可以指令顾问小组中的独立技术专家或当事人方的专家就某些技术问题进行法庭协助，或者采用"并行质证"的方式进行审理，即法院同时询问双方技术专家对于争议点的意见，以减少记录技术证据的时间；④在诉讼的任何阶段，法院甚至可以指定调解员或调解小组（有技术专家协助）进行居中调解；⑤印度德里高等法院应成立由各领域专家组成的顾问小组,协助法官审理专利诉讼,该些专家在参与诉讼之前,应签署一份无利益冲突的声明。

印度证据法第45条规定,法院就相关技术问题寻求相关技术专家所形成的意见为专家意见,属于相关事实。印度专利法第115条规定,无论当事人是否提出申请,法院均可在诉讼程序中任命科学顾问,以协助法院或针对相关事实进行调查或给出意见。

印度最高法院在 Monsanto Technology LLC v. Nuziveedu Seeds Ltd 案中指出,对于需要专家证据的复杂技术案件,不适用简易判决,强调了专家证据在审理复杂案件中的重要性。专利权人 Monsanto Technology 公司等起诉被诉方 Nuziveedu Seeds 公司等在许可协议终止后,继续销售其转基因杂交棉种植种子(genetically modified hybrid cotton planting seeds),侵犯了其专利 IN214436B 的专利权,同时涉及"BOLLGARD、BOLLGARD Ⅱ"商标侵权及假冒,请求法院对被诉方发布永久禁令。

被诉方否认侵权,并根据印度专利法第3(j)条提起反诉,要求宣告专利无效。①权利要求1~24是关于基因工程或生物技术方法的"工艺权利要求",不是一个完整的生物方法;②权利要求25~27涉及的核酸序列是一种化学成分,不能自我复制,因此不是微生物。

印度德里高等法院的单一法官(Single Judge)下发了禁令,但对于双方争议的专利有效性、专利侵权认定、植物品种保护和农民权利法的应用等多个复杂问题,认为应考虑正式的证据尤其是专家意见。在上诉中,德里高等法院合议庭(Division Bench)在没有任何专家证据的情况下,认定涉案专利无效。印度最高法院认为该案涉及多个生物化学相关的复杂技术问题,需要技术证据和专家证据的支持,进而撤销了德里高等法院合议庭的判决。虽然该案最终以双方和解结束,但该案明确了专家证据在涉及复杂技术案件中的重要性。

而在 F. Hoffman - La Roche Ltd v. Cipla Ltd. 案中,专利权人罗氏公司指控被诉方 Cipla 公司生产的盐酸厄洛替尼(erlotinib hydrochloride)侵犯其专利 IN196774B 的专利权,被诉方 Cipla 公司提供专家证据认为其产品与涉案专利不同,并质疑专利权人罗氏公司专利的有效性。法院认定该专家不是药物化学家,不能视为该领域内的普通技术人员,因而认定专家证据未能证明专利不侵权和专利无效。

对于上述印度专利侵权诉讼案中涉及的技术专家和专家证据,就其为法庭审理提供技术支持这一特点,中国司法制度中也有类似体现,主要表现为由司法鉴定人、技术调查官和专家辅助人组成的技术调查体系,具体框架如图1所示。

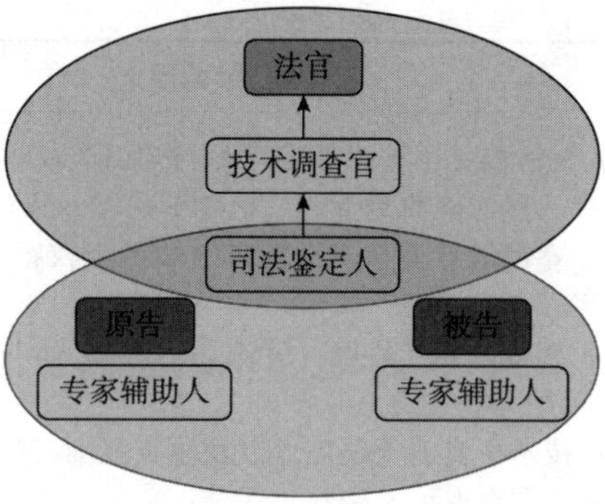

图1 中国司法制度之主要技术调查体系

关于司法鉴定人、技术调查官和专家辅助人三者的相关规定，如表3所示。

表3 中国关于技术支持之相关法律规定

身份	相关规定
司法鉴定人	《中华人民共和国民事诉讼法》 第79条 当事人可以就查明事实的专门性问题向人民法院申请鉴定。当事人申请鉴定的，由双方当事人协商确定具备资格的鉴定人；协商不成的，由人民法院指定。 当事人未申请鉴定，人民法院对专门性问题认为需要鉴定的，应当委托具备资格的鉴定人进行鉴定。 《司法鉴定程序通则》 第2条 司法鉴定是指在诉讼活动中鉴定人运用科学技术或者专门知识对诉讼涉及的专门性问题进行鉴别和判断并提供鉴定意见的活动。司法鉴定程序是指司法鉴定机构和司法鉴定人进行司法鉴定活动的方式、步骤以及相关规则的总称。 第18条 司法鉴定机构受理鉴定委托后，应当指定本机构具有该鉴定事项执业资格的司法鉴定人进行鉴定。 第23条 司法鉴定人进行鉴定，应当依下列顺序遵守和采用该专业领域的技术标准、技术规范和技术方法： （一）国家标准； （二）行业标准和技术规范； （三）该专业领域多数专家认可的技术方法。 第34条 对于涉及重大案件或者特别复杂、疑难、特殊技术问题或者多个鉴定类别的鉴定事项，办案机关可以委托司法鉴定行业协会组织协调多个司法鉴定机构进行鉴定。 第43条 经人民法院依法通知，司法鉴定人应当出庭作证，回答与鉴定事项有关的问题

续表

身份	相关规定
技术调查官	《最高人民法院关于技术调查官参与知识产权案件诉讼活动的若干规定》 第1条　人民法院审理专利、植物新品种、集成电路布图设计、技术秘密、计算机软件、垄断等专业技术性较强的知识产权案件时，可以指派技术调查官参与诉讼活动。 第6条　参与知识产权案件诉讼活动的技术调查官就案件所涉技术问题履行下列职责： （一）对技术事实的争议焦点以及调查范围、顺序、方法等提出建议； （二）参与调查取证、勘验、保全； （三）参与询问、听证、庭前会议、开庭审理； （四）提出技术调查意见； （五）协助法官组织鉴定人、相关技术领域的专业人员提出意见； （六）列席合议庭评议等有关会议； （七）完成其他相关工作。 第11条　技术调查官提出的技术调查意见可以作为合议庭认定技术事实的参考。 合议庭对技术事实认定依法承担责任
专家辅助人（专家证人或具有专门知识的人）	《中华人民共和国民事诉讼法》 第82条　当事人可以申请人民法院通知有专门知识的人出庭，就鉴定人作出的鉴定意见或者专业问题提出意见。 《最高人民法院关于适用〈中华人民共和国民事诉讼法〉的解释》 第122条　当事人可以依照民事诉讼法第八十二条的规定，在举证期限届满前申请一至二名具有专门知识的人出庭，代表当事人对鉴定意见进行质证，或者对案件事实所涉及的专业问题提出意见。 具有专门知识的人在法庭上就专业问题提出的意见，视为当事人的陈述。 第123条　人民法院可以对出庭的具有专门知识的人进行询问。经法庭准许，当事人可以对出庭的具有专门知识的人进行询问，当事人各自申请的具有专门知识的人可以就案件中的有关问题进行对质。 《最高人民法院关于民事诉讼证据的若干规定》 第41条　对于一方当事人就专门性问题自行委托有关机构或者人员出具的意见，另一方当事人有证据或者理由足以反驳并申请鉴定的，人民法院应予准许。 第83条　当事人依照民事诉讼法第七十九条和《最高人民法院关于适用〈中华人民共和国民事诉讼法〉的解释》第一百二十二条的规定，申请有专门知识的人出庭的，申请书中应当载明有专门知识的人的基本情况和申请的目的。 第84条　审判人员可以对有专门知识的人进行询问。经法庭准许，当事人可以对有专门知识的人进行询问，当事人各自申请的有专门知识的人可以就案件中的有关问题进行对质。 《最高人民法院关于行政诉讼证据若干问题的规定》 第48条　对被诉具体行政行为涉及的专门性问题，当事人可以向法庭申请由专业人员出庭进行说明，法庭也可以通知专业人员出庭说明。必要时，法庭可以组织专业人员进行对质。 当事人对出庭的专业人员是否具备相应专业知识、学历、资历等专业资格等有异议的，可以进行询问。由法庭决定其是否可以作为专业人员出庭。 专业人员可以对鉴定人进行询问

与印度专家证据有所不同的是，在中国司法实践中，司法鉴定人、技术调查官和专家辅助人所起到的作用通常是辅助性的，尤其是专家辅助人意见，法院直接认可（即在判决书中对专家意见作出直接回应）的案例较少。但是，如果使用得当的话，可以很好地帮助当事人主张观点，从而获得有利判决，这在一定程度上也有赖于当事人及代理律师的谨慎选择和缜密策略。例如，在最高人民法院（2019）最高法知民终2号发明专利诉讼案中，法国VSE公司申请专家辅助人出庭，就机动车刮水器在产品设计时需要考虑的因素发表的意见获得了最高人民法院的明确认可。

由此可见，在印度专利侵权诉讼案件审理过程中，法院在相当程度上比较依赖专家证据。中国企业在印度面临专利纠纷时，可以充分利用印度的技术专家制度，尝试在诉讼的各个阶段通过申请技术专家调查或提供意见，以达到己方诸如程序拖延、提供反诉准备时机等策略性目的。

（供稿：徐红）

24

越南专利侵权诉讼之知识产权评估

该案涉及越南药品专利侵权诉讼案件的知识产权评估程序。该案当事人分别为专利权人 N 公司（其研发基地位于中国苏州常熟）以及被诉方越南 D 公司。

涉案专利为 N 公司在 1999 年 12 月 9 日申请的发明专利 VN10005529B，专利注册号为 5529，专利公告号为 VN10005529B，发明名称为"N－取代 2－氰基吡咯烷类化合物"（HỢP CHẤT2-XYANOPYROLIDIN ĐƯỢC THẾ Ở VỊ TRÍ CỦA NITƠ）。其优先权日为 1998 年 12 月 10 日，到期日为 2019 年 12 月 9 日。上述发明专利涉及用于治疗糖尿病等疾病的药剂。

一、案情介绍

2015 年 12 月 18 日，N 公司向越南平阳省人民法院提交了起诉书，主张越南 D 公司生产和销售的产品名为 Vigrito 的药品含有维格列汀（vildagliptin），侵犯了其发明专利权。

需要说明的是，越南平阳省人民法院随后对上述案件进行审理并发出了初步判决。越南 D 公司对该初步判决提出了上诉请求。在上诉期间，涉案专利的有效期届满（2019 年 12 月 9 日）。之后，上诉法院撤销了该初步判决，并将该案发回越南平阳省人民法院进行重新审理。

2020 年 10 月 1 日，越南平阳省人民法院重新受理了该案。同时，N 公司变更了原诉讼请求，以适应涉案专利的有效期。具体地，N 公司请求法院针对越南 D 公司在涉案专利有效期届满（2019 年 12 月 9 日）之前的侵权行为进行审理。

（一）N 公司的主张

2015 年初，N 公司发现越南 D 公司正在生产和销售含有涉案专利要求保护成分的 Vigorito 药品，并请求越南科技部监察司进行监察。2015 年 7 月 6 日，越南科技部监察司发布了第 323/KL－TTRA 号监察决定，认为越南 D 公司在生产和销售 Vigorito

药品时侵犯了 N 公司的涉案专利。虽然越南 D 公司对于上述监察决定不服提起了上诉，但在 2016 年 1 月 11 日越南科技部监察局发布的关于解决对第 323/KL‑TTRA 号监察决定的上诉的第 12/QD‑TTRA 号决定中，仍维持了原确认侵权的观点。

2015 年 6 月 25 日，越南国家知识产权局发布了第 5514/SHTT‑TTKN 号文件。该文件显示，越南 D 公司生产的 Vigorito 药品中含有涉案专利要求保护的成分。因此，该 Vigorito 药品落入了涉案专利要求的保护范围。

尽管越南科技部监察司在第 323/KL‑TTRA 号决定和第 12/QD‑TTRA 号决定中要求越南 D 公司停止生产和销售上述 Vigorito 药品，越南 D 公司仍然进行了多项商务销售活动。具体包括：①根据越南胡志明市卫生局第 3464/QD‑SYT 号决定，越南 D 公司在 2016 年向该市的公立医疗机构供应了 190000 粒含有维格列汀的 Vigorito 药品，单价为 7600 越南盾/粒。②越南 D 公司还参与了在越南清化省卫生局的药品投标。根据公开信息显示，越南 D 公司计划在 2016 年向该省的医疗机构供应 51000 粒 Vigorito 药品。

由于越南 D 公司长期在不同的地区生产和分销产品，N 公司无法统计其生产和分销的被诉侵权产品数量。因此，根据越南知识产权法第 205.1（c）条的规定，N 公司请求法院强制越南 D 公司赔偿 N 公司在涉案专利有效期内因越南 D 公司侵犯其专利权而遭受的损失，共计 5 亿越南盾。

由于遭受越南 D 公司侵犯专利权，因此 N 公司被迫花费 3 亿越南盾聘请律师维护自身合法权益。根据越南知识产权法第 205.3 条的规定，N 公司在起诉书中要求越南 D 公司支付上述律师费。

此外，越南 D 公司的专利权侵权行为不仅直接给 N 公司造成了重大的物质损失，而且影响了 N 公司作为涉案专利合法权利人的信誉和声誉。因此，根据越南知识产权法第 202.2 条的规定，N 公司在起诉书中要求越南 D 公司在大众媒体上向 N 公司公开道歉。

（二）越南 D 公司的辩护

第一，越南 D 公司已履行生产和销售 Vigorito 药品的注册程序。

根据越南卫生部在 2014 年 8 月 12 日发布的第 437/QD‑QLD 号决定，越南 D 公司已获得越南卫生部药品管理局颁发的 Vigorito 药品的注册号 VD‑21482‑14。越南 D 公司的 Vigorito 药品上市申请已根据越南卫生部于 2009 年 11 月 21 日发布的第 22/2009/TT‑BYT 号通知规定的药品注册标准进行了严格评估［即药品注册文件必须符合东盟通用技术文件（ACTD）］。

第二，越南 D 公司已进行专利信息检索。

在决定生产和销售 Vigorito 药品之前，越南 D 公司已基于越南知识产权局和相关机构公布的专利数据库进行了专利信息检索。其目的是确认维格列汀的晶体形态是否已经受到某种形式的发明或实用新型（SC/GPHI）保护。而检索结果显示，并未找到任何与维格列汀晶体形态相关的 SC/GPHI。

此外，越南 D 公司的代表于 2015 年 4 月 17 日向越南国家知识产权局提交了编号为 CCTT1-2015-00014 的申请，希望获得有关维格列汀晶体形态的 SC/GPHI 信息。随后，越南国家知识产权局在 2015 年 4 月 23 日发布的第 3309/SHTT/TT 号文件中表示，未发现维格列汀晶体形态已获得 SC/GPHI 专利的信息。

第三，涉案专利的保护范围不包括维格列汀活性成分。

越南 D 公司认为，N 公司声称涉案专利的保护范围包括任何形式的维格列汀晶体形态是没有根据的。涉案专利中没有记载关于维格列汀活性成分的晶体形态的具体参数，而在审查过程中，N 公司亦没有关于相关内容的具体描述。

另外，N 公司声称涉案专利的保护范围涉及多态、非晶及结晶等多种形态，明显超出了涉案专利优先权的保护范围。涉案专利的优先权为 N 公司在 1998 年 12 月 10 日提交的第 09/209068 号美国专利申请。越南 D 公司请求法院核实、收集更多证据以证明涉案专利的保护要求不符合在越南获得专利保护的条件，必要时可以征求 USPTO 的意见。

（三）越南平阳省人民法院的调查结果

2015 年 6 月 19 日，越南 D 公司代表及其合伙人向越南国家知识产权局申请撤销涉案专利。2018 年 7 月 3 日，越南国家知识产权局发布关于解决专利无效申请的第 2156/QD-SHTT 号决定，不接受上述申请人关于撤销涉案专利的请求。因此，根据法律规定该专利注册号 5529 仍然有效。

2022 年 6 月 3 日，越南国家知识产权局发布了第 4446/SHTT-SC 号文件，提供了有关越南和美国专利申请的注册和审查过程的信息。该文件显示，上述过程相互独立，互不相关，USPTO 无权参与或对越南专利的保护范围发表任何意见。因此，越南 D 公司要求征求 USPTO 的意见不具有证据意义。

另外，在一审案件审理过程中，越南平阳省人民法院聘请了独立评估师 L 出具知识产权评估结论，确认越南 D 公司生产的 Vigorito 药品中含有维格列汀活性成分。

2023 年 4 月 20 日，越南平阳省人民法院认定越南 D 公司在涉案专利的有效期内侵犯了 N 公司的专利权，并作出相应的赔偿和道歉要求。

2023 年 4 月 25 日，越南 D 公司不服上述一审判决，向越南胡志明市高等人民法院提出上诉。

2023 年 10 月 17 日，越南胡志明市高等人民法院作出上诉判决，驳回越南 D 公司的上诉请求，维持原判。

二、处理结果

2023年4月20日，越南平阳省人民法院根据上述评估结果判定如下。

驳回N公司要求越南D公司销毁所有库存Vigorito药品，以及用于生产和销售侵权产品的原材料和材料的请求；驳回N公司要求越南D公司撤销Vigorito药品注册的请求；驳回N公司要求Vigorito在《药品和化妆品》杂志上公开道歉请求；接受N公司对被告的剩余起诉请求；确认越南D公司在专利权有效期间（2019年12月9日之前）侵犯了N公司的涉案专利的专利权；要求越南D公司在《健康和生活》杂志上连续三期公开向N公司道歉；要求越南D公司赔偿N公司物质损失5亿越南盾；要求越南D公司支付原告3亿越南盾的律师费用；要求越南D公司承担诉讼费用。

2023年10月17日，越南胡志明市高等人民法院判定如下。驳回越南D公司的上诉请求，维持初审判决；确认越南D公司在专利有效期内（2019年12月9日前）侵犯了N公司的专利权；越南D公司须在指定的《健康和生活》杂志上公开向N公司道歉，并在连续三期内发布；越南D公司赔偿N公司损失费5亿越南盾，并支付N公司3亿越南盾的律师费用。

三、要点分析

该案涉及越南专利侵权诉讼中的知识产权评估程序。在越南，由评估机构或者独立评估员作出的知识产权评估结论，是执法机构判断是否存在侵犯知识产权行为的合法证据和重要参考之一。越南知识产权法亦对知识产权评估作出了详细的规定。

关于知识产权评估，越南知识产权法早在第2005版进行了规定。根据越南知识产权法第201条，知识产权评估是指有权运用知识产权知识和专业知识的组织和个人，可以对知识产权侵权案件的相关问题进行评估并得出结论。国家机关及相关人员均有权要求进行知识产权评估。

在越南知识产权法2009年版中对上述第201条进行了修订，详细规定了符合条件的企业、公益单位、组织及个人允许执行知识产权评估，例如，持有知识产权评估师资格证的组织负责人，在某特定领域拥有5年以上专业知识并通过考核的个人等。

在越南知识产权法2022年版中对上述第201条再次进行了修订，明确了知识产权评估对象包括版权等相关权利、工业产权以及植物新品种。同时限定了在越南执业的外国执业机构不得提供知识产权评估服务。在上述修订中，还明确了执行评估的具体原则，包括①遵守法律；②诚实、准确、客观、公正、及时；③仅对规定范围内的问题作出专业结论；④对评估结论承担法律责任；⑤评估费用根据委托人与评估机构或个人协议确定。此外，在上述修订中还明确了评估结论是国家机关处理和解决案件的证据来源之一。

在该案的一审过程中，越南平阳省人民法院为了解决相关技术问题，按照规定聘请了独立知识产权评估师 L，针对越南 D 公司提供的 1 盒 50mg Vigorito 药品以及涉案专利进行了知识产权评估。

2022 年 10 月 14 日，独立评估师 L 作出的知识产权评估结论认为，涉案药品 Vigorito 中存在的活性成分维格列汀落入了涉案专利的权利要求保护范围。

最终，上述评估结论被用作一审法院的重要证据之一。越南平阳省人民法院根据上述评估结论，判定越南 D 公司侵犯了 N 公司的专利权。

四、启示借鉴

越南的知识产权制度起步较晚，面临的主要挑战是专业的知识产权从业者数量相对较少，这在一定程度上限制了知识产权司法诉讼案件的高效处理。中国企业在进入越南市场之前，应深入了解越南的知识产权环境，例如，相关法律法规、司法程序以及知识产权诉讼流程等，以便在纠纷发生时能够迅速做出反应。

（一）善用越南知识产权诉讼中的评估程序

在越南知识产权诉讼案件中，由于缺乏足够的专业人才，越南的法院在处理涉及技术性较强的案件时，往往需要依赖外部的知识产权评估。

例如，在 44/2023/KDTM－PT 案中，根据越南胡志明市高级人民法院在 2023 年 5 月 24 日作出的判决书，专利权人 N 拥有涉及一种用于治疗心脏病的化合物［盐酸伊伐布雷定（ivabradine hydrochloride）］的发明专利，其认为被诉方 B 公司生产和销售的 Nisten 药品侵犯了其专利权。在案件审理过程中，法院批准了专利权人 N 关于进行知识产权评估的请求，由越南知识产权研究所对 B 公司生产的两种药品 Nisten（伊伐布雷定）和 Nisten－F（伊伐布雷定 7.5mg）是否侵犯了其涉案专利权进行评估。评估结果显示，B 公司的产品使用了涉案专利要求保护的化合物盐酸伊伐布雷定的 γ 形态。法院认为，B 公司的产品中含有的化合物与 N 公司涉案专利要求保护的化合物形态相同是侵权判定的关键因素。最终，法院确认 B 公司的产品侵犯了专利权人 N 的专利权。

从该案和上述 44/2023/KDTM－PT 案中可以看出，知识产权评估有助于越南法院更好地理解案件中的技术细节和专业问题，从而作出更加公正和合理的判决。对于中国企业来说，在越南遭遇知识产权纠纷时，可以充分利用知识产权评估程序，确保企业的合法权益得到维护。

（二）谨慎应对越南知识产权评估程序局限性

越南法院对于评估程序的依赖也暴露出越南知识产权司法体系的不足之处。越南知识产权评估程序的引入不仅会增加诉讼的时间和成本，评估结果的准确性和公正性也可能受到质疑，特别在越南从事专业评估的资源有限的情况下。

例如，在35/2020/KDTM-PT案中，越南胡志明市高级人民法院于2020年7月15日发布关于上诉案的决定认为，一审法院存在评估程序问题，因此，撤销了原一审判决。具体地，35/2020/KDTM-PT案为美国MS&D公司诉DVP制药公司的专利侵权案件。在该案的审理过程中，美国MS&D公司请求越南知识产权研究所出具了第SC008-14YC/KLGD号评估结论，确认DVP制药公司的药物产品落入了MS&D公司拥有的涉案专利保护范围。但是，DVP公司对该评估结论提出异议，由于MS&D公司在请求评估时没有提供DVP公司药品的样本，仅提供了化合物的名称，这将无法确定评估时考虑对象的分子结构形式，因此评估结果不客观。上诉法院认为一审法院在评估证据的使用上存在问题，撤销了原一审判决，并将案件发回重审。

由此可见，越南在知识产权诉讼中对评估结果的依赖，使得一旦评估过程存在问题，案件将不得不进行重新审理，这严重影响了案件的审理效率。对于中国企业来说，如果在知识产权纠纷中请求了知识产权评估程序，应当采取预防措施应对上述可能发生的情况。例如，企业应提前准备详尽且准确的资料，以便评估机构能够作出公正、科学的判断。在选择评估机构时，可以通过提前调研选择具有良好声誉和专业能力的机构进行合作，以降低评估过程中出现问题的风险。一旦评估结果受到质疑或评估过程出现问题，企业应迅速响应，或者通过与专业法律顾问合作，积极准备并应对可能的重新审理，以最大限度地保护自身的合法权益。

（三）应对越南知识产权纠纷的其他救济手段

越南在知识产权诉讼中对评估结果的高度依赖，以及评估过程出现问题可能导致案件重新审理的严峻现实，使得知识产权权利人在越南遭遇侵权时，在一定程度上更愿意选择行政查处的救济方式。

例如，该案的专利权人N公司与2019/QD-XPVPHC案的BPC公司。BPC公司是越南一家药品生产及销售公司，N公司发现BPC生产销售的M药品包含的活性成分侵犯了其专利权VN10005529B，并请求越南科学技术部监察司对BPC公司的侵权行为进行处分。越南科学技术部监察司通过监查发现侵权产品共324箱，单价为120000越南盾/箱，共计38880000越南盾。BPC公司主动承认是由于对知识产权法的认识有限,因此产生违法行为,并自愿申报及召回侵权产品。最终,越南科学技术部监察司对BPC公司罚款36000000越南盾并销毁了侵权产品。

由此可见,知识产权权利人在越南的维权手段,除了向法院提起侵权诉讼的司法途径,上述向越南科学技术部监察司申请的针对侵权行为的监察方式也是一种快速高效的途径。

随着越南经济的发展,其也逐渐认识到现有知识产权制度已无法满足经济快速增长的需求。为了解决上述问题,越南正在采取一系列措施加强知识产权司法体系的建设,例如,提高法官和法律从业者的专业培训,增强他们对知识产权法律和技术问题的理解;同时也在努力扩大和优化知识产权评估机构和专家资源,以提高评估的质量和效率。

此外,越南还在不断完善相关法律法规,以适应知识产权保护的需求和挑战。例如,通过修订越南知识产权法等加强对知识产权的保护,提高侵权行为的处罚力度,简化知识产权诉讼的程序。2024年6月24日,越南国会审议通过了涉及人民法院组织法的重要修正案,为设立专门法院(包括专门的知识产权法院)奠定了基础。❶

综上所述,虽然越南在知识产权制度方面仍面临一些挑战,但通过不断努力和改进,越南有望逐步建立一个更加专业、高效和公正的知识产权司法体系,为国内外企业和创新者提供更好的知识产权保护。

(供稿:王煦莹)

---

❶ 越南知识产权法院将为该国开展知识产权执法工作铺平道路[EB/OL].[2025-01-20]. http://ipr.mofcom.gov.cn/article/gjxw/gbhj/dm/yuen/202407/1986758.html.

专利确权篇

25

美国多方复审程序之自由裁量权

该案涉及美国专利纠纷案件的多方复审程序。涉案当事人分别为请求人中国苏州 RJ 公司和专利权人美国 ALZ 公司。

涉案专利为美国 ALZ 公司在 2015 年 3 月 23 日申请的美国发明专利 US10471029B2，发明名称为"治疗神经系统疾病的方法"（methods for treating neurological disorders），其优先权日为 2014 年 3 月 21 日，授权日为 2019 年 11 月 12 日。

一、案情介绍

2022 年 6 月 24 日，中国苏州 RJ 公司向美国 PTAB 提出针对涉案专利的 IPR 请求。[1]

在该请求中，中国苏州 RJ 公司主要引用了 5 篇现有技术文献，具体如下。① Caltagirone et al., The Potential Protective Effect of Tramiprosate (Homotaurine) Against Alzheimer's Disease: A Review, 24 Aging Clin. Ex. Res. 580–587 (2012)（以下简称"Caltagirone 文献"）。② Gervais et al., Targeting Soluble Aß Peptide with Tramiprosate for the Treatment of Brain Amyloidosis, 28 NeuroBio. Aging 537–547 (2006)（以下简称"Gervais 文献"）。③ Babic et al., ApoE Genotyping and Response to Galantamine in Alzheimer's Disease: A Real Life Retrospective Study, 28 Coll. Antr. 199–204 (2004)（以下简称"Babic 文献"）。④ Aisen et al., Tramiprosate in Mild-to-Moderate Alzheimer's Disease: A Randomized, Double-Blind, Placebo-Controlled, Multi Centre Study (the Alphase Study), 7 Arch. Med. Sci. 102–111 (2011)（以下简称"Aisen 文献"）。⑤ Kong et al., USP No. 8748656, Methods, Compounds, Compositions, and Vehicles for Delivering 3-Amino-1-Propanesulfonic Acid, Issued June 10, 2014（以下简称"Kong 文献"）。

---

[1] 该案案号为 IPR2022-01200。

在该请求中，中国苏州 RJ 公司使用上述文献证明涉案专利的权利要求 1~14 相对于上述现有技术文献缺乏新颖性或非显而易见性。中国苏州 RJ 公司主张如下：①涉案专利的权利要求 1~2 及 4 相对于 Caltagirone 文献不具有新颖性；②涉案专利的权利要求 1~2、4、6~7 及 11~12 相对于 Gervais 文献不具有新颖性；③涉案专利的权利要求 6~7 及 11~12 相对于 Caltagirone 文献结合 Aisen 文献不具有非显而易见性；④涉案专利的权利要求 1~14 相对于 Babic 文献结合 Caltagirone 文献、Aisen 文献及 Kong 文献不具有非显而易见性；⑤涉案专利的权利要求 3、5、8~9、10 及 13~14 相对于 Caltagirone 文献结合 Kong 文献不具有非显而易见性；⑥涉案专利的权利要求 3、5、8~9、10 及 13~14 相对于 Gervais 文献结合 Kong 文献不具有非显而易见性。

在该请求中，中国苏州 RJ 公司主张，在涉案专利的审查过程中，审查员存在对权利要求的错误解释以及对说明书的错误理解。此外，中国苏州 RJ 公司还提供了数位本领域专家的证言（expert declaration）用以支持其观点，例如，其中的一份专家证言来自罗伯特·鲁福洛（Robert Ruffolo）博士。

鲁福洛博士在药物研发领域具有丰富背景，特别是在阿尔茨海默病治疗药物的研发方面。鲁福洛博士在专家证言中提供了关于阿尔茨海默病及相关药物影响的详细分析，以及对涉案专利的说明书、审查历史、权利要求的解释，和涉案专利相对于上述现有技术是否具有新颖性或非显而易见性的详细分析。此外，鲁福洛博士还讨论了审查员在审查过程中对权利要求解释的错误，以及对涉案专利说明书的错误理解。

2022 年 10 月 11 日，美国 ALZ 公司针对上述中国苏州 RJ 公司提出的多方复审请求进行了初步答复。其在该答复中说明，涉案专利进入美国国家阶段的日期为 2016 年 9 月 20 日，审查过程大约持续了 3 年，其间经历了共计 7 次的审查意见发出、答复以及与审查员的会谈。

2017 年 10 月 19 日，审查员在初步审查意见中引用了两篇现有技术文献，即 Caltagirone 文献、Kong 文献❶，并认为申请的原始权利要求较为宽泛，其保护的"ApoE4 携带者"治疗方法相对于上述文献是显而易见的。

2018 年 1 月 19 日，美国 ALZ 公司修改了权利要求，明确其是针对"携带有至少一个 ApoE4 等位基因患者"的治疗方法，并答复了上述初步审查意见。

2018 年 5 月 24 日，审查员在最终审查意见中，仍然认为上述修改后的权利要求相对于 Caltagirone 文献和/或 Kong 文献是显而易见的。

2018 年 10 月 22 日，美国 ALZ 公司请求会谈，并于 2018 年 10 月 31 日与审查员

---

❶ Caltagirone 文献、Kong 文献均为 RISEN 在该案 IPR 请求中引用的文献。

通过电话方式进行了会谈。美国 ALZ 公司在会谈中提到，其发起会谈的目的是讨论修改独立权利要求。美国 ALZ 公司认为 Caltagirone 文献没有公开、隐含公开 ApoE4 携带者分类或给出相关教导，并且涉案专利记载了 ApoE4 纯合子❶和 ApoE4 杂合子❷之间的显著差异❸。最终，审查员认为 Caltagirone 文献公开了 ApoE4 携带者，但没有教导他们是否为 ApoE4 杂合子和/或 ApoE4 纯合子，并建议进一步检索相关技术内容。此次会谈中，双方没有就涉案权利要求的可专利性达成共识。

2018 年 11 月 20 日，美国 ALZ 公司提交了继续审查请求（request for continued examination，RCE），并修改了权利要求，明确了"携带有两个 ApoE4 等位基因患者"的治疗方法，并分别于 2018 年 11 月 26 日和 2019 年 4 月 22 日提交了信息披露声明（information disclosure statement，IDS）。

2019 年 7 月 26 日，审查员主动发起电话会谈，认为涉案专利的说明书附图 8 中示出的数据在范围上与当前权利要求不匹配。并且，审查员提出建议，将当前权利要求限制为 Val – APS 和高牛磺酸以获得授权。上述建议最终被美国 ALZ 公司接受。

2019 年 8 月 13 日，美国 ALZ 公司再次提交了继续审查请求以及信息披露声明。

2019 年 9 月 25 日，审查员考虑了美国 ALZ 公司提交的信息披露声明中的文献，并确定这些文献对涉案专利修改后的权利要求的可专利性没有影响。

2019 年 11 月 12 日，涉案专利申请授权公告。

基于上述审查过程，美国 ALZ 公司在答复中主张：中国苏州 RJ 公司的上述多方复审请求是基于在专利审查过程中已经考虑的相同或实质上相同的现有技术和理由，并且中国苏州 RJ 公司也未能指出审查员在审查过程中存在任何重大错误。此外，美国 ALZ 公司在答复中还引用了一份由中国苏州 RJ 公司方专家鲁福洛博士在 PGR2022 – 00051 案❹中提供的专家证言，认为该证言内容支持了涉案专利中治疗方法的不可预测性和 ApoE4 在阿尔茨海默病中作用机制的复杂性。

在答复中，美国 ALZ 公司还引用了 40 余件在先案例/判例用于支持其希望 PTAB 基于自由裁量权拒绝启动多方复审程序的观点。例如，通过 *Advanced Bionics LLC v. MED – EL Elektromedizinische Geräte GmbH* 案❺来支持 PTAB 对多方复审请求的自由裁量权，以及在审查过程中已经考虑相同或相似的现有技术和理由时，拒绝请求的合

---

❶ ApoE4 纯合子（ApoE4 Homozygotes）患者是指携带两个 ApoE4 等位基因的个体。

❷ ApoE4 杂合子（ApoE4 Heterozygotes）患者是指携带一个 ApoE4 等位基因和一个不同等位基因的个体。

❸ 涉案专利说明书附图 8 示出了 ApoE4 纯合子患者在接受 tramiprosate 治疗后，在认知评分上的显著差异。即与所有 ApoE4 + 患者群体相比，ApoE4 纯合子患者在多个时间点上的认知功能有超过 3 倍的改善。

❹ PGR2022 – 00051 案为该案当事人 RISEN 在 2022 年 7 月 1 日提出的针对 ALZ 公司的另一发明专利"治疗特定人群神经退行性疾病的方法"的权利要求 1 ~ 19 进行授权后审查（post – grant review）的案件。在该案审查过程中，ALZHEON 主动放弃了权利要求 9 及 11 ~ 15。2023 年 1 月 13 日，PTAB 最终认定 RISEN 未能满足其举证责任，证明受到挑战的权利要求有可能被宣告无效，因此决定不启动审查程序。

❺ 该案案号为 IPR2019 – 01469。

理性；通过 Becton, Dickinson & Co. v. B. Braun Melsungen AG 案[1]说明 PTAB 在评估是否启动多方复审程序时考虑的因素；通过 Apotex Inc. v. Auspex Pharms Inc 案[2]来说明审查员在审查过程中对现有技术的考虑等。

二、处理结果

2023 年 1 月 9 日，美国 PTAB 行使自由裁量权，决定不启动多方复审程序。具体地，PTAB 认为，中国苏州 RJ 公司提出的多方复审请求中，针对涉案专利权利要求的挑战依赖于 Caltagirone 文献、Kong 文献、Gervais 文献、Aisen 文献以及 Babic 文献。其中，Caltagirone 文献、Kong 文献在涉案专利的审查期间已经过实质性审查；Gervais 文献、Aisen 文献在美国 ALZ 公司提交的信息披露声明中亦被引用且与 Caltagirone 文献所公开的教导重复；虽然 Babic 文献在涉案专利的审查期间没有被审查员考虑，但其公开的内容涉及使用不同的阿尔茨海默病药物，具体采用的评估测试也不同。因此，PTAB 认为 Babic 文献的公开内容与审查员在审查过程中考虑的文献相比，并没有提供足够的新理由或新证据来证明审查过程中存在重大错误。

综上，PTAB 根据美国专利法第 325（d）条的规定以及在先判例 Becton, Dickinson & Co. v. B. Braun Melsungen AG 案[3]，评估认为中国苏州 RJ 公司提出的证据和理由与涉案专利审查过程中提出的实质上相同，且中国苏州 RJ 公司亦没有充分证明审查员在涉案专利审查过程中存在重大错误，最终决定拒绝启动多方复审程序。

三、要点分析

该案涉及多方复审程序，该程序是美国发明法案中的新修订程序。

经修订后的美国专利法第 311～319 条对多方复审程序进行了一般规定。其中，美国专利法第 314（a）条规定了 PTAB 具有决定是否启动多方复审程序的自由裁量权。根据美国专利法第 314（a）条的规定，PTAB 不能启动多方复审程序，除非其确定根据美国专利法第 311 条提交的请求书以及任何根据美国专利法第 313 条提交的答复显示，至少有一项在请求书中受到挑战的权利要求具有合理的成功可能性。

另外，美国专利法第 325（d）条中还规定了在决定是否根据规定启动多方复审程序时，PTAB 可以基于是否向 USPTO 提交了相同或基本相同的现有技术或理由，考虑接受或拒绝 IPR 请求。

---

[1] 该案案号为 IPR2017-01586。
[2] 该案案号为 IPR2021-01507。
[3] 该案案号为 IPR2017-01586。

在该案中，PTAB 在考虑是否根据上述美国专利法第 325（d）条行使自由裁量权时，还结合了 Becton，Dickinson & Co. v. B. Braun Melsungen AG 案❶中给出的评估多方复审请求时需要考虑的若干因素指导。PTAB 按照该指导分析该案的相关决定依据如下。

第一，请求中的现有技术与涉案专利在审查期间涉及的现有技术之间的相似性和/或实质性差异。在该案中，中国苏州 RJ 公司在请求中使用的 Caltagirone 文献、Kong 文献已在涉案专利的审查期间用于实质性审查，Gervais 文献、Aisen 文献在美国 ALZ 公司提交的信息披露声明中亦被引用。可见，该案请求中的现有技术与涉案专利在审查期间涉及的现有技术大部分相同。

第二，请求中的现有技术与审查期间评估的现有技术的重叠性。在该案中，中国苏州 RJ 公司在请求中使用的 5 篇现有技术文献中，2 篇是涉案专利审查期间使用的现有技术文献，2 篇是审查期间的信息披露声明中审查员考虑的现有技术文献。可见，该案请求中的现有技术与涉案专利在审查期间涉及的现有技术高度重叠。

第三，请求中的现有技术在审查期间的评估程度，包括现有技术是否构成拒绝的基础。在该案中，中国苏州 RJ 公司在请求中使用的 5 篇现有技术文献中的 2 篇是涉案专利审查期间已使用的现有技术文献（Caltagirone 文献、Kong 文献），也就是说，该 2 篇文献曾被用于作为驳回理由，并且，在审查期间，专利权人与审查员经历多次意见交换，包括审查意见发出、答复以及面谈。可见，该些文献已被充分评估。

第四，审查期间提出的理由与请求人所依赖现有技术或专利权人区分现有技术的方式之间的重叠程度。在该案中，中国苏州 RJ 公司在请求中提出的理由与美国 ALZ 公司在审查期间为区分现有技术针对原始权利要求进行的解释与修改方式高度重叠。

第五，请求人是否充分指出了审查员在对所主张的现有技术的评估中存在怎样的错误。在该案中，中国苏州 RJ 公司在请求中认为，Babic 文献的公开内容展现了，ApoE4 纯合子患者与杂合子患者或非 ApoE4 携带患者相比在药物反应上存在显著差异的启示，且该文献属于审查员在审查期间遗漏的现有技术文献。但 PTAB 认为，由于 Babic 文献与之前审查过程中考虑的其他文献相比不存在实质性差异，因此无法证明审查过程中存在重大错误。

第六，申请书中提出的额外证据和事实是否支持对现有技术或理由的重新考虑。在该案中，PTAB 认为 Babic 文献使用的是不同的阿尔茨海默病药物，其与之前审查

---

❶ 该案为在 2017 年 12 月 15 日审理完并发出决定的多方复审案（案号为 IPR2017‐01586），并在 2020 年 3 月 24 日指定为在先判例。

过程中考虑的其他文献相比,并没有提供足够的新理由或新证据。

由此可见,PTAB 在考虑是否根据美国专利法第 325(d)条行使自由裁量权时,可以基于上述案例中的指导原则进行判定。

四、启示借鉴

在美国,多方复审程序中的自由裁量权在设立之初,PTAB 并未频繁行使该权利,直到 2018 年的 *SAS Institute,Inc. v. Iancu* 案❶之后,PTAB 开始逐步行使自由裁量权来拒绝启动多方复审程序。近年来,甚至有逐年增长的趋势。除了在该案中 PTAB 引用的在先判例,还有其他类似的在先判例。

例如,在 *NHK Spring Co. Ltd. v Intri-Plex Techs. Inc.*❷ 案中,PTAB 评估涉案专利的审查历史时确认了,审查员在专利审查过程中已经考虑了请求人在多方复审请求中所引用的相同现有技术文献。PTAB 还发现请求人在多方复审请求中提出的理由与审查员在审查过程中所作出的审查理由实质上相似,并且专利权人在审查过程中已经克服了审查员提出的拒绝理由。因此,PTAB 拒绝启动多方复审程序。

除此之外,PTAB 在 2020 年指定的在先判例 *Apple Inc. v Fintiv,Inc* 案❸中还考虑了其他因素。在该案中,与多方复审程序相同当事人之间的相同无效理由已在美国地区法院正在进行的侵权诉讼中被提出,PTAB 在行使自由裁量权评估是否启动多方复审程序时,考虑了下述因素。

一是美国地区法院是否已授予暂停或存在授予暂停的证据,例如,如果美国地区法院已经暂停诉讼等待 PTAB 的决定,PTAB 可能考虑这个因素来决定启动多方复审。

二是美国地区法院的审判日期与 PTAB 最终书面决定的预计截止日期的接近程度,例如,如果美国地区法院的审判日期接近 PTAB 必须作出最终决定的截止日期,其可能考虑这个因素来决定不启动多方复审程序。

三是美国地区法院以及相关各方在平行程序中的投入,例如,如果该地区法院和当事人在诉讼中已经投入了大量时间和资源,PTAB 可能考虑这个因素来决定不启动多方复审程序。

四是美国请求人在请求书中提出的问题与侵权诉讼程序中提出的问题之间的重

---

❶ 该案是美国联邦最高法院在 2018 年作出的判决。在该判决中,美国联邦最高法院以 5∶4 的投票结果裁定 PTAB 在受理多方复审时必须对请求人质疑的每一项权利要求作出最终的书面决定。

❷ 该案案号为 IPR2018-00752。

❸ 该案涉及苹果公司在 2019 年 10 月 28 日针对 Fintiv 公司所拥有的专利提起的多方复审请求。在 Fintiv 公司提交的初步答复中,Fintiv 公司请求 PTAB 根据美国专利法第 314(a)条行使自由裁量权拒绝启动多方复审程序,理由是与此相同的问题已在平行的美国地区法院诉讼中提出,并且审判日期已定在 2020 年 11 月 16 日。

叠程度，例如，如果多方复审请求书中提出的问题与地区法院侵权诉讼中的问题相同或非常相似，PTAB可能考虑这个因素来决定不启动多方复审。

五是美国请求人和侵权诉讼中的被告是否为同一当事方，例如，如果请求人与地区法院诉讼中的被告是同一当事方，PTAB可能考虑这个因素来决定不启动多方复审程序。

六是其他影响PTAB自由裁量权行使的情况。

由此可见，美国多方复审受理程序中，PTAB行使自由裁量权来决定是否启动多方复审程序可以根据多个因素来进行判断。

对于我国企业来说，在美国遭遇涉及多方复审程序的纠纷时，无论是作为专利权人还是作为请求人，均应对于PTAB行使自由裁量权决定是否启动多方复审程序给予高度关注度。特别需要注意的是，根据美国联邦最高法院审理的 *Cuozzo Speed Technologies*，*LLC v. Lee* 案❶，PTAB依据美国专利法第314（a）条作出的拒绝启动多方复审的决定是不可上诉的决定。

作为请求人，如果能够基于相关因素避免PTAB在多方复审程序的受理阶段行使自由裁量权来拒绝启动多方复审程序，一击即中，则可以进一步针对相关专利进行挑战，避免浪费准备多方复审程序所花费的成本与资源；作为专利权利人，如果能够基于相关因素促使PTAB在多方复审程序的受理阶段行使自由裁量权来拒绝启动多方复审程序，可以避免相关专利遭遇多方复审程序的进一步挑战，从初始阶段规避风险，使其扼杀在萌芽中。

如上所述，在美国多方复审程序在进入正式的审查程序之前，需要由PTAB判断至少有一项在请求书中受到挑战的权利要求具有合理的成功可能性，以决定是否启动多方复审程序，而在我国目前的专利无效宣告程序❷中不设置与之对应的审查阶段。

关于无效宣告请求程序的受理条件，《中华人民共和国专利法实施细则》第70条第2款也有相应的规定，即在国务院专利行政部门就无效宣告请求作出决定之后，又以同样的理由和证据请求无效宣告的，国务院专利行政部门不予受理。实践中，请求人提交的现有技术证据即便与在先使用过的现有技术证据存在部分重叠，依然可以通过重新组合现有技术证据和/或增加新的无效理由等方式满足受理条件，从而顺利进入后续正式的无效宣告请求审查阶段。

也就是说，类似于该案的上述情况，如果请求人在我国提出无效宣告请求时，虽然不一定能够成功将该专利宣告无效，但是该无效宣告请求很可能是可以被受理

---

❶ 该案案号为15-446。
❷ 《中华人民共和国专利法》第45条规定："自国务院专利行政部门公告授予专利权之日起，任何单位或者个人认为该专利权的授予不符合本法有关规定的，可以请求专利复审委员宣告该专利权无效。"

并进入后续正式审查的。

综上所述,我国企业在面对涉及专利无效的纠纷时,应充分了解所在国的知识产权环境,制定针对性的应对策略,从而降低潜在的法律风险和成本,维护企业知识产权权益。

(供稿:王煦莹)

26

美国仿制药专利挑战之应对策略

该案涉及美国仿制药专利挑战制度的侵权诉讼案件。

涉案当事人分别为专利权人瑞士 NPC 公司，被诉方有 40 多个，包括中国苏州 JYYW 公司，印度 API 公司，印度 MPI 的制药公司、实验公司及生命科学公司（以下统称"印度 MPI 公司"），中国南京 NRTYY 公司等。

瑞士 NPC 公司是 Entresto®（沙库巴曲缬沙坦钠片，商品名：诺欣妥）第 207620 号新药申请（new drug application，NDA）持有人❶，并在橙皮书（orange book）登记了与该药物相关的专利，该案涉及其中 4 项发明专利为 US8101659B2、US8796331B2、US8877938B2、US9388134B2❷，专利信息详见表 1。该药物于 2015 年 7 月获得美国 FDA 获批上市，是血管紧张素受体脑啡肽酶抑制剂（ARNI）类药物；主要用于治疗心力衰竭和高血压，适用于高血压合并有心衰的患者。❸

表 1 涉案专利信息

公告号	预估专利期限届满日	橙皮书登记专利类型
US8101659B2	2025 年 7 月 15 日	活性成分
US8796331B2	2023 年 7 月 14 日	用途专利
US8877938B2	2027 年 11 月 27 日	活性成分
US9388134B2	2027 年 5 月 8 日	活性成分

一、案情介绍

专利权人瑞士 NPC 公司分别于 2019 年 10 月 17 日、2019 年 10 月 24 日、2019 年 10

---

❶ Product Details for NDA 207620 [EB/OL]. [2024-08-02]. https://www.accessdata.fda.gov/scripts/cder/ob/results_product.cfm?Appl_Type=N&Appl_No=207620#.

❷ Orange Book 官网 [EB/OL]. https://www.accessdata.fda.gov/scripts/cder/ob/search_patent.cfm.

❸ New Drug Application（NDA）：207620 [EB/OL]. [2024-08-02]. https://www.accessdata.fda.gov/scripts/cder/daf/index.cfm?event=overview.process&ApplNo=207620.

月29日向美国特拉华州联邦地区法院提起3起侵权诉讼，案号分别为19-cv-01979、19-cv-02021和19-cv-2053；又于2019年10月30日向美国西弗吉尼亚州北区联邦地区法院提起侵权诉讼，案号为19-cv-00201；前述案件诉讼请求主要集中在以下四点。

一是判决被告在商业制造、使用、销售、许诺销售或进口沙库巴曲缬沙坦钠片的行为，侵犯了瑞士NPC公司的专利权。

二是请求法院颁发永久禁令；禁止被告及其员工等相关人员在涉案专利期限届满前在美国商业制造、使用、销售、许诺销售或进口与仿制简略新药申请（abbreviated new drug application，ANDA）相关的产品。

三是命令被告的ANDA上市批准许可日期不得早于相关专利期限届满前。

四是判决被告商业制造、使用、销售、许诺销售或进口ANDA产品的行为，构成对涉案专利的直接侵权、间接侵权，并应赔偿原告损失等。

根据上述4件侵权诉讼（案号分别为19-cv-01979、19-cv-02021、19-cv-2053和19-cv-00201）的起诉状记载，瑞士NPC公司于2019年9月收到中国苏州JYYW公司、印度API公司、印度MPI公司、中国南京NRTYY公司等40余家被告向美国FDA提交ANDA的通知，因此根据相关规定，瑞士NPC公司在获知上述ANDA并提起专利侵权诉讼后，将侵权诉讼的相关进程告知美国FDA，美国FDA随即暂停了上述ANDA的审批工作，启动了为期30个月的等待期。

由于上述4件侵权诉讼涉及相同原告、原研药及专利权，且均涉及共同的事实问题，即ANDA中作出第4类声明触发的一系列专利侵权诉讼，因此为提高司法效率和确保判决的一致性，多地区诉讼联合案件审理委员会（panel on multidistrict litigation）于2020年3月27日签发了多地区诉讼（multidistrict litigation，MDL）联合案件的转移令（transfer order），将两司法管辖区的上述侵权诉讼集中至美国特拉华州联邦地区法院审理，合并审理后案号为1-20-md-02930，共计34个被告（案件合并审理前有部分被告与瑞士NPC公司达成协议，随即瑞士NPC公司撤回了对它们的指控）。

2020年1月7日起，中国苏州JYYW公司、印度API公司、印度MPI公司等部分被告先后对该案提起了反诉，反诉理由主要围绕ANDA所涉及产品不侵犯涉案4项专利的专利权、涉案专利的专利权应被宣告无效、原审原告的请求无事实和法律依据、请求缩短等待期等。

2021年起，包括中国苏州JYYW公司在内的多数被告与瑞士NPC公司达成了和解协议，和解协议的内容主要包括被告承认涉案专利权的有效性，禁止ANDA涉及产品在相关专利到期前在美国作商业应用，达成相关专利许可等，但和解协议的具体细节未被公开。随后，美国特拉华州联邦地区法院根据相关和解协议的内容分别发布了同意（诉讼和解）判决和禁令。

2023年7月21日和2023年8月16日，美国特拉华州联邦地区法院分别作出了判决，认定专利US8101659B2专利权全部无效。瑞士NPC公司不服前述判决，分别于2023年7月24日和2023年8月17日提交上诉请求，案件审理过程中先后有多家企业与瑞士NPC公司达成和解协议，2025年4月1日美国联邦巡回上诉法院公布该上诉案件的判决。❶

二、处理结果

（一）和解协议

2021～2023年，包括中国苏州JYYW公司在内的多家仿制药企业与瑞士NPC公司达成和解协议，美国特拉华州联邦地区法院根据部分原告与被告达成的和解协议发布了同意判决和禁令，其中中国苏州JYYW公司与瑞士NPC公司达成的和解协议的部分内容如下。①禁止中国苏州JYYW公司及其子公司直接或间接向美国客户转让第213605号ANDA所有权或交付第213605号ANDA产品所有权；②禁令生效之日中国苏州JYYW公司的ANDA进入审批程序等。

（二）一审阶段

2023年7月21日，美国特拉华州联邦地区法院作出了部分被告（11个）与瑞士NPC公司发明专利权纠纷的一审判决（案号分别为20 - md - 02930、19 - cv - 01979、19 - cv - 02021和19 - cv - 2053），判定涉案专利US8101659B2因美国专利法第112（a）条而无效。

2023年8月16日，美国特拉华州联邦地区法院作出了中国南京NRTYY公司与瑞士NPC公司发明专利权纠纷的一审判决（案号为20 - md - 02930和23 - cv - 401），基于2023年7月21日的判决，根据既判力原则❷判定瑞士NPC公司的发明专利US8101659B2因不符合美国专利法第112（a）条而被无效，驳回了所有与该专利相关的其他未决主张和辩护，判决自发布当日即生效。

---

❶ 截至本书出版，该案涉及的其他专利还在审理中，该案例分析更新截至2025年4月1日。
❷ 既判力原则，又称为间接"禁反言"原则或"争点禁反"原则，是英美法系中的一项法律原则。它指的是一旦法院在某个案件中对某一事实问题或法律问题作出了最终判决，那么在之后的诉讼中，相同的当事人或相关当事人不得就同一问题再次提起诉讼或争议。这一原则的目的是维护法律的确定性和稳定性，防止对同一问题进行重复诉讼，从而节省司法资源并保护当事人免受重复诉讼的负担。

(三）上诉阶段

美国联邦巡回上诉法院于 2025 年 1 月 10 日作出判决，2025 年 4 月 1 日公布。主要包括如下内容：①发明专利 US8101659B2 不应因美国专利法第 112（a）条而被无效，权利要求 1~4 未被证明无效；②在专利 US8101659B2 保护期限内，美国 FDA 批准其第 213748 号 ANDA 产品的生效日不得早于 2025 年 7 月 16 日，批准前该产品禁止销售或投入商业应用，任何制造和/或进口、使用、销售、许诺销售该产品等的行为均将侵犯瑞士 NPC 公司专利权。

对于中国南京 NRTYY 公司与瑞士 NPC 公司的发明专利权纠纷的上诉案件仍在审理中。

三、要点分析

在 1-20-md-02930 案中，中国苏州 JYYW 公司作为第一个提交附第四类声明的 ANDA 申请人，其于 2019 年 7 月 8 日提交了第 213605 号 ANDA，2019 年 9 月 4 日瑞士 NPC 公司获知该 ANDA 后于 2019 年 10 月 17 日提起专利侵权诉讼。历经 3 年多的审理，最终，美国特拉华州联邦地区法院基于双方达成的和解协议于 2023 年 5 月 30 日签署同意判决和禁令，根据美国法典第 21 编第 355 节第（j）（5）（B）（iii）（I）（bb）条的规定，前述同意判决和禁令可作为中国苏州 JYYW 公司未侵权判定的证明文件，自该同意判决和禁令生效之日起，其 ANDA 进入审批程序。

美国 FDA 网站显示，中国苏州 JYYW 公司递交的上述第 213605 号 ANDA 于 2024 年 5 月 28 日获得美国 FDA 的上市批准许可，且提交资料符合获得 180 天市场独占期的条件。

该案中中国苏州 JYYW 公司进行专利挑战重要时间节点如图 1 所示。

与上述情况不同的，被告中国南京 NRTYY 公司未与瑞士 NPC 公司达成和解协议，对于其提交的第 213671 号 ANDA（所有权转移至美国 G 公司）是否侵犯涉案专利的专利权，目前尚未在相关判决中予以确认，因此，该 ANDA 也未获得上市批准许可。

综上所述，中国苏州 JYYW 公司作为第一个向美国 FDA 递交 ANDA 并作出第 4 类声明的仿制药企业，一直积极应对专利侵权诉讼，及时与原告达成和解，在同意判决和禁令生效之日则 ANDA 进入审批程序，一旦仿制药获得 FDA 上市批准许可，如不涉及其他导致市场独占期失效的理由，则有望符合首仿的规定。

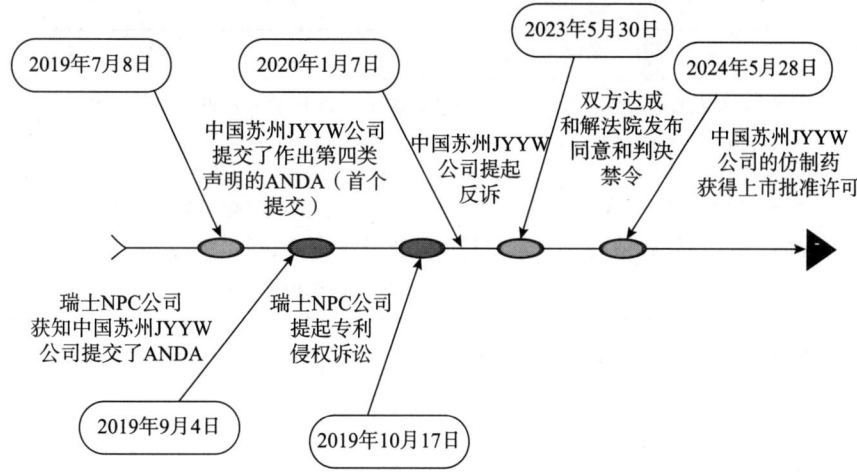

图 1　中国苏州 JYYW 公司仿制药专利挑战时间线

四、启示借鉴

该案主要涉及仿制药专利挑战制度，该制度最初由美国创建，是药品专利链接制度的一部分。该制度设计旨在将侵权纠纷提前至仿制药获得批准上市前，平衡仿制药企业和原研药企业的利益，促进高质量仿制药发展的同时，更好地推动原研药的研发。

（一）中国、美国仿制药专利挑战制度的区别

中国与美国在仿制药专利挑战制度存在诸多不同之处，具体如下。

1. 专利声明制度

中国和美国均设立了 4 类专利声明制度，具体是指仿制药企业在提交 ANDA 时，根据原研药企业在专利信息登记平台（橙皮书或中国上市药品专利信息登记平台）上所登记的专利状态作出的声明，具体见表 2。

表 2　中国、美国仿制药专利声明制度的异同

声明种类	美国	中国
1 类	未记载相关专利	
2 类	相关专利期限届满	有 3 种情况： ①相关专利期限届满； ②相关专利已被宣告无效； ③已获得相关专利实施许可

续表

声明种类	美国	中国
3类	相关专利期限届满之前，美国FDA不批准仿制药上市	承诺相关专利期限届满之前仿制药不上市
4类	专利权被宣告无效或提交注册申请的仿制药在制造、使用或销售中不侵犯相关专利权	专利权应当被宣告无效，或提交注册申请的仿制药未落入相关专利权保护范围

注：美国的制度参见美国专利法第355（j）(2)（A）（vii）条；中国的制度参见《药品专利纠纷早期解决机制实施办法（试行）》第6条。

2. 等待期

中国和美国均设立了等待期制度，是专利权人对附第4类声明的仿制药申请人提起侵权诉讼或行政裁决时，依据相关法律规定，药品监管部门暂停审批ANDA的一种机制，其为药品专利纠纷的解决预留了时间，以降低仿制药上市后的专利侵权风险。中国与美国在该制度也存在一些差异，如表3所示。

表3　中国和美国等待期制度的差异

等待期	美国	中国
不启动	专利权人未在收到仿制药企业提交附第4类声明的ANDA通知之日起45日内起诉	专利权人或者利害关系人未在规定期限内起诉或者请求行政裁决
启动	专利权人或原研药企提起侵权诉讼并告知美国FDA，一般情况启动30个月（不考虑期限延长）等待期	专利权人或利害关系人在法院立案或国家知识产权局受理后将通知书副本提交至国家药品审评机构，申请启动9个月等待期
	只启动一次	
终止	①该期限届满；②包含专利无效或仿制药企业未侵权的判决生效之日，或同意判决和禁令生效之日	①该期限届满；②专利权被宣告无效之日，或包含ANDA涉及产品未落入涉案专利保护范围的判决生效之日，或双方达成和解协议

注：美国的制度参见美国专利法第335（j）(3)（5）条；中国的制度参见《药品专利纠纷早期解决机制实施办法》第8~9条。

根据表3可以看出，中美两国对该制度的主要差异在于时间期限，该期限的区别主要考虑两国诉讼周期、制度不同等情况,例如美国诉讼周期相对较长,2008~2017年美国各州法院案件审理周期为1~4年。而《中华人民共和国民事诉讼法》第152和183条规定,民事诉讼普通程序一审的审理期限应当在立案之日起6个月审结,二审的审理期限应当在立案之日起3个月审结(不考虑期限延长的情况)。基于以上原因,中国的等待期制度时间明显短于美国。

3. 有效的首仿药激励制度

中国与美国均设立了首仿药激励制度,该制度的设立目的是鼓励创新和挑战低质量专利,激励仿制药企业研发,通过合理的法律机制,促进医药行业的健康发展,保障公众用药需求。中国与美国在该制度上也存在诸多区别,具体见表4。

表4 中国与美国首仿药制度的差异

制度	美国	中国
首仿的定义	首个提交ANDA且获批上市	首个挑战专利成功且首个获批上市
独占期获得	自上市销售之日起180天	自上市批准许可之日起12个月
独占期的丧失	分为6种情况: ①未在规定时间内上市销售,上市批准许可之日起75天内未上市销售,或首个提交ANDA之日起30个月仍未上市销售; ②撤回ANDA; ③首个ANDA的申请者修改或撤回其有资格享有180天独占期的证明文件; ④未获得临时上市批准许可,即首位申请者未能在其申请提交后的30个月内获得临时上市批准许可; ⑤和解协议的内容涉及反向支付协议; ⑥相关专利期限全部届满	独占期期限超过相关专利期限(不包括药品专利补偿期限)

注:美国的制度参见美国专利法第355(j)(5)条;中国的制度参见《药品专利纠纷早期解决机制实施办法》第11条。

(二)中国仿制药企业在美国发起专利挑战的建议

1. 立项前调研,对目标药物专利进行全面分析

在仿制药研发之前,确认目标原研药在橙皮书上已登记专利的有效性,为了更有效地应对ANDA提交后可能引发的侵权诉讼,仿制药企业在提交申请前应对橙皮

书上列出的原研药专利进行稳定性分析。

如果相关专利稳定性高,则仿制药企业可在专利权期限届满后,提交附第3类声明的ANDA;或者与原研药企业寻求合作,获得专利实施许可,从而避免诉累。

如果相关专利稳定性低,在前述专利权被宣告无效后,则仿制药企业可在研发成功后适时提起附第4类声明的ANDA。或在相关专利权未被宣告无效且在ANDA提交后,面临诉讼时迅速反应,采取积极措施,对涉案专利的有效性提出合理质疑,以期在诉讼中相关专利权被宣告无效。有望尽早获得美国FDA的上市批准许可,进而维护企业的合法权益和市场地位。

由此可见,仿制药企业可基于原研药登记专利的稳定性高低,考量药物研发的进度,判断投入资源,预期产出结果,基于前述规划有助于为仿制药企业降低研发成本和风险,促进医药产业的健康发展。

此外,除了核实已经登记在橙皮书中的相关专利,还有必要对原研药企业所持有的其他与该原研药相关专利进行全面排查,重点聚焦于原研药企业可能已申请且公开但尚未授权的专利,以确保充分识别并尽早规避未来潜在的侵权风险。一旦发现存在前述未授权专利,则应定期对其进行监控,便于及时调整仿制药研发方向或提前制定规避策略,也可考虑对该专利申请提交第三方公众意见,以尽可能限缩其专利保护范围,甚至是阻止其授权,避免原研药企业在橙皮书中继续登记专利,对仿制药注册申请可能造成潜在的影响。

2. 制定在美国发起的仿制药专利挑战的策略

中国企业在美国提交附第4类声明的ANDA前,仿制药企业应当再次判断ANDA所涉及产品是否存在侵犯相关专利权的可能性;在面临潜在的侵权风险时,基于稳定性分析报告对相关专利被宣告无效的可能性进行深入研究,以相关专利权的稳定性为基础,同时根据专利与原研药的关联度,制定合理的应对策略。

在对相关专利权的稳定性及专利与原研药关联度进行有效评估的情况下,如果仿制药落入相关专利的保护范围,仿制药企业可采用如下方案以期早日获得上市批准许可。

第一,若专利权较稳定且与原研药相关度较高,则当原研药企业在ANDA过程中提起侵权诉讼时,仿制药企业应以积极态度应对与原研药企业的协商可能,如果能够达成和解(获得原研药专利权的实施许可,或协议在相关专利权期限届满后,再进行商业应用等),进而有希望尽早获得上市批准许可。

第二,无论原研药与相关专利的关联度如何,只要相关专利权的稳定性较低,则仿制药企业可能处于有利地位,可积极应对ANDA过程中可能发生的侵权诉讼,并适时运用宣告专利无效和确认不落入专利保护范围的应诉策略。

第三,如果首仿药企业在美国专利挑战成功,获得上市批准许可,则应注意把握时间节点，避免出现前述表4中所列可能导致丧失市场独占期的6种情况，尤其应避免因错过上市时间，即在获得上市批准许可之日起75日内未能将仿制药上市销售，从而失去市场独占期，造成损失。

（供稿：王普天　刘兴）

27

欧洲专利异议程序之补充实验数据的相关规定

该案涉及欧洲专利异议（opposition）程序中的补充实验数据规定。涉案当事人分别为异议方奥地利 CPGH 公司和英国 SL 公司及专利权人中国常州 BBCL 公司。

涉案专利为中国常州 BBCL 公司在 2011 年 8 月 24 日申请的欧洲发明专利 EP2614828B1，其发明名称为"低巯基化改性度生物相容高分子巯基化衍生物及其交联材料和用途"（low-modification biocompatible high polymer sulfhydryl-modified derivatives, cross-linked material thereof, and uses of said material），其授权日为 2016 年 10 月 19 日。

一、案情介绍

（一）异议阶段

2017 年 7 月 18 日，英国 SL 公司和奥地利 CPGH 公司分别向 EPO 的异议部门（opposition division）提出针对涉案专利的异议请求。在该请求中，英国 SL 公司和奥地利 CPGH 公司分别引用了 13 篇和 6 篇现有技术文献，包括专利文献、科学出版物等，用以证明涉案专利的权利要求 1~27 相对于上述现有技术文献缺乏新颖性、创造性，以及说明书公开不充分，其理由主要集中在涉案专利未公开透明质酸巯基化衍生物（以下简称"水凝胶"）分子量的情况下，导致说明书公开不充分，不足以让本领域技术人员重现其技术效果，从而影响其创造性，不符合 EPC 第 56 条的规定。

2017 年 8 月 28 日，中国常州 BBCL 公司收到了异议通知，并于 2018 年 1 月 8 日提交了对异议通知的答复。在答复文件中专利权人修改了权利要求，明显字面错误，阐述了修改后的权利要求具备新颖性和创造性的理由，以及说明书公开充分与否需要异议人承担举证责任，而该案异议人没有提供专利无法实施的证据，不能证明涉案专利公开不充分等。

2018年11月23日，异议部门对涉案专利的异议进行了口头审理，2018年12月21日，EPO的异议部门作出了撤销专利权的异议决定，中国常州BBCL公司于2019年1月14日收到该决定，决定的主要理由如下。

第一，不具备创造性。

主要原因是涉案专利说明书中实施例9表5（以下简称"表5"）中未明确水凝胶的分子量，本领域技术人员无法判断水凝胶是否为至少含有三个巯基团的大分子衍生物，进而无法判断其交联能力和动力黏度。此外，前述分子量是影响动力黏度的基本因素，涉案专利中未记载该分子量的情况下，导致表5的结果难以复制和验证，进而不能证明表5中的技术效果与权利要求相关，导致技术效果无法实现。因此，涉案专利不具备创造性。

第二，涉案专利说明书公开不充分。

异议方提交的文献中公开了与涉案专利相同的技术特征，即巯基改性透明质酸衍生物具有至少三个巯基在其侧链上及巯基化程度小于4.5mol%。但是，该文献记载的实验结果却是具有前述特性的透明质酸衍生物不适合交联。尽管涉案专利中提到该现有技术的偏见，但专利权人未公开水凝胶的分子量，并不能证明这种偏见已被克服，也不能证明发生交联与技术效果的关系。

第三，权利要求修改超范围。

专利权人对权利要求进行了多处修改，其中，引入了原申请中没有记载的权利要求，导致修改后的权利要求超出原申请的范围等。

（二）上诉阶段

2019年2月20日，中国常州BBCL公司（上诉人）不服该异议决定，向EPO上诉委员会提交了针对该异议决定的上诉，并收到了上诉通知。[1] 该案的上诉过程持续了将近4年，其间专利权人对权利要求进行了修改，提交了补充实验数据等。

第一，2019年4月30日，专利权人向EPO上诉委员会提交了针对涉案专利的上诉理由陈述书。具体如下。

① 请求撤销异议部门的异议决定。

② 修改权利要求。

③ 涉案专利公开充分。异议部门在评估专利是否公开充分以满足专利可实施性要求时，未充分考虑专利公开的内容，特别是实施例中水凝胶的动力黏度与收缩率的数据。

④ 关于创造性的评述。异议部门在评述创造性时，未充分考虑涉案专利记载的

---

[1] 该案案号为T0638/19。

技术效果，特别是巯基化改性度≤4.5%的水凝胶稳定性高的技术效果。

第二，2020年11月23日，上诉人向EPO上诉委员会提交了多份文件，具体如下。

① 通过附表1和附表2的形式补充了实验数据。

② 中国常州BBCL公司的两名员工于2020年7月28日分别作出的与附表1和附表2相关的书面声明；声明的内容包括两人各自在实验中的工作、职位、参与实验工作的内容以及对附表1和附表2内容真实性的承诺等。

③ 关于附表1中透明质酸衍生物的合成和测试等内容的实验报告等。

2022年9月13日，EPO上诉委员会对上诉案件进行了口头审理，该案于当日作出驳回上诉请求，撤销专利权的上诉决定，并于2022年12月8日在EPO官网公开了该决定。

二、处理结果

2022年12月8日，EPO上诉委员会公开了其于2022年9月13日作出的上诉决定。具体如下。

（一）不接受上诉人提交的补充实验数据（附表1和附表2）

EPO上诉委员会主要理由如下。

第一，专利权人未在规定时间内补充实验数据；从附表2可以明显看出，上诉人至少可以将初步实验结果与上诉理由一并提交，而其没有提交。

第二，补充的实验数据缺乏基本信息，例如没有说明水凝胶的交联程度。此外，补充实验数据仅提供了水凝胶的收缩率和动力黏度（用于证明稳定性），没有提供水凝胶分子量的测试信息，而分子量是评估水凝胶稳定性的关键因素。

第三，专利权人提交的上诉理由陈述书中请求充分考虑专利公开的内容，但其提交前述补充实验数据的目的是克服异议决定中关于公开不充分的问题。因此，上诉人在上诉期间补交的实验数据改变了上诉理由，不应予以接受等。

最终，根据《欧洲专利局上诉委员会程序规则》（Rules of Procedure of the Boards of Appeal，RPBA）第13（1）条的规定，EPO上诉委员会结合中国常州BBCL公司提交补充数据的证明目的及补充数据提交的时间等因素，同时考虑程序经济性原则，决定不将附表1和附表2的补充数据纳入上诉审理的范围。

（二）权利要求不具备创造性

由于涉案专利未明确水凝胶的分子量，因此相关技术效果无法实现，因此涉案专利不符合 EPC 第 56 条的规定。

（三）权利要求修改超范围

部分权利要求的修改超出原申请的保护范围，不符合《欧洲专利公约实施细则》（European Patent Convention Implementing Regulations）第 80 条的规定。

综上，EPO 上诉委员会基于以上理由驳回了上诉请求，撤销专利 EP2614828B1 的专利权。

三、要点分析

该案涉及欧洲专利的异议程序，该程序是一种行政程序，允许公众在欧洲专利授权公告日后 9 个月内对专利有效性提出异议。[1] 补充实验数据是补交证据的一种特殊形式，是药品专利申请人或者权利人在申请日后补交的实验数据，用以证明专利申请或者专利具备创造性。该案涉及欧洲异议上诉程序中补充实验数据的接受时间和接受标准。

RPBA 第 12 条第 1 款规定，上诉程序应根据 EPC 第 108 条提交的上诉通知和上诉理由陈述。

EPC 第 108 条规定，上诉通知应根据实施细则的规定在决定通知后两个月内向 EPO 提交。在缴纳上诉费之前，上诉通知不视为已提交。在决定通知后 4 个月内，应根据 EPC 实施细则的规定提交陈述上诉理由的声明。

RPBA 第 12 条第 3 款规定，上诉理由陈述书和答辩书应包含当事人的全部上诉理由。因此，上诉理由陈述书和答辩书应简明扼要地说明要求推翻、修改或维持上诉裁决的理由，并应明确指出所有请求、事实、反对意见、论点和所依据的证据。提及的所有文件如果尚未在审批、异议或上诉程序中提交或由主管局在上述程序中出示，则应作为附件附上。

RPBA 第 13 条第（1）款规定，当事人提交上诉理由或答辩后，其对上诉案件的任何修改，均须说明修改理由及依据，由 EPO 上诉委员会酌情判定是否接受修改或补充的证据。

RPBA 第 12 条第（4）~(6)款应比照适用。

当事人在上诉程序中提交相应修改，应说明理由。

EPO 上诉委员会在行使自由裁量权时，应考虑程序的现状、修改是否解决另一方当事人在上诉程序中提出或上诉委员会提出的问题、修改是否有损程序经济性，

---

[1] EPO. Oppositions [EB/OL]. [2024-08-03]. https://www.epo.org/en/applying/european/oppositions.

在对专利修改后,当事人说明的修改理由是否证明修改克服了另一方当事人在上诉程序中或上诉委员会提出的问题,且不会引起新的异议。

根据前述规定,该案中,中国常州 BBCL 公司提交的补充实验数据没有被接受主要有以下两个原因。

一是补充实验数据的提交时间晚于规定期限。

该案中上诉人应当在收到异议决定之日(2019 年 1 月 14 日)起 4 个月内(2019 年 5 月 14 日)向 EPO 上诉委员会提交上诉理由及补充实验数据,上诉人在 2020 年 11 月才提交补充实验数据,超过了规定期限。

二是因上诉人错过补充实验数据的规定时间,补充实验数据被接受与否由上诉委员会判断。

该案中,上诉人补充实验数据的目的是反驳异议决定中异议部门认为涉案专利未公开水凝胶的分子量,导致有关实验结果无法复制和验证,而并非上诉理由陈述书中记载的请求充分考虑专利公开的内容,改变了上诉理由。同时,补充数据证明的技术效果不能够从专利原申请文件中直接获得或推断,也无法解决在不知道水凝胶分子量的情况下,如何得到动力黏度和收缩率的问题。

因此,结合程序经济性原则,EPO 上诉委员会没有接受中国常州 BBCL 公司补交的实验数据。

四、启示借鉴

该案涉及中国制药企业在欧洲申请的专利被授权后,被第三方提出异议,专利权人在上诉程序中补充实验数据的问题。在欧洲,虽然补充实验数据可以用于证明涉案专利取得的技术效果,进而支持涉案专利的创造性,但补充实验数据不能用来克服涉案专利的原始申请文件公开不充分的缺陷。

中国也有类似于欧洲的补充药品实验数据的制度,可参见《最高人民法院关于审理专利授权确权行政案件适用法律若干问题的规定(一)》第 10～11 条,以及《专利审查指南(2023)》第二部分第十章第 3.5 节等的规定。

中国与欧洲在药品专利补充实验数据的提交时间、证明目的、接受标准方面存在如下不同之处。

(一)提交时机不同

欧洲异议程序中专利权人应在收到异议通知之日起 4 个月内提交补充证据(包括实验数据)。专利权人或异议方如果不服异议决定,可在异议决定通知之日起 4 个月内向 EPO 上诉委员会提交补充实验数据,超出前述期限,补充实验数据是否被接受应由异议部门或 EPO 上诉委员会决定,而中国对提交时机并没有严格限制。

(二) 证明目的存在差异

根据《EPO 上诉委员会判例法》的规定,欧洲异议程序和上诉程序中补充实验数据的证明目的是评价创造性,即通过补充的实验数据证明相关专利的技术效果,进而证明其相对于现有技术具备创造性。而中国则允许补充实验数据,用于证明专利符合《中华人民共和国专利法》第 22 条第 3 款或第 26 条第 3 款的规定,即创造性或说明书公开充分。

(三) 补充实验数据的接受标准不同

欧洲目前主要以合理性为标准,从技术教导和原申请公开的技术效果角度,判断是否接受补充实验数据。

以中国常州 BBCL 公司的另一欧洲专利异议及上诉案件为例[1],涉及专利 EP2353612B1,专利权人在异议阶段提交了补充实验数据,用以证明技术效果。异议部门接受补充实验数据,但因该专利技术手段没有被充分公开,导致技术效果无法确认,异议部门以该专利不具备创造性为由撤销了涉案专利的专利权。

专利权人不服该异议决定提起上诉,EPO 上诉委员会在考虑补充实验数据的合理性等因素后,接受了补充实验数据,认为补充实验数据使用的专利方法在实施过程中可能存在潜在问题,但这些问题不足以否定专利的创造性,原申请文件已经提供了足够的教导。因此,涉案专利具备创造性,维持专利权有效。

由此可见,在欧洲异议和上诉程序中,EPO 上诉委员会可以接受旨在确认原申请的技术效果并支持其创造性的补充实验数据,但补充实验数据只能用于评述创造性。

我国在《专利审查指南(2023)》第二部分第 10 章第 3.5 节也规定了对补充实验数据的审查原则,即对于申请日之后申请人为满足《中华人民共和国专利法》第 22 条第 3 款、第 26 条第 3 款等要求补交的实验数据,审查员应当予以审查。同时明确了,补交实验数据所证明的技术效果应当是所属技术领域的技术人员能够从专利申请公开的内容中得到的。

此外,最高人民法院通过发布知识产权指导案例"替格瑞洛药品发明专利确权案",对补充实验数据设定了积极条件和消极条件。积极条件要求原申请文件明确记载或隐含公开了待证事实;消极条件则指申请人不能用补充实验数据弥补原文件的固有内在缺陷。

---

[1] 该案案号为 T0631/21。

该案中，专利权人不服无效程序和一审阶段不接受补充实验数据的结论，遂提出上诉。最高人民法院认为未接受补充实验数据有误，原申请文件明确记载或者隐含公开了补充实验数据拟直接证明的待证事实，且专利权人并非通过补充实验数据克服专利申请文件存在的固有缺陷，因此接受了补充实验数据，但因涉案专利仍不具备创造性，驳回上诉，维持原判。❶

综上所述，中国与欧洲在补充实验数据的提交时间、证明目的、接受标准上存在差异，这源于两地法律法规的独立性与差异性。针对此，中国企业需深入研读并熟练掌握各地区的法律法规，这不仅局限于法律条文的字面理解，而且需要结合各地区司法实践对实际操作中可能遇到的各种情境进行分析与判断。

（供稿：王普天　刘兴）

---

❶ 参见最高人民法院（2019）最高法知行终 33 号行政裁定书。

28

欧洲专利异议程序之要点分析

该案涉及欧洲专利异议程序。当事人为中国常州 JW 公司和欧洲 AJIL 公司、HEP 公司、KL 公司（以下统称"异议方"）。

涉案专利为专利权人中国常州 JW 公司于 2012 年 12 月 14 日申请的欧洲发明专利 EP2921064B1，发明名称为"电子烟的智能控制器及方法"（intelligent controller and method for electronic cigarette）。

一、案情介绍

2012 年 12 月 14 日，专利权人中国常州 JW 公司向 EPO 提交了发明名称为"电子烟的智能控制器及方法"的专利申请，优先权日为 2012 年 11 月 13 日。该专利于 2019 年 1 月 23 日公告授权，授权公告号为 EP2921064B1。

涉案专利 EP2921064B1 的权利要求 1 如下：

一种电子烟，包括：

一种智能控制器，其特征在于，

包括开关模块（10）、电压采样模块（20）、控制模块（30）、显示模块（40）和电池；

其中开关模块（10）用于发出启动智能控制器工作的高电平信号；

连接电热丝（120）和电压采样模块（20）连接，用于采集电热丝的端电压；以及

分别与开关模块（10）和电压采样模块（20）电连接的控制模块（30），控制模块在开关模块（10）发出启动的高电平信号后，输出控制信号使电压采样模块（20）采集电热丝（120）的端电压，根据电压采样模块（20）提供的采样信号的类型，检测出雾化器电热丝（120）处于短路或者开路或者正常状态，并将检测的结果予以输出；

电连接于控制模块输出端的显示模块（40），该显示模块以数字显示出电热丝（120）处于短路或者开路或者正常状态，供用户直观地观察到电热丝（120）的当前状态；以及

分别与开关模块（10）、电压采样模块（20）、控制模块（30）、显示模块（40）电连接的电池，分别向开关模块（10）、电压采样模块（20）、控制模块（30）、显示模块（40）提供所需工作电压。

涉案专利相关案件时间线如图1所示。

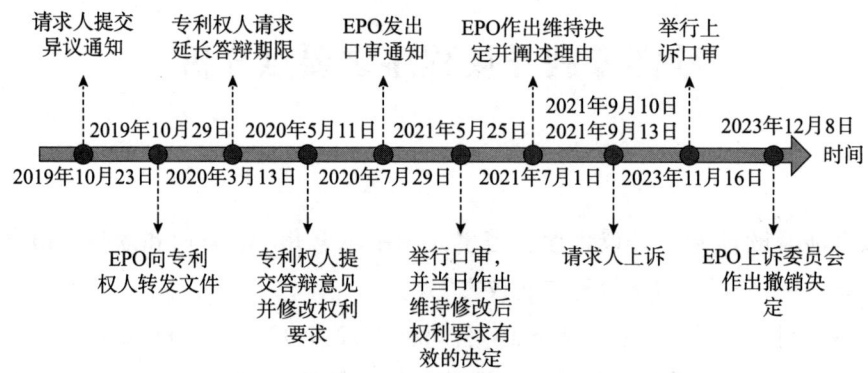

图1 涉案专利相关案件时间线

2019年10月23日，异议方向EPO提交了异议请求（notice of opposition），同时提交了28份对比文件，并主张涉案专利应被全部撤销。

2019年10月29日，EPO向专利权人转发文件，通知其相关异议事项。

2020年3月13日，专利权人请求延长答辩期限。EPO于2020年3月19日同意将答辩期限延长2个月（共计6个月）。

2020年5月11日，专利权人提交答辩意见，请求EPO驳回异议方的异议。在异议程序中，权利人针对专利EP2921064B1提交了修改，涉及将权利要求1的主题从"一种电子烟的智能控制器"修改为"一种电子烟，包括：一种智能控制器"。

2020年7月29日，EPO发出口审通知，该案于2021年5月25日举行口审。

2021年1月至2021年5月，异议方再次提交公知常识证据和新的对比文件，并基于新提交的证据提交了意见。

2021年5月25日，EPO举行了该案的口审。同日，EPO发出关于口审程序的结果信息（information about the result of oral proceedings），修改后的涉案专利维持有效。

2021年7月1日，异议部门（opposition division）作出异议决定并详细阐述了维持修改后的专利有效的理由。

2021年9月10日和2021年9月13日，3位异议方分别针对异议决定向EPO上诉委员会提起上诉请求。

2023年11月16日，EPO上诉委员会举行上诉的口审。

2023年12月8日，EPO上诉委员会作出决定，认定涉案专利修改后的权利要求不具备创造性，予以撤销。

二、处理结果

涉案专利在异议程序中被异议部门维持有效，但是在上诉程序中，被上诉委员会予以撤销。

三、要点分析

该案中，对比文件 1 涉及用于电子烟的设备，包含控制器电路和电压传感器，用于测量加热器的电压和电流，以确定加热器的电阻，并监控是否存在故障。如果检测到故障，LED 单元会以不同的模式闪烁，以向用户提供视觉指示。对比文件 1 中提到了该设备能够检测加热器是否出现故障，但没有明确披露控制器可以区分短路、开路或正常状态。对比文件 5 提到了电子烟能够检测到某些故障条件，并通过 LED 显示单元提供视觉指示。对比文件 5 提到了两种故障指示："E1"错误，表示短路或雾化器短路（short circuit/shorted atomizer）；"OP"错误，表示由电阻值过高（超过 9.9Ω）所引发的一种故障状态。

在异议程序中，异议部门认为对比文件 1 没有公开关于控制器测量加热器电阻以调整加热参数的教导，也没有公开根据提供的采样信号的类型，检测出电热丝处于短路或者开路或者正常状态，并将检测的结果予以显示。对比文件 5 仅公开了当检测到电阻值大于 9.9Ω，则显示"OP"错误，而未公开检测"开路"。因此，异议部门认为涉案专利 EP2921064B1 相对于对比文件 1 和对比文件 5 的结合具备创造性。

在上诉程序中，EPO 上诉委员会明确指出，对比文件 1 已详尽揭示了检测短路与开路所需的硬件基础，即具有能够测量所述加热线上的电压和电流强度的电压和电流传感器。此外，关于对比文件 5 是否公开了"开路"故障，EPO 上诉委员会认为理论上开路相当于无限电阻，在实际检测过程中必须选择一个阈值，如果超过这个阈值，将认为雾化器处于开路状态。因此，EPO 上诉委员会采纳了异议方的主张，认为对比文件 5 中检测开路的电阻阈值为 9.9Ω 是合理的，"OP"错误表示开路故障。在对比文件 5 中的"E1"错误表示短路故障；"OP"错误表示开路故障的情况下，对于本领域的技术人员而言，有动机将对比文件 5 中的短路与开路状况的精准检测和直观显示功能与对比文件 1 的技术方案结合，是显而易见的。此外，其余未被对比文件 1 和对比文件 5 公开的技术特征为本领域公知常识。相应地，从属权利要求的附加技术特征也被对比文件 1 或对比文件 5 公开。因此，上诉委员会认为涉案专利应当被撤销。

四、启示借鉴

该案涉及欧洲专利异议程序及后续上诉程序。

(一) 异议主体、时限和启动

EPC 第 99 条规定,任何人可以在欧洲专利授权后的 9 个月内对专利提出异议。

此外,EPC 第 105 条还规定了被诉侵权人干预制度(intervention of the assumed infringer),在诉讼程序中被诉侵权方可以在异议期届满之后介入异议程序。例如,在公开号为 EP2087626B1 的欧洲异议案件中,该专利于 2019 年 1 月 16 日获得授权。2019 年 8 月 14 日至 2019 年 10 月 16 日,3 位异议方陆续对该专利提起异议。2021 年 3 月 2 日,EPO 的异议部门作出异议决定并阐述了维持修改后的专利有效的理由。在该案的上诉程序期间,VIVO、OPPO 等公司基于被诉侵权人干预制度作为异议人加入该案的异议上诉程序。新异议人提出新的异议理由,认为该专利的优先权日不成立,其权利要求 1 的所有特征被优先权日之后申请日之前的文献所公开。2023 年 10 月 26 日,EPO 上诉委员会作出决定,认为新的异议理由成立,对该专利予以撤销。❶

根据《EPC 实施条例》第 76 条,异议方需要提交书面异议请求,书面异议请求应当包含异议方情况、涉案欧洲专利的相关信息、异议理由和相关证据及其说明。如果指定了代理人,也需要提供代理人的相关信息。

提交书面异议请求之后,EPO 会对异议请求进行初步审查,以确定是否需要启动异议程序。

异议程序一旦启动,专利权人将有 4 个月的时间准备并提交答辩书以回应异议人提出的问题和理由。❷ 专利权人也可以在此阶段提交对涉案专利的修改。根据《EPC 实施条例》第 80 条,专利权人的修改内容可以包括说明书、权利要求和附图。根据 EPC 第 123 条规定,修改方式包括:修改的内容一方面不能超出原始专利申请说明书中记载的内容,另一方面不能扩大已授权的权利要求的保护范围。

(二) 异议理由

根据 EPC 的规定,提出异议的理由主要分为以下三种。

---

❶ Decision of the Board of Appeal. Datasheet for the decision of 5 July 2023 [EB/OL]. [2025 – 02 – 23]. https://register.epo.org/application?documentId=LO2TWKUU1JQZ0TD&number=EP07825547&lng=en&npl=false.

❷ 中国(深圳)知识产权保护中心. 关于欧洲专利异议程序的分析报告 [EB/OL]. [2025 – 01 – 20]. http://www.sziprs.org.cn/szipr/hwwq/fxydzy/wqzy/content/post_1154822.html.

一是不可专利性。根据 EPC 第 52～57 条的规定，涉案欧洲专利的客体不具备可专利性，包括：①专利的主题不属于可授予专利的范畴，例如科学发现、数学方法、美学创作、计算机程序等。②专利不符合新颖性、创造性以及不具备工业用途。

二是专利公开不充分。根据 EPC 第 83 条的规定，专利说明书必须充分公开发明的内容，以使技术领域的专业人员能够根据说明书实施该发明。如果异议人认为专利说明书的公开不充分，无法实现发明，可以提出异议。

三是超出原始申请范围。根据 EPC 第 123 条，专利的保护范围不得超出原始提交的专利申请文件或分案申请的范围。如果异议人认为专利的某些权利要求超出了原始申请的范围，可以提出异议。

（三）异议决定

异议部门通常会在口头审理结束时作出口头决定，随后会发布书面异议决定，该决定包括维持专利有效，维持修改后的专利有效❶或对专利予以撤销。

（四）上诉

异议决定的不利方可以在收到决定通知后的 2 个月内，向 EPO 提交上诉请求，由 EPO 上诉委员会对上诉请求进行审查并作出判决。

在产品推向市场之前，中国企业可以利用该异议制度，密切关注相关的欧洲专利风险，并在 9 个月的期限内提出异议，以此利用较低的成本降低专利侵权的风险。

我国目前没有类似的异议程序。但是，日本、韩国均设有与欧洲相似的授权后异议或撤销制度。美国也存在与异议制度类似的单方复审（ex parte reexamination）制度和授权后复审（post grant review）制度。

欧洲、美国、日本、韩国的相应异议制度之比较如表 1 所示。

表 1 欧洲、美国、日本、韩国相关异议制度之比较❷

项目	欧洲异议	日本异议	韩国撤销	美国单方复审	美国授权后复审
主体资格	任何人	任何人	任何人	任何人（包括权利人）	任何人（权利人除外）
时限	授权后的 9 个月内	授权后的 6 个月内	授权后的 6 个月内	专利的实施期	授权后的 9 个月内

---

❶ 中国（深圳）知识产权保护中心. 关于欧洲专利异议程序的分析报告 [EB/OL]. [2025-01-20]. http://www.sziprs.org.cn/szipr/hwwq/fxdzy/wqzy/content/post_1154822.html.

❷ 田丽莉，李姿，李新芝. 欧美日韩专利授权后程序研究及借鉴 [EB/OL]. [2025-01-20]. https://mp.weixin.qq.com/s/b6DgalRKuzzxvcaWrKALQA.

续表

项目	欧洲异议	日本异议	韩国撤销	美国单方复审	美国授权后复审
主管机构	EPO的异议部门	日本特许厅	韩国知识产权审判与上诉委员会	USPTO的中央复审处	USPTO的专利审判与上诉委员会
方式	口审	书面	书面	书面	口审
周期	18个月之内	7.4个月	8.7个月	12个月左右	大于12个月
救济手段	上诉	如果申请被驳回,没有复审或诉讼的权利		上诉	上诉
理由	不属于授权的主题、不具备新颖性、不具备创造性、不具备工业实用性、公开不充分、超出原始申请范围等	不具备新颖性、不具备创造性、说明书不支持等	不具备新颖性、创造性以及存在在先申请等	不具备新颖性、非显而易见性(创造性)等	不具备新颖性、非显而易见性、不可实施、权利要求书得不到说明书支持,以及重复授权等
修改	禁止超出所提交申请内容的主题的方式进行修改,以及禁止扩大已授权专利的保护范围	缩小专利权利要求的保护范围、修改笔误或译文错误、澄清说明书中不清楚的内容,以及减少引用关系、删除权利要求	减少权利要求、笔误,以及澄清说明书中不清楚的内容,但不允许超出原申请的范围	修正其专利或提出新的权利要求,但不能扩大保护范围	删除或替换受挑战的权利要求,但修改不能扩大权利要求的保护范围或者引入新的主题,并且修改后的权利要求必须获得原始文本的支持

(供稿:雷亚芸)

29

欧盟外观设计专利之无效程序

该案涉及欧盟外观设计专利无效程序,与中国的专利无效宣告请求程序类似。涉案当事人分别为请求人比利时 S 公司和专利权人中国苏州 ZS 公司。

涉案专利为中国苏州 ZS 公司在 2020 年 1 月 10 日申请注册共同体外观设计(registered community design,RCD)❶ 007496971 - 0001,其名称为"动物粪便清除装置"(devices for removing animal excrement),公告日为 2020 年 1 月 24 日。涉案专利附图如图 1 所示。

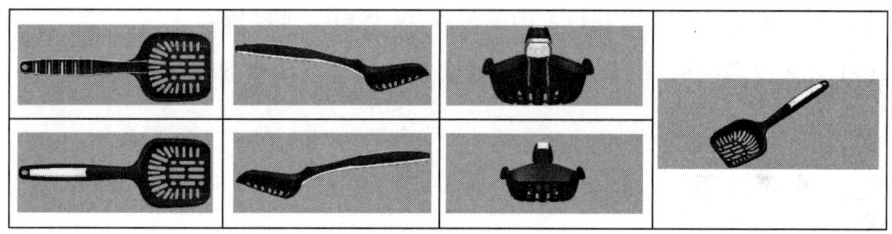

图 1　涉案专利附图

一、案情介绍

2021 年 4 月 19 日,比利时 S 公司向欧盟知识产权局(European Union Intellectual Property Office,EUIPO)提出针对涉案专利的无效宣告请求。❶

在该请求中,请求人 S 公司认为根据《共同体外观设计条例》(Community Design Regulation,CDR)第 4 条第 1 款及第 25 条第 1 款(b)项的规定(其中第 25

---

❶ 2024 年 11 月,欧洲议会与欧盟理事会正式通过《欧盟外观设计条例(修正案)》,规定自 2025 年 5 月 1 日起,共同体外观设计更名为欧盟外观设计(European Union Design,EUD),《共同体外观设计条例》更名为《欧盟外观设计条例》。由于本书案例均发生在 2025 年 5 月之前,因此涉及具体案例时,两个名称均保留旧称,下同。——编辑注

❶ 该案案号为 ICD No. 115482。

条第1款（b）项规定，外观设计专利无效的理由之一是其不符合该条例第4~9条的规定），涉案专利不具有新颖性（novelty）及独特性（individual character）。S公司引用的现有设计为其于2018年5月4日申请，2018年5月22日公告的专利005259033-0006。现有设计专利附图如图2所示。

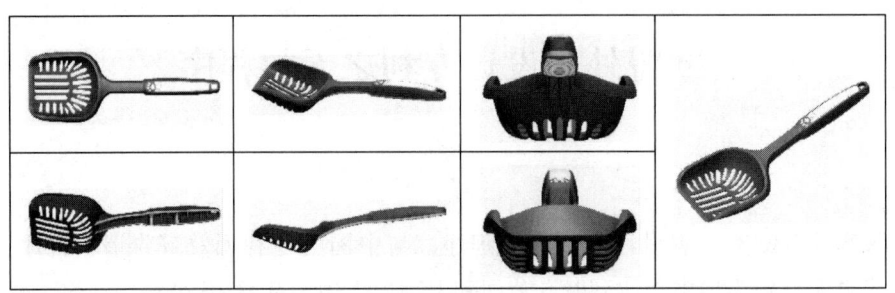

图2　现有设计专利附图

具体的，S公司认为，涉案专利所涉及的产品没有任何技术限制，设计者的自由度较高；涉案专利和现有设计具有相同的设计特征；涉案专利和现有设计都包括一个较大的勺面和带软垫握把的长手柄，二者给知情用户留下了相同的整体印象。

针对上述无效理由，专利权人中国苏州ZS公司未进行答辩。

2021年8月26日，EUIPO作出无效决定，宣告涉案专利全部无效。

二、处理结果

经EUIPO无效审查部审理，S公司提出的关于宣告涉案专利无效的主张得到了支持，涉案专利被宣布无效。中国苏州ZS公司需要承担此次专利无效的相关费用，合计750欧元。

三、要点分析

该案涉及共同体外观设计无效宣告程序，《共同体外观设计条例》第25条中规定了具体的无效理由，主要包括以下四个方面：不满足外观设计保护客体要求、违反公共政策或道德，权利人缺乏权利；复杂产品的不可见部件、技术功能决定、互连设计；缺乏新颖性和独特性；与申请日或优先权日之后公布的在先外观设计权相冲突、使用在先的显著标志、未经授权使用受成员国著作权法保护的作品、旗帜和其他符号的不当使用等。其中常用的理由为缺乏新颖性和独特性。

为了节约程序资源，EUIPO无效审查部首先对该案涉案专利的独特性进行评估。只有在必要时，才会继续评估请求人所援引的其他理由，即缺乏新颖性。对独特性进行评价时，主要从以下四个方面分析。

第一，产品性质和相关工业领域。

EUIPO 评估时会首先考虑纳入或应用相关设计的产品的类型，以及它们所属的相关工业领域，以便确定相关设计是否受到特定行业标准或技术要求的影响。

第二，知情用户（informed user）。

评估知情用户的知识水平和对现有设计状态的了解程度。对于"知情用户"的概念，有以下规定：①是一个法律上的虚构概念，指对相关领域有深入理解，对现有设计有广泛知识并在使用产品时表现出较高注意力的用户。②并非设计者或技术专家，但知道相关领域存在的各种设计，对这些设计通常包含的特征有一定程度的了解。③根据产品的预期用途使用包含该外观设计的产品，对产品有实际的使用经验或兴趣。④具有敏锐的观察力。在评估外观设计是否具有独特性时，知情用户能够进行直接比较并基于其对于现有设计的知识评估新设计是否与之不同。

第三，设计者的设计自由度（degree of freedom of the designer）。

为考虑设计者在设计时的自由度，设计者的自由度越高，涉案专利与现有设计之间的细微差别越不可能对知情用户整体印象产生影响。反之，设计者进行设计时的自由度所受限制越大，涉案专利与现有设计之间的细微差别就越有可能对知情用户产生不同的整体印象。

第四，比较整体印象。

对涉案专利和现有设计进行比较，并评估它们给知情用户带来的整体印象。

基于上述评价标准，EUIPO 无效审查部认为涉案专利与现有设计相比，具有相同形状和比例，且二者均由一个带有孔洞的勺面和一个带软垫握把的长手柄组成。其中，手柄正面有一层白色装饰，手柄末端有一个用于悬挂的孔。

二者的区别点包括：①如表1中涉案专利附图的 a 所示，手柄背面的凹槽形状不同。②如表1中涉案专利附图的 b 所示，勺面中部孔洞的形状不同。涉案专利为6个跑道型镂空和4个椭圆形镂空错落排列，其中椭圆形镂空位于四角。而现有设计为4个平行设置的跑道型镂空。③如表1中现有设计附图的 c 所示，现有设计在手柄上有一个白色猫爪的装饰设计，而涉案专利相应位置没有该设计。

表1 涉案专利与现有设计附图之比对

涉案专利附图	现有设计附图

续表

涉案专利附图	现有设计附图
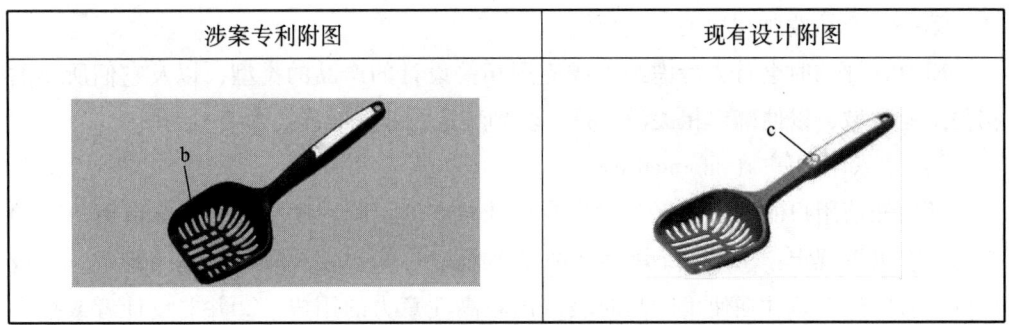	

EUIPO 无效审查部认为,涉案专利和现有设计之间的区别点为细微差别,不足以对知情用户的整体印象产生影响。因此,涉案专利不具有独特性,根据《共同体外观设计条例》第 25 条第 1 款 (b) 项,涉案专利被宣布无效。EUIPO 无效审查部对其他无效理由不再进行评价。

四、启示借鉴

(一) 中国外观设计和欧盟外观设计专利无效宣告请求理由比较

该案中请求人使用的无效理由是涉案专利不具有独特性。对此,《中华人民共和国专利法》第 23 条规定:授予专利权的外观设计与现有设计或者现有设计特征的组合相比,应当具有明显区别。

除了上述无效理由,中国和欧盟还有其他类似规定,比如权利冲突都属于无效理由之一。对此,中国和欧盟的规定分别如下。

《中华人民共和国专利法》第 23 条第 3 款:

授予专利权的外观设计不得与他人在申请日以前已经取得的合法权利相冲突。

《共同体外观设计条例》第 25 条:

1. 共同体外观设计仅能基于下列理由被宣告无效:

……

(e) 如果在后来的设计中使用了一个特殊的标志,而共同体法律或者成员国法律赋予了该标志所有人禁止如此使用该标志的权利;

(f) 如果外观设计构成对成员国著作权法律保护下的作品的未经授权使用。

在中国,《专利审查指南 (2023)》第四部分第五章第 7 节规定,在先合法权利包括商标权、著作权、企业名称权 (包括商号权)、肖像权以及知名商品特有包装或装潢使用权。部分相关案例如下。

在中国国家知识产权局第 27735 号无效宣告审查决定中，涉案专利所涉及产品为卫生巾包装，无效宣告请求人提供了完整的证据链证明其拥有在先著作权，并充分说明涉案专利使用了该在先著作权中的独特性部分，与在先作品构成实质性相似，造成了与在先著作权相冲突，最终成功宣告该涉案专利全部无效。

在中国国家知识产权局第 563861 号无效宣告审查决定中，涉案专利所涉及产品为运动鞋，请求人欲以涉案专利鞋面上的跑道型图形与在先商标图形类似，容易造成消费者混淆为由宣告涉案专利无效。合议组综合考虑专利权人的主观意图、使用方式、行业惯例、消费者认知等因素，判断涉案专利的争议设计并没有发挥请求人主张的标识商品来源的功能，未使涉案专利商品与请求人建立标识来源的关联性，未损害请求人在先商标的合法权益。最终，维持涉案专利有效。该案中合议组表示对在先商标权人的合法权益予以保护的同时，不能通过扩张性解释将外观设计中正当使用的图形纳入在先商标权保护范围，为探索在先权利的权利边界提供了示范作用。

此外，《共同体外观设计条例》专利无效条款中还包括互连设计（designs of interconnections），互连是使其能够与其他产品组装或机械连接的产品特征，例如插头连接或排气管等需要具有特定的形状和尺寸以便与汽车配合安装的部件等。互连通常不包括模块化系统中的替代配置。

虽然中国法律中没有与其直接对应的概念，但是中国外观设计专利审查中也体现了类似的考虑。在中国，《专利审查指南（2023）》第四部分第五章第6.1节指出：由产品的功能唯一限定的特定形状对整体视觉效果通常不具有显著的影响。例如，凸轮曲面形状是由所需要的特定运动行程唯一限定的，其区别对整体视觉效果通常不具有显著影响；汽车轮胎的圆形形状是由功能唯一限定的，其胎面上的花纹对整体视觉效果更具有显著影响。《最高人民法院关于审理侵犯专利权纠纷案件应用法律若干问题的解释》第 11 条规定，人民法院认定外观设计是否相同或者近似时，应当根据授权外观设计、被诉侵权设计的设计特征，以外观设计的整体视觉效果进行综合判断；对主要由技术功能决定的设计特征以及对整体视觉效果不产生影响的产品的材料、内部结构等特征，应当不予考虑。

可见，中国和欧盟的法律体系中，外观设计专利的无效程序具有一定的相似性，这为中国企业在欧洲市场遇到外观设计专利无效纠纷时提供了一定的参考和借鉴。

（二）中国外观设计和欧盟外观设计专利无效宣告请求程序比较

从图 3 和图 4 的无效宣告程序可以看到，中国外观设计专利无效宣告程序和欧盟外观设计专利无效宣告程序有很多不同之处。

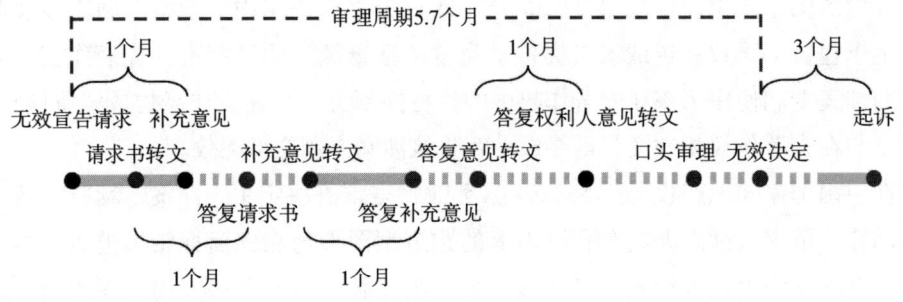

图 3　中国外观设计专利无效程序示意

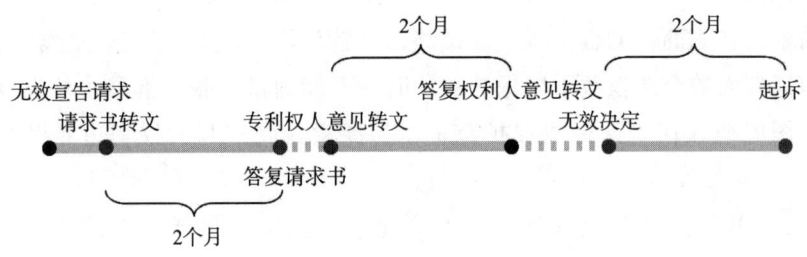

图 4　欧盟外观设计专利无效程序示意

1. 双方当事人的答辩期

《专利审查指南（2023）》第五部分第七章第 4.1 节规定，中国外观设计专利无效案件的当事人收到中国国家知识产权局转送的无效文件后，答辩期通常为 1 个月，该期限不得延长。而在欧盟外观设计专利无效宣告程序中，当事人的答辩期通常为 2 个月。针对 2 个月的答复期限，任何一方都可以要求延长期限。作为一般规则，第一次提出延长该期限的请求将自动获得批准，只有在充分和适当证明的情况下，才能批准进一步的延期。

2. 口头审理

中国外观设计专利无效宣告程序中，通常会举行口头审理，给予双方当事人就争议焦点进行面对面陈述和辩论的机会，确保双方当事人充分表达己方观点。因此，专利权人即使不进行书面答辩，仍然可以在口头审理时进行当庭陈述。

相比之下，欧盟外观设计专利无效宣告程序中，书面审理是常态。口头审理可以应 EUIPO 无效审查部或当事人的要求举行，当事人要求举行口头审理时，EUIPO 无效审查部审查后认为有必要的，才会举行口头审理；如果 EUIPO 无效审查部认为已掌握作出无效决定的必要信息，则不会举行口头审理。在这种情况下，书面答辩的重要性尤为突出，建议案件当事人进行答辩，充分陈述己方观点。但与此同时，也应当注意答辩意见中避免对权利进行不必要的解释。

3. 费用承担

中国外观设计专利无效宣告程序中，由请求人承担相应官费，即1500元人民币。而在欧盟外观设计专利无效宣告程序中，一般规则是失利方或终止程序的一方（放弃专利、以修改后的形式维持专利有效或撤回无效宣告请求）承担另一方无效程序及上诉（如有）而产生的必要费用。如果双方均部分失利，则EUIPO无效审查部或上诉委员会必须决定费用分摊方式。其中，无效宣告程序中，应承担另一方的代理费最高为450欧元。

4. 审理周期

根据中国国家知识产权局2022年年度报告中相关数据，2022年专利无效宣告请求的平均结案周期为5.7个月。❶ 针对欧盟外观设计专利无效宣告程序的审理周期，官方未发布相关数据，审理周期通常取决于案件的复杂性、提交的证据数量等。

5. 行政诉讼

中国外观设计专利无效宣告程序中的当事人，对宣告专利权无效或者维持专利有效的决定不服的，可以自收到通知之日起3个月内向人民法院（北京知识产权法院）起诉，对北京知识产权法院判决不服的当事人，可上诉至最高人民法院。而欧盟外观设计专利无效宣告程序中的当事人，对不利于己方的决定可以上诉至EUIPO上诉委员会，上诉方应当在被诉决定作出之日起2个月内提交上诉通知，并缴纳相关费用。在被诉决定作出之日起4个月内提交书面的意见陈述，意见陈述应当披露上诉人的上诉理由，包括事实和法律部分。它可以与上诉通知一起提交，也可以在有争议的决定通知后4个月内单独提交。对上诉委员会作出的决定不服的，可以向普通法院进一步上诉，普通法院的所有判决均可上诉至欧盟法院（Court of Justice of the European Union）。

综上所述，可以发现，中国与欧盟在外观设计专利无效程序上存在若干差异，特别是在时限规定、是否进行口头审理以及相关费用方面。中国企业在应对这些程序时，必须细致考虑这些差异，以避免因沿用处理中国专利无效的常规思维而产生的错误。

（三）积极进行专利布局及设计创新

S公司作为一家专营宠物用品的公司，其产品技术领域并非技术密集型行业，即便如此，该公司仍然布局了一定数量的外观设计专利。截至2024年7月，S公司所

---

❶ 国家知识产权局. 国家知识产权局2022年度报告［EB/OL］.（2023-06-05）［2025-02-18］. https://www.cnipa.gov.cn/art/2023/6/5/art_3249_185538.html.

持有的外观设计专利数量为 150 件。❶ 该案中 S 公司以其自有的外观设计专利作为现有设计证据，对涉案专利积极进行挑战。由此可见，外观设计作为产品最直观的知识产权保护类型，其布局是企业在市场竞争中的一种重要策略，它不仅能够提升产品的市场吸引力，而且能够在一定程度上保护企业的知识产权，防止竞争对手的模仿。

同时，该案也提示中国企业，获得外观设计专利权并不意味着获得了稳定的权利，其仍有被宣告无效的可能。由于 EUIPO 对外观设计不进行实质审查，中国企业在进行专利布局时，也应注重检索排查，提高自身专利稳定性，为企业相关产品创造专利"护城河"。即便如此，鉴于欧盟外观设计专利申请成本很低，无效宣告程序的费用很高，中国企业可以抓住这一优势，积极为自身产品申请欧盟外观设计专利，提前在欧盟市场进行专利布局，以抢占市场先机，防止竞争对手模仿或抢占市场份额。

（四）利用专利无效程序应对侵权诉讼

在全球经济一体化的背景下，越来越多的中国企业着手拓展国际市场，与此同时也面临国际化中的知识产权问题。外观设计作为产品直观的知识产权表现形式之一，往往在维权过程中起到关键作用。与之相对，越来越多的被控侵权方将专利无效作为应对维权的重要手段之一。例如在 *Savic NV v. Plana S Proizvodnja in Prodaja and Petsolutions NV*［Case No. A/22/02872］案中，原告起诉被告销售的猫砂盆产品侵犯了其拥有的共同体外观设计专利，并在比利时布鲁塞尔法院对二者提起了侵权诉讼，希望在欧盟寻求禁令救济。而被诉侵权方则向法院主张该案中涉案专利不具有新颖性及独特性，并获得法院支持。最终法院驳回了侵权诉讼中原告的诉讼请求。

当中国企业面对专利侵权诉讼压力时，通常可以利用专利无效作为防御手段之一。通过质疑涉案专利的有效性，进而从根本上解除侵权风险。此外，专利无效不仅可以削弱对手的专利武器，而且能够帮助企业在谈判中增加筹码，降低赔偿金额或达成有利的和解条件，让企业在专利战中获得更大的主动权和议价空间。

（供稿：丁超）

---

❶ 检索时间截至 2024 年 7 月 25 日，检索数据库为"智慧芽全球专利检索数据库"。

30

欧盟外观设计专利无效之网络证据运用

该案涉及欧盟外观设计专利无效中的网络证据运用,与中国的专利无效宣告请求程序类似。涉案当事人分别为请求人波兰 G 公司和专利权人中国苏州 JL 公司。

涉案专利为中国苏州 JL 公司在 2021 年 4 月 13 日申请注册共同体外观设计专利 EU0085009610001,其名称为"碗碟沥水架"(dish draining racks),公告日为 2021 年 4 月 16 日。涉案专利所涉及外观设计如图 1 所示。

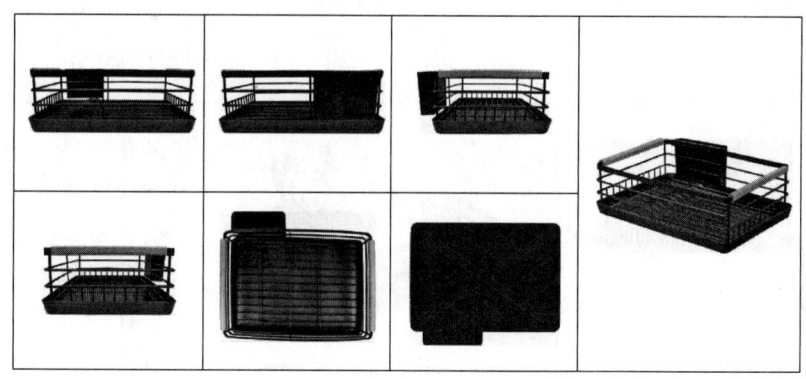

图 1 涉案专利附图

一、案情介绍

2022 年 7 月 11 日,G 公司向 EUIPO 提出针对涉案专利的无效宣告请求。[1]

在该请求中,请求人认为根据《共同体外观设计条例》第 4 条第 1 款和第 25 条第 1 款(b)项,涉案专利不具有新颖性及独特性。具体的,请求人从中国进口沥水篮产品到欧盟市场,该产品由第三方在波兰互联网电商平台 Allegro 上进行销售,涉案专利复制了该产品的外观设计;请求人提交的现有设计和涉案专利给知情用户留

---

[1] 案号为 ICD No. 119069。

下的整体印象完全相同，二者在形状、结构、色彩、比例及尺寸等方面非常相似，可能存在的细微差别并不足以改变二者所产生的整体印象。

请求人引用的现有设计为电商平台的网页打印文件及截屏所展示的产品，具体信息如表1所示。

表1 电商平台现有设计相关信息

序号	电商平台	现有设计/证据	备注
1	https://allegro.pl		产品编号为12207692013的Elitehoff沥水架（E-8056，32cm×43cm×14cm）
2	https://allegro.pl	无效决定未示出	Elitehoff沥水架（E-8056，32cm×43cm×14cm）消费者评价截图2张，截图年份为2020年
3	https://archiwum.allegro.pl		产品编号为9938650318、9924825537的沥水架（E-8056，32cm×43cm×14cm），网页显示日期为2020年11月18日

针对上述无效宣告请求理由及现有设计证据，专利权人进行了答复，主要观点如下。

第一，对证据真实性提出怀疑。

专利权人认为请求人的现有设计证据仅为网页截图，无法针对其真实性进行核实。而且在查看表1中第一个网址的相关产品链接的内容时，发现一张在2021年8月6日评价中的照片，该照片显示的外观设计与请求人引用的现有设计完全不同，专利权人认为可能是请求人在涉案专利申请日后用现有设计照片对不相关产品的照片进行了替换。而且请求人援引的现有设计仅出现在2021年11月和12月发表的消费者评价中，均在涉案专利申请日之后。

专利权人提交证据为产品编号12207692013下的相关评论，具体如表2所示。

表 2　专利权人提交的证据内容及对应观点

序号	证据内容	专利权人观点
1		评价中的图片与产品展示详情页显示的产品无关
2		出现现有设计图片的评价时间在涉案专利申请日之后
3		显示评价年份为 2021 年

第二，现有设计与涉案专利既不相同也不相似。

二者至少在托盘、餐具筒、木质手柄、餐具隔层等部分不同。对此，专利权人提交了比对表，如表 3 所示。

表 3　专利权人提交的涉案专利与现有设计之比对

区别	涉案专利	请求人提交的证据
托盘		

续表

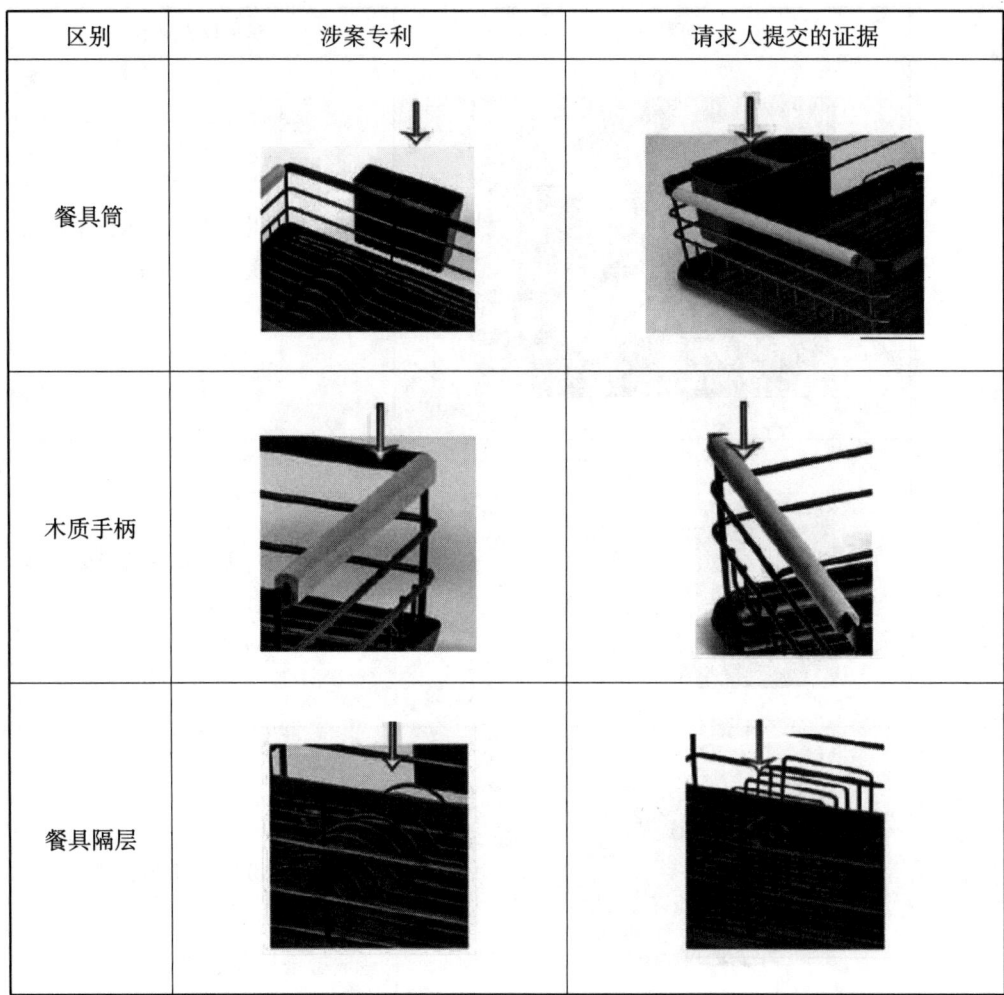

针对专利权人答辩意见，请求人争辩其没有相关销售平台的管理权限，不能对网站内容进行修改，而且所提交的证据中包含网页打印件和网页链接，点击链接即可验证与证据相同的内容，许多消费者评价日期早于涉案专利的申请日期。

专利权人针对请求人回复，认为即使相关网站不是由请求人运营，并不意味着网站运营方不能应请求人的要求或其他第三方的要求进行编辑。

二、处理结果

2023年7月28日，经EUIPO无效审查部审理，请求人提出的关于宣告涉案专利无效的主张得到了支持，涉案专利被宣告无效。专利权人需要承担请求人的费用750欧元。

三、要点分析

（一）关于请求人所使用的网页证据公开时间的认定

无效宣告请求人有证明现有设计公开的举证责任。证据的具体形式无明确规定，原则上互联网公开构成现有设计的一部分。EUIPO无效审查部认为，一旦请求人提供了相关证据，即认为已经进行了公开，专利权人有责任提供相反的事实及证据。

请求人提供的证据表明沥水架在波兰互联网电商平台Allegro上销售，在该产品的详情页展示了沥水架的多个视图及细节，且2020年有多位消费者对该产品进行了评价。此外，具有相同标识和外观的产品还在另外两个产品编号所指向的链接中销售，该链接显示优惠活动已于2020年年底结束。基于此，EUIPO无效审查部认为这些证据相互支持，即使考虑专利权人提出的反对意见，EUIPO无效审查部仍认为这些证据反映了实际情况，没有理由怀疑其真实性。

虽然该案中专利权人对请求人提交的网页打印件和截图的真实性提出异议，但是EUIPO无效审查部指出，正如请求人所述，只需要点击请求人提供的有效链接，即可验证核实相关内容，这些链接打开的网页内容与证据内容相同。此外，专利权人指出在表1第一个网址的相关产品链接的产品评论中所附图片与产品页面上的图片（现有设计）不符，且出现现有设计图片的评论日期均在申请日之后。但是根据请求人提交的证据，同样的外观设计还出现在另外两个产品编号所指向的链接中，且该链接显示产品优惠活动在2020年年底结束。

综上所述，EUIPO无效审查部认为请求人提交的证据是一致的，证据显示的要事实是沥水架产品E-8056 32cm×43cm×14cm于2020年在电商平台上向公众公开，公开日期早于涉案专利的申请日。因此，这些证据足以证明现有设计已于申请日前公开，可以作为现有设计使用，EUIPO无效审查部将使用其与涉案专利进行比对。

（二）关于涉案专利与现有设计的比对

如果涉案专利与注册申请日或优先权日之前已向公众提供的任何外观设计相比，给知情用户留下了不同的整体印象，则涉案专利应被视为具有独特性。评价独特性时，应该从所涉及产品性质及工业领域、知情用户、设计者设计自由度、与现有设计对比的整体印象等角度进行考虑。

涉案专利所涉及的产品是沥水架，知情用户为涉案专利申请日前相关时期内，因其自身经验或对相关产品感兴趣、熟悉市场上现有产品的人。知情用户善于观察，对此类产品进行比较时会给予高度关注。

该案双方当事人均未对设计者自由度进行论证。EUIPO 无效审查部认为，设计者需维持沥水架的用途（让水从碗碟中流出并让碗碟晾干），但对于沥水架构成、颜色、材料、表面图案、装饰、餐具隔层的安排和手柄的设计具有足够的设计自由度。因此，相关产品的设计者在设计时没有受到严重限制，设计自由度至少是一般的。与现有设计相比，涉案专利仅有的细微差别不足以使其具有独特性。

基于上述前提，涉案专利与现有设计的相同点在于：①二者在整体的矩形形状、尺寸及比例上没有明显差异；②均由边缘较低的托盘、格栅状餐具隔层和底部的矩形金属篮构成；③金属框架均具有较宽的边缘，左右侧边缘上分别设有木质手柄；④均包含一个餐具筒；⑤颜色组合均是黑色和天然木色。

二者区别点在于：①如表 4 中涉案专利附图的 a 所示，木质手柄的色调和轮廓不同；②如表 4 中涉案专利附图的 b 所示，二者餐具隔层的形状不同；③如表 4 中涉案专利附图的 c 所示，二者餐具筒的分格数及其在金属框架上的位置不同；④如表 4 中涉案专利附图的 d 所示，二者托盘边缘形状不同。

表 4 涉案专利与现有设计附图之比对

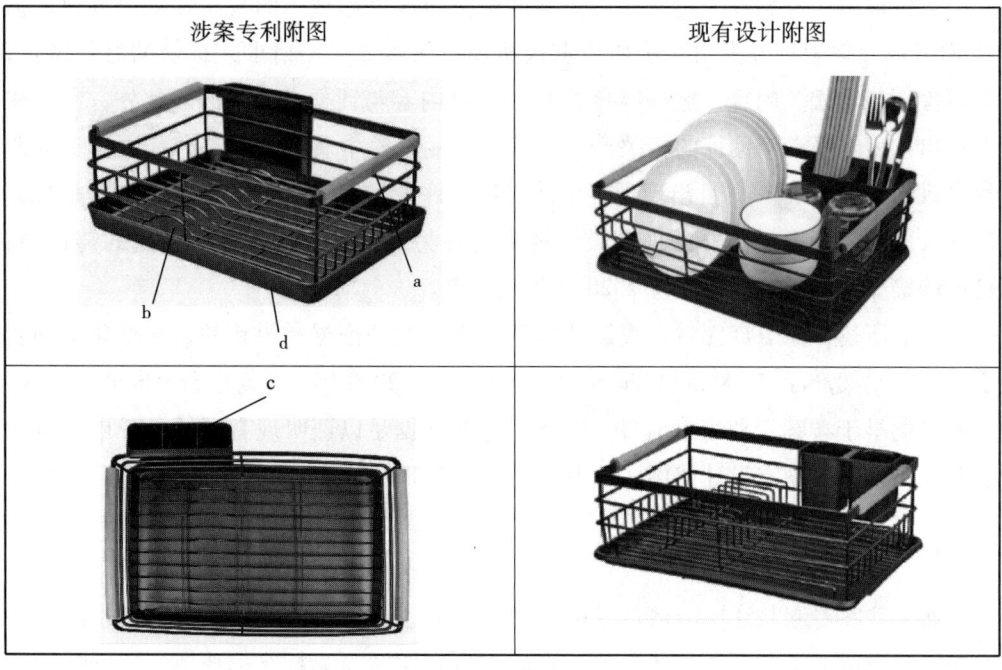

EUIPO 无效审查部认为，善于观察并高度关注该类产品的知情用户会注意到二者的相似性，给人的整体印象是大体呈矩形的金属篮，具有几乎相同的有线结构和几乎相同的部件构成。虽然知情用户会注意到二者的手柄、餐具隔层、餐具筒以及托盘边缘的区别，但这些区别不足以抵消二者的相同之处。

因此，涉案专利与现有设计给知情用户留下相同的整体印象。鉴于设计者在二者所有相同之处均有充分的设计自由度，EUIPO无效审查部认为涉案专利缺乏独特性，根据《共同体外观设计条例》第25条第1款（b）项，宣告涉案专利无效。对其他无效理由亦不再进行评价。

四、启示借鉴

（一）注重互联网证据的收集

在专利无效宣告程序中，互联网证据的重要性日益凸显。相比专利文献证据，互联网证据所呈现的内容是否构成专利法意义上的公开、公开时间真实性的认定，通常成为案件审理的焦点。

在该案中，EUIPO无效审查部根据电商平台记录的消费者评价时间以及其他两个产品编号所指向链接的优惠活动结束时间，认定现有设计的公开时间早于涉案专利。而使用电商平台证据并非个例，例如在EUIPO第119058号和第118880号专利无效案件中，请求人使用的现有设计亦为电商平台（亚马逊）所展示的相关信息。

常见的互联网证据，除了该案使用的电商平台相关信息，还有其他几种较为常见的类型，如网页新闻资讯、电子期刊论文数据库、电气电子工程学会（IEEE）等会议草案论文集、社交平台分享内容、网页图书馆收录的网页痕迹等。需要特别说明的是，欧盟商标和外观设计审查指南中还特别指出了电子邮件也可以作为外观设计公开的来源之一，特别是那些旨在推广产品并发送给大量收件人的电子邮件。例如欧盟普通法院作出的T166/15判决中指出，该案的无效宣告请求人作为现有设计证据使用的多封电子邮件均来自网址Alibaba.com，这些邮件中包含了清晰的产品图片，展示了该案涉案专利的所有设计特征。这些邮件并非私人通信，而是作为新闻稿，向大量订阅者发送的产品广告，足以证明该案涉案专利的外观设计在优先权日之前已经对公众公开。

在中国法律实践中，互联网证据公开时间的认定，往往考虑以下四个方面：①网站本身的资质或权威性；②网站运营管理规则，内容发布后是否可以作二次编辑，编辑后发布时间是否会变化或者是否可以查阅编辑历史；③网站与当事人之间是否存在利害关系；④信息发布主体的相关属性及信息，比如发布信息账号为个人社交分享还是商业推广，发布内容时是否限制公开范围等。

此外，随着时间发展，一些社交媒体的使用方式随之改变或增加，同一性质的证据可能被作不同的认定。例如，微信朋友圈、QQ空间已成为商家推广宣传、产品营销的重要途径，出于此类商业目的，该类用户往往希望尽可能多的公众看到自己的朋友圈或QQ空间，通常不会对相关信息的传播进行限制，拒绝他人添加好友和限定公开范围的可能性也极低。因此，在没有反证的情况下，如果提供的证据能够证明所涉及朋友圈或QQ空间系用于产品营销，或者有显著的推广宣传意愿，则可以认定相关信息已构成专利法意义上的公开。

例如，在刘某某与广东省潮州市某公司、国家知识产权局外观设计专利无效行政纠纷案❶中，最高人民法院认为：对于QQ空间相册内容是否构成现有设计的问题，不能一概而论，而应综合考虑QQ空间的主要用途、图片的上传时间、图片的公开情况等要素，以此判断公众是否能够获得该信息，以及该信息何时处于为公众所知的状态；涉案QQ空间主要用作公开推销产品的商业用途，而非秘密性的个人使用。对于以商业用途为主的QQ空间，可以推定其对所有人公开，除非有相反证据表明该空间存在未公开或仅对特定人公开的情况。该案二审期间，上诉人提交第61204号公证书不足以证明涉案QQ空间处于不为公众所知的状态。

综上所述，企业在发起外观设计专利无效宣告请求时，应对现有设计进行充分检索，积极收集和保存相关互联网证据。注重多渠道多角度进行互联网证据收集，包括但不限于搜索引擎、电商平台、社交平台、电子数据库、行业论坛等，这些证据往往可能在无效宣告程序中发挥关键作用。在取证时，还需特别关注相关网站的资质与权威性、网站的运营规则等，尤其是与公开时间认定有关的部分。

此外，企业作为专利权人，在面对专利无效宣告程序中的互联网证据时，也应注意就相关证据的公开时间进行核实，尤其针对信息发布后是否可经过二次编辑以及编辑后是否留下历史记录等内容进行调查，并提供相应的反证支持己方观点。

例如，在中国国家知识产权局第43433号无效宣告请求审查决定中，请求人提供了证据2：某公证处的公证书及部分网页翻译件，指出其中记载的图片公开时间早于该案涉案专利，属于该案涉案专利的现有设计。专利权人认为上述时间不应被采信，并提交了反证1，反证1中显示网站文字记载"如果您修改文章，则文章的发布日期不会更改"。而且在该网站对已发布内容进行编辑操作，并使用其他图片对已发布内容中的图片进行替换后再次发布，修改后发布时间并未改变。综上，合议组认为根据现有证据，不足以证明证据2中图片的公开时间在该案涉案专利申请日之前，因此不能证明上述图片所显示外观设计属于涉案专利的现有设计。

（二）注意互联网公开产品的时机

在实践中，有的企业提前在网络上公开外观设计，最终导致专利被宣告无效，例如在中国国家知识产权局第43734号无效宣告请求审查决定中，该案涉案专利为衣帽架，该衣帽架以其简洁独特的造型，斩获包括德国红点至尊奖在内的多个国内

---

❶ 参见最高人民法院（2020）最高法知行终422号行政判决书。

外设计奖项。在维权过程中，被诉侵权方以设计者于设计之初发布在微博上的设计草图作为现有设计证据提出无效，使该案涉案专利被宣告全部无效，导致专利权人最终失去维权基础。

因此，企业在进行产品宣传时，需审慎对待产品宣传与专利布局的时机和配合关系，以确保既能有效保护自身的知识产权，又能在市场中获得先机。具体的，企业应加强专利申请前的保密工作，在企业内部建立严格的保密制度和知识产权管理体系。通过对员工的培训和教育，提高员工对知识产权重要性的认识，严格控制信息的披露，避免在申请专利前通过互联网或其他渠道公开产品信息。

此外，在产品宣传之际，企业一旦将相关内容披露给第三方，务必与其签署保密协议并确保其严格遵守，防止第三方未经授权泄露相关内容对企业造成损失。例如在国家知识产权局、福建省厦门市某公司与张某外观设计专利权无效行政纠纷案❶中，申请人与第三方签订宣传册设计印刷合同，约定印刷的内容为该案涉案专利所涉及的"咪哒minik音乐娱乐机产品"的广告宣传册。第三方在履行合同过程中，接触到该案涉案外观设计，并在专利申请日之前违反双方保密协议，在其运营的微信公众号上将相关设计披露，最终导致该案涉案专利被宣告无效。虽然权利人在诉讼过程中主张"不丧失新颖性公开"，但由于提出该主张时，已超出相关规定期限，因此国家知识产权局对不丧失新颖性公开不予认定。该案涉案专利被宣告无效，导致索赔1.6亿元的维权诉讼最终铩羽而归。

特别提示关注的是，一旦产品在专利申请之前被公开，可以利用不丧失新颖性公开的相关规定进行补救，但应注意"宽限期"的具体要求，以最大限度地减少因提前公开带来的风险。此外，不同国家对于新颖性的要求和宽限期的规定有所不同，常见国家、地区对于"不丧失新颖性公开"的相关规定如表5所示。

表5 常见国家、地区对于"不丧失新颖性公开"相关规定之举例

国别	期限时长	规定名称及具体条款项	规定内容
中国	6个月	《中华人民共和国专利法》第24条	申请专利的发明创造在申请日以前6个月内，有下列情形之一的，不丧失新颖性： （1）在国家出现紧急状态或者非常情况时，为公共利益目的首次公开的； （2）在中国政府主办或者承认的国际展览会上首次展出的； （3）在规定的学术会议或者技术会议上首次发表的； （4）他人未经申请人同意而泄露其内容的

---

❶ 参见北京市高级人民法院（2019）京行终658号行政判决书。

续表

国别	期限时长	规定名称及具体条款项	规定内容
美国	12个月	美国专利法第102条第（b）款：例外情形（摘选）	（1）在主张发明有效申请日前1年或1年以内进行的公开，若符合下列条件，不应当依据第（a）款（1）项构成主张发明的现有技术： （A）该公开由发明人或共同发明人所进行，或由从发明人或共同发明人直接或间接获得所公开内容的第三方所进行；或 （B）在上述公开之前，发明人或共同发明人或从发明人或共同发明人直接或间接获得所公开内容的第三方已将该内容公开。 （2）出现在申请文件及专利中的公开。在下列情况下，公开内容不应当依据第（a）款（2）项构成主张发明的现有技术： （A）所公开的内容系直接或间接从发明人或共同发明人处获得； （B）在依据第（a）款（2）项进行有效申请之前，发明人或共同发明人或从发明人或共同发明人直接或间接获得所公开内容的第三方已将该内容公开；或 （C）在主张发明的有效申请日当日或之前，所公开的内容与主张发明由同一主体所有或受到向同一主体进行转让的义务约束
日本	12个月	日本意匠法第4条：外观设计新颖性丧失的例外（摘选）	（1）违背有权获得外观设计注册者的本意，造成外观设计符合该法第3条第1款1项或者2项时，自符合之日起6个月内有权获得外观设计注册者就该外观设计提出申请的，其外观设计视为不符合该法第3条第1款1项或者2项之规定。 （2）因有权获得外观设计注册者的行为，造成外观设计符合第3条第1款1项或者2项时（在发明、实用新型、外观设计或商标公报上公开而符合第3条第1款1项或2项的除外），自符合之日起6个月内有权获得外观设计注册者就该外观设计提出申请的，其外观设计视为不符合该法第3条第1款1项或者2项之规定

续表

国别	期限时长	规定名称及具体条款项	规定内容
韩国	12个月	韩国外观设计保护法第36条（摘选）	（1）外观设计属于该法第33条第1款（i）项或（ii）项规定的情形，但有权注册该外观设计的申请人自情形发生之日起12个月内提交外观设计申请的，则该申请视为该法第33条第1款（i）项或（ii）项的例外情形。如果该外观设计根据条约或法律在国内或国外公开申请或注册公告，则不适用该条
欧盟	12个月	《共同体外观设计条例》第7条（摘选）	（1）请求注册共同体外观设计保护的外观设计由于下列情形为公众所知，不能被视为第5条、第6条所述的公开： （a）由设计人，权利继承人或者由设计人或者权利继承人的行为及提供的信息而得知的第三人；且 （b）在申请日（有优先权的，在优先权日）之前的12个月内。 （2）第2款同样适用于因设计人或其权利继承人相关的滥用而导致的公开

综上所述，在当今互联网高速发展的时代，中国企业在产品宣传抢占市场的同时，也要注意配合知识产权布局，避免因申请日之前的不慎公开造成不必要的损失，从而最大程度发挥知识产权为市场保驾护航的作用。

（供稿：丁超）

31

日本专利无效之策略性使用

该案是日本专利无效案件，涉案当事人分别为请求人中国江苏 CCG 公司和专利权人中国 QHBT 公司。

该系列无效案件涉及 4 件实用新型专利，分别如下。

中国 QHBT 公司于 2018 年 11 月 15 日申请的日本实用新型专利 JP3219916U，其实用新型名称为"人造草坪"，其授权公告日为 2019 年 1 月 31 日，并于 2022 年 2 月 28 日第三次公告 JP3219916U6。

中国 QHBT 公司于 2019 年 4 月 26 日申请的日本实用新型专利 JP3222141U，其实用新型名称为"经编人造草坪"，优先权日为 2018 年 11 月 6 日，授权公告日为 2019 年 7 月 11 日，并于 2022 年 2 月 28 日第二次公告 JP3222141U6。

中国 QHBT 公司于 2019 年 4 月 26 日申请的日本实用新型专利 JP3222142U，其实用新型名称为"抗菌人造草坪"，授权公告日为 2019 年 7 月 11 日，并于 2022 年 2 月 28 日第三次公告 JP3222142U6。

中国 QHBT 公司于 2019 年 4 月 26 日申请的日本实用新型专利 JP3222143U，其实用新型名称为"多色多形态人造草坪"，授权公告日为 2019 年 7 月 11 日，并于 2022 年 2 月 28 日第三次公告 JP3222143U6。

一、案情介绍

2021 年 5 月 24 日，中国江苏 CCG 公司分别针对中国 QHBT 公司的人造草坪相关的 4 件日本实用新型专利：第 3219916 号（无效案号为"無効 2021 - 400002"）、第 3222141 号（无效案号为"無効 2021 - 400003"）、第 3222142 号（无效案号为"無効 2021 - 400004"），以及第 3222143 号（无效案号为"無効 2021 - 400005"）提起无效宣告请求。

由于这 4 件无效宣告案件过程类似，在此以第 3219916 号（无效案号为"無効

2021－400002"）实用新型专利为例进行说明，该案时间线如下。[1]

2019 年 1 月 9 日，涉案专利第 3219916 号实用新型专利授权。

2020 年 6 月 1 日，中国江苏 CCG 公司向日本特许厅请求了针对涉案专利的技术评价。

2020 年 12 月 9 日，日本特许厅作出实用新型技术评价书。

2021 年 3 月 9 日，专利权人对涉案专利进行了权利要求修正。

2021 年 5 月 24 日，中国江苏 CCG 公司针对涉案专利提出了无效宣告请求。

2021 年 7 月 26 日，日本特许厅对于修正的涉案专利进行公告（公告号为 JP3219916U7）。

2022 年 1 月 21 日，中国 QHBT 公司针对该案的无效宣告请求进行了答辩，并修改了权利要求，删除了原权利要求 1～4。

2022 年 2 月 28 日，日本特许厅对于修改的涉案专利进行公告（公告号为 JP3219916U6）。

在案件审理过程中，由日本特许厅下发书面审理通知书，通知该案依据职权进行书面审理。

2022 年 7 月 29 日，日本特许厅作出无效决定书，认定在修改后的权利要求的基础上，涉案专利维持有效。

需要说明的是，针对第 3222142 号和第 3222143 号实用新型专利，中国江苏 CCG 公司均请求了技术评价，且中国 QHBT 公司均基于技术评价书进行了权利要求的修改。

二、处理结果

第 3219916 号实用新型专利无效案在删除权利要求 1～4 之后，认定权利要求 5～9 有效；

第 3222141 号实用新型专利无效案在修改权利要求 1～8 之后，认定权利要求 1～8 有效；

第 3222142 号实用新型专利无效案在删除权利要求 1～5 之后，认定权利要求 6～10 有效；

第 3222143 号实用新型专利无效案在删除权利要求 1～3 之后，认定权利要求 4～10 有效。

---

[1] J－Platpat. 実登 3219916［EB/OL］.［2024－05－28］. https：//www.j－platpat.inpit.go.jp/p0200.

三、要点分析

在涉案专利第 3219916 号实用新型专利无效案中，中国江苏 CCG 公司在 2020 年 6 月 1 日向日本特许厅提交实用新型技术评价请求，日本特许厅在 2020 年 12 月 9 日作出实用新型技术评价书，并分别于 2021 年 1 月 7 日、12 日下发实用新型技术评价通知。专利权人中国 QHBT 公司于 2021 年 3 月 9 日基于日本实用新型法第 14 条之二 1 项对权利要求进行了订正。

涉案专利的原权利要求 1 为：

人造草坪，其特征在于包括：

基布（1）；

与所述基布（1）相连接，并且从所述基布（1）延伸的人工草叶；

与所述基布（1）相连接，并且与所述人工草叶相接触的纤维（4）；

其中，所述纤维包括抗静电纤维或者导电纤维。

经过技术评价后，专利权人中国 QHBT 公司将原权利要求 1 订正如下：

人造草坪，其特征在于包括：

基布（1）；

与所述基布（1）相连接，并且从所述基布（1）延伸的人工草叶；

与所述基布（1）相连接，并且与所述人工草叶相接触纤维（4）；

其中，所述纤维包括抗静电纤维或者导电纤维

所述人工草叶包括至少两种颜色的人工草叶（原权利要求 6）；

所述人工草皮包括至少两种细度的人工草叶（原权利要求 7）；

所述人工草叶包括具有至少两种断面形状的人工草叶（原权利要求 8）。

由上可以看到，日本实用新型专利在授权之后，可以根据情况进行修正，称为"订正"程序。

根据日本实用新型法第 14 条之二 1、2 项，可以了解到，针对日本实用新型专利，可基于下述订正目的对说明书、权利要求的保护范围以及附图进行修正，具体如表 1 所示。❶

---

❶ 日本特许厅. 実用新案権の訂正について［EB/OL］.［2025-02-14］. https：//www.jpo.go.jp/system/process/toroku/jitsushin_teisei.html.

表1　订正目的及对应期限和次数

序号	订正目的	订正期限	订正次数
1	权利要求保护范围的限缩	超过以下期限后，不得进行修正：①最初实用新型评价书的副本送达之日起超过2个月；②无效宣告请求书的副本送达最初指定的答辩期间经过之后	仅1次
2	笔误的修正		
3	没有明确记载的说明		
4	权利要求之间引用关系的取消		
5	权利要求的删除	无效宣告的审理终结通知之后不可修正	不限次数

需要说明的是，针对序号1~4的修正，在全部期间内仅能修正一次，且当上述①或②期间任一个期间经过之后，即使没有修正，也不能再进行修正。但是针对序号5权利要求删除的修正，则是不限次数，如图1所示。

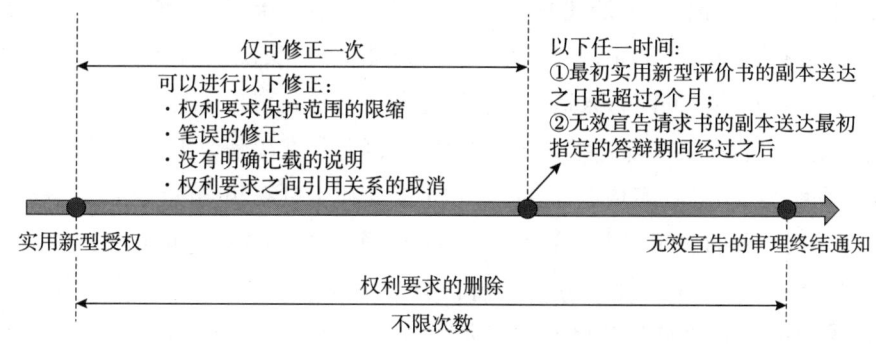

图1　针对序号1~5权利要求的修正说明示意

基于上述规定，在该案中，专利权人中国QHBT公司在中国江苏CCG公司请求技术评价后，修改了权利要求，在随后的无效宣告案件中，其失去了再针对权利要求保护范围限缩的修正权利，因此，中国QHBT公司只能在无效宣告案件中采用删除的方式进行修改，以维持专利权的有效性。

此外，除订正程序外，该案还涉及证据的结合启示问题。在该案中，涉案专利修改后权利要求5限定如下：

一种人工草坪，其特征在于：包括

特征A：基布（1）；和

特征B：与所述基布（1）连接且从所述基布（1）延伸人造草叶；和

特征C：与所述基布（1）连接且与所述人造草叶接触的纤维（4）；

特征D：其中，所述纤维含有抗静电纤维或者导电纤维；

特征E：所述人造草叶含有抗静电人造草叶；

特征 F：还包括连接在所述基布（1）的与所述人造草叶相反一侧的抗静电黏合层（3）。

请求人中国江苏 CCG 公司共计提交了 4 份证据甲 1~4，用于评价涉案专利修改后的权利要求 5~9。

日本特许厅认为，请求人所提交的证据甲 1 的技术方案中，"基部 1""合成纤维 2""人工草坪运动场"中的"人工草坪"，分别相当于权利要求 5 中的"基布（1）""人造草叶""人工草坪"。而甲 1 中公开的"基部 1 上安装的合成纤维 2"相当于权利要求 5 的"与所述基布（1）连接且从所述基布（1）延伸人造草叶"。

证据甲 1 与权利要求 5 至少有以下 3 个区别：

区别 1：针对特征 C 和特征 D，证据的说明书并未明确公开纤维的具体情况；

区别 2：针对特征 E，证据并未公开；

区别 3：针对特征 F，证据并未公开。

关于区别 1 和区别 2，日本特许厅认为，在权利要求 5 中，人造草皮被限定为"与所述基布（1）连接且从所述基布（1）延伸"，而纤维（4）被限定为"与所述基布（1）连接且与所述人造草叶接触"，即纤维（4）实质上与基布（1）相连接，并从基布（1）延伸。同时，人造草皮被限定为"包含抗静电人造草叶"，纤维（4）同样被限定为"含有抗静电纤维或导电纤维"。因此，在权利要求 5 的限定中，尽管人造草叶和纤维（4）在表现上存在差异，但是实质上具有相同的结构。

而在涉案专利的说明书中，关于纤维（4），并未找到与人造草叶相区别的说明。

从证据甲 1 所公开的技术方案来看，关于抗静电性以及导电性，其将添加了"防静电添加剂"的"颗粒状填充材料 4"设置在"多个合成纤维 2 之间"。其中，对于该"颗粒状填充材料 4"在证据甲 1 第 0024 段中公开如下技术内容："通过在颗粒状填充材料中使用防静电添加剂，可以防止颗粒状填充材料在比赛过程中产生静电，从而防止在人工草坪运动场中由于排斥作用而使颗粒状填充材料向上方扩散。防静电添加剂的使用，防止颗粒状填充材料在比赛过程中向空中扩散。进一步地，防静电添加剂可以确保任何可能产生的静电放电，放电是通过人工草坪运动场进行而不是通过运动员进行。"如前所述，由于"颗粒状填充材料 4"使用了"防静电添加剂"，因此"通过人工草坪运动场""静电""放电"问题得以解决。同时，由于"颗粒状填充材料 4"也需要使用抗静电添加剂，以"防止颗粒状填料在比赛过程中扩散到空气中"，因此在证据甲 1 的技术方案中，将已经使用在"颗粒状填充材料 4"中的"防静电添加剂"用于"人造草叶"或"合成纤维 2"以使该"人造草叶"或"合成纤维 2"具有抗静电性能或导电性，是存在危害要因的。而且，由于已经在"颗粒状填充材料 4"中使用了"防带电添加剂"，因此没有对"人造草叶"或"合成纤维 2"进一步赋予抗静电性和导电性的动机。

即使如证据甲 2 和甲 3 所示，给人工草皮附加抗静电性和导电性是已知或众所周知的技术，本领域技术人员也不容易想到通过将证据甲 2 或甲 3 的技术方案应用于证据甲 1 来实现与上述区别 1 和区别 2 相关的权利要求 5 的结构。

关于区别 3，即使证据甲 4 公开了黏着剂层，但是没有公开该黏着剂层可以具有抗静电性，也没有其他证据公开该技术内容。

因此，权利要求 5~9 相对于上述证据具备创造性。

由上可知，日本特许厅在审查实用新型专利的创造性时，会考虑证据之间的结合启示，对于本领域技术人员来说是否容易想到。根据日本发明·实用新型专利审查标准第 3 部分第 2 章第 2 节中关于创造性阻碍因素中列举了以下情况，属于将次要引用发明应用于主要引用发明的妨碍情况（即不具备结合启示）：

① 次要引用发明如果应用于主要引用发明，则会与主要引用发明的发明目的相冲突；

② 当次要引用发明应用于主要引用发明时，会使主要引用发明不再起作用；

③ 主要引用发明排除（或被认为不可能采用）次要引用发明；

④ 次要引用发明所示的出版物中，记载了次要引用发明以及其他实施例，并且关于主要引用发明所想要达到的效果，次要引用发明记载的技术效果不如主要引用发明，使得本领域技术人员通常不会考虑应用次要引用发明。

除了涉案专利有上述情况，类似证据之间具有阻碍因素从而影响创造性判断的案例屡见不鲜。举例来说，在日本知识产权高等法院 2012 年 7 月 17 日判决的配备使用频闪仪输入系统的信息处理设备案例中❶，法院认为将出版物 3 中的技术方案应用于出版物 1 中具有阻碍因素，从而认定权利要求具备创造性。

与日本类似，我国专利无效宣告审查案件在创造性判断中，也会判断对证据之间是否具有技术教导。例如在一例涉及风管系统保温的案件中❷，法院认为，涉案专利主要解决的技术问题在于对风管系统进行保温的问题，而最接近现有技术证据 3 从应用场景来看，主要是通过调节管段等来解决为特定岗位设备送风的问题。因此，本领域技术人员在证据 3 的基础上很难意识到需要对风管系统进行保温的问题，没有技术启示或者教导解决柔性风管系统保温的问题，也就没有动机将证据 3 与其他现有技术相结合来获得涉案专利权利要求 1 要求保护的技术方案。

由上可知，无论是中国还是日本，在判断权利要求是否具有创造性时，需要针对证据的记载对证据之间是否具有技术启示或者教导进行判断，而不能简单将证据之间进行技术手段的拼凑或组合。

---

❶ 知的财产高等裁判所第 3 部. 平成 23 年（行ケ）第 10098 号审决取消请求事件［EB/OL］.（2014-07-17）［2024-05-28］. https：//www.courts.go.jp/app/files/hanrei_jp/443/082443_hanrei.pdf.

❷ 参见北京知识产权法院（2022）京 73 行初 14502 号行政判决书.

四、启示借鉴

该案涉及中国江苏 CCG 公司对中国 QHBT 公司的实用新型专利进行监控,通过利用日本专利的实用新型技术评价、无效宣告请求等多个程序,迫使其修改权利要求的保护范围,以期降低自身企业所面临的知识产权风险。

其中,在日本可以利用的程序有针对实用新型专利的评价报告请求、专利无效宣告请求以及发明专利的异议请求等。

(一)日本实用新型技术评价

日本的实用新型技术评价书与我国专利评价报告作用类似,均是由于实用新型专利未经实质审查,为了初步确定实用新型的专利性而设置的,但是二者有一定区别。

首先,在请求主体方面,根据日本实用新型法第 12 条规定,任何人可以向日本特许厅提交请求,针对该实用新型专利进行技术评价。日本实用新型法第 13 条规定,当请求后,日本特许厅将通知专利权人,并应当在实用新型公报上,公布该技术评价书。

这与我国有所不同,根据《中华人民共和国专利法实施细则》第 62 条❶规定,仅专利权人、利害关系人、被控侵权人可以向中国国家知识产权局请求作出专利权评价报告。此外,第 63 条第 2 款规定,任何人可以查阅或者复制该专利权评价报告。❷

其次,在评价报告使用方面,根据日本实用新型法第 29 条之二的规定,实用新型专利权人或专用实施权人只有在出示了实用新型技术评价书并发出警告之后,才能行使权利。

根据日本实用新型法第 29 条之三规定,在实用新型专利权人或专用实施权人针对侵权人行使权利或进行警告的情况下,当实用新型专利权确定具有被认定无效的决定时,该权利的行使或警告给对方产生损害时将承担相应的赔偿责任,但是基于评价报告或者施以相当的注意行使权利或发出警告时,则不受此限。

然而,根据《中华人民共和国专利法》第 66 条第 2 款之规定,实用新型专利的

---

❶ 《中华人民共和国专利法实施细则》第 62 条规定:"授予实用新型或者外观设计专利权的决定公告后,专利法第六十六条规定的专利权人、利害关系人、被控侵权人可以请求国务院专利行政部门作出专利权评价报告。申请人可以在办理专利权登记手续时请求国务院专利行政部门作出专利权评价报告。"

❷ 《中华人民共和国专利法实施细则》第 63 条第 2 款规定:"对同一项实用新型或者外观设计专利权,有多个请求人请求作出专利权评价报告的,国务院专利行政部门仅作出一份专利权评价报告。任何单位或者个人可以查阅或者复制该专利权评价报告。"

评价报告并非为起诉的必要要件，而是法院可以要求专利权人出具，或专利权人主动出具，以更有利于案件的顺利审理。

最后，评价报告的对象不同，由于日本发明专利、外观设计专利均进行实质审查，因此仅对实用新型专利设定技术评价制度。而在中国，由于实用新型专利、外观设计专利均不进行实质审查，因此针对这两种专利权均可以申请专利评价报告。

（二）日本专利无效宣告程序

在日本，可以针对授权的发明专利、实用新型专利以及外观设计专利提出无效宣告请求。具体为，根据日本发明专利法第123条的规定，利害关系人可以针对已授权发明专利提出发明专利无效请求审判（以权利归属相关无效理由以外的理由提出无效，请求人需要为获得专利权的人）、根据日本实用新型法第37条以及日本外观设计法第48条的规定，任何人（以权利归属相关无效理由以外的理由提出无效）可以针对已授权的实用新型及外观设计提出无效宣告请求。

在日本，针对发明专利提出无效宣告请求，请求人的资格是受限的，只有利害关系人才可以提出。与之相对的，在中国，针对发明专利，任何人均可以提出无效宣告请求，具体如表2所示。

表2 中国、日本无效宣告请求主体之比对

项目	日本	中国
发明	利害关系人（以权利归属为理由，请求人需要为获得专利权者）	任何人
实用新型	任何人（以权利归属为理由，请求人需要为获得专利权者）	任何人
外观设计	任何人（以权利归属为理由，请求人需要为获得专利权者）	任何人（以权利冲突为理由请求无效，请求人需要为在先权利人或者利害关系人）

注：在我国，《专利审查指南（2023）》第四部分第3章第3.2节规定，请求人属于下列情形之一的，其无效宣告请求不予受理：（1）请求人不具备民事诉讼主体资格的。（2）以授予专利权的外观设计与他人在申请日以前已经取得的合法权利相冲突为理由请求宣告外观设计专利权无效，但请求人不能证明是在先权利人或者利害关系人的。（3）专利权人针对其专利权提出无效宣告请求且请求宣告专利权全部无效、所提交的证据不是公开出版物或者请求人不是共有专利权的所有专利权人的。（4）多个请求人共同提出一件无效宣告请求的，但属于所有专利权人针对其共有的专利权提出的除外。

其中，关于利害关系人，根据日本特许厅发布的审判手册的规定，利害关系人指的是因专利（商标）权等的存在而法律上的利益或者其权利的法律地位受到直接或可能影响的当事人。由于无效宣告请求书中并不要求记载利害关系，因此，当被请求人（专利权人）对利害关系没有异议的情况下，合议庭可以不要求请求人释明利害关系而径直进行审理。当然，如果合议组认为请求人不具有利害关系时，可以要求请求人释明。❶

根据日本特许厅发布的审判手册的规定，专利无效相关的利害关系人主要考虑以下6种情况。❷①实施与发明相同技术的人；②将来可能实施该专利发明或类似发明的人（包含准备实施该发明者，准备实施可以是购买必要的机械或材料，着手设备的制造或设计等）；③从事与该专利权相关产品、方法相同种类的产品、方法的制造、销售或使用等事业的人；④具有专利权的专用实施权或通常实施权的人；⑤与该专利权有诉讼关系或受到警告的人；⑥关于该专利发明，具有获得发明专利权的人，例如，在无效审决时还不是专利的共有人，但是专利的转让合同在判决日之前，转让登记日在判决日之后，可以认为是利害关系人。

（三）日本专利异议

在日本，针对发明专利，在其授权公告之日起6个月内，任何人都可以针对该专利提出异议，该异议理由可以是专利不具备新颖性、创造性、说明书记载不清楚、公开不充分等理由。❸该程序与发明专利的无效宣告请求程序类似，但是，异议理由不包括无效理由所持有的权利归属相关事由等。同时，与无效宣告请求程序有所不同的是，该异议程序仅进行书面审理，不会进行口头审理。

针对专利异议，日本特许厅会下发异议决定，如对专利被撤销的决定不服，可以向日本高等法院提出上诉。但是，如果对该专利作出维持决定，则异议请求人不可提出上诉。

我国曾经也有类似的专利异议程序，根据1984年《中华人民共和国专利法》，专利申请在公告之日起3个月内，任何人都可以提出异议，异议成立的，应当作出驳回申请的决定，异议不成立的，作出授予专利权的决定。❹

---

❶❷　日本特许厅. 審判便覧［EB/OL］.［2025-02-14］. https：//www.jpo.go.jp/system/trial_appeal/sinpan-binran.html.

❸　日本特许厅. 審判便覧［EB/OL］.［2025-02-14］. https：//www.jpo.go.jp/system/trial_appeal/sinpan-binran.html.

❹　1984年《中华人民共和国专利法》第41条规定："专利申请自公告之日起三个月内，任何人都可以依照本法规定向专利局对该申请提出异议。专利局应当将异议的副本送交申请人，申请人应当在收到异议副本之日起三个月内提出书面答复；无正当理由逾期不提出书面答复的，该申请即被视为撤回。"第42条规定："专利局经审查认为异议成立的，应当作出驳回申请的决定，并通知异议人和申请人。"第44条规定："对专利申请无异议或者经审查异议不成立的，专利局应当作出授予专利权的决定，发给专利证书，并将有关事项予以登记和公告。"

在 1992 年第一次修正《中华人民共和国专利法》后，将异议程序变更为撤销程序，规定自授予专利权之日起 6 个月内，任何人可以请求撤销专利。❶

在 2000 年第二次修正《中华人民共和国专利法》后，则彻底取消了撤销程序，将其与专利无效宣告程序合并，并沿用至今。

因此，我国已经没有类似的异议程序，但如果对专利的有效性有异议，任何人都可以向国家知识产权局请求宣告该专利无效。

（四）关于全球化策略

该系列案件涉及中国江苏 CCG 公司与中国 QHBT 公司之间的 4 件日本实用新型专利无效纠纷。实际上，中国江苏 CCG 公司与中国 QHBT 公司在人造草坪领域属于全球领军的企业，二者之间不断有专利纠纷。

除了本书中所涉及的日本专利无效宣告案件，中国 QHBT 公司于 2020 年 1 月 2 日在山东省济南市中级人民法院提起诉讼，认为被告中国江苏 CCG 公司侵犯其 CN206467534U 实用新型专利权❷，随后于 2020 年 1 月 9 日同样在济南市中级人民法院提起诉讼，认为被告中国江苏 CCG 公司侵犯其 CN202440741U 实用新型专利权❸以及 CN202440740U 实用新型专利权❹。

上述 3 个案件均移送至江苏省南京市中级人民法院管辖。

紧接着，2020 年 4 月 10 日，中国江苏 CCG 公司向中国国家知识产权局针对该 3 件实用新型专利提出无效宣告请求，双方于 2020 年 9 月 18 日针对该 3 件无效案件进行口头审理。该 3 个无效案件陆续于 2023 年 9 月 12 日以及 2024 年 1 月 3 日结案。

2020 年 5 月 29 日，对于涉案专利 CN202440741U，江苏省南京市中级人民法院作出民事裁定，准予原告撤诉。❺

2020 年 5 月 26 日，江苏省南京市中级人民法院针对 CN202440740U 作出一审判决，认定尽管中国江苏 CCG 公司产品落入涉案专利的保护范围，但是中国江苏 CCG 公司现有技术抗辩成立，判决驳回中国 QHBT 公司的诉讼请求。❻ 2020 年 12 月 15 日，最高人民法院针对该案作出二审判决，判决驳回上诉，维持原判。❼

2020 年 6 月 30 日，江苏省南京市中级人民法院针对 CN206467534U 作出一审判

---

❶ 《中华人民共和国专利法》（1992）第 41 条规定："自专利局公告授予专利权之日起六个月内，任何单位或者个人认为该专利权的授予不符合本法有关规定的，都可以请求专利局撤销该专利权。"
❷ 参见山东省济南市中级人民法院（2020）鲁 01 民初 329 号民事判决书。
❸ 参见山东省济南市中级人民法院（2020）鲁 01 民初 20 号民事判决书。
❹ 参见山东省济南市中级人民法院（2020）鲁 01 民初 330 号民事判决书。
❺ 参见江苏省南京市中级人民法院（2020）苏 01 民初 893 号民事判决书。
❻ 参见江苏省南京市中级人民法院（2019）苏 01 民初 464 号民事判决书。
❼ 参见最高人民法院（2020）最高法知民终 1239 号民事判决书。

决,认定尽管中国江苏CCG公司产品落入涉案专利的保护范围,但是中国江苏CCG公司无效抗辩成立,涉案专利不具备创造性,判决驳回中国QHBT公司的诉讼请求。❶ 2021年2月22日,最高人民法院针对该案作出二审判决,认为在审理民事侵权案件时,针对被诉侵权人提出的专利权效力的质疑,人民法院仅进行有限审查,而不对专利权效力作出判决;同时认为一审法院在审理现有技术抗辩时,针对现有技术存在事实不清的情况。因此,最高人民法院判决撤销一审法院判决,发回重审。❷ 2022年12月15日,江苏省南京市中级人民法院作出准许撤诉的民事裁定书。❸

中国QHBT公司与中国江苏CCG公司之间的纠纷大致时间线如图2所示。

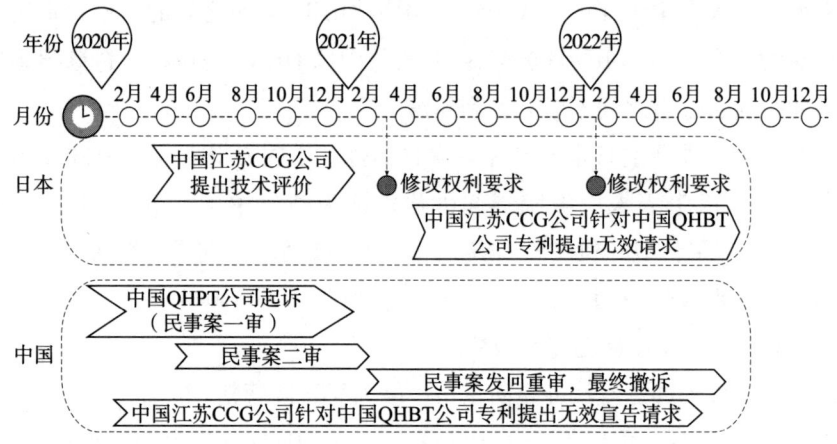

图2 相关案件时间线

由上述中国QHBT公司与中国江苏CCG公司之间旷日持久的专利纠纷以及日本系列无效案件可以看到,当企业遭遇专利侵权诉讼时,可以通过有效的答辩策略来达到减小风险的目的,例如提出专利无效宣告请求、现有技术抗辩等。同时,企业在日常经营过程中,除了关注自身知识产权在全球范围内的布局,还应当关注主要竞争对手在全球范围主要国家的知识产权情况,在必要时,利用当地的知识产权制度,对主要竞争对手的知识产权进行精准打击,防患于未然。

2021~2024年,诺基亚公司与OPPO公司在全球范围内的标准必要专利之争备受关注。❹ 在此期间,诺基亚在多个国家对OPPO公司发起数十件专利侵权诉讼,

---

❶ 参见江苏省南京市中级人民法院(2020)苏01民初890号民事判决书。
❷ 参见最高人民法院(2020)最高法知民终1379号民事判决书。
❸ 江苏共创人造草坪股份有限公司. 江苏共创人造草坪股份有限公司关于近期投资者关注问题的说明[EB/OL].(2023-01-09)[2024-05-28]. http://www.sse.com.cn/disclosure/listedinfo/announcement/c/new/2023-01-09/605099_20230109_IKSX.pdf.
❹ PChome电脑之家. 诺基亚与OPPO握手言和,"专利流氓"为什么服软了?[EB/OL].(2024-02-03)[2024-05-28]. www.163.com/dy/article/IQ25TFKE05118A8G.html.

OPPO公司不但积极应诉，还基于自身专利储备，对诺基亚公司发起反诉，同时，针对诺基亚公司的相关专利在全球范围内提出专利无效宣告请求，从而抵制诺基亚高额的专利费率。最终，在OPPO公司的抗争下，双方于2024年1月达成和解，签署全球专利交叉许可协议，结束了双方在全球所有辖区下的未决纠纷。

与此同时，对于发起相关知识产权诉讼的企业来说，在考虑针对竞争对手发起诉讼或维权之前，要充分评估自身专利的稳定性、价值和维权目的，建立多方面预案，并制定相应策略，以防止在发起诉讼后，由于对方的反抗使自身专利被宣告无效等情况，因此出现"赔了夫人又折兵"的情况。

（供稿：张吉芸）

32

韩国专利保护范围之确认程序

该案涉及韩国专利保护范围的确认程序。该案当事人分别为请求人浙江 DA 公司以及专利权人浙江 SHZN 公司。

涉案专利为浙江 SHZN 公司在 2014 年 12 月 26 日获得授权的韩国发明专利 KR101478777B1，其发明名称为"电动阀及其止动装置"，涉及应用于制冷系统的电动阀技术。

一、案情介绍

2019 年 2 月 15 日，浙江 DA 公司向韩国知识产权审判与上诉委员会请求确认其电动阀产品（以下简称"待确认对象"）不属于浙江 SHZN 公司涉案发明专利 KR101478777B1 的权利要求保护范围。[1]

2019 年 4 月 1 日，浙江 DA 公司对于审判请求书等进行了补正，具体涉及请求理由的补正。

2020 年 7 月 9 日，韩国知识产权审判与上诉委员会举行了关于涉案专利保护范围确认案件的口头审理。

2020 年 7 月 22 日，浙江 DA 公司再次针对审判请求书等进行了补正，具体涉及待确认对象具体说明的补正。

在该案中，请求人浙江 DA 公司主张：①涉案专利的权利要求 1 保护范围不清楚；②由于待确认对象不包括权利要求 1 中的"下止动部"、"定位部"、"台阶面"，以及"卡合限位面"，因此不属于涉案专利权利要求 1 的保护范围。

2020 年 8 月 31 日，韩国知识产权审判与上诉委员会对该案作出决定，具体包括：①确认涉案专利权利要求 1 的保护范围清楚；②确认待确认对象不属于涉案专

---

[1] 该案案号为 2019 당 588。

利权利要求5、6的保护范围；❶③驳回"确认待确认对象不属于其他权利要求保护范围"请求。

具体地，韩国知识产权审判与上诉委员会认为，待确认对象与涉案专利权利要求1~4、7，以及权利要求8~9（附加技术特征）相同，落入了涉案专利权利要求1~4、7，以及权利要求8~9（引用权利要求1~4、7）的保护范围；待确认对象与涉案专利权利要求5、6存在差异。因此，待确认对象不属于涉案专利权利要求5、6的保护范围。

浙江DA公司不服韩国知识产权审判与上诉委员会上述决定中关于涉案专利权利要求1~4、7，以及权利要求8~9（引用权利要求1~4、7）的部分，向韩国特许法院❷上诉请求撤销该部分决定。❸

2021年6月22日，韩国特许法院举行了听证会。

2021年9月2日，韩国特许法院作出决定，具体包括：①确认涉案专利的权利要求1保护范围清楚；②认为待确认对象与涉案专利权利要求1~4、7~9文字描述上不相同，但属于等同（主要争议焦点如表1所示），待确认对象仍然落入涉案专利权利要求1~4、7以及权利要求8~9（引用权利要求1~4、7）的保护范围。该决定与韩国知识产权审判与上诉委员会的审判结果相同。

因此，韩国特许法院维持了原审决定，驳回了浙江DA公司的上诉请求。

浙江DA公司不服韩国特许法院的审理结果，向韩国最高法院提起上诉。❹

2022年7月28日，韩国最高法院❺作出决定，认为原审判决不存在法律不适用或审理不充分等影响判决的错误问题，驳回了浙江DA公司的上诉请求。

二、处理结果

2020年7月22日，韩国知识产权审判与上诉委员会认为待确认对象不属于涉案专利权利要求5、6的保护范围，并驳回了关于确认待确认对象不属于其他权利要求保护范围的请求。

2021年9月2日和2022年7月28日，韩国特许法院、韩国最高法院分别驳回了浙江DA公司的上诉请求，维持原判。

---

❶ 涉案专利权利要求5、6的附加技术特征进一步限定了"台阶面"的具体结构细节。
❷ 韩国特许法院（Intellectual Property High Court）成立于1998年，主要职责在于针对韩国知识产权局特许审判院审判结果的行政诉讼的一审审理以及知识产权侵权诉讼的二审审理。
❸ 该案案号为2020 당 6613。
❹ 该案案号为2021 후 10961。
❺ 韩国大法院（Supreme Court）是韩国司法机构的最高法院，对韩国所有法院所有类型案件的上诉均有管辖权。

表1 涉案专利与待确认对象之比对

涉案专利的部分技术特征	待确认对象对应的技术特征
下止动部径向延伸形成与所述台阶面相抵的定位部，定位部以下的下止动部与螺母上卡合限位面卡合定位	弹簧部102的下端部102a通过与螺母300的表面上的止动凸起310的上平面的一部分相切来执行定位功能

三、要点分析

该案涉及韩国专利权利要求保护范围的确认程序。根据韩国专利法第135条规定，专利权人或专利独占许可人可以申请专利权利范围确认审判，以确认专利的保护范围；利害关系人可以请求专利权利范围确认审判，以确认他人专利的保护范围。

该案中，浙江DA公司作为利害关系人请求确认待确认对象不落入浙江SHZN公司韩国发明专利的保护范围。韩国知识产权审判与上诉委员会、韩国特许法院在审理该案时，引用了多个判例（如韩国最高法院等审理的判例）以判定待确认对象与涉案专利权利要求是否相同，或是否等同。具体如下。

（一）关于"相同"，韩国特许审判院引用了以下判例作为法律依据

第一，韩国2014亨2788案为专利权利范围确认纠纷的上诉案件。韩国最高法院在2015年5月14日作出的决定中讨论了专利权保护范围的确定方法等问题。

该案引用的韩国 2014 亨 2788 案裁判要旨为：专利的保护范围由权利要求书的记载确定，原则上不允许通过发明的说明书或附图来限制或扩展其保护范围。然而，权利要求的解释应当基于其文字的一般意义，并同时考虑说明书或附图，以客观合理的方式进行。

第二，韩国 2017 亨 424 案为专利权利范围确认纠纷的上诉案件。韩国最高法院在 2019 年 1 月 31 日作出的决定中讨论了判断待确认对象是否属于专利权利范围的标准等问题。

该案引用的韩国 2017 亨 424 案裁判要旨为：确定待确认对象是否属于专利要求保护的权利范围，必须确保待确认对象包含了专利权利要求范围所记载的全部构成要素及其有机结合关系；即使待确认对象在某些构成要素上与专利的权利要求范围有所不同，如果二者具有相同的技术手段，并且具有实质上相同的效果，且这种差异是本技术领域普通技术人员能够容易想到的，那么在一般情况下，待确认对象应属于专利的权利范围。

第三，韩国 2014 亨 2788 案为专利权利范围确认纠纷的上诉案件。韩国最高法院在 2003 年 7 月 11 日作出的决定中讨论了专利保护范围的确定等问题。

该案引用的韩国 2014 亨 2788 案裁判要旨为：专利的保护范围应由专利权利要求书记载范围确定。如果权利要求书的记载足以明确技术范围，原则上不能通过说明书的其他记载来限制权利要求书的解释。但是，如果根据权利要求书文字记载所确定的保护范围，无法得到说明书的支持，或者申请人明显有意将某些部分排除在专利保护范围之外，则可以考虑根据技术构思、说明书的其他记载以及申请人的意图等对专利的保护范围进行限制性解释。

第四，韩国 2001 亨 171 案为专利权利范围确认纠纷的上诉案件。韩国最高法院在 2002 年 9 月 6 日作出的决定中讨论了专利申请过程中的特定组件是否被有意识地排除在专利权利要求保护范围之外的判断方法等问题。

该案引用的韩国 2001 亨 171 案裁判要旨为：判断专利申请过程中的特定组件是否被有意识地排除在专利权利要求保护范围，需要考虑从专利申请开始到专利授权过程中的所有文件，包括审查员提出的意见和申请人提交的修正书和意见书等，以确定申请人的意图。

第五，韩国 2014 亨 638 案为专利权利范围确认纠纷的上诉案件。韩国最高法院在 2017 年 4 月 26 日作出的决定中讨论了如何判断某个结构是否被有意识地从权利要求范围内排除。

该案引用的韩国 2014 亨 638 案裁判要旨为：仅凭申请过程中权利要求范围的缩减，不能简单地断定缩减前后的所有结构都被有意识地排除。需要综合考虑修正理由、审查员的意见等多种情况，只有在申请人明确表示希望从权利要求范围内排除某个结构时,才能认定这一意图。即使在没有缩减权利要求范围的情况下,通过提交意见书等方式表达的意见,也适用同样的法律原则。

基于以上判例,韩国知识产权审判与上诉委员会认为该案的待确认对象与涉案专利权利要求1~4、7,以及权利要求8~9(附加技术特征)相同。因此,待确认对象落入了涉案专利权利要求1~4、7,以及权利要求8~9(引用权利要求1~4、7)的保护范围。

(二)关于"等同",韩国特许法院引用了3件判例作为法律依据

第一,与韩国知识产权审判与上诉委员会类似,韩国特许法院同样引用了上述判例韩国2017후424案。

在上诉案中引用的韩国2017후424案裁判要旨为:在判断待确认对象与涉案专利是否具有相同或等同的解决技术问题的技术手段时,不应仅在形式上提取专利权利要求的文字记载,还应考虑专利说明书中详细描述的发明内容和专利申请时的现有技术,以便实质性地探讨专利特有的解决方案所基于的技术构思的核心内容。另外,根据韩国专利法,专利旨在保护对技术发展的贡献,即专利所要求保护的技术方案解决了现有技术中未能解决的技术问题。因此,在判断待确认对象与涉案专利之间的差异部分是否等同时,应考虑专利对技术发展的贡献程度,从而确定专利为解决技术问题提出的技术方案所包含范围的宽窄。

第二,2018다267252案为韩国专利侵权诉讼。韩国最高法院在2019年1月31日作出的决定中讨论了如何判断涉案产品(即待确认对象)与涉案专利的技术效果实质上相同。

在上诉案中引用的韩国2018다267252案裁判要旨为:判断待确认对象及涉案专利所能实现的技术效果是否实质上相同时,应以待确认对象是否解决了专利所解决的技术问题为标准。如果专利特有的解决方案所基于的技术构思在待确认对象中也得到实现,原则上应认为技术效果实质上相同。如果专利的技术构思在专利申请时已经是公知的,或者与公知技术没有显著差异,那么这种技术构思不能被视为专利发明所特有的,也不能确定专利解决了现有技术中没有解决的技术问题。在这种情况下,不能根据专利的技术构思与待确认对象是否相同来确定二者的技术效果实质上相同,而是需要比较待确认对象中的组件与专利技术方案中对应组件在功能上是否相同或等同。

第三,与韩国知识产权审判与上诉委员会类似,韩国特许法院同样引用了韩国2014후638案,并且引用了同样的裁判要旨。前文已经描述该案裁判要旨,此处不再重复。

基于以上判例，韩国特许法院认为该案的待确认对象与涉案专利权利要求1~4、7以及权利要求8~9（附加技术特征）等同。因此，待确认对象落入了涉案专利权利要求1~4、7以及权利要求8~9（引用权利要求1~4、7）的保护范围。

四、启示借鉴

（一）韩国专利保护范围确认程序之概述

1. 韩国专利保护范围确认程序之管理部门

韩国对于知识产权的保护起步较早且发展较快，已经建立了相对完善的知识产权管理体系。韩国知识产权管理部门投入了大量的资源和精力，以加强对知识产权的有效管理。该案涉及的专利保护范围确认程序的管理部门为韩国特许审判院。

韩国知识产权审判与上诉委员会于1998年正式运行。与中国国家知识产权局专利局复审和无效审理部的职能类似的是，韩国知识产权审判与上诉委员会可以审理对审查员驳回决定的专利复审以及无效宣告等案件；与中国国家知识产权局专利局复审和无效审理部的职能不同的是，韩国知识产权审判与上诉委员会还具有其他职能，例如可以审理专利的更正、商标的撤销等案件，该案中涉及的确认专利保护范围的案件亦是韩国知识产权审判与上诉委员会不同的职能之一。

2. 韩国专利保护范围确认程序之存在必要性

近年来，虽然有部分韩国知识产权学者认为专利保护范围确认程序是在韩国知识产权制度尚未完善，即法院在缺乏具有技术知识的法官的背景下引入的，其目的在于解决法院难以准确理解和判断的专利技术内容的问题，但是韩国的知识产权制度已比较健全，专利侵权诉讼案件的审理已不存在技术理解方面的障碍，专利保护范围确认程序应当被废止。

针对上述专利侵权诉讼程序与专利保护范围确认程序是否有必要同时存在的问题，韩国最高法院也在2016후328案的审理中进行了讨论。在韩国2016후328案中，韩国最高法院在2018年2月8日发布的决定中认为，专利保护范围确认程序与专利侵权诉讼不同，专利保护范围确认的审理不会对当事人是否有权请求禁止侵权或者赔偿损害等权利关系进行确认。同时，专利保护范围确认的判决结果对侵权诉讼不具有约束力。针对专利保护范围确认的审理，旨在简易而迅速地判断"待确认对象"是否落入专利权的保护范围内，从而可以在早期预防或迅速解决当事人之间的纠纷。根据韩国专利法第164条的规定，审判程序和诉讼程序是独立的，无论诉讼程序的开始先后或进展情况，专利保护范围确认的审判都不应受到影响。即使在

侵权诉讼中可以确定专利保护范围，也不能因此就认为独立进行的专利保护范围确认审判没有益处。

3. 近年韩国专利保护范围确认案件之统计

在实践中，韩国知识产权审判与上诉委员会每年都会审理相当数量的涉及专利保护范围确认的案件。根据韩国知识产权审判与上诉委员会在2023年12月10日发布的2022年年度报告（25周年纪念版）❶，2010～2022年，韩国知识产权审判与上诉委员会审理确认专利权利要求保护范围的案件的相关数据如图1所示。

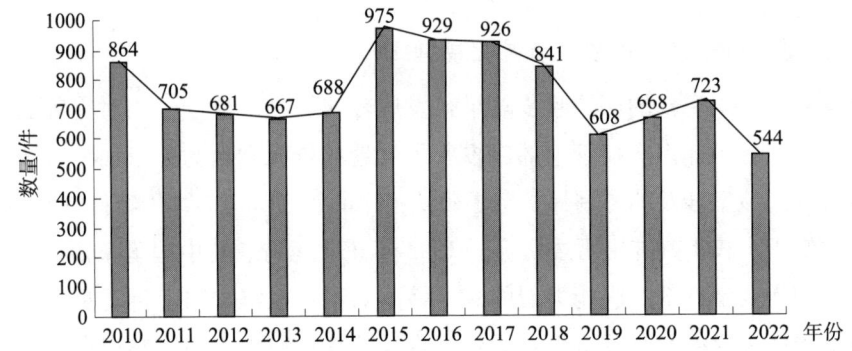

图1　韩国特许审判院2010～2022年审理的确认专利范围案件数量

以2022年为例，涉及确认专利权利要求保护范围的案件为544件，约占韩国特许审判院审判案件总量的8.46%。由此可见，涉及确认专利权利要求保护范围的案件虽然在韩国知识产权审判与上诉委员会审理的案件总数中占比不大，但是每年仍有一定数量的当事人选择该程序以确认可能存在的知识产权风险。

（二）中国与韩国专利保护范围确认程序之比较

中国并未设立与韩国的专利保护范围确认程序相同的程序。在中国，如果希望确认目标产品是否落入专利的保护范围，可以向法院提出确认不侵权之诉。二者虽然都涉及确认目标产品是否落入专利的保护范围，但主要区别在于，韩国的专利权范围确认程序是独立于专利侵权诉讼的行政程序，如韩国2016亨328案中介绍的，该程序的审理结果不会对任一方当事人造成权利损失；而中国的确认不侵权之诉是提起民事诉讼请求的理由之一。

例如，在石家庄SH公司与日本HMCL公司之间确认不侵害专利权纠纷案件❷中，最高人民法院在2015年12月8日发布的终审判决中认为石家庄SH公司生产、

---

❶ 韩国特许审判院. 2022年年度报告（25周年纪念版）[EB/OL]. (2023-12-10)[2024-08-07]. https：//www.kipo.go.kr/ipt/iptBultnMgmt.do?menuCd=SCD0400485&sysCd=SCD04&pgmId=BUT0000008.

❷ 参见最高人民法院（2014）民三终字第7号民事判决书。

销售的涉案汽车未侵害本田株式会社的外观设计专利权；同时认为日本 HMCL 公司在未经法院判决确认侵权的情况下，发送警告信等行为超出了合理范围，具有恶意，给中国石家庄 SH 公司造成了损害，应承担赔偿责任。并酌定日本 HMCL 公司赔偿石家庄 SH 公司经济损失人民币 1600 万元（含合理维权费用）。

综上所述，中国企业在韩国遭遇知识产权纠纷时，如果希望尽快判断目标产品是否落入专利的保护范围，可以选择该案涉及的专利保护范围确认程序进行判断，从而根据审判结果针对性地制定后续的市场布局及纠纷应对策略，降低遭遇知识产权纠纷带来的风险。

（供稿：王煦莹）

33

韩国专利授权后程序之更正程序

该案涉及韩国专利授权的权利要求更正程序（trials for corrections）。涉案当事人为程序申请人中国苏州LJ公司。

涉案专利为中国苏州LJ公司收购的半导体专利之一，2015年7月9日申请的发明专利 KR102411154B1（以下简称"涉案专利"），其名称为"发光元件"，公告日为2022年6月21日。

一、案情介绍

2022年7月6日，中国苏州LJ公司根据韩国专利法第136条第（1）款及第（3）~（5）款的规定，向韩国知识产权审判与上诉委员会请求对涉案专利权利要求进行更正。❶

中国苏州LJ公司请求更正的具体内容包括：①更正事项1。将涉案专利说明书第0057段中的"3mm"和"5mm"分别更正为"3μm"和"5μm"。②更正事项2。将涉案专利权利要求5中的"3mm"和"5mm"分别更正为"3μm"和"5μm"。③更正事项3。将涉案专利权利要求5中引用的"权利要求1~4"更正为"权利要求2~4"。

中国苏州LJ公司主张上述更正事项是对错误记载的更正，且该些更正事项均是在专利申请文件的原始范围内进行的，没有实质性地扩展或改变专利保护范围，且更正后的内容在专利申请时是符合授权条件的。因此，上述更正事项满足韩国专利法第136条第（1）款、第（3）~（5）款的更正要求。

二、处理结果

2022年8月25日，韩国知识产权审判与上诉委员会发布决定，认为中国苏州LJ

---

❶ 该案案号为2022 정 62。

公司所提出的更正事项满足韩国专利法相关规定。因此，韩国知识产权审判与上诉委员会决定涉案专利按中国苏州LJ公司所请求的更正事项进行更正。

三、要点分析

该案涉及韩国专利授权后的更正程序，专利权人发现专利文件存在瑕疵时，可以向韩国知识产权审判与上诉委员会提出更正请求，包括专利权利要求、说明书或附图。该程序是单方面的，由韩国知识产权审判与上诉委员会进行审查。更正程序中更正的范围必须严格限制在：①缩减专利权利要求范围；②更正错误记载事项；③明确模糊记载事项。

（一）关于更正事项1

涉案专利说明书第0056段中记载了第一欧姆接触层（182）和钝化层（190）之间的间隙（D2）应该在 $3\sim 5\mu m$ 的范围内确定。

然而，涉案专利说明书第0057段中记载了第一欧姆接触层（182）和钝化层（190）之间的理想距离（D2）为3mm的情况，并指出了如果这一距离扩大到5mm以上将会出现问题。这与第0056段中的内容相矛盾。

此外，涉案专利说明书第0054段中记载："当第一欧姆接触层（182）和钝化层（190）之间的距离（D2）小于钝化层（190）的厚度（T1）的4倍时，间隙（P1，见图4c）过窄并且因此可能会出现未被绝缘膜（194）填充的空的空间。"这意味着第一欧姆接触层（182）和钝化层（190）之间的距离（D2）应该是钝化层（190）的厚度（T1）的4倍以上。考虑到涉案专利说明书第0056段中记载的"钝化层（190）的厚度（T1）和第一欧姆接触层（182）的厚度（T2）可以在 $400\sim 800nm$ 的范围内"，那么第一欧姆接触层（182）和钝化层（190）之间的首选间隙（D2）应该是钝化层（190）的厚度（T1）的4倍，即至少为 $1.6\sim 3.2\mu m$。因此，第一欧姆接触层（182）和钝化层（190）之间的首选距离（D2）的数值范围单位显然应该是"μm"而不是"mm"。由此可见，涉案专利说明书第0057段中记载的"3mm"和"5mm"应该是"$3\mu m$"和"$5\mu m$"，这是一个错误的记录。

因此，韩国知识产权审判与上诉委员会认定更正事项1属于更正错误记载事项。更正事项1是在原始申请文件的说明书范围内进行的更正，且该更正没有实质性地扩展或改变权利要求保护范围，也没有理由认为修正后的权利要求非申请时可授权内容，符合韩国专利法相关规定。

（二）关于更正事项2

涉案专利权利要求5涉及一种发光器件，其中在发光结构中输出的光是具有波长范围为 100~400nm 的紫外光。绝缘层的厚度为 700nm，第一和第二欧姆接触层以及钝化层的厚度均在 400~800nm 的范围内，第一和第二间隙的长度分别为 3~5mm。

然而，涉案专利说明书第 0049 段中记载，"当沉积绝缘膜（194）时，如果钝化层（190）与第一欧姆接触层（182）之间的第一间隙（P1）和钝化层（190）与第二欧姆接触层（186）之间的第二间隙（P2）未被填充绝缘膜（194）时，可能在第一间隙（P1）和第二间隙（P2）中产生空的空间。"由此得知，第一间隙指的是位于钝化层（190）和第一欧姆接触层（182）之间的间隙。

此外，涉案专利说明书第 0056 段中记载，第一欧姆接触层（182）和钝化层（190）之间的间隙（D2）应该在 3~5μm 的范围内确定。由此可以再次确认，第一间隙（P1）对应于第一欧姆接触层（182）和钝化层（190）之间的距离（D2）。显然，第一间隙（P1）的范围不是"3~5mm"，而是"3~5μm"。

因此，涉案专利权利要求 5 中记载的"3mm"和"5mm"是一个错误的记载。此外，更正事项 2 是在原始申请文件的说明书范围内进行的更正，且该更正没有实质性地扩展或改变权利要求保护范围，也没有理由认为修正后的权利要求非申请时可授权内容，符合韩国专利法相关规定。

（三）关于更正事项 3

在涉案专利权利要求 5 中，有关于"第一间隙"和"第二间隙"被明确限定为"3~5mm"范围的发光器件。然而，在权利要求 1 中，仅提及了"第一间隙"，并未涉及"第二间隙"，这使得发明的描述不能被认为是清晰和简洁的。因此，更正事项 3 将权利要求 5 中引用的权利要求 1~4 更正为引用权利要求 2~4，纠正了引用错误。

更正事项 3 是在原始申请文件的说明书范围内进行的更正，且该更正没有实质性地扩展或改变权利要求保护范围，也没有理由认为修正后的权利要求非申请时可授权内容，符合韩国专利法相关规定。

四、启示借鉴

（一）韩国专利授权后修改

在韩国，专利授权后的更正程序为专利权人提供了一个宝贵的机会，可以在不给第三方造成损失的情况下，纠正专利文件中的瑕疵。根据韩国知识产权局披露的相关数据，近几年更正程序相关数据[1]如表1所示。

表1 韩国 2017～2021 年更正程序相关数据　　　　　　单位：件

程序	权利类型	2017 年	2018 年	2019 年	2020 年	2021 年
更正程序	发明	136	128	127	119	150
	实用新型	4	—	2	3	4
	外观设计	—	—	—	—	—
	总计	140	128	129	122	154

根据韩国专利法第136条及实用新型法第33条的规定，在发明及实用新型专利授权后，针对专利文件中的瑕疵，专利权人可以向韩国知识产权审判与上诉委员会提出更正请求。该程序以单方审理的形式进行，由韩国知识产权审判与上诉委员会成立合议组进行审查。一旦发明专利或实用新型专利更正决定被最终确定，更正后的文件将被视为原始申请文件，所有相关的专利程序都将基于这些更正后的文件进行。

更正程序没有时间限制。即使在专利权终止后，专利权人仍可以提出。然而专利权被撤销或被宣告无效已成终局的情况下，不得再提出更正请求。此外，在韩国知识产权审判与上诉委员会审理专利撤销程序、专利无效宣告请求程序或专利更正程序期间不得提出。

在更正程序中，专利权人可以请求对专利权利要求、说明书或专利附图进行修改，但修改方式仅限于：①缩小权利要求保护范围；②更正错误记载事项；③明确模糊记载事项。针对上述修改方式，韩国专利法第136条第（3）~（5）款对更正要求作了进一步规定。下面将一一说明。

1. 更正请求应限于说明书和附图的描述

韩国专利法第136条第（3）款规定，更正请求应限于说明书和附图中的描述，其中对于错误记载的更正仅限于该专利原始说明书或附图中的描述。

例如，在韩国最高法院 2012 亨 3404 号判决中，法院认定专利更正应当在说明书或附图公开披露的事项范围内进行。此处"已公开披露的事项"，不仅涵盖了那些明确记载的内容，而且包括那些虽未明确记载，但依据申请时所具备的技术常识，对于一个具有普通技能的技术人员而言，能够从明确记载的内容中直接得知或明显推断出的信息。在对专利文件进行更正时，不得增加超出这些事项范围的任何新

---

[1] KIPO. Overview [EB/OL]. [2025-01-24]. https://www.kipo.go.kr/en/HtmlApp?c=91000&catmenu=ek02_01_01.

事项。

在韩国2006辛2301号判决中,韩国最高法院认为:即使对涉案专利的原始说明书进行审查,也很难发现可以认定"加热器线圈(Ra)"是对"加热器继电器线圈(Ra)"的错误表达的内容。因此,法院认定该案不属于更正明显错误的情况。

然而,对于属于对明显错误的更正也不一定全部被接受。例如,在韩国2006辛572号判决中,韩国最高法院裁定:虽然从说明书的其他记载来看,将权利要求中分子式进行的更正属于纠正明显错误的情况,但由于修改前后的化合物在结构和化学性质上完全不同,修改实质上改变了权利要求范围,因此对于更正不予认可。

2. 不能实质扩大或改变权利要求保护范围

韩国专利法第136条第(4)款规定,更正不能实质扩大或改变权利要求的保护范围。

例如,在韩国最高法院2016辛403号判决中,法院认定在判断是否实质性地扩大或改变权利要求范围时,必须综合考虑权利要求的表述以及说明书和附图所体现的详细内容,以确定权利要求保护范围的实质性内容。如果权利要求的更正仅对应于权利要求范围的缩小,且该更正不会导致专利的目的或效果发生变化,并且该更正是说明书和附图中所描述内容的反映,同时不会给第三方带来损害,则该更正不构成权利要求范围的实质性变更。

然而,专利权人进行更正时,虽然形式上看似缩小了权利要求保护范围,但可能引入新的目的或效果。这种情况下,需要确定更正是否导致权利要求范围的实质性变化。

例如,在韩国2016辛830判决中,涉案专利涉及一种"伸缩缝装置",用于解决桥梁板块之间(梁间)的漏水问题。在更正前的权利要求中,并没有描述伸缩缝装置中紧固槽的形状;专利权人通过更正,将紧固槽的形状限定为"顶部有一个向内向上的斜坡"。由于该更正产生"阻止了从顶部渗漏的雨水进入紧固槽内部,从而防止由雨水渗入产生的损害"的效果,因此该效果是否为限定"紧固槽"形状后新产生的,成为争议焦点。

韩国最高法院在判断时考虑了以下三点:①专利说明书中记载了"完全防止桥梁的所有漏水"的效果。②专利最基本和代表性的附图展示了"顶部有一个向内向上的斜坡"的形状。③普通技术人员,根据说明书和附图,可以充分理解"阻止漏水流入紧固槽内部的效果"。基于以上考虑,韩国最高法院认为这种效果很难被认为是通过这次更正才新产生的,上述更正并没有实质性地改变保护范围。

3. 更正后内容须是申请时可获得授权的内容

韩国专利法第136条第(5)款规定,如果更正属于缩小权利要求保护范围或更正错误记载事项的，更正后的权利要求所记载的事项必须是申请时可获得授权的内容。

例如，在韩国2022허4086号判决中，专利权人请求对权利要求1进行更正，在权利要求1中补入"原权利要求4的部分特征"（更正1）以及说明书中的部分特征（更正2和更正3），法院认为更正后的权利要求1与现有技术相比在组件3、6、4、8上存在区别。考虑到专利发明申请时的技术水平，由于普通技术人员不能轻易地从现有技术中克服这些差异点，因此可以认为更正后的权利要求1具有创造性。最终韩国特许法院支持专利权人的更正请求，撤销韩国知识产权审判与上诉委员会的决定。

除了更正程序，韩国专利授权后程序还包括专利撤销和专利无效宣告程序。撤销程序自2017年3月起，任何人可在专利授权公告6个月内提出撤销申请，撤销申请的理由仅包括新颖性、创造性以及重复授权。无效宣告请求程序则在专利授权后的任何时间，由利害关系人或专利审查员提出。无效理由可以包括新颖性、创造性、重复授权、不清楚、不支持、超范围以及不符合授权客体等。在专利撤销和无效宣告请求程序中，专利权人同样可以对专利权利要求进行修改，修改的方式与更正程序中的要求一致，即修改方式仅限于：①缩小权利要求保护范围；②更正错误记载事项；③明确模糊记载事项。

（二）中国专利授权后修改

与韩国不同，在中国一旦专利获得授权，无效宣告请求程序是对其进行修改的唯一方式。《专利审查指南（2023）》第四部分第3章第4.6节规定：在无效宣告请求程序中，发明或者实用新型专利文件的修改仅限于权利要求书，且应当针对无效宣告理由或者合议组指出的缺陷进行修改，其原则是：①不得改变原权利要求的主题名称。②与授权的权利要求相比，不得扩大原专利的保护范围。③不得超出原说明书和权利要求书记载的范围。④一般不得增加未包含在授权的权利要求书中的技术特征。

在满足上述修改原则的前提下，修改权利要求书的具体方式一般限于权利要求的删除、技术方案的删除、权利要求的进一步限定、明显错误的修正。

权利要求的删除是指从权利要求书中去掉某项或者某些项权利要求，例如独立权利要求或者从属权利要求。技术方案的删除是指从同一权利要求并列的两种以上技术方案中删除一种或者一种以上技术方案。权利要求的进一步限定是指在权利要求中补入其他权利要求中记载的一个或者多个技术特征，以缩小保护范围。

对明显错误的更正不能被认为超出了原说明书和权利要求书记载的范围。所谓明显错误，是指不正确的内容可以从原说明书、权利要求书的上下文中清楚地判断出来，没有作其他解释或修改的可能。

针对"进一步限定"的修改，在最高人民法院（2021）最高法知行终556号判决中，最高人民法院指出：在专利确权程序中，权利要求的"进一步限定"修改，一般应当以回应无效宣告理由为限；以克服无效宣告理由所指缺陷为名，行重构权利要求之实的，可不予接受。关于某一权利要求的修改方式是否属于"进一步限定"的审查，应仅以修改后的权利要求是否完整包含了被修改的权利要求的所有技术特征，以及修改后的权利要求相比被修改的权利要求是否增加了技术特征，且增加的技术特征是否均记载于原权利要求书中的其他权利要求为准。

最高人民法院（2021）最高法知行终556号涉案专利权利要求修改具体如表2所示。

表2 最高人民法院（2021）最高法知行终556号涉案专利权利要求修改

修改后权项	修改方式	最高人民法院认定
权利要求1	将原权利要求2、4、6、7合并至原独立权利要求1中	该修改方式属于"对权利要求的进一步限定"，符合专利法及其实施细则以及专利审查指南的规定，应予接受
权利要求4	将原权利要求3合并到原独立权利要求1中	修改后的形式上的独立权利要求4即为原从属权利要求3本身，而非由原从属权利要求修改得来，其是当然的审查基础，不存在因所谓修改而不能被接受的问题
权利要求7	将原权利要求13合并到原独立权利要求9中	修改后的形式上的独立权利要求7即为原从属权利要求13本身，其是当然的审查基础，不存在因所谓修改而不能被接受的问题
权利要求8	将原权利要求16、17、19、21~28合并到原独立权利要求15中	该修改方式属于"对权利要求的进一步限定"，符合专利法及其实施细则、专利审查指南的规定，应予接受
权利要求11	将原权利要求16、17、20合并到原独立权利要求15中	①原独立权利要求15经进一步限定式修改后，形成修改后的独立权利要求8。此时原独立权利要求15已不复存在，不存在对其再次作进一步限定以形成修改后的权利要求11的基础；②权利要求修改应当以回应无效宣告理由为限。例如，在同一行政审查程序中，针对一项权利要求的无效宣告理由已通过对该权利要求的修改给予了回应，且修改后的权利要求已被接受时，对该原权利要求的另行修改及相应获得的更多新权利要求，因一般已不再具有回应对象，故应不予接受

针对明显错误修改，在最高人民法院（2023）最高法知行终246号案件中，最高人民法院认定：本领域技术人员通过阅读本专利权利要求书、说明书及附图，可以明确得知权利要求1中限定的内容存在错误或歧义，且根据权利要求书和说明书所公开的技术方案可以得出唯一正确理解，即所述定子外壳（15）插入对应的形状互补的环形部分（18）中并通过干涉而固定至所述支架，所述环形部分（18）从所述支架（12）延伸。另外，修改后的权利要求1并未超出原说明书和权利要求书记载的范围，未扩大其保护范围。因此，专利权人对权利要求1的修改属于对明显错误的修正，应予以接受。

综上所述，韩国在专利授权后，除了专利无效宣告请求程序、专利撤销程序，还专门设置有更正程序，允许权利人对专利文献进行有限修改。当发现专利授权后的文本存在瑕疵时，企业可充分利用该程序完善专利文本，有效维护自身知识产权。

（供稿：丁超）

商标侵权诉讼篇

34

美国商标侵权诉讼之赔偿额的计算

该案涉及美国商标侵权诉讼的赔偿额计算。涉案当事人分别为原告美国 BDI 公司，被告1 美国 CI 公司、被告2 中国南京 TX 公司和被告3 中国浙江 BT 公司。

原告美国 BDI 公司通过 Amazon、Staples、OfficeDepot、Walmart 和 Wayfair 等多个线上渠道销售包括"SPACE"在内的多个品牌的办公椅。

被告1 美国 CI 公司通过 Amazon 等线上渠道销售标有"SPACESTAR"标识的办公椅。

被告2 中国南京 TX 公司为被告1 提供"SPACESTAR"办公椅，其自身亦通过 Wayfair 等线上渠道销售标有"SPACESTAR"标识的办公椅。

被告3 中国浙江 BT 公司是被告1 和被告2 销售的"SPACESTAR"办公椅的源头供货商。

该案原告是美国第 20 类第 5553074 号"OfficeStar"商标（指定商品为家居用品和办公家具，如床、书桌、沙发、椅子等）、第 2536485 号"SPACE"商标、第 2769759 号"SPACESEATING"商标和第 3404064 号" OFFICE STAR PRODUCTS "商标的注册人。原告在实际使用中将前述商标以多种形式组合使用，例如将"SPACE"品牌线的产品称为"OFFICE STAR SPACE"或"OFFICE STAR SPACE SEATING"。

被告1 持有美国第 20 类第 5708090 号注册商标和第 90674969 号（序列号）"STARSPACE"商标注册申请。被告1 销售的部分"STARSPACE"办公椅上使用了风格化的" STARSPACE "标识，该标识与原告持有/使用的" OFFICE STAR PRODUCTS "商标字体类似，均包含下划线、星形图案。

一、案情介绍

2021 年 5 月 10 日，原告向美国加利福尼亚中区联邦地区法院以商标侵权和不正当竞争为由对被告1和被告2提起诉讼。原告主张两个被告在事先知晓其"OfficeStar"系列家具的情况下，仍进口并通过与原告重合的线上渠道销售"STARSPACE"家具，该行为侵犯了原告对第20类"OfficeStar"、"SPACE"和"SPACESEATING"商标享有的专用权，并构成不正当竞争，原告请求法院：①下发永久禁令，禁止被告及被告有关人员的商标侵权和不正当竞争行为；②撤销被告1已注册的第5708090号"STARSPACE"商标，驳回被告1申请中的第90674969号"STARSPACE"商标；③判令被告赔偿原告的经济损失、律师费和其他诉讼费用。

2021年6月16日，被告1和被告2提交答辩状，确认关于被告1的名称和地址、法院管辖权、被告1进口并销售"STARSPACE"办公椅、被告1在美国申请/注册"STARSPACE"商标和被告1自被告2进口带有"STARSPACE"标识的办公椅等行为，但对原告主张的两个被告侵犯其商标权、攀附利用其商誉等其他指控予以否认，两被告请求法院：①驳回原告的所有诉讼请求；②判令原告支付被告律师费和法律规定的诉讼费用；③请求法院作出公正且恰当的进一步救济。

2022年1月14日，原告向美国加利福尼亚中区联邦地区法院提出申请，请求法院允许其提交经修改后的起诉状，追加两被告的供货商中国浙江BT公司为被告3，并允许通过电子邮件送达起诉状。法院批准了原告前述申请。

2022年2月11日，原告提交了修改后的起诉状。

2022年2月18日，原告通过法院授权的电子邮箱向中国浙江BT公司发送了修改后的起诉状，但被告3中国浙江BT公司在该案中始终未参与诉讼。

2022年3月7日，被告方的代理律师因被告1和被告2拒绝与之沟通而申请退出代理。2022年3月30日，法院批准被告1和被告2的律师退出该案，要求被告方聘请新的律师并于2022年4月29日出庭。被告方未就该案重新聘请律师。

2022年8月19日，原告向美国加利福尼亚中区联邦地区法院提交了缺席判决申请。

2023年2月9日，美国加利福尼亚中区联邦地区法院作出缺席判决，除了涉及损害赔偿的部分，法院认为原告主张的其他事实都是真实的，认定被告侵犯原告商标权成立，判令被告赔偿原告经济损失，支付律师费和其他诉讼费用，并下发永久禁令。

二、处理结果

美国加利福尼亚中区联邦地区法院就该案判决如下。

第一，支持原告的诉讼理由。

第二，判令原告获得以下赔偿：①被告获利1247072.75美元；②律师费

28541.46美元;③诉讼费用5836.11美元。

第三,下发永久禁令,责令被告及其有关人员不得在产品和服务及宣传材料中使用:①任何包含"STAR"和"SPACE"的标识;②任何与原告商标混淆性近似的标识;③"STARSPACE"及图和风格化的"STARSPACE"商标;④被告1持有的美国第20类第5708090号商标和第90674969号(序列号)"STARSPACE"商标。

第四,召回并销毁侵权产品,改变被告控制的社交媒体和邮箱的用户名,不再包含"STARSPACE"或其他任何与原告商标近似的标识。

第五,禁止被告对外宣称与原告有任何关联。

三、要点分析

该案涉及美国商标侵权诉讼中法院考虑是否适用缺席判决的因素及赔偿额的计算方式,法院在判决中释明了相关要点。

(一)法院考虑是否适用缺席判决的七大因素

是否适用缺席判决应予考虑的七大因素包括:①对原告造成损害的可能性;②原告实质主张的合理性;③起诉状的充分性;④原告主张的赔偿额与被告行为严重性的关联程度;⑤就案件的重要事实发生争论的可能性;⑥缺席是否因为情有可原的疏忽;⑦偏好基于案件事实作出决定的原则。

该案法院查明该案满足适用缺席判决的前六个因素,第七个因素虽然不支持适用缺席判决,但其不起决定性作用。因此,该案法院决定对原告针对被告提出的全部主张作出缺席判决。

(二)赔偿额的计算方式

根据美国法典第15编第1117条第(a)款规定,在根据该章提起的任何民事诉讼中,如果确定存在侵犯专利商标局注册的商标注册人的任何权利、违反该编第1125条第(a)款或第(d)款的规定,或故意违反该编第1125条第(c)款规定的行为,原告有权根据该编第1111条和第1114条的规定以及衡平法原则,追偿:①被告的获利;②原告遭受的任何损失;③诉讼费用。法院应评估前述获利和损失,或指导对前述获利和损失进行评估。在评估被告获利时,原告只需证明被告的销售额;被告须证明其主张的所有成本或扣除项。如果被告不能提供成本或扣除项的证据,则无权在原告证明的被告收入总额中予以抵销或扣除。

该案中,原告主张被告返还其非法获利1404163.54美元,赔偿原告律师费244508.85美元和原告诉讼费用5836.11美元,对此,法院进行了详细分析和判定,其要点如下。

第一，返还被告的非法获利。

根据被告相关侵权产品的线上销售额（包括 Starspace、Newegg、Amazon、Wayfair、Overstock）以及其他销售商提供的商品价格等信息，原告主张被告的非法获利为 1404163.54 美元，并指出由于信息不足，无法确定应从被告的销售额中扣除哪些成本费用。

根据原告提供的证据，法院发现在线销售商提供的销售额与原告估算的数额不同，原告对 Amazon 和 Wayfair 上的销售额进行了调整，但对调整原因缺乏合理解释，对 Overstock 上的销售总额缺乏足够的证据（仅提供库存表，未提供收入数据）。法院认为应以在线销售商提供的证据为依据，查明被告的销售总额为 1247072.75 美元。原告所主张的被告销售额和法院查明的数额对比如表1所示。

表1　原告所主张的被告销售额和法院查明的数额之对比

被告	线上渠道	原告主张金额/美元	法院查明金额/美元
被告1 （美国CI公司）	Starspace	12355.21	12355.21
	Newegg	117327.88	117327.88
	Amazon	928191.16	931200.51
	Overstock	26664.80	—
	Wayfair	155293.24	186189.15
被告2 （中国南京TX公司）	Wayfair	164331.25	
合计		1404163.54	1247072.75

第二，律师费。

根据美国法典第15编第1117条第（a）款等相关规定，如果被告恶意或故意实施侵权行为，或无视且不参与诉讼程序，原告可就其律师费获得救济。

基于该案诉讼中产生的费用，原告主张被告应赔偿其因该案产生的律师费 244508.85 美元，另提到了律师费计算替代方案，即基于美国加利福尼亚中区联邦地区规则第 55-3 条（the fee schedule of Local Rule 55-3）的收费标准，被告应赔偿其律师费 32055.31 美元。

根据在先判例，如果一方寻求的律师费赔偿金额高于地方规则规定的收费标准，且及时提交了请求法院确定费用的申请，法院必须审理该请求并判定合理的律师费。法院确定合理律师费时需要用花费在该诉讼上的合理小时数乘以合理的小时费率。

寻求律师费赔偿的一方有责任记录在诉讼中花费的小时数，并提交相应证据。法院在进行相关计算时有责任确保律师费相关主张是合理的，不能仅凭胜诉方律师关于案件所花费小时数的一面之词就确定律师费的数额。

该案中，尽管原告的律师提供了其相关律师费账单记录以支持律师费的请求，但是这些记录仅列出了许多计时收费人员所做的工作，没有充分说明每个计时收费人员的角色、所做的工作内容或其相应的费率。

该案法院认为原告关于律师费的请求超出了地方规则的费用标准，而未能证明其主张的 244508.85 美元律师费的合理性。

该案法院另行考虑了原告提出的律师费计算替代方案。根据美国加利福尼亚中区联邦地区规则第 55-3 款规定，当书面承诺、合同或法规规定可返还合理的律师费时，这些费用应依据表 2 的计算方式进行计算。

表 2 美国加利福尼亚中区联邦地区规则规定的律师费用计算方式

标的额/美元	律师费
0.01~1000	标的额的 30%，最低 250 美元
1000.01~10000	基础费用 300 美元 + 超出 1000 美元部分的 10%
10000.01~50000	基础费用 1200 美元 + 超出 10000 美元部分的 6%
50000.01~100000	基础费用 3600 美元 + 超出 50000 美元部分的 4%
超过 100000	基础费用 5600 美元 + 超出 100000 美元部分的 2%

按照上述规则、法院查明的被告非法销售总额等，法院计算原告律师费赔偿额为 $5600 + (1247072.75 - 100000) \times 2\% = 28541.46$ 美元。

第三，律师费之外的诉讼费用。

此外，美国法律还规定，除非美国联邦法律或联邦民事诉讼规则另有规定，否则法院可以判令胜诉方获得律师费以外的其他诉讼费用的赔偿。根据美国加利福尼亚中区联邦地区规则第 54-3 条等规定，法院可判令胜诉方获得赔偿的成本包括：①书记员费用；②送达手续费；③美国法警费用；④法庭程序记录誊本的费用；⑤取证费用；⑥证人费用；⑦证据相关必要的翻译费用；⑧诉讼费；⑨法庭指定的专家和接收人等的费用；⑩文件的证明、示例和复制费用；⑪承诺和保证金的保险费用；⑫其他。

该案中，原告主张被告赔偿的诉讼费用为其提交、送达证明、法律研究以及扫描和打印有关的费用共 5836.11 美元。原告作为缺席判决的胜诉方可以获赔以上诉讼费用。因此，法院判决被告赔偿原告诉讼费用 5836.11 美元。

四、启示借鉴

近年来,越来越多中国企业通过电商平台将产品销往美国,美国商标权利人针对中国卖家的商标侵权诉讼也大量涌现。国内很多企业被诉后未能积极应诉,而是被动等待判决结果,导致高额赔偿以及电商平台账户和资金被冻结等不利后果。因此,中国企业需要了解美国商标侵权赔偿额的计算方式、缺席判决对赔偿额的影响、在被控商标侵权时的举证责任,以及中美两国相关法律规定的差异。这对于积极应对诉讼、保护自身合法权益至关重要。

(一) 缺席判决对赔偿额的影响

在美国,如果商标侵权诉讼的被告不参加诉讼程序,法院可以基于原告的请求,考虑并适用缺席审判。在缺席审判的情形下,法院一般会认定原告在起诉状中对缺席被告的全部事实性的指控为真实的,此外,也可能在很大程度上支持原告主张的赔偿金额。如该案中,法院援引 *Televideo Systems, Inc. v. Heidenthal* 案❶表示,法律的一般规则是在缺席情况下,除了与损害赔偿数额有关的指控,起诉状中的事实指控将被视为真实的。在该案中,被告因缺席未对侵权商品的成本进行举证,导致其销售总额全部被认定为其侵权获利,原告所主张的赔偿金额,除了计算错误的部分,几乎获得法院的全额支持。

(二) 美国商标侵权赔偿额的计算方式

1. 一般性赔偿

如前所述,根据美国法典第 15 编第 1117 条规定,如果确定存在商标侵权行为,原告有权请求赔偿三部分费用:①被告的获利;②原告遭受的任何损失;③诉讼费用。

我国在《中华人民共和国商标法》第 63 条第 1 款关于赔偿数额的计算方式规定,按照权利人因被侵权所受到的实际损失确定。实际损失难以确定的,可以按照侵权人因侵权所获得的利益确定,在被侵权人实际损失和侵权人获利中选择其一。而美国商标侵权赔偿额可包括被告的获利与原告的损失,赔偿覆盖的范围更广。

在 *Anhing Corp. v. Thuan Phong Co., Ltd.* 案❷中,美国加利福尼亚中区联邦地

---

❶ *Televideo Systems, Inc. v. Heidenthal* [EB/OL]. [2024-07-24]. https://www.casemine.com/judgement/us/59148c56add7b04934530b6f.

❷ *Anhing Corp. v. Thuan Phong Co., Ltd.* [EB/OL]. [2024-07-24]. https://www.casemine.com/judgement/us/5c2076e7342cca104f953452#.

区法院判定被告侵权行为成立，被告赔偿原告业务损失 10000 美元和返还被告获利 8690.52 美元。

美国联邦第七巡回上诉法院在 Roulo v. Russ Berrie Co., Inc. 案❶中表示，法院裁定被告返还获利包含三个理论依据：①衡量原告所遭受的损失；②避免侵权人不当得利；③威慑故意侵权者进一步实施侵权行为。可见，美国法律中要求被告返还获利不仅用来补偿原告的损失，而且包括对侵权人再犯的威慑和侵权行为造成的利益失衡的修复，故法院可以在决定赔偿额时同时纳入被告获利与原告损失。

2. 三倍获利/损失赔偿

根据美国法典第 15 编第 1117 条第（b）款的规定，在涉及使用假冒商标或名称的案件中评估赔偿额时，除非发现情有可原的因素，否则以下行为应被判处赔偿三倍的获利或损失（以数额较高者为准），同时支付合理的律师费：①明知某商标或名称是假冒商标，仍故意在销售、许诺销售或分销商品或服务时使用该商标或名称；或②为实施上一款所述违法行为提供必要的商品或服务，意图使商品或服务的接受者将该商品或服务用于实施违法行为。

此处的三倍赔偿与我国在《中华人民共和国商标法》第 63 条第 1 款的规定存在相似之处，后者规定对于恶意侵犯商标专用权，情节严重的，可以在按照被侵权方的损失或侵权方的获利，或参考许可使用费用的一倍以上五倍以下确定惩罚性赔偿。但是，二者的适用情形不同。美国上述三倍获利/损失赔偿的适用条件是侵权方明知系假冒标识但仍故意进行商业使用。在《中华人民共和国商标法》规定的惩罚性赔偿的适用要件是恶意且情节严重。相比而言，我国惩罚性赔偿的适用条件更严格。

3. 法定赔偿

根据美国法典第 15 编第 1117 条第（c）款的规定，在商品或服务的销售、许诺销售或分销中使用假冒商标的相关案件中，原告可在一审法院作出最终判决前的任何时间内，就前述行为选择获得法定损害赔偿，以代替实际损失和获利赔偿，法院可在其认为公正的范围内对销售、许诺销售或分销每个假冒商标标识下的每种商品或服务的行为判处：①赔偿 1000~20 万美元；②如果法院认为属于故意使用仿冒商标的，赔偿不超过 200 万美元。

此处的法定赔偿与《中华人民共和国商标法》第 63 条第 3 款规定的"权利人因被侵权所受到的实际损失、侵权人因侵权所获得的利益、注册商标许可使用费难以确定的，由人民法院根据侵权行为的情节判决给予 500 万元以下的赔偿"相似。相比而言，美国的法定赔偿规定的最低赔偿额为 1000 美元，此外，其法定赔偿上限为

---

❶ Roulo v. Russ Berrie Co., Inc [EB/OL]. [2024-07-24]. https://www.casemine.com/judgement/us/59148a57add7b0493451098e.

200万美元,这一数额也高于我国规定的500万元人民币。

(三)侵权方获利的举证责任

由于证明被侵权方损失的难度较大,实践中赔偿额的计算通常主要针对被告的侵权获利。根据美国法典第15编第1117条的规定,在评估被告的获利时,原告对被告销售额承担举证责任,被告对侵权产品的成本或扣除项承担举证责任。如果被告无法提供证据,则无法主张在原告所证明的销售额中扣除其相关成本或其他费用。

在Hyundai Construction Equipment U. S. A., Inc. v. C. J. Johnson Enterprises, L. L. C. 案❶中,被告从韩国进口了23台现代公司的机器,法院认定其构成商标侵权,并判决原告获得相当于被告所获净利润的经济赔偿。法院通过涉案侵权产品在美国的售出价,扣除被告已提供证据证明的买入价和其他可归因于侵权商品生产和销售的费用,估算出被告的净利润。

在Libman Company v. Vining Industries, Inc. 案❷中,原告、被告双方所依据的被告销售数据相同,但原告计算得出的净利润为1108850美元,而被告计算得出其没有获利反而亏损512112美元。在该案中,法院查明被告从销售额中扣除了涉案商标相关业务部门整体的成本和费用,且不当扣除了不可归因于涉案侵权商品相关的运营成本,法院认可了原告计算得出的被告净利润金额。

关于被告获利的举证责任,我国实行"谁主张,谁举证"原则,由原告对被告的获利数额进行举证。《中华人民共和国商标法》第63条第2款规定:"人民法院为确定赔偿数额,在权利人已经尽力举证,而与侵权行为相关的账簿、资料主要由侵权人掌握的情况下,可以责令侵权人提供与侵权行为相关的账簿、资料;侵权人不提供或者提供虚假的账簿、资料的,人民法院可以参考权利人的主张和提供的证据判定赔偿数额。"可见,根据上述规定,在权利人已经尽力举证,中国法院责令侵权人提供与侵权行为相关的账簿、资料,而侵权人拒不提供的情况下,法院将参考原告的主张,但仍是在现有证据的基础上决定赔偿额。

而在美国,被告负有对侵权产品成本或扣除项的举证责任,如果被告无法提供证据,将导致与该案相似的情况,即被告的销售额被完全视为被告的获利,这显然对被告不利。

---

❶ *Hyundai Construction Equipment U. S. A., Inc. v. C. J. Johnson Enterprises, L. L. C.*, No. 1:2006cv03238 - Document 111 (N. D. Ill. 2008) [EB/OL]. [2024 - 07 - 24]. https:∥law. justia. com/cases/federal/district - courts/illinois/ilndce/1:2006cv03238/199221/111/.

❷ *Libman Co. v. Vining Industries, Inc.*, 876 F. Supp. 185 (C. D. Ill. 1995) [EB/OL]. [2024 - 07 - 24]. https:∥law. justia. com/cases/federal/district - courts/FSupp/876/185/1556661/.

(四) 美国诉讼费用的构成

美国的诉讼费用包括律师费和律师费之外的其他诉讼费用。该案涉及两种律师费的计算方式：①用律师对案件花费的小时数乘以律师的小时费率，主张律师费的一方承担对案件所花时间的记录的责任，记录应具体到每个计时收费人员的角色、工作内容和费率，法院不能仅凭一方律师的一面之词或账单认定其律师费；②依据地方规则确定的基础收费标准和诉讼标的额的一定比例进行计算。在该案中，原告依据第一种计算方式，主张的律师费金额为244508.85美元，但原告没有明确每个计时收费人员的角色、工作内容和小时费率，该主张未获法院支持。最终，法院依据第二种计算方式，判决被告赔偿原告律师费28541.46美元。由上可知，上述两种方式计算的律师费数额相差悬殊。

因此，如果在美国遭遇侵权诉讼，且对方主张的律师费赔偿额高于相关地方规则规定的律师费标准，被告可以考虑从案件相关计时收费人员所花费的时间、工作内容、小时费率是否合理等方面进行质证，以尽力争取降低关于律师费的赔偿金额。

综上，我国企业（尤其是在美国拥有可执行资产的企业）在美国遭遇商标侵权诉讼时，建议寻求专业的法律意见，以合理评估诉讼成本、可能承担的法律责任、缺席判决对赔偿额的影响、在美国可供执行财产的多少等因素妥善作出是否应诉以及如何应诉的决定。若决定应诉，即便侵权事实成立，也应针对侵权商品的生产和销售成本进行积极举证，对对方的证据积极质证，以防止因消极应诉而导致承担更严重的责任和后果。

（供稿：袁红燕）

35

荷兰商标侵权诉讼之平行进口商品的侵权认定

该案涉及跨境电商平行进口商品的商标侵权认定。涉案当事人分别为原告1中国杭州HKWS公司和原告2欧洲HKWS公司（以下统称"原告方"），被告1中国香港LITB公司、被告2英国LITB公司和被告3荷兰LITB公司（以下统称"被告方"）。

原告1中国杭州HKWS公司位于中国浙江省杭州市。原告2欧洲HKWS公司是中国杭州HKWS公司在欧洲设立的分支机构，注册地位于荷兰。

被告1中国香港LITB公司通过跨境电商网站www.lightinthebox.com和www.dropinthebox.com向全球200多个国家或地区提供各类商品，包括电子商品、服装和鞋类等。被告2与被告1共同经营上述电商网站，被告1也是被告2的董事之一。被告1是被告3荷兰LITB公司的唯一股东。

原告1是欧盟第9类第004101267号"HIKVISION"商标的注册人，指定使用在"科学、航海、摄影、电影、信号、检查（监督）、救生和教学仪器和器具；用于传导、开关、转换、积聚、调节或控制电力的仪器和器具；用于记录、传输或复制声音或图像的仪器；磁性数据载体、录音光盘；自动售货机和投币式仪器的装置；收银机、计算器、数据处理设备和计算机"商品上。该商标于2004年9月11日申请注册，2008年11月24日获准注册，正常存续。

被告方经营的网站被发现面向欧洲各国销售标有"HIKVISION"标识的视频监控等安防产品。

一、案情介绍

2017年7月，原告方发现被告方经营的网站提供标有"HIKVISION"标识的视频监控设备，商品描述中也使用了"HIKVISION"字样。2017年8月，原告方在被告方经营的网站的荷兰语页面购买了一台安防摄像头，物流记录显示该样品自中国运往荷兰。

2018年6月4日，原告方对三被告向荷兰海牙地方法院（Rechtbank Den Haag）提起商标侵权诉讼。2019年1月23日，海牙地方法院作出缺席判决。2019年7月8日，被告方对缺席判决提出反对。

2019年9月25日，荷兰海牙地方法院审理后认为被告方的反对理由部分成立，作出裁决，决定暂停缺席判决关于中国香港LITB公司在荷兰以外欧盟领土侵权性质的认定，责令双方在律师的协助下出庭，法院将重新审理。

2020年7月22日，荷兰海牙地方法院经重新审理后撤销了原缺席判决，认为荷兰LITB公司没有参与侵权行为，判令被告方中国香港LITB公司和英国LITB公司停止在欧盟和荷兰境内对"HIKVISION"商标的侵权行为，赔偿原告方因侵权行为遭受的损失。

被告方不服上述判决，向荷兰海牙上诉法院提起上诉。

2022年5月17日，荷兰海牙上诉法院未支持被告方的上诉理由，维持原判。

二、处理结果

荷兰海牙地方法院决如下，荷兰海牙上诉法院维持一审判决。

第一，原告1中国杭州HKWS公司与被告1中国香港LITB公司和被告2英国LITB公司的诉讼。

① 被告方停止在荷兰境内对"HIKVISION"商标的侵权行为，包括但不限于向荷兰客户提供"HIKVSION"商品，并处以每天5000欧元的即期罚款，或由原告1酌情决定每次1000欧元的罚款，最高罚款限额为20万欧元。

② 被告方向中国杭州HKWS公司的律师提供关于侵权商品的详细记录，并附上有关文件，包括发票、装箱单、运单、订单、存货记录、海关文件等，以展示其向荷兰客户售出的"HIKVISION"商品的总数、其向荷兰客户提供和销售"HIKVISION"商品获得的净利润，以及购买"HIKVISION"商品荷兰客户的完整联系方式。

③ 被告方共同或单独向原告1支付赔偿，以弥补原告1因其在荷兰的侵权行为而遭受的损失，该损失将由法院评估后确定。

④ 增加自判决发出之日起至全额付款之日止的法定利息。

第二，原告2欧洲HKWS公司与被告1中国香港LITB公司的诉讼。

① 判令中国香港LITB公司停止在欧盟境内对"HIKVISION"商标的侵权行为，特别是向欧盟境内客户提供"HIKVSION"产品，并处以每天5000欧元的即期罚款，或原告2酌情决定每次1000欧元的罚款，最高罚款限额为20万欧元。

② 判令中国香港LITB公司向原告2的律师提供关于侵权产品的详细记录，并附上有关文件，包括发票、装箱单、运单、订单、订单确认、存货记录、海关文件等，

以显示其向欧盟客户售出的"HIKVISION"产品总数、向欧盟客户提供和销售HIKVISION产品的总数、净利润,以及"HIKVISION"产品欧盟客户(非消费者)的完整联系方式。

③ 中国香港 LITB 公司向原告 2 支付赔偿,以弥补原告 2 因其在欧盟的侵权行为而遭受的损失,损失将由法院评估后确定。

三、要点分析

该案涉及平行进口❶商品在欧盟是否构成商标侵权,以及跨境电商平台自身是否构成侵权的问题。荷兰海牙地方法院和海牙上诉法院在判决中就前述问题和举证责任阐明了判断规则和要点。

(一)平行进口的商品在欧盟构成商标侵权

1. 一审阶段

被告方对其经营的电商平台上提供带有"HIKVISION"标识的安防产品及商品描述中也使用"HIKVISION"字样的事实没有异议,双方对上述平台提供的安防产品与原告方"HIKVISION"注册商标标识相同且指定使用的商品相同也没有异议。

但是,被告方辩称其所提供的商品是经原告方同意进入欧洲市场流通的。对于已合法投入市场的产品,原告方的商标权利已用尽❷,无权禁止商品在欧洲市场后续的持有和流通。

被告方称其商品来源于原告方最大的经销商中国杭州 QA 公司,是原告可控制的中间渠道。鉴于原告方与中国杭州 QA 公司之间的关系可推定原告同意其销售的商品在欧洲流通。法院认为推定同意的条件是第三人与商标权人存在如被许可、母公司、属于同一集团的子公司或独家代理的密切关系。该案中,原告方与中国杭州 QA 公司并不存在前述联系,故不存在推定同意的情况。

被告方进一步辩称其销售已取得原告方的默示同意。被告方称与原告方进行过合作磋商,原告方知晓其电商平台的国际销售范围。合作未能达成,原告方将被告方推荐给了其在中国最大的授权经销商中国杭州 QA 公司。中国杭州 QA 公司提供给被告方的"HIKVISION"商品系面向欧洲市场、包装和说明均为英文并已获得欧盟 CE 认证的商品。而且,中国杭州 QA 公司主导价格,而被告始终知晓产品的价格指

---

❶ 平行进口是指一国的进口商未经在该国享有知识产权的权利人的授权,将由权利人自己或经权利人同意在其他国家或地区已合法投放至市场的产品,进口至该国的行为。

❷ 权利用尽是知识产权保护中的一项原则,即产品一旦在市场上销售,知识产权人就不再对其拥有任何权利。

示来自原告方。被告方合理认为原告方默示同意中国杭州 QA 公司提供的商品进入欧洲市场流通。

鉴于上述同意所带来的重要后果，即用尽商标所有人的专有权（该权利允许商标所有人控制在欧洲经济区市场的首次投放），法院认为同意的表达方式必须明确表示放弃该权利的意图，仅凭商标所有人的沉默不能产生默示同意。

法院认为原告方了解被告方电商平台的全球影响力，并将被告方介绍给其授权经销商这一事实无法充分地推断出原告实际上同意被告方在欧洲经济区销售其商品。原告方向中国杭州 QA 公司提供的商品包装和使用说明均为英文并已获得欧盟 CE 标志，适合在欧洲市场销售，但这不当然意味着原告方也同意中国杭州 QA 公司或其客户在欧洲市场销售其商品。因为使用英语包装和使用说明的商品可以在全球许多国家或地区进行销售，即使是适用于欧洲市场的商品也不一定被运往欧洲市场。

另外，被告方提供了与中国杭州 QA 公司就波兰的产品定价高 15% 的沟通记录，用以证明原告方控制销售价格，有分割欧盟销售市场、阻碍商品自由流通的现实威胁，主张对权利用尽的举证责任进行倒置。法院援引 *Van Doren + Q. GmbH v. Lifestyle sports + sportswear Handelsgesellschaft mbH and Michael Orth* 案[1]认为，当第三方在商标权利人对其提起的商标侵权诉讼中主张商标权人权利用尽的，其对权利用尽负有举证责任。但是根据《欧盟运作条约》（Treaty on the Functioning of the European Union，TFEU）第 34 条和第 36 条规定的保护货物自由流通的原则，如果由第三方能够证明权利人人为分割国家市场，进而维持成员国之间的价格差异时，则需要对前述举证原则进行调整，即应由商标所有人证明涉案产品最初是由其或经其同意后投放到欧洲以外的市场。

该案中法院认为被告方并没有充分证明来自中国杭州 QA 公司的价格指令可归因于原告方，仅仅断言原告方从地域价格差异中获益，没有证明有阻碍货物在欧盟各成员国之间自由流通的实际威胁。因此，依然是由被告方本身承担证明其销售的"HIKVISION"商品是经原告方同意流通的举证责任，不存在可以适用举证责任倒置的情形。

2. 上诉阶段

被告方称原告方有高度可能知晓不是被告方而是中国杭州 QA 公司通过被告方的平台提供"HIKVISION"商品，加上一审时提交的事实和证据可以得出原告方默示同意其在欧洲市场提供和销售"HIKVISION"商品。

荷兰海牙上诉法院认为：在案证据显示中国杭州 QA 公司是被告方的供应商，被

---

[1] Case C-244/00 *Van Doren + Q. GmbH v. Lifestyle sports + sportswear Handelsgesellschaft mbH and Michael Orth* [EB/OL]. [2024-07-24]. https：//eur-lex.europa.eu/legal-content/EN/TXT/?uri=CELEX：62000CJ0244.

告方是电商平台的经营者,平台用户使用协议也明示是被告方与消费者签订销售协议,实际购买时消费者也无从得知是被告方之外的主体提供商品。故被告方关于中国杭州 QA 公司通过被告方的平台提供"HIKVISION"商品的主张不成立。关于原告的默示同意,除了在一审中提出并被法院驳回的事实和情况,被告方没有提出任何进一步的事实和理由。

此外,荷兰海牙上诉法院认为,与商标权利人无经济联系的第三方需对每一个主张权利用尽的商品流通征得商标所有人的同意。被告方提供的证据不足以证明其始终征得原告方的同意。关于举证责任倒置,法院认为被告方没有提出任何证据证明原告方在欧盟范围内分割市场,有妨碍商品自由流通的实际威胁,没有理由将举证责任倒置。

(二)跨境电商平台是侵权方

第一,被告方在一审中承认其经营的电商平台提供标有"HIKVISION"商标的商品,该商品与原告方在先注册的欧盟商标"HIKVISION"标识相同,指定商品相同。但是,被告方辩称平台用户协议明示"订单中商品的所有权在商品离开仓库并交给承运人时转移,与商品有关的责任和风险也一并转移",是消费者将"HIKVISION"商品进口至欧盟或荷兰,而非被告方。被告方仅是代表消费者将商品运往欧盟。

荷兰海牙地方法院认为这与是否构成侵权无关。因为通过一个面向欧盟消费者的平台提供使用了他人在先注册商标的商品,所以提供者的行为已构成商标侵权。

第二,被告方在上诉时提出了新主张即被告方经营的是一个电商平台,为第三方销售和交付商品提供便利,实际通过该平台向欧洲市场销售"HIKVISION"商品的不是被告方,而是原告的前经销商中国杭州 QA 公司。

第三,上诉法院认为,被告方在一审时提出的抗辩理由是其通过电商平台向欧盟消费者提供的是"HIKVISION"品牌的原装正品,其销售行为得到了原告方的同意。庭审记录中多处显示被告方强调其提供的是原告方面向欧洲市场的原装正品,且被告方未对庭审记录的正确性提出异议,已构成被告方为欧洲市场提供了"HIKVISION"品牌商品的自认,即使在上诉时也受其约束。

被告方在上诉状中提及其通过电商平台向全球消费者提供和销售商品,与消费者签订购买协议,经原告方介绍后从其授权经销商中国杭州 QA 公司处购买了运往欧洲市场的商品,并在荷兰市场上销售。这部分内容与被告方在上诉中所持的立场,即中国杭州 QA 公司而不是被告方在平台上销售"HIKVISION"商品的主张不一致。

被告方在上诉中提交了其法律总监的声明。这一声明明确指出:被告方与平台上的供应商有两种合作模式,分别为"供应商"和"商家"。"供应商"和被告方签订合同，并根据被告方的要求提供货物，被告方定期与供应商结算货款，价格促销和客户服务由被告方执行，供应商确保商品的质量和及时交货。"商家"是自行上传商品并设定销售价格，商家负责店铺布置，安排商品和实施促销，被告方收款并与商家结算。根据该声明，中国杭州 QA 公司是"供应商"。根据平台用户协议，消费者是与被告方签订了购买协议，从用户条款中看不出消费者知晓被告方只是托管服务提供商，购买的商品事实上是由被告方以外的主体提供和销售。故被告方援引的有关托管服务供应商的判例不适用，也不能阻却被告方对侵犯原告方商标权的行为承担责任。

四、启示借鉴

近年来随着跨境电商平台的兴起，有越来越多的国外知名品牌产品通过跨境电商平台进入中国，也有越来越多的国内有较高影响力的品牌产品通过跨境电商平台被销往世界各地。然而跨境电商在赋予消费者更多的选择、带来物美价廉的商品和便利的同时，其与品牌原有市场渠道的冲突和竞争，也触发了跨境电商平台提供的平行进口商品是否构成商标侵权的问题。我国企业作为蓬勃发展的跨境电商贸易中的重要参与者，有必要了解主要经济体对平行进口商品的法律规定。

（一）欧盟禁止平行进口

欧盟商标条例〔Regulation（EU）2017/1001 of the European Parliament and of the Council of 14 June 2017 on the European Union trade mark，EUTMR〕第 9 条第 2（a）款规定，在不损害申请日或优先权日之前已获得权利的情况下，欧盟商标的所有人有权阻止所有未经其同意的第三方在贸易过程中就商品或服务使用以下任何标志：（a）该标志与欧盟商标相同，并用于与欧盟商标注册的商品或服务相同的商品或服务。该案中荷兰海牙地方法院和海牙上诉法院判决被告方在欧洲销售从原告方中国授权经销商处购买的正品"HIKVISION"商品构成侵权也体现出欧盟禁止从区域外的平行进口。

（二）我国有条件地允许平行进口

《中华人民共和国商标法》中对平行进口没有明确规定。在普某达有限公司诉某富成国际贸易有限公司案[1]中，法院认为，虽然被告所销售的"PRADA"品牌商品

---

[1] 参见天津市滨海新区人民法院（2015）滨民初字第 1515 号民事判决书；天津市第二中级人民法院（2017）津 02 民终 671 号民事判决书。

并非直接来源于原告,但商品的国际流通具有多渠道、多环节性,原告对公证所购买的钱包是否为真品未提出异议,也未提出被告所售的产品与原告在我国销售的产品的质量等级和品质方面存在实质性差异的抗辩,被告通过正当的交易行为进口了"PRADA"商品,履行了所售商品的进口报关手续。因此,被告以平行进口方式取得原告的产品并在国内市场进行销售并未违反我国法律的禁止性规定。该案中,法院从法无明文禁止的角度肯定了平行进口的合法性,考虑商品国际流通具有多渠道、多环节性的实际侧面反映出法院倾向于认同商品首次合法售出后,权利人不能再对其后续流通进行限制的观点。

北京市高级人民法院对关于平行进口是否构成侵害商标权这一问题❶指出:商标法虽未将指示性使用明确列为不侵权的抗辩事由,但是考虑到商标法所保护的是标志与商品来源的对应性,而商标禁用权也是为此而设置的,并非为商标权人垄断商品的流通环节所创设,即商标权利用尽规则应当是市场自由竞争所必须存在的基本规则之一。在此基础上,若被控侵权商品确实来源于商标权人或其授权主体,此时商标权人已经从第一次销售中实现了商标的商业价值,而不能再阻止他人进行二次销售或合理的商业营销,否则将妨碍市场正常自由竞争秩序建立的进程,因此平行进口应被司法所接受,不认定构成侵害商标权。

但是,在不二家(杭州)食品有限公司(以下简称"不二家公司")与钱某某、浙江淘宝网络有限公司侵害商标权纠纷案❷中,法院认为虽然钱某某分装、销售的三种规格的涉案糖果本身系来源于不二家公司,且其使用的三种规格的外包装上也附着了与涉案商标相同或相近似的标识,从相关公众的角度来看,并未产生商品来源混淆的直接后果。但是商品的外包装除了发挥保护与承载商品的基本功能,还发挥美化商品、宣传商品、提升商品价值等重要功能。而钱某某未经不二家公司许可擅自将不二家公司的商品分装到不同包装盒,且这些包装盒与不二家公司对包装盒的要求有明显差异。因此,钱某某的分装行为不仅不能达到美化商品、提升商品价值的作用,反而会降低相关公众对涉案商标所指向的商品信誉,从而损害涉案商标的信誉承载功能,属于《中华人民共和国商标法》第57条第(7)项之规定的"给他人的注册商标专用权造成其他损害的行为",构成商标侵权。

由以上判决和北京市高级人民法院的审判研究可以看出,我国司法实践中采取的是"有条件的支持平行进口"的立场,即单纯平行进口并销售商品,在不改变其原包装、不损害商标的各项功能、合理使用,与权利人在我国销售的产品在质量等

---

❶ 京法网事. 当前知识产权审判中需要注意的若干法律问题(二)[EB/OL]. [2016-05-06] [2024-07-24]. https://mp.weixin.qq.com/s?__biz=MzA3MTk1OTI1NA==&mid=2247691516&idx=1&sn=708e1d94e2a3b49ad96f455be9a7629e&source=41#wechat_redirect.

❷ 参见浙江省杭州市余杭区人民法院(2015)杭余知初字第416号民事判决书。

级和品质方面不存在实质性差异，不会造成消费者混淆误认，不影响商标权人声誉的情况下，一般不认定为侵权。

（三）俄罗斯平行进口合法化

俄罗斯于2022年6月28日发布的有关法律文件，规定平行进口商品进入俄罗斯合法。俄罗斯政府有权决定哪些智力成果及品牌标志的使用不享有专有权，并保护未经权利人许可进口商品的俄罗斯公司免于承担可能的民事、行政和刑事责任。

（四）美国有条件地允许平行进口

美国法典第19编第1526条第（a）款规定，除该条第（d）款规定的情况外，如依据美国法典第15编第81～109条的规定取得商标注册证书并已按第15编第106条规定的方式将注册证副本提交至财政部的，那么向美国进口任何在商品或其标签、标志、印刷品、包装、包装纸或容器上带有上述经USPTO注册、为美国公民或在美国创建/组织的公司/协会所持有的商标的行为均属违法，除非在入境时出示了该商标所有人的书面同意。

但是，美国现行的海关条例（The Customs Service Regulation）规定了三种不受上述进口限制的例外情形：①外国和美国商标或商号为同一人或同一商业实体所有；②外国和美国商标或商号所有者为母公司和子公司，或受共同所有或控制；③外国制造的物品上贴附有美国所有者授权申请的备案商标或商号的。

在 *K Mart Corp. v. Cartier, Inc.* 案[1]中，美国联邦最高法院对海关条例的上述三种例外情形进行了司法审查，认为第①～②项例外是对美国关税法的合理解释，第③项例外情形是对关税法的不当解释。经此案形成了"同一所有人例外"（same owner exception）和"共同控制例外"（same control exception）两项原则，即美国和外国商标所有人为同一个人或实体所有或互为母子公司或受共同控制时，不能适用关税法禁止平行进口。

在 *Lever Brothers Co. v. United States* 案[2]中，美国Lever Brothers公司及其英国子公司都生产"Shield"品牌的除臭香皂和"Sunlight"品牌的洗手液。为适应当地的口味和环境，两种产品的配方各不相同，包装也略有不同。该公司称某些外国产品未经授权流入美国造成了消费者对其商品的性质和原产地的严重混淆，应被禁止进口。美国哥伦比亚地区法院和上诉法院经审理后认为，该案中适用海关条例的共同

---

[1] *K Mart Corp. v. Cartier, Inc.*, 486 U.S. 281 (1988) [EB/OL]. [2024-07-24]. https：//supreme.justia.com/cases/federal/us/486/281/.

[2] *Lever Brothers Co. v. United States*, 981 F.2d 1330 (D.C. Cir. 1993) [EB/OL]. [2024-07-24]. https：//law.justia.com/cases/federal/appellate-courts/F2/981/1330/21698/.

控制例外原则与美国兰哈姆法案第42条禁止假冒美国注册商标的商品被进口到美国之规定相冲突，判令禁止国外生产的有关产品入境美国。此案对共同所有人例外和共同控制例外原则做了修正，即虽然美国商标权利人与外国制造商存在关联关系，但若平行进口的商品与美国版本的商品存在实质性差异的，为避免消费者对这种质量差异产生混淆，应禁止与美国版本商品存在实质性差异的产品的平行进口。

在 *Hokto Kinoko Co. v. Concord Farms, Inc.* 案❶中，法院即采用了上述实质性差异的标准。法院认为，被告进口并销售的产品与原告投放美国市场的产品在种植条件、标签和包装信息、保修和客户支持以及质量控制方面存在实质性差异，有可能造成消费者混淆，从而认定被告销售平行进口的商品构成商标侵权。

由此可见，美国是有条件地允许平行进口。当美国和外国商标所有人为同一实体或互为母子公司或受共同控制，且外国生产的产品与在美国合法流通的产品不存在实质性差异的情况下，平行进口的产品是被允许入境的。

通过以上对欧盟、中国、美国和俄罗斯对平行进口的规定和实践的梳理，可以看出不同国家和地区对平行进口是否侵犯商标权的规定各不相同。欧盟不支持平行进口；俄罗斯则全面开放平行进口；美国和中国有条件地允许平行进口。我国企业基于其商标权在其他国家或地区对销售平行进口商品的行为提起诉讼时，需要了解该国或地区对平行进口商品的规定，区分不同的国家或地区制定不同的诉讼策略和确定不同的举证方向。

（五）确定跨境电商平台交易中侵权主体的确定

跨境电商的商品销售是一个系统性、长链条的行为，缺少支付、物流、平台展示等任何一环，销售行为均难以实际实施。平台运作模式多样，不同模式下销售过程涉及主体也不同。当侵犯商标权的行为发生时，需要区分平台不同的运作模式从而确定侵权主体和平台应当承担的责任。

电商平台作为提供交易服务的平台，其上的商品有些由平台内注册的经营者销售，有些由平台自行销售。例如淘宝和拼多多的商品多由经营者提供，京东则既有平台内经营者提供的商品，也有京东自营的商品。该案中被告方经营的跨境电商平台与京东平台类似。

荷兰海牙地方法院和海牙上诉法院在该案审理过程中，综合考虑了平台的用户协议、交易单据及消费者可接触到的信息等，认定被告方作为平台经营者，自营"HIKVISION"安防商品，自身构成商标侵权。

---

❶ *Hokto Kinoko Co. v. Concord Farms, Inc.* [EB/OL]. [2024-07-24]. https：//www.casemine.com/judgement/us/5914f418add7b04934984935.

我国法律也有类似原则，《中华人民共和国电子商务法》第37条规定，电子商务平台经营者在其平台上开展自营业务的，应当以显著方式区分标记自营业务和平台内经营者开展的业务，不得误导消费者。电子商务平台经营者对其标记为自营的业务依法承担商品销售者或者服务提供者的民事责任。

实践中，如果侵权商品或服务由平台自行提供或平台与平台内经营者联营经营，则一般可认定平台实施了直接侵权行为；若侵权商品或服务由平台内经营者提供，则该经营者实施了直接侵权行为，此时平台是否要承担侵权责任应根据其是否对侵权行为具有过错等情况来确定。

我国企业如果遭遇跨境电商平台销售侵犯其知识产权的产品时，一般可先通过平台投诉等方式联系平台解决。如果限于平台规则无法有效解决侵权纠纷，需要提起侵权诉讼的，则建议寻求专业意见，根据平台运营模式、平台用户协议、交易单据上显示的销售主体、赔偿能力等信息综合判定侵权主体，准确、全面确定责任主体和责任方式，避免错列或遗漏被告。

（供稿：袁红燕）

36

德国商标侵权诉讼之商标侵权风险

该案涉及德国商标侵权诉讼。涉案双方分别为原告德国 AA 公司和被告中国合肥 NI 公司。

该案原告主张的商标权是其 1996 年 6 月 21 日在欧盟第 12 类机动车辆商品上注册的"S6"和"S8"商标。原告认为被告在汽车上使用的"ES6"和"ES8"商标侵犯了原告注册商标权,故提起该案诉讼。

一、案情介绍

原告与被告之间的商标纠纷开始于原告对被告于 2016 年在德国专利商标局(DPMA)申请注册的"ES6"和"ES8"商标提出的异议申请,以及原告对被告关联公司在欧盟注册的"ES6"和"ES8"商标提出的无效宣告申请。在异议案件中,德国专利商标局在很大程度上作出了有利于原告的裁决,而无效宣告案件在该案判决作出时还在 EUIPO 审理中。

同时,原告发现被告在其域名".com.de"的网站上发布了几款汽车广告,这些汽车的车牌上标有"ES6"和"ES8"商标。被告的这几款汽车尚未在德国销售,但计划在德国市场投放。

原告于 2021 年 8 月 12 日向被告发送了警告函。庭外警告未果后,原告于 2021 年 10 月 11 日以被告侵犯其在欧盟注册的"S6"和"S8"商标专用权及违反德国反不正当竞争法为由向德国慕尼黑第一地区法院提起诉讼,要求法院下达禁令,禁止被告使用"ES6"和"ES8"商标,判令被告向原告提供在德国境内汽车广告指定分发渠道等信息,并判令被告赔偿原告损失。

二、处理结果

2023 年 1 月 17 日,德国慕尼黑第一地区法院判决被告侵犯了德国 AA 公司的商标权，中国合肥 NI 公司被禁止在德国宣传"ES6"和"ES8"标识的机动车辆，如违反禁令，中国合肥 NI 公司将面临每次最高 25 万欧元的罚款，或其在德国的法定代表人可被判处最高 6 个月、累计不超过 2 年的行政拘留；判令被告向原告支付赔偿与警告商标侵权行为有关的费用共计 2538.10 欧元；判令被告支付该案诉讼费用。

三、要点分析

该案主张商标侵权的主要依据为《欧盟商标条例》（EUTMR）第 9 条第 2 款（b）项规定，如果商标与欧盟商标相同或相似，并且用于与欧盟商标注册的商品或服务相同或相似的商品或服务中，存在公众可能产生混淆的可能性，包括公众可能将该标志与商标联系在一起的可能性，则该标志构成侵权；以及第 9 条第 3 款（e）项规定，在商业文件和广告中使用标志属于商标权利人可禁止的侵权行为。

该案判决中，法院从以下三个方面分析了是否应适用如上法律规定。

（一）被控侵权标识是否被"使用"

适用如上规定需要求被控侵权标识被进行了"使用"。如果该标志有助于将一个企业的商品和服务与其他企业区分开来，即能够作为商品来源的标志，则属于"使用"。该案中，被告使用的 ES6、ES8 符合汽车行业常见的型号名称模式，其使用在汽车车牌上，多次清楚地予以展示，法院认为其是有目的地强调该标识是作为指明商品来源的标志使用的。另外，在被诉的广告页面中，尽管包含大量的文字、图像和颜色元素及其他的标识。但汽车行业独特做法（第一、第二品牌联合使用是比较普遍的）可能导致公众认为，尽管许多标志有联系，但它们仍被认为是单独的商标。因此，法院认为，被告将 ES6、ES8 标识作为型号名称和二级商标进行了"使用"。

（二）原告商标进行了真实的使用

法院认为原告提交的维基百科上的资料显示的其车辆的销售数据及德国联邦机动车管理局的网站上的信息可证明原告商标的使用，且原告还以注册形式使用了该商标，实际使用形式并没有改变注册商标的显著特征。

（三）混淆误认的可能性

法院认为在评估混淆误认的可能性时，必须评估在先商标的显著性、商品的类似性和商标的近似性。在先商标越显著，商品和标志越相似，混淆的可能性就越大。这些因素之间是互相依存的，即商品之间较低的相似度可能被商标之间较高的相似度或在先商标较强的显著性所抵消,反之亦然。对于该三个因素,法院在该案中认定如下。

第一,在先商标的显著性。这需要判断在先商标的原始显著性以及是否通过使用而增强。

原告商标 S6 中的"S"明确代表运动,"6"是指原告生产的特定系列车辆中具有特定车辆尺寸或类型的车辆,数字越大,车辆的质量就越大。但"6"并未直接描述原告车辆的特征(如发动机功率或排量等)。就此而言,原告商标并不完全是描述性的,且原告商标除了特定字母与特定数字的组合效果,该商标还包含一定创造性内容。因此,至少应认为原告商标有较弱的天然显著性。另外,原告商标的显著性因使用而得到了增强。原告是一家高于平均水平的汽车制造商公司,涉案商标品牌的车辆已经销售多年并被广泛使用,在公众中的声誉高于平均水平。总体而言,原告商标显著性具有平均水平。

第二,商品的类似性。商品是相同的,双方都是汽车。

第三,商标的近似性。法院认为判断商标近似性应考虑商标的视觉相似性,听觉相似性及含义相似性。法院对此分析如下:①视觉上,原告商标和被控侵权标识在文字构成上仅相差字母"E",但原告商标完整地包含在被控侵权标识中。当然,也需要认识到被控侵权标识包含的"E"位于首位,应给予其特别的重视。总体而言,这些商标有近似性,也有差异,有可能导致相关公众的混淆。②听觉上,原告商标和被控侵权标识在发音上并不相同,故没有直接混淆的风险。但是存在因关联而产生混淆的风险,即间接混淆的可能性。法院认为与产品相关的"E"字母作为"Electro"或"Electronic"的缩写不仅是在德语使用地区,而且在全球范围内都几乎无处不在,并且该缩写的使用涉及所有生活领域。在这个意义上,两个标志之间唯一的区别是描述性的,消费者可能认为"ES6"是电动版的"S6",两辆车来自同一制造商。被告在听证会上也表示,"E"可以代表许多形容词,"生态""经济",也代表"电子"。因此,法院认为没有必要明确混淆的可能性是存在于文字构成还是听觉上,无论如何从声音的角度存在混淆可能性就够了。法院没有进一步分析两商标在含义上的近似性。

由于法院综合考虑上述因素,特别是涉案产品的特性,也足够在声音方面发生混淆的可能性,因此认为原告的诉请是合理的。

四、启示借鉴

该案是我国企业在进入德国和欧洲市场前遇到的来自欧美企业的全面阻击,原告不仅对被告商标提出了异议、无效宣告,而且针对被告的宣传行为提起侵权诉讼。

通过该案的判决提出如下三点思考和建议，以期对我国企业在全球化进程中顺利应对挑战有所助益。

（一）进入海外市场前应注重评估侵权风险，并适当进行商标储备

该案被告的关联公司已经在欧盟获得了"ES6"和"ES8"商标的注册，但原告仍然能够提起商标侵权诉讼。这表明在欧盟和德国，获得商标注册并不当然意味着完全没有侵权风险。企业在进入海外市场前，除了进行必要的商标注册，也建议通过专业人员对相关市场法域内在先注册及在先使用的商标权利进行系统的排查，以尽量降低侵权风险。

另外，通过该案相关报道可知，中国合肥 NI 公司在判决后将"ES6"和"ES8"两款车型在欧洲市场对应更名为"EL6"和"EL8"。2023 年 10 月，中国合肥 NI 公司在欧洲正式发售了 EL6 车型，并于同年 12 月推出了 EL8 车型。中国合肥 NI 公司考虑到潜在的法律风险，预先申请了"EL6"和"EL8"作为备用商标，显示出它们对潜在法律风险的高度敏感和准备。当最终裁决不利时，它们迅速采取行动，调整商标策略，转用备用商标，确保市场活动的连续性和企业的业务不受影响。因此，企业在进行海外市场布局时，除对核心商标进行注册外，也应考虑适当进行商标储备。

（二）注意风险排查

商品未实际销售而仅在宣传中进行了商标使用，同样具有侵权风险，企业在进行产品宣传前就应注意风险排查。

该案中，被告的汽车实际并未在德国销售，仅是在网站中展示了带有"ES6"和"ES8"商标的电动汽车。此种"以广告、橱窗陈列或展出等方式做出销售商品的意思表示"的情形即构成"许诺销售"。

"许诺销售"实际是专利法上的概念。但在商标法实践中也出现了较多权利人并未实际购买侵权产品，而仅能依据被告在广告宣传、产品展示中对商标的使用主张商标侵权的类似"许诺销售"的案例。在商标领域，"许诺销售"是否构成商标侵权，从该案可以看到德国法院对此的态度。事实上，欧盟对于"许诺销售"确实是直接规定构成侵权的，即上述该案所依据的《欧盟商标条例》第 9 条第 3 款（e）项规定的在商业文件和广告中使用标志属于商标权利人可禁止的侵权行为。

在我国，对于"许诺销售"的情形是否构成商标侵权，实践中曾出现争议。在 ASAK 案中，原告是"ASAK"商标的商标权人，被告在其官方网站上展示的"铝合金衬塑复合管"商品的图片中使用了"ASAK"商标。一审法院经审理认为，被告未经许可将涉案商标用于其网站展示商品的广告宣传中，属于识别商品来源的商标性

使用，构成商标侵权。但二审法院则认为被告仅实施了许诺销售行为而并未实际销售相关商品，原告无法举证证明该销售的商品是未经授权的侵权商品，因而认定被告不构成侵权，从而推翻一审判决。

同一案件中一审、二审法院作出了相反的认定，而在另外的涉及"许诺销售"的案件中，也有法院认定构成商标侵权。如在 LEMO 案中，原告拥有注册商标"LEMO"。被告在第三方平台开设的网店上载明其销售"LEMO"品牌的连接器。该案中，原告并未购买到被告在第三方平台上销售的产品，而一审、二审法院均认定被告构成商标侵权。

商标作为一种商业标识，其核心的作用是指示商品或服务的来源，即指向商品或服务的提供者。商标法所保护的也正是商标与其所有者建立的这种对应关系。那么，判断商标侵权的关键是被告对标识的使用是否构成"商标性的使用"，即是否发挥了指示商品来源的作用，从而使得原告与其商标之间的对应关系被破坏。《中华人民共和国商标法》中涉及商标侵权判定的第 57 条第 1~2 款规定的核心也正是商标的"使用"。而对于何谓"商标性的使用"，《中华人民共和国商标法》第 48 条也给出了明确规定："本法所称商标的使用，是指将商标用于商品、商品包装或者容器以及商品交易文书上，或者将商标用于广告宣传、展览以及其他商业活动中，用于识别商品来源的行为。"

可见，"许诺销售"涵盖的正是将商标用于广告宣传、展览中的情形，只要这种使用发挥了识别商品来源的作用，就应认定构成"商标性的使用"。以此作为标准，尽管实践中存在上述不同的审判标准，但相信判定"许诺销售"构成商标侵权会成为趋势。

因此，无论在德国还是我国，对于宣传中使用商标都存在被认定为侵权的风险，企业在日常经营中，不仅要在产品生产、销售环节注意防范商标侵权的风险，而且在产品尚未正式投放市场时，在进行宣传、展示的过程中，比如通过网站宣传、参加展会等，也应当注意排查是否存在在先商标权利，预防侵权风险。

（三）对字母和数字组合商标的注册和使用应更审慎

一两个字母和数字组合形式的商标在获准注册及保护力度上可能存在挑战，企业在选择注册或使用此类商标时应更为审慎。

该案原告和被告双方的商标均是由一两个英文字母和数字组合而成，此种组合也经常被特定产品行业作为产品型号进行使用，比如汽车行业、机械产品行业、家电类产品行业等。因此，在这些产品上将简单一两个字母和数字的组合申请注册为商标，可能被质疑显著性，即质疑该类标识不易被消费者当作商标识别而是当作产品型号识别。

该案中，法院对原告商标也考虑了其显著性问题，提到原告的S6、S8商标形式是汽车行业常见的型号模式。尽管法院并未认定原告商标完全不具有显著性，但也认为其先天的显著性较弱，而原告对S6、S8进行的较大规模的使用使其显著性得以增强，因此仍然在该案中给予了原告商标保护。那么可以推知，如果原告未能证明其商标通过使用使得显著性增强，其在该侵权案件中是否能够得到保护，以及得到多大程度的保护就可能存在疑问。

我国对于此类商标显著性的认定标准较欧盟更为严格。《中华人民共和国商标法》第11条规定，仅有本商品的通用名称、图形、型号的不得作为商标注册。实践中，一两个字母和数字的组合而成的商标如申请注册在机械类产品、工业类产品、家电类产品类别上经常因缺乏显著性而被驳回。该案被告在我国也曾申请过"ES6""ES8"商标，但这些申请均被驳回而无效。被告之后将"ES6""ES8"等标识与其主标识合并进行申请才得以注册。

另外，《中华人民共和国商标法》第59条规定，注册商标中含有的本商品的通用名称、图形、型号，注册商标专用权人无权禁止他人正当使用。那么，对于易被识别为型号的商标，即便取得了商标注册，在商标侵权案件中能否获得保护，能否阻止他人使用也是存在疑问的。实践中也存在这样的案例。如在"F6000"商标侵权案中，原告拥有"F6000""JRF6000"注册商标，注册在第1类"工业用胶"等商品上。被告在"工业用胶"商品上使用了"SUXUN F-6000"标识，故原告提起诉讼。该案历经两审及再审，一审、二审法院均认为"F6000"易被相关公众识别为商品型号，难以起到识别商品来源的作用。被告使用的被控侵权标识"SUXUN F-6000"，可以认定"F6000"系对商品型号的表述，而非对原告商标的不当使用。同时"SUXUN"与"JR"分别为被诉侵权标识和原告商标的主要识别部分，两者不构成近似商标，不会导致混淆。最终，原告的再审申请被驳回。

可见，一两个字母和数字组合形式的标识在某些商品类别上天然显著性较弱，即便能够获得注册，在侵权案件中也未必能够得到保护。因此，建议企业慎重选择此类标识作为商标使用。尤其是汽车行业、机械产品行业、家电类等产品行业的企业，不要仅用产品的型号指代自己的产品，建议选择更具有新颖性、更强显著性的标识作为主商标进行使用和推广，这样的标识一方面更容易获得商标注册，在商标侵权诉讼中也更容易获得更大力度的保护；另一方面在产品的销售、推广过程中也更容易被消费者所识别和记忆。在拥有了主商标的情况下，也更有利于对型号的保护，例如在我国单独对型号申请商标遭遇驳回后，可以将主商标与型号结合申请。

（供稿：谢静　王笑）

37

韩国商标侵权及不正当竞争诉讼之要点

该案涉及韩国商标侵权及不正当竞争诉讼。原告为中国青岛 P 公司，被告为企业名称中含有"칭따"（青岛的韩文音译）的韩国 Q 公司。

被告自 2019 年 12 月起，从中国某有限公司进口并销售"青岛原浆"、"The Qingdao Craft Beer"、"칭따오수제맥주"（The Qingdao Craft Beer 的韩文音译）标识的啤酒产品。❶

一、案情介绍

原告中国青岛 P 公司在韩国在先注册"TSINGTAO"等注册商标（注册日为 2018 年 5 月 4 日）。被告韩国 Q 公司未经授权使用并销售带有"青岛原浆""The Qingdao Craft Beer""칭따오수제맥주"标识的啤酒产品。

2020 年 11 月 5 日，原告以被告上述行为侵犯原告的商标权并构成不正当竞争为由，向韩国首尔中央地方法院提起诉讼，请求被告韩国 Q 公司应当停止侵害、排除妨碍、消除影响等。

2021 年 1 月 14 日，韩国首尔中央地方法院经审理，认定韩国 Q 公司的行为构成商标侵权及不正当竞争，支持了原告中国青岛 P 公司的诉讼请求。被告韩国 Q 公司不服韩国首尔中央地方法院一审判决向韩国特许法院提起上诉。

2022 年 1 月 13 日，韩国特许法院经审理作出判决，认定韩国 Q 公司的行为构成商标侵权及不正当竞争，一审法院判决正当。

---

❶ 参见韩国首尔中央地方法院作出的 2020 가합 第 558017 号判决。

二、处理结果

(一) 一审：韩国首尔中央地方法院

原告中国青岛 P 公司的主张概要如下。①被告使用与原告注册商标相似的商标在相同或类似商品上，侵犯了原告的注册商标权；②被告销售使用"青岛原浆""The Qingdao Craft Beer""칭따오수제맥주"标识的啤酒，这些标识与韩国国内广泛认可的原告的商品标识或营业标识相似；③被告的上述行为构成不正当竞争。

韩国首尔中央地方法院经审理认定，①被告的行为侵犯原告注册商标权并构成不正当竞争，判决被告应当禁止使用相关标识；②禁止生产、销售、转让、展示这些标识对应的啤酒产品；③销毁相关侵权物品；④禁止使用包含"칭따"的商号；⑤变更企业名称；⑥承担诉讼费用。

(二) 二审：韩国特许法院

驳回被告的上诉，上诉费用由被告承担。

三、要点分析

该案的争议焦点在于判断被告韩国 Q 公司使用并销售含有涉案三个标识"青岛原浆""The Qingdao Craft Beer""칭따오수제맥주"的啤酒产品，在企业名称中使用"칭따"的行为是否侵犯原告注册商标权及构成不正当竞争。

(一) 关于商标侵权的判断

关于商标侵权，原告在该案中依据其在先注册的"TSINGTAO"等注册商标主张被告使用的三个标识侵犯其注册商标专用权。一审法院支持原告的请求，认定被告使用的三个标识与原告注册商标相似，共存使用在啤酒产品上容易导致相关消费者混淆，构成商标侵权。

法院认为，关于被告的使用行为是否构成商标侵权，关键在于以下三点。

第一，双方标识指定使用商品是否为相同、类似商品。

在该案中，原告注册商标指定使用商品与被告各标识指定使用商品均为啤酒，属于相同、类似商品。

第二，被告使用的三个标识与原告注册商标是否构成近似。

被告使用的三个标识中包含"青岛""QingDao""칭따"，与原告注册商标

"TSINGTAO"等及其韩文音译"칭따""칭따오"对比,在外观、名称和概念上相同或极其相似。

第三,被告使用三个标识的行为,是否会导致相关公众混淆误认。

被告的销售使用行为容易导致相关消费者和交易主体误认为被告的啤酒产品系来自原告,或者是与原告存在密切关系的关联公司生产的啤酒产品,从而导致相关消费者和交易主体误认误购。

(二)关于不正当竞争行为的判断

关于不正当竞争行为,原告主张:①被告使用与原告"知名商品标识"相同、近似的标识,违反韩国防止不正当竞争与商业秘密保护法第2条第1款(a)项规定,无正当理由,使用与他人商品相同或相似的名称、商号、商标、容器、包装或其他表明该商品为他人商品的标记(该项中称为"他人商品标记"),或使用该标记销售、分销、进口或出口商品,从而与他人商品相混淆的行为,构成不正当竞争行为;②被告使用与原告"知名营业标识"相同、近似的标识,违反韩国防止不正当竞争与商业秘密保护法第2条第1款(b)项规定,无正当理由,通过使用与他人相同或相似的名称、商号、标记或其他表示他人业务的标识(包括销售商品和提供服务的方法或提供业务的场所的整体外观,如招牌、外观、内部装饰等),混淆他人业务的设施或活动的行为,构成不正当竞争行为。

法院认为,判断被告的行为是否构成不正当竞争行为,关键在于以下两点。

第一,法院认定原告的啤酒产品标识构成"知名商品标识"、企业名称构成"知名营业标识"。

法院综合考虑了如下因素,认定原告的相关标识构成"知名商品标识"及"知名营业标识":①原告最早使用相关标识的时间(2003年);②原告在中国持有的商标情况;③原告啤酒产品的市场占有率(原告啤酒销售量2015~2019年稳居韩国国内销量排名前六,2019年位居第一);④持续宣传使用情况(通过请知名人士代言、赞助活动等提高曝光率);⑤知名度及影响力(多家媒体早在数年前就用"我们熟悉的啤酒""中国代表性啤酒""今年最火的进口啤酒"等表述宣传原告的啤酒产品)等。

第二,被告的行为是否会导致混淆误认。

被告使用的"青岛""QingDao""칭따"三个标识,在外观、称呼和概念上与原告公认的商品标识和营业标识"青岛"、"TSINGTAO"及其韩文音译"칭따오"或"칭따"相同或极其相似,有导致相关公众混淆误认的可能。并且相关证据(证据93~97、107)表明,被告的行为事实上已经导致了相关消费者混淆的情况,构成不正当竞争行为。

证据 93~97 证明，有多个案例表明接触被告产品的消费者或处理这些产品的商店负责人误认为被告产品的制造商是原告。

证据 107 为 2020 年 8 月 7 日，由韩国某大学知识产权系和韩国某专利事务所编写的"칭따商标相关消费者认知调查报告"。该报告中，以韩国首尔、仁川、釜山、大邱、光州、大田居住的最近 3 个月内有啤酒饮用经验的 20~49 岁共 500 人为对象进行的调查结果显示，54% 的回答者在看到"TSINGTAO""칭따"、24% 的回答者在看到"TSINGTAO""QingDao"、45% 的回答者在看到"The Qingdao Craft Beer"等标识后，都认为这些是同一家公司或关联公司的产品，这表明有相当比例的回答者实际上产生了混淆。

四、启示借鉴

（一）我国酒类企业的商业标识若在韩国被他人非法使用或抢注，可积极维权

韩国是我国酒类产品进口大国。根据相关数据显示，2022 年中国凭借青岛啤酒和哈尔滨啤酒等在韩国热销，中国啤酒力压荷兰跃居韩国进口啤酒首位。❶ 同时，韩国也是我国白酒出口量第一大市场。❷ 而随着两国之间酒类产品进出口贸易的增加，有些韩国公司联合中国本土制造商在韩国国内销售侵权产品，尤其针对中国企业的知名主品牌。该案属于这类侵权案例中较为典型的一例，被告正是与中国国内的侵权生产商联手在韩国销售侵权产品。

该案为我国酒类企业在韩国市场的维权提供了指引。中国企业在韩国市场销售相关产品的，首先应当积极在韩国注册商标，取得注册商标专用权。如果发现他人未经授权使用自己注册商标的情况，可基于注册商标主张对方构成商标侵权。

另外，中国企业在生产经营过程中还可能使用一些其他商业标识，该些标识可能无法获得商标保护，或尚处于商标获权程序中。对于此类标识，如果已经过较长时间的宣传使用获得了一定知名度，可以起到标识商品、服务来源的作用的，在韩国还可能通过主张构成"知名商品标识""知名营业标识"，从而基于韩国防止不正当竞争与商业秘密保护法获得保护。

韩国防止不正当竞争与商业秘密保护法规定的不正当竞争行为较为细致、全面。

---

❶ 李雪. 酒业动静丨中国啤酒夺得韩国进口啤酒 No.1 [EB/OL]. (2022 – 12 – 08) [2024 – 12 – 18]. https://www.gzstv.com/a/357e1cce25b74db79d67c157f1a63e76.

❷ 云酒头条. 中国白酒出海，日韩或是更有效市场 [EB/OL]. (2023 – 08 – 13) [2024 – 12 – 18]. https://www.163.com/dy/article/IC18CCGG05198R91.html.

多种类型的商业标识均被明确规定为权利客体,包括前文所述的知名商品标识、知名营业标识,还有销售产品和提供服务的方法或营业场所的整体外观,如招牌、外观和室内装饰;在韩国被广泛认可并具有经济价值的,可以区分个人身份的标记,如姓名、肖像、声音或其他可识别他人的标志等。这实际上为中国企业提供了更广泛的权利基础,更利于中国企业在韩国对自身合法权益的维护。

此外,实践中还存在一些韩国主体恶意抢注中国酒类企业商标的行为。即便中国企业可能尚未在韩国注册商标,仍可能基于中国的在先注册商标或在中国在先使用而获得的知名度,利用行政程序对抢注商标予以无效。对此,我国已有多家酒类企业成功维权的案例。例如在"老坛酒"注册商标无效宣告请求案❶中,韩国特许法院认为中国白酒商标"老坛子"在中国国内广为人知,从而对韩国仿冒者的"老坛酒"注册商标予以无效。在我国白酒品牌"高丽村"对侵犯其注册商标专用权的韩国"一品窖高丽村"商标发起无效宣告请求案中❷,韩国特许法院考虑了"高丽村"在中国的注册商标情况及其具备的较高知名度,支持了中国权利人的无效宣告请求。在中国"雪原白酒"商标注册人对韩国"雪原仙"商标无效宣告请求案❸中,韩国特许法院认定该韩国主体的"雪原仙"商标与中国的知名商标"雪原白酒"近似,并认定被告在注册商标时具有不正当目的,被告具有模仿知名商标以获取不正当利益之意图。

(二)企业如发现与自身注册商标相同或近似的标识被他人使用在企业名称中,可主张商标侵权或不正当竞争积极维权

该案中,韩国特许法院认定被告企业名称包含与原告注册商标韩文音译相同的"칭따"部分构成不正当竞争行为,对原告的在先权益予以竞争法上的保护。可见,当中国企业在韩国遇到他人在企业名称中使用与其商标相同或近似的标识时,可主张该使用行为构成不正当竞争,必要时提起不正当竞争之诉。

与韩国相比,我国对于登记使用的企业字号与他人注册商标相同或相近似的情况,一般是依据《中华人民共和国商标法》或《中华人民共和国反不正当竞争法》的相关规定予以处理。如登记的字号被突出、单独使用在与他人注册商标核定商品/服务相同或类似的商品、服务上,此种行为可能构成商标侵权。字号如果未突出使用则可依据《中华人民共和国反不正当竞争法》主张构成不正当竞争行为。例如在南京某葡萄酿酒有限公司、南京某希望酒业有限公司、南京某庄园酒业有限公司、

---

❶ 参见韩国知识产权局 2020 당 第 11431 号无效宣告审查决定。
❷ 参见韩国知识产权局 2018 당 第 3109 号无效宣告审查决定。
❸ 参见韩国知识产权局 2017 당 第 3294 号无效宣告审查决定。

深圳某酒业有限公司与拉菲罗斯柴尔德酒庄侵害商标权纠纷、不正当竞争纠纷案[1]中，最高人民法院认定南京某庄园酒业有限公司将"拉菲庄园"登记为企业字号的行为侵害了拉菲罗斯柴尔德酒庄涉案"LAFITE"商标专用权，判令南京某庄园酒业有限公司变更其企业名称，其变更后的企业名称不得含有"拉菲"字样。因此，对于企业来说，当在我国发现他人使用与企业注册商标相同或近似的企业字号的情况，可依据对方是否将字号突出使用，主张对方的使用行为构成商标侵权或不正当竞争。

（供稿：谢静　蔺婉贞）

---

[1] 参见中国最高人民法院（2022）最高法民终313号民事判决书。

38

印度商标侵权诉讼之使用在先原则

该案涉及印度商标侵权诉讼及反诉。涉案当事人分别为侵权诉讼案原告（即反诉案的被告）印度 MK 公司的独资经营者 HSS，侵权诉讼案被告（即反诉案的原告）中国上海 SQ 公司及其两家关联公司。

HSS 称其自 1989 年起开始使用涉案商标，并于 1998 年在第 12 类汽车配件等相关商品上注册了"M.G."和"M.G.I."商标。HSS 发现中国上海 SQ 公司也开始使用"M.G."和"MG 图形"商标，因此，认为中国上海 SQ 公司的行为构成商标侵权及假冒等。

一、案情介绍

依据 2022 年 5 月 30 日的印度法院命令所示，HSS 针对中国上海 SQ 公司向印度德里高等法院提起侵权诉讼［案号 CS（COMM）373/2022］，并以中国上海 SQ 公司侵犯注册商标权、假冒和其他救济为由申请禁令（案号 8714/2022）。

印度法院要求中国上海 SQ 公司在指定期限内提交书面陈述的同时，提交一份具体的宣誓书，以说明其在印度推出的"M.G."和"MG 图形"品牌汽车及汽车配件的发布细节，以及上述产品在印度推出以来的年度销售数据。

依据 2022 年 9 月 8 日的法院命令所示，中国上海 SQ 公司提起了反诉［案号 CC（COMM）20/2022］，请求法院对 HSS 颁布永久禁令，并要求赔偿损失等。此外，中国上海 SQ 公司也提交了临时禁令申请，申请禁止 HSS 使用"M.G."、"M.G.I."或"M.G. 图形"商标。

依据 2022 年 11 月 22 日的印度法院决定所示，双方均声称其为"M.G."商标的权利人。在商标注册处审查申请的过程中，双方就商标权的归属展开了激烈的辩论。法院面临的问题在于，哪一方对"M.G."商标享有更优先的权利，以及中国上海 SQ 公司是否就"M.G."商标享有跨境声誉。

双方商标信息对比如表1所示。

表1 涉案双方商标信息之对比

序号	HSS	中国上海SQ公司
1	在先使用：主张自1989年起连续使用"M.G."、"M.G.I"商标和公司标识"MG"	在先使用：主张前权利人自1924年起在英国开始经营，并拥有"M.G."商标的全球权利，在案证据显示中国上海SQ公司（及被收购的前权利人）实际在全球范围使用"M.G."商标已超过100年
2	注册商标：1998年申请并在第12类"机动陆地车辆的零件、配件和部件、用于机动陆地车辆的控制电缆、仪表电缆"商品上注册"M.G.""M.G.I"商标	注册商标：2016年申请并在第12类、第35类、第37类注册"MG"商标。2019年，HSS以其印度MK公司名义针对该商标提交了更正注册申请
3	创意解释：取自HSS的母亲在家中的昵称"Mohinder G"	创意解释：取自创始人威廉·莫里斯（William Morris）创立的Morris Garages（莫里斯车行）的首字母

二、处理结果

印度法院依据中国上海SQ公司的临时禁令申请（案号18693/2022），判令HSS在下一次听证会之前不得在汽车零件或部件上使用"M.G.""M.G.I.""M.G.图形"商标或任何其他在文字、标志或图形上令人混淆的近似商标。

原定于2023年2月7日对所有申请举行下一次听证会，但由于涉及HSS的另一案件正在印度最高法院审理，故该听证会暂时推迟。

三、要点分析

该案在听证会结束后，法院在批准反诉方中国上海SQ公司临时禁令申请的决定中，重点考虑以下三点因素。

第一，双方商品的特殊性及中国上海SQ公司使用"M.G."商标的情况。

HSS与中国上海SQ公司的经营范围高度重合，均涉及汽车配件和部件。中国上海SQ公司提及的Morris Garages（莫里斯车行）在英国创立，后被缩写为"M.G."。

根据在案证据显示，中国上海 SQ 公司在全球各地已实际使用"M. G."商标超过 100 年，且中国上海 SQ 公司于 2018～2019 年在印度大规模推出其汽车产品，并在过去的 3～4 年已经在印度售出了大量带有"M. G."商标的汽车。而 HSS 所销售的汽车零部件直接关系到汽车及其乘客的安全。因此，即便双方产品之间存在的混淆风险较小，法院也认为应当予以排除。

第二，双方商标本身的相似度及商品的近似度。

法院认为双方商标在性质上相同，并且属于同一类别，结合上述商品的特殊性及使用情况等，混淆必然发生。

第三，在 HSS 所涉及的另案中法官的在先认定。

在涉及该案原告 HSS 的另两起案件 *H. S. Sahni v. Mukul Singhal & Anr* 案、*H. S. Sahni v. Mukul Singhal & Anr* 案❶中，法院已作出共同判决，对 HSS 发出禁令，禁止其使用"M. G.""M. G. I."商标。此外，在该案判决中，法院也认为 HSS 声称的在先使用严重存疑。

上述 HSS 所涉及的另案前情如下：2019 年 9 月 2 日，印度商事法院颁布了 *H. S. Sahni v. Mukul Singhal & Ors.* 案❷的命令，认可了印度 MS 及印度 MGC 公司对"M. G. Cable"商标的在先使用，认为 HSS 无法证明其所称的在先使用，并禁止 HSS、HSS 的独资公司及其关系人、代理人等使用"M. G. Cable"商标以及"M. G. Cable"品牌的商业外观和艺术作品中的艺术特征和著作权，但驳回了禁止 HSS 的独资公司使用"M. G.""M. G. I."商标的禁令。双方均对该命令提起了上诉。

上述 HSS 所涉及的另案于 2022 年 11 月 10 日颁发的决定中，关于在先使用部分概述如下：①无在案证据证明 HSS 所声称的自 1989 年起开始使用"M. G."、"M. G. I."或"M. G. Cable"商标。即便法院认可 HSS 所提供的带有"M. G.","M. G. I."及"AUTOMAX"标识的账单，其显示最早日期为 2017 年。这表明 HSS 使用"M. G.","M. G. I."商标的时间至少在 2017 年之后。②认可商事法院对印度 MS 及印度 MGC 公司为"M. G. CABLE"商标的在先使用者的认定。

根据印度 1999 年商标法第 34 条的规定，商标在先使用者的权利应当受到保护，注册商标的持有人对这些权利无权干涉。为寻求印度 1999 年商标法第 34 条的保护，HSS 需要证明其为"M. G.""M. G. I."商标的在先使用者。

因此，在 HSS 所涉及的另案中，对于印度商事法院禁止 HSS 使用"M. G. CABLE"或任何其他可能引起混淆的近似商标的决定，印度德里高等法院予以支持。但印度商事法院仅因为 HSS 是"M. G."和"M. G. I."注册商标的权利人，

---

❶ 2 件案号分别为 FAO（COMM）88/2021、FAO（COMM）89/2021。
❷ 该案案号为 C. S.（COMM）146/2019。

便拒绝禁止 HSS 使用"M. G."和"M. G. I."商标是不正确的。印度德里高等法院对此予以纠正。HSS 在印度商事法院下发该禁令后,便开始以如下形式使用其注册商标:""(MG、GENUINE PARTS 等包装细节)。上述标签上"MG GENUINE PARTS"的字体和印刷方式与印度 MS 及印度 MGC 公司标签上"MG CABLES"的字体和印刷方式高度相似。鉴于印度商事法院的初步发现,印度德里高等法院批准颁布一项临时命令,禁止 HSS 使用"M. G."或"M. G. I."商标或任何其他与"M. G. CABLE"近似的商标,直至印度 MS 及印度 MGC 公司对 HSS 的注册商标提起的更正申请得到处理。❶

综上所述,该案法院判令 HSS 在下一次听证会之前,不得在汽车零件或部件上使用"M. G.""M. G. I.""M. G. 图形"商标或使用任何其他在文字、标志或图形上令人混淆的近似商标。

四、启示借鉴

在该案及 HSS 所涉及的另案中,在授予禁令时,印度法院重点考虑哪一方能够提供证据证明其为商标的实际在先使用者。这涉及以下印度的商标法原则及制度。

(一)"使用在先"原则

在印度,商标的在先使用优先于在先申请/注册,即印度遵循的是"使用在先"的原则。❷

例如,中国上海 SQ 公司于 2016 年在第 12 类、第 35 类、第 37 类申请"MG"商标时,被印度官方基于两件在先注册/申请中商标(第 12 类"MG"商标及第 35 类"MG"商标)驳回。中国上海 SQ 公司在答复时强调其为"M. G."图形商标的在先使用者,且曾在印度成功注册过该商标(因未及时续展已失效),两件引证商标的注册及使用远在中国上海 SQ 公司的使用之后。因此,中国上海 SQ 公司有权使用并注册该商标,并提供了该商标的在先使用证据以及在其他法域的申请注册情况。印度官方认可了中国上海 SQ 公司的答复,并允许"MG"商标公告并随后在未遭遇异议的情况下得到注册。

---

❶ 参见印度德里高等法院第 2022/DHC/004764 号判决。
❷ 参见印度商标法及 *S. Syed Mohideen v. P. Sulochana Bai*(2016)2 SCC 683 等案件的在先判例。

在这一点上，中国的制度与印度存在根本的差异。在中国，商标注册遵循的原则为"申请在先"，即商标的所有权归属于在先申请并获得注册的一方。根据《中华人民共和国商标法》第 4 条❶、第 30 条❷以及第 31 条❸的规定，在存在在先申请中/注册商标的情况下，在后申请人无法直接主张在先使用通过审查，从而获得公告注册。在后申请人需要先另行通过异议、无效宣告等程序移除在先商标申请/注册，之后其自身的商标申请才有可能获得公告注册。

（二）"假冒"诉讼

根据印度商标法第 134 条的规定，在印度，未注册商标所有人若能证明其在先使用该商标，可以依据普通法得到保护。对于将商品假冒为未注册商标所有人的商品，侵犯其权利的主体，未注册商标所有人可基于"假冒"侵权行为起诉，维护其附加在未注册商标上的商誉。

印度法院在"假冒"诉讼中的考虑因素主要如下：①原告是否为商标的在先使用者，原告的商品是否已经获得了商誉或声誉，并且在公众心目中与商标形成了关联；②被告是否对其商品进行了失实陈述（无论有意或无意），这种失实陈述是否可能导致消费者混淆，使消费者将被告的商品误认为原告的商品；③被告的失实陈述是否导致原告遭受损失或可能遭受损失。❹

例如，在 HSS 所涉及的另案中，HSS 声称其于 2019 年得知印度 MS 及印度 MGC 公司在相同商品上使用"M. G. Cable"和"M. G. Cables（India）"商标后，先委托律师对 MS 及印度 MGC 公司发出了律师函。而 MS 及印度 MGC 公司主张其为上述商标的在先使用者，便对 HSS 提起了诉讼。MS 及印度 MGC 公司在诉讼中提供的在先证据（如电话单及账单）被法院支持，法院认可了其先于 HSS 在先使用该商标。此外，HSS 在收到法院对其下发的针对"M. G. Cable"商标的禁令后，改用的包装仍与 MS 及印度 MGC 公司包装的字体和印刷方式高度相似。最终，法院基于其在相同商品上的在先使用、实际使用在包装上的相似性、在先商标（尽管在先商标注册在第 6 类，但法院认为实际商品与第 12 类存在重叠）、在先著作权等，对 HSS 颁布了针对"M. G.""M. G. I."商标的禁令。

---

❶ 《中华人民共和国商标法》第 4 条规定："自然人、法人或者其他组织在生产经营活动中，对其商品或者服务需要取得商标专用权的，应当向商标局申请商标注册。"

❷ 《中华人民共和国商标法》第 30 条规定："申请注册的商标，凡不符合本法有关规定或者同他人在同一种商品或者类似商品上已经注册的或者初步审定的商标相同或者近似的，由商标局驳回申请，不予公告。"

❸ 《中华人民共和国商标法》第 31 条规定："两个或者两个以上的商标注册申请人，在同一种商品或者类似商品上，以相同或者近似的商标申请注册的，初步审定并公告申请在先的商标；同一天申请的，初步审定并公告使用在先的商标，驳回其他人的申请，不予公告。"

❹ 参见 Perry v. Truefitt、Reckitt & Colman Products Ltd. v. Bordan Incorporation、Laxmikant v. Patel v. Chetanbhai Shah 等案件的在先判例。

可见，印度的"假冒"诉讼可以基于对商标的在先使用而提起。在该案中，能够证明商标在先使用的一方会被认定为真正的权利人。即便商标被他人注册并因此遭遇诉讼，权利人仍然可以基于在先使用提起反诉，从而获得保护。

在这一点上，中国与印度的制度同样有很大差异。根据《中华人民共和国商标法》第 59 条第 3 款❶的规定，在商标侵权诉讼中，即便一方商标确实在他人申请注册商标前已经使用，该方也无法基于该在先使用提出反诉，以向商标注册人主张其权利，只能获得在原范围内继续使用该商标的权利。然而，此权利还需要建立在在先使用人可以证明其对相关商标的使用已经获得一定影响，且其对相关商标的使用要早于注册商标权利人对相关商标的使用的基础上。

可见，根据该条款规定的"商标先用权"的获得仍具有较为严格的条件。

另外，中国没有设立与印度相似的"假冒"诉讼制度。但是，在中国，基于对特定标识的在先使用，在先使用一方可以依据《中华人民共和国反不正当竞争法》的相关条款提起诉讼。

《中华人民共和国反不正当竞争法》第 7 条规定："经营者不得实施下列混淆行为，引人误认为是他人商品或者与他人存在特定联系：（一）擅自使用与他人有一定影响的商品名称、包装、装潢等相同或者近似的标识；（二）擅自使用他人有一定影响的名称（包括简称、字号等）、姓名（包括笔名、艺名、网名、译名等）；（三）擅自使用他人有一定影响的域名主体部分、网站名称、网页、新媒体账号名称、应用程序名称或者图标等；（四）其他足以引人误认为是他人商品或者与他人存在特定联系的混淆行为。"

根据上述规定，对于一些未获得商标注册但已经"有一定影响"的商业标识，可以根据《中华人民共和国反不正当竞争法》获得保护。但司法实践中，证明"有一定影响"的门槛相对较高，需要提供大量使用证据作为支持，这也增加了这些商业标识获得保护的难度。

综上所述，在中国，获得商标注册对于保护企业与商业标识之间的对应关系，确保其不被他人侵犯，依然具有至关重要的意义。

（三）印度商标侵权/未注册商标的假冒诉讼中临时禁令的必要性

该案体现出的印度商标侵权/假冒诉讼的主要流程为：提交起诉状、送达传票、举行听证会、提交书面陈述（是否提起反诉）、提交文件、举行听证会、确认争议

---

❶ 《中华人民共和国商标法》第 59 条第 3 款规定："商标注册人申请商标注册前，他人已经在同一种商品或者类似商品上先于商标注册人使用与注册商标相同或者近似并有一定影响的商标的，注册商标专用权人无权禁止该使用人在原使用范围内继续使用该商标，但可以要求其附加适当区别标识。"

点、举行听证会、作出判决等。可见，其中可能涉及多次听证会、文件提交等程序，可能导致整个诉讼程序延长。除此之外，收集证据同样是一个耗时的过程，尤其是获取实物证据可能需要进行现场访问和调查，这使得整个程序更加漫长。

从近期公开的印度诉讼案件的实际审查来看，在被告选择进行抗辩的情况下，通常需要3~5年才能获得最终判决。

例如，2024年7月19日下发判决的 *Adidas Ag v. Keshav H Tulsiani & Ors* 案，从2018年立案至2024年下发永久禁令耗时6年。❶

考虑到永久禁令、赔偿等的判决耗时较久，印度1908年民事诉讼法典第39条第1款提供了相应的补救办法，即诉讼中的原告有权请求有关法院颁发临时禁令，要求被告停止所有原告声称为侵权的活动，以保证原告在耗时较长的案件待决期间不会遭受进一步损失。但如果法院认为原告的陈述及证据等未满足如下三个所需因素，也可能拒绝原告的临时禁令申请。

第一，初步证据。原告所提出的案件必须建立在适当的基础之上，以达到使法院初步满意的要求。倘若在审理过程中，法院不满意原告提交的证据，则可以拒绝该临时禁令的申请。

第二，便利平衡。在确认原告提供了初步证据之后，接下来的步骤是对比原告与被告的陈述，以评估原告的陈述及其证据是否更为有力。

第三，不可挽回的损害。原告还需要证明，如果不颁发临时禁令，其业务或商标将受到通过其他方式无法挽回的损害。❷

例如，在该案中，HSS先对中国上海SQ公司提起了商标侵权及假冒诉讼，认为上海SQ公司于2018~2019年在印度推出的汽车上使用"M. G."和"MG"图形商标，侵犯其于1989年开始使用并于1998年在第12类上注册的在先商标"M. G."＂M. G. I.＂的商标权。但HSS未能提供令法院满意的证据。中国上海SQ公司随后提起反诉，提供证据表明"MG"商标是全球知名的英国汽车品牌，于1924年成立于英国牛津，并于2005年被中国南京NQ公司收购。其后，中国上海SQ公司于2007年全面收购了南京NQ公司，因此，中国上海SQ公司成为MG品牌的权利人，且中国上海SQ公司在过去的3~4年已在印度大规模销售带有"M. G."＂MG＂标识的汽车。法院于2022年11月22日批准了中国上海SQ公司在反诉案中提出的临时禁令的申请。

---

❶ 参见印度德里高等法院CS（COMM）第582/2018号判决。
❷ 参见 *Gujarat Bottling Co. Ltd. vs. Coca – Cola Co.* AIR 1995 SC 2372 等案件的在先判例。

这同时也表明了在印度商标侵权/假冒等诉讼中，积极抗辩并提起反诉的重要性。若中国上海 SQ 公司在该案中未应诉，且没有作出合理解释并提交 MG 品牌在全球范围内的在先使用证据，也没有援引 HSS 所涉及的另案中的有利在先判决，法院可能在无法充分把握商标在先使用的情况下，基于 HSS 的在先注册商标，批准其临时禁令的申请。

进一步来说，若中国上海 SQ 公司未提出反诉，法院则更不会批准中国上海 SQ 公司在反诉中针对 HSS 所申请的临时禁令。

综上所述，我国企业在进军印度市场时，不仅需要重视商标的申请及注册，而且需要注意商标的使用。在先申请及注册可以为商标提供第一层保障，在审查过程中，印度官方可能援引在先申请或注册的商标，以此为依据拒绝其他相似或相同的商标申请。此外，在先使用则可为商标提供第二层保障，在面对抢注方等侵权主体时，在先使用方可积极收集自身使用证据，调查对方实际使用的情况，积极提起诉讼或抗辩，并考虑是否适时提起反诉或其他反向对抗性措施。同时，可以考虑通过临时禁令申请等手段作为辅助，积极维护自身权利。

（供稿：谢静　吕文颖）

39

越南商标刑事诉讼之侵犯工业产权罪

该案涉及越南商标相关刑事诉讼案件。该案被告越南自然人 D 因买卖大量假冒"NIVEA"（妮维雅）、"SENSODYNE"（舒适达）、"HEAD & SHOULDERS"（海飞丝）等他人商标的润肤露、牙膏、洗发水等个人护理产品被越南河内市人民检察院向越南河内市人民法院提起刑事诉讼，主张该案被告构成侵犯工业产权罪。

该案中被假冒的商标的权利人主要有：①持有"NIVEA"越南注册商标的商标权人；②持有"SENSODYNE"越南注册商标的商标权人；③持有"HEAD & SHOULDERS"越南注册商标的商标权人。

该案被告自 2018 年起多次批量低价购入据称来自第三国的印有他人知名商标的个人护理产品，并转卖给其他杂货店以获利。

一、案情介绍

2018 年 6 月 7 日，越南河内市市场管理局在该案被告租用的仓库检查时，发现并扣押了标有"NIVEA""SENSODYNE""HEAD & SHOULDERS""algemarin""LifeSpa"商标的润肤露、牙膏、洗发水、沐浴露各数千件，以及大量印有"LifeSpa"商标的沐浴露用标签，越南河内市公安局介入联合调查。2019 年 3 月 11 日，越南河内市公安局在该案被告的住所发现并扣押了 1440 瓶标有"HEAD & SHOULDERS"商标的洗发水。被告未能出示关于这些货物的发票、原产地证明，尚未销售。

针对以上商品的来源、是否为假冒商品及其货物价值，越南河内市公安局展开了相关调查，并与相关商标权人授权代表等沟通、确认，概要如下。

第一，2280 瓶标有"NIVEA"商标的润肤露。

NIVEA 商标权人授权越南一家知识产权代理公司与官方沟通，提供了 3 个

NIVEA 润肤露正品作比较,指出双方相关商品的包装、形状、售价等不同,且相关涉案商品并非由 NIVEA 商标权人的越南经销商分销。

官方扣押的标有"NIVEA"商标的润肤露是假冒商品,其货物价值为 730994600 越南盾。

第二,6048 支标有"SENSODYNE"商标的牙膏。

SENSODYNE 商标权人授权越南一家律师事务所与官方沟通,提供了 6 个 SENSODYNE 牙膏正品作比较,指出该案被告被扣押的相关商品包装上使用的是 SENSODYNE 商标权人正品包装上不曾使用的阿拉伯语和英语、SENSODYNE 商标权人早在 2016 年已弃用的旧商标(被扣押的 SENSODYNE 相关商品包装上标注的生产年份是 2018 年)、与正品不同的成分列表等,且并非由 SENSODYNE 商标权人或其任何分支机构、子公司或其授权的主体生产或销售。

官方扣押的标有"SENSODYNE"商标的牙膏是假冒商品,其货物价值为 235872000 越南盾。

第三,4932 瓶标有"HEAD & SHOULDERS"商标的苹果香型洗发水和 1440 瓶标有"HEAD & SHOULDERS"商标的薄荷香型洗发水。

HEAD & SHOULDERS 商标权人也授权越南一家律师事务所与官方沟通,表示该案被告被扣押的标有"HEAD & SHOULDERS"商标的洗发水不是 HEAD & SHOULDERS 商标权人或其任何分支机构、子公司或其授权的主体在越南市场或海外市场生产、销售的商品,强调被扣押的商品不符合 HEAD & SHOULDERS 商标权人对相关正品底部批号和有效期的标注标准,另提供了 6 个类似的 HEAD & SHOULDERS 洗发水正品作比较。

官方扣押的标有"HEAD & SHOULDERS"商标的洗发水是假冒商品,其中 4932 瓶苹果香型洗发水价值为 534300000 越南盾,1440 瓶薄荷香型洗发水价值为 172800000 越南盾。

第四,2256 瓶标有"algemarin"商标的沐浴露。

Algemarin 商标权利人是"Algemarin"越南注册商标的所有者,越南知识产权局没有了解到关于该权利人的其他信息。官方扣押的相关沐浴露价值为 259440000 越南盾。

越南官方另扣押了 1358 瓶标有"LifeSpa"商标的沐浴露、6216 瓶未贴商标的蜂蜜沐浴露和羊奶沐浴露、30 公斤用于蜂蜜沐浴露和羊奶沐浴露的印有"LifeSpa"商标的标签。"LifeSpa"相关越南注册商标权利人经由其越南经销商向官方确认该案被告被扣押的相关商品不是其授权生产和销售的商品,亦未授权该案被告在越南使用相关商标或生产相关商品。

2019年8月15日,该案被告向越南河内市公安局上交了2000万越南盾的非法所得。

2019年11月4日,越南河内市公安局将该案移送至越南河内市人民检察院。

2020年2月19日,越南河内市人民检察院向越南河内市人民法院对该案被告提起刑事诉讼,指控其犯有侵犯工业产权罪,建议法院对被告判处30～36个月有期徒刑,但予以缓刑,考验期60个月,没收并销毁赃物,没收被告上交的2000万越南盾非法所得。关于该案赃物的卖家,越南河内市公安局根据被告提供的人名、电话等信息予以调查,但未能查明其身份。关于存放上述赃物的仓库管理员和保安,他们并不知道该案被告在其仓库存放假冒商品,越南河内市人民检察院未在起诉状中建议越南河内市人民法院对之进行处理。

该案被告在庭审中承认越南河内市人民检察院起诉书中指控的犯罪行为,对相关指控无异议,请求法院审判时能从轻发落,减轻处罚。

2020年12月7日,越南河内市人民法院就该案作出判决。

二、处理结果

越南河内市人民法院就该案判决如下。

第一,宣布被告犯有侵犯工业产权罪。

第二,判处被告30个月有期徒刑,但缓期执行,缓刑期为60个月,从判决日即2020年12月7日起算。

如果被告在缓刑期间改变居住地,则执行有期徒刑。如果被告在缓刑期间故意违反义务2次及以上,法院可以决定撤销缓刑,执行有期徒刑。

第三,对被告处以罚款2000万越南盾,将该罚款交给被告居住地所在的区人民委员会,以便其在被告缓刑期间进行监督和教育。

第四,没收并销毁上述所有涉案赃物。

第五,没收被告非法所得2000万越南盾。

第六,判处被告承担该案诉讼官费20万越南盾。

被告自该案上述判决之日起15日内有权上诉。相关商标权人或其在越南的授权代表有权自收到判决书之日起15日内提起上诉。

三、要点分析

越南河内市人民法院在该案判决中的重要认定和论述概要如下。

被告的供述与越南河内市公安局等调查发现的情况和证据相符，被告承认其知道涉案商品在泰国生产并经走私进入越南，价格比正规进口商品低，但仍买卖涉案商品。涉案商品假冒他人享有较高知名度且已在越南注册的商标，且涉案商品总价值 1933406600 越南盾。

被告销售明知是走私的商品，未经相关商标权人授权，侵犯了他人相关商标权。依据越南刑法第 226 条等规定，法院判决被告犯有侵犯工业产权罪，并根据被告行为的性质和程度判处相应处罚。

越南刑法第 226 条规定：

1. 侵犯在越南受保护的商标或地理标志的工业产权，并非法获利 1 亿至 3 亿越南盾，或给商标或地理标志所有人造成 2 亿至 5 亿越南盾损失，或违法商品估价 2 亿至 5 亿越南盾的，应处以 5000 万至 5 亿越南盾的罚款，或最长 3 年的社区改造。

2. 犯有该罪行并有下列情形之一的，应处以 5 亿至 10 亿越南盾的罚款或 6 个月至 3 年的监禁：

（a）罪行由有组织的团体所犯；
（b）不止一次犯有相关罪行；
（c）非法获得的利润为 3 亿越南盾或以上；
（d）商标或地理标志所有人遭受的损失为 5 亿越南盾或以上；
（e）违法商品估价为 5 亿越南盾或以上。

3. 犯罪人也可能需要承担 2000 万至 2 亿越南盾的罚款……

该案涉案商品价值 19 亿多越南盾，本应该依据越南刑法第 226 条第 2 款的规定判处被告 5 亿至 10 亿越南盾的罚款或 6 个月至 3 年的监禁。

但是，被告主动交代其在购买涉案商品之前向同一卖家购买过相同产品并上交相关非法所得 2000 万越南盾，且涉案商品被发现后被官方没收，并未给相关商标权人或消费者造成损害，且被告此前无犯罪记录，并积极交代该案相关罪行。因此，根据越南刑法第 51 条关于减刑情节的规定"犯罪人表现出合作态度或悔意"等、第 65 条关于缓刑的规定"当一个人被判处最高 3 年的有期徒刑时，考虑到犯罪人的记录和减刑情节，如果认为监禁没有必要，法院可给予 1~5 年的缓刑"，法院减轻了对被告的处罚，判处被告 30 个月有期徒刑，但缓期执行，缓刑期为 60 个月，另判处被告 2000 万越南盾罚款。

四、启示借鉴

该案中，被告被认定构成侵犯工业产权罪，受到了较严厉的刑罚，多个越南注册商标权得到了保护。

近年来，越南人民检察院根据越南刑法第 226 条侵犯工业产权罪（具体指侵犯商标和地理标志的工业产权）提起的知识产权刑事诉讼案件的数量明显增加，2011~2020 年这类案件的总和为 21 起，涉及 30 名被告，而 2021~2022 年共有 19 起，涉及 24 名被告，体现出越南近年来对知识产权保护愈发重视，有加强知识产权执法的趋势。

（一）中越两国关于商标的刑法罪名之比对

对比中越两国关于商标的刑法罪名及入刑标准如表 1 所示，方便中国企业参考并利用刑法相关规定对侵犯自身商标权的主体予以威慑和严惩（相关刑罚和加重情节等可参见相关法条、司法解释）。

表 1 中越关于商标的刑法罪名和入刑标准之对比

项目	越南刑法第 226 条	《中华人民共和国刑法》第 213~215 条
罪名	侵犯工业产权罪	①假冒注册商标罪； ②销售假冒注册商标的商品罪； ③非法制造、销售非法制造的注册商标标识罪
入刑标准	①侵犯在越南受保护的商标或地理标志的工业产权；且 ②非法获利达 1 亿越南盾（约合人民币 2.83 万元），或给权利人造成损失达 2 亿越南盾（约合人民币 5.66 万元），或侵权商品评估价值达 2 亿越南盾（约合人民币 5.66 万元）	①假冒注册商标罪：未经注册商标所有人许可，在同一种商品上使用与其注册商标相同的商标，情节严重的（非法经营数额 5 万元以上或者违法所得数额 3 万元以上；假冒两种以上注册商标，非法经营数额 3 万元以上或者违法所得数额 2 万元以上等）； ②销售假冒注册商标的商品罪：销售明知是假冒注册商标的商品，销售金额数额较大的（销售金额 5 万元以上）； ③非法制造、销售非法制造的注册商标标识罪：伪造、擅自制造他人注册商标标识或者销售伪造、擅自制造的注册商标标识，情节严重的（标识数量 2 万件以上，或非法经营数额 5 万元以上，或违法所得数额 3 万元以上；标识两种以上且标识数量 1 万件以上，或非法经营数额 3 万元以上，或违法所得数额 2 万元以上）

（二）维权措施

建议中国企业尽早在越南申请并注册商标，并在发现侵犯己方越南注册商标权的行为后考虑采取如下维权措施。

第一，收集、整理相关商标侵权证据。

第二，与侵权人或侵权商品/服务的销售/提供平台以发送警告函、投诉等方式沟通，敦促其停止侵权行为，虽然这并不是寻求商标行政、司法保护的必经程序，但可能借此高效、较低成本地制止侵权行为。

第三，如上述沟通未成，可以向越南科技部下属的知识产权研究所（可提供知识产权相关研究、教育、培训、评估、咨询和估值等服务）就相关行为进行侵权等鉴定，就是否构成商标侵权、损害赔偿等出具法律意见，虽然其意见不具有约束力，但在越南具有高可信度和影响力，对进一步维权措施特别是向行政部门提起投诉等有重要作用。也可考虑在上述知识产权研究所出具对己方有利的法律意见后再发送警告函、平台投诉等，更有利于威慑、制止侵权行为。

第四，向越南市场管理局（针对假冒商品）或越南科技部监察司（可针对假冒商品，或使用与他人商标近似的商标并产生混淆的行为），或越南公安部经济警察局（针对侵犯工业产权犯罪行为），或越南海关（针对进口或出口的侵权产品）进行举报、投诉，请求其查处相关商标侵权行为，如果发现相关行为构成犯罪，可进而推动前述部门将案件移送至越南人民检察院，越南人民检察院作为公诉人向法院提起刑事诉讼，追究侵权行为人的刑事责任。

也可考虑向法院对相关侵权行为方提起民事诉讼。另外，如果越南注册商标权人认为正在遭受不可挽回的损失，或侵权的货品、相关证据可能被销毁，还可尝试申请禁令。涉及非越南主体的民事诉讼的一审由越南省级人民法院审理。

综上，建议在越南开展业务的中国企业可以了解越南商标侵权相关刑事责任等官方规定、行政执法和司法实践，利用相关规定和程序维护企业在越南注册的商标权，为企业在越南的发展保驾护航。

（供稿：李珏　王俊秀）

商标注册申请篇

40

美国商标注册申请之申请基础

该案涉及美国商标注册申请使用样本相关审查意见的答复及复审。涉案商标注册申请人为德国 SHG 公司，在中国江苏设有关联公司。

该案的申请商标"**myExam**"指定的类别及项目分别为：第 9 类医学成像设备相关软件等，第 10 类医疗成像设备及其部件，特别是医疗 X 射线设备、计算机断层扫描仪、磁共振扫描仪、医疗超声波设备、质子成像医疗设备、核医疗诊断设备、血管造影设备等，第 42 类与医学成像设备结合使用的软件即服务（SaaS）。

一、案情介绍

2020 年 12 月 14 日，德国 SHG 公司向 USPTO 提交涉案商标注册申请，申请基础为意向使用（1b：intent–to–use）及国外申请（44d：foreign application）。

2021 年 3 月 4 日，USPTO 针对涉案商标注册申请下发审查意见，概要如下：①商标审查员认为部分指定商品和/或服务描述不明确，需阐明；②鉴于该案的申请基础之一为国外申请，需提交该国外申请的注册证。

2021 年 5 月 13 日，德国 SHG 公司针对上述审查意见提交答复，阐明了被要求明确的商品/服务并删除了国外申请这一申请基础，希望仅基于意向使用的申请基础继续审理该案。

2021 年 6 月 29 日，涉案商标克服上述审查意见并被公告。公告期内未被异议，随后 USPTO 下发核准通知，要求申请人在 6 个月内提交申请商标在每个类别上的使用声明和样本（在中国常被称为"使用证据"），或申请延期提交使用声明和样本（如尚未在美国对申请商标进行商业使用）。

2022 年 4 月 26 日，德国 SHG 公司针对涉案商标第 9 类、第 10 类指定商品提交了使用声明和样本（曾提交过一次延期申请），删除了第 42 类。

2022 年 6 月 9 日，USPTO 的商标审查员针对涉案商标的使用样本下发了审查意见，认为德国 SHG 公司提交的样本中的商标为"[图]"，与涉案商标"**myExam**"

不同，增加了单词"Cockpit"，属于实质性改变，对其样本不予认可，建议提交替代样本。

2022年11月29日，德国SHG公司针对上述使用样本相关审查意见提交答复，辩称样本中的商标"　"的"myExam"和"Cockpit"以堆叠的方式分为两行，展现出"单独且不同的商业印象"。德国SHG公司还提交了1个替代样本，即德国SHG公司官网相关软件的介绍网页，网页上用到"myExam"的不同变体，如"myExam Companion"、"myExam 3D Camera"、"myExam Autopilot"和"myExam Assist"（也有"myExam Cockpit""myExam Brain Autopilot"）。

2023年1月17日，USPTO的商标审查员下发了关于涉案商标使用样本的最终审查意见，认为替代样本也在商标中增加了重要的其他单词，对替代样本不予认可。

2023年3月22日，德国SHG公司向USPTO针对该案提交了复议请求，USPTO的商标审查员认可德国SHG公司提交的样本足以证明其对涉案商标在第10类指定商品上的使用，但不足以证明涉案商标在第9类上的使用。

2023年6月21日，德国SHG公司向USPTO商标审查与上诉委员会（Trademark Trial and Appeal Board，TTAB）提起复审。

二、处理结果

2024年1月19日，USPTO商标审查与上诉委员会下发复审决定，撤销对涉案商标使用样本的驳回。

三、要点分析

USPTO商标审查与上诉委员会复审决定的要点如下。

（一）适用法律

根据美国联邦法规关于专利、商标、版权的部分第37编第2.51条第（b）款规定，在基于意向使用的申请中，商标的图样必须与商标申请指定的或与之相关联的商品和/或服务上使用的商标在表现形式上实质一致。

但是，申请人可以寻求注册其使用的组合商标中具有单独且显著商业印象的任何部分。也就是说，实际使用的商标不得与其他部分在外观或概念上交织，以至于在消费者心目中无法分离。

(二) 有关认定

该案在案证据显示潜在消费者将"myExam"和"Cockpit"视为可分离的元素。2个单词显示在不同行,并未在外观或概念上交织。该案替代样本显示涉案商标在德国 SHG 公司相关软件介绍网页和多个不同的其他术语结合使用,如"myExam Companion""myExam 3D Camera""myExam Autopilot""myExam Assist"等,以此区分"myExam"软件的不同产品线或功能。鉴于这样的使用,消费者在遇到德国 SHG 公司最初提交的涉案商标使用样本时,会将"myExam"视为一个独立的商标,分开识别"myExam"和"Cockpit"。

综上,USPTO 商标审查与上诉委员会仔细考虑所有在案证据及相关论述后认定涉案商标与德国 SHG 公司最初提交的使用样本上的商标图样基本相同,进而撤销了对涉案商标使用样本的驳回。

四、启示借鉴

涉案商标共遭遇两种类型的审查意见,均与申请基础相关。现基于该案说明美国商标注册申请中关于申请基础的要求,并重点就其中对于使用声明及样本的要求进行总结并提供相应建议。

(一) 美国商标注册申请的申请基础

涉案商标在最初申请时的申请基础为意向使用及国外申请。USPTO 在第一次下发的审查意见中除了要求调整指定项目的描述,还要求德国 SHG 公司提供其国外申请的注册证。

根据美国商标审查指南第 806 条规定,美国商标注册申请需要指定申请基础。申请基础共有五种:①基于在美国商业中的实际使用(1a:use in commerce);②基于在美国商业中的意向使用(1b:intent-to-use);③基于申请人本国的国外申请(44d:foreign application);④基于申请人本国的国外注册(44e:foreign registration);⑤基于国际注册保护的延伸(66a:extension of protection of international registration)。

对于申请基础为实际使用的美国商标,需在申请时一并提交申请商标在美国每个类别相关商品/服务上商用的样本供官方审查,而申请基础为意向使用的美国商标会在通过官方审查且在审定公告期内无人异议后,收到官方下发的核准通知,须在规定期限内提交合格的商标使用样本和声明才能获得注册。

对于申请基础为国外申请的美国商标,须在国外申请日的 6 个月内提交美国商标注册申请,且官方会在相关商标的审定公告前要求申请人提交国外商标的注册证,而申请基础为国外注册的美国商标在申请时需提交国外商标的注册证电子件及英文翻译。需要注意的是，作为美国商标申请基础的国外申请及国外注册需满足以下三个条件：①均需为申请人本国的申请或注册；②申请人本国须与美国同为商标公约或条约的缔约国，或者依法将互惠注册权延伸至美国国民；③指定项目不可超出国外申请或国外注册的项目范围。

对于国际注册延伸而来的美国商标，申请基础即为国际注册，一般情况下不得也无须变更申请基础。

除了基于国际注册的美国商标，其他美国商标可要求基于一个或多个申请基础，视后续审查情况决定基于哪个申请基础注册。

例如，涉案商标的申请基础为意向使用及国外申请，如相关国外申请顺利注册，德国SHG公司可在答复第一次官方审查意见时提交其注册证并删除意向使用的申请基础，则无须提交使用声明及样本，在其提交的国外商标注册证通过官方审查后将被审定公告。但该案的国外申请第018274136号"myExam"欧盟商标因被官方质疑显著性而未能获得注册。因此，德国SHG公司在答复第一次审查意见时删除了国外申请这一申请基础，希望仅基于意向使用继续审查，最终通过提交合格的使用声明及样本获得了注册。

（二）美国商标申请基础之使用声明及样本

在该案中，USPTO第二次审查意见及复审决定中关于使用样本的争议焦点在于德国SHG公司提交的样本中的商标是否与申请商标一致。

根据美国商标审查指南第904条第1款规定，USPTO对于提交的样本的要求一般如下。

第一，对于以"实际使用"或"意向使用"为基础提交的美国申请，要求针对每个类别的指定商品/服务提交至少一份在美国商业使用的样本，一份证据也可用于多个类别，但商标审查员可能要求提供更多的样本。在实践中，如果申请商标指定的商品、服务较多，范围较广，被官方要求提供额外样本的概率会增加。

例如，在美国第7305326号商标案中，第41类指定项目为"教育，即提供计算机游戏领域的课程；组织计算机游戏竞赛；提供在线不可下载的计算机游戏领域的电子出版物；提供游乐场服务；娱乐服务，即提供在线计算机游戏"等10个项目，官方对该商标申请人提交的使用证据下发审查意见，将上述项目分为5组，要求就每组提交一份样本。

第二，根据美国商标审查指南第807条第3款（e）项规定，提交的样本上的商标必须与申请商标基本相同，因此建议申请人按照实际使用/意向使用的商标样式提交注册申请。如果申请的是纯英文商标，也可考虑在申请中声明商标为标准字体，这种情况下实际使用时字体稍微变化应该也会被美国视为对申请商标的使用。但如果申请商标有设计和/或图形等，不属于标准字体，提交的样本上的商标须与申请商标完全一致。

第三，提交的样本须能证明申请商标在指定商品/服务上在美国进行了商业使用，是申请商标在美国商业使用的真实样例。

对于指定项目为商品的申请商标，常见的样本形式为：①标签和吊牌；②印鉴；③商业包装；④与商品相关的展示等。

例如，如图1所示，在美国第6609148号" "商标案中，类别及指定项目为第5类"手部消毒制剂；手部消毒擦拭剂；具有抗菌和抑菌特性的手部消毒制剂"，申请人提交的样本为标有申请商标的商品实物图及商业包装，被官方认可后成功注册。

图1　美国第6609148号商标案件相关商品实物图及商业包装

对于指定项目为服务的申请商标，常见的样本形式为提供指定服务的网站的截图、宣传手册、广告宣传或名片等。

例如，如图2所示，在美国第5659234号" "商标案中，类别及指定项目为第35类"商业服务，即职业足球队的运营、推广和管理"及第41类"娱乐服务，即组织、举行和举办足球比赛和展览"，申请人提交的样本为申请人运营的足球队的网站页面，美国认可其作为第41类指定服务上的使用证据，但认为样本中显示的是申请商标用于申请人的足球队的广告及宣传，而不是为他人的足球队提供的广告及宣传服务，不认可其作为第35类指定服务的使用证据，该商标在其申请人删除第35类后在第41类上成功注册。

需要注意的是，虽然申请基础为国外申请、国外注册、国际注册的美国商标在注册时无须提交使用声明和样本，但所有的美国商标在其注册日起第5~6年及每隔10年均需提交合适的使用样本以维持商标注册，或声明注册人未使用该商标是基于

图 2　美国第 5659234 号商标案件申请人相关网站页面

其他特别事由，这种未使用并没有放弃该商标的意思。未及时提交或提交的使用证据不合格的美国商标将被撤销。

综上，中国企业在申请注册美国商标时可以综合考虑自身情况选择申请基础，并在申请遇阻时考虑更换申请基础以期顺利注册。此外，还要注意在美国申请注册商标时审慎考虑指定的商品/服务范围，并注意在美国进行商业使用，妥善留存相关证据，以便在注册前及注册后相关阶段提交合格的使用样本以获取注册并维持注册。

（供稿：吕文颖）

41

美国商标注册申请之驳回应对

该案涉及美国商标注册申请遭遇驳回后的多种应对程序。涉案商标所有人中国南京 SW 公司在收到 USPTO 审查意见后，提交了答复、复审等进行反驳。

中国南京 SW 公司为涉案商标原申请人上海 LS 公司的子公司，在下文中与上海 LS 公司统称为 LS 公司。

该案的涉案商标为"WiFi Master Key"，国际商标号为 1381364，指定商品和服务为第 9 类计算机软件（已录制）等、第 35 类为零售目的在通信媒体上展示商品等、第 36 类保险咨询等、第 38 类无线广播等、第 42 类计算机硬件设计和开发咨询等。

一、案情介绍

2016 年 8 月 30 日，LS 公司提交的马德里国际商标注册申请通过世界知识产权组织的审查，转至指定的美国等多个法域进行审查。

2018 年 1 月 16 日，USPTO 针对涉案商标下发审查意见，概要如下：①商标审查员认为涉案商标与两件他人在先注册商标"MASTER KEY""MASTERKEY"在部分商品/服务上构成近似商标；②商标审查员发现他人在先申请商标"WiFiMaster"，如果该在先商标成功注册，将阻碍涉案商标；③商标审查员认为涉案商标中的"WiFi"仅描述了指定商品和/或服务的成分、质量、特性、功能、特征、目的或用途，认为 LS 公司不可就其他人可能在市场上描述其商品/服务时需要用到的词主张排他性权利，要求 LS 公司声明放弃对该部分的专用权；④商标审查员认为部分指定商品和/或服务描述不明确，需阐明。

2018 年 6 月 12 日，LS 公司提交答复，阐明了要求明确的商品/服务，并删除了在阐明后仍被两件在先注册商标阻碍的一项服务，向 USPTO 商标审查员释明在先申请商标"WiFiMaster"的申请人同为 LS 公司，并按要求声明放弃对"WiFi"部分的专用权。

2018年7月23日，涉案商标克服审查意见并被批准公告。

2018年9月1日，USPTO商标审查员撤回批准公告并基于新发现的问题再次下发审查意见，认为涉案商标与两件在先注册的证明商标"**WI-FI**""**WiFi**"（以下简称"引证商标"）在所有商品、服务上构成近似商标。

LS公司在收到USPTO商标审查员的审查意见后相应进行了答复，但审查员仍认为涉案商标与引证商标构成近似，且涉案商标指定的第9类、第38类部分商品/服务和第42类全部服务涉及计算机硬件、软件和电信系统技术，均须经认证符合"WI-FI"可操作性标准，与证明商标的商品"计算机硬件及外围设备，即无线局域网产品"相关联，对涉案商标下发了最终审查意见，决定驳回涉案商标在第9类、第38类部分指定商品/服务和第42类全部指定服务上的申请。

2020年7月16日，LS公司不服上述最终审查意见，进而采取了三种救济措施：①向USPTO商标审查员申请复议；②向USPTO的局长提出批准涉案商标的请求；③向USPTO商标审查与上诉委员会提起复审。

二、处理结果

2020年8月7日，LS公司提出的复议请求被拒绝，USPTO商标审查员维持驳回决定。

2021年3月8日，LS公司向USPTO的局长提出的请求被拒绝。

2023年6月9日，USPTO商标审查与上诉委员会下发复审决定，确认基于引证商标驳回涉案商标在第9类、第38类的部分指定商品/服务和在第42类全部指定服务上的申请。

三、要点分析

关于最终审查意见的救济之复议请求，USPTO商标审查员予以拒绝，主要理由是：①LS公司的请求没有提出新的问题；②没有解决商标审查员已提出的所有问题；③没有就商标审查员提出的问题提供任何新的或令人信服的证据；④没有就商标审查员提出的问题提供有说服力或有新见解的分析和论点。

关于向USPTO的局长提出请求最终审查意见的救济也被拒绝。该救济途径相对少见，一般仅适用于审查员在审查中存在明显错误或滥用自由裁量权的情形。USPTO认为，LS公司没有证明该案审查员存在明显错误或滥用自由裁量权。

关于最终审查意见的救济之复审，USPTO商标审查与上诉委员会在复审决定中的认定概要如下：

第一，混淆可能性。

根据美国法典第 15 编第 1052 条第（d）款规定，与他人在 USPTO 注册的商标或在美国在先使用且尚未放弃的商标或商号构成近似，使用在与申请人指定的相同商品或与之相关联的商品上，可能造成混淆、误认或欺骗的商标，将被拒绝注册。

美国海关和专利上诉法院（CCPA）曾在 1973 年的 *DuPont* 案中，讨论了判断混淆可能性的 13 个相关因素，即杜邦因素（DuPont Factors）。❶ 需考虑当事人提交了证据和论述的每个杜邦因素，每个杜邦因素的重要性可能因呈现的证据而不同，但大部分案件中判断混淆可能性的关键是商标的近似性和商品/服务之间的相似性。

美国商标审查指南第 1306 条对"证明商标"予以规定，该案的 2 件引证商标是证明商标，在适用杜邦因素判断混淆可能性时可能不同。证明商标注册人本身并不使用证明商标，而是由第三方使用证明商标用于证明使用者的商品或服务相关特征，这个特点至少在两个方面影响混淆可能性分析：①消费者是否会错误地认为 LS 公司的商品/服务经过认证；②第三方的使用证据可能无法证明引证商标的强度弱。

第二，引证商标的强度。

LS 公司辩称"WiFi"被许多第三方使用，已被淡化并弱化，LS 公司也强调其已放弃对涉案商标中"WiFi"部分的专用权，涉案商标不太可能和引证商标产生混淆。LS 公司提交了许多第三方注册/使用包含"WiFi"的商标的证据，但这些证据并没有表明这些注册、使用是否经过了引证商标所有人的认证，无法证明引证商标的强度已被弱化。

第三，商标的近似程度。

双方商标均以"WiFi"开始，涉案商标完整包含引证商标中的文字，双方商标高度近似。

LS 公司辩称其已放弃专用权的"WiFi"在 USPTO 评估商标近似时所占比重应该减少，USPTO 商标审查与上诉委员会认同这点。但引证商标是证明商标，而证明商标表明商品或服务符合某些标准，虽然 LS 公司声明放弃对"WiFi"的专用权，但消费者仍可能相信包含证明商标"WiFi"的涉案商标的注册和使用意味着 LS 公司的商品已通过相关认证，而这样的相信可能与事实不符。

第四，商品/服务的相似性。

商品和服务并不需要完全相同，引证商标注册的商品为"计算机硬件及外围设备，即无线局域网产品"，涉案商标被驳回的商品/服务与引证商标的商品相关，且 LS 公司并未质疑 USPTO 商标审查员认为双方商标商品/服务近似的结论。

第五，其他考虑：审查标准不一致。

---

❶ *In re E. I. du Pont de Nemours & Co.*，476 F. 2d 1357，177 USPQ 563，567（CCPA 1973）（du Pont）.

LS 公司认为 USPTO 在审查包含"WiFi"的商标时的审查标准不一致，USPTO 已核准注册了许多包含"WiFi"的商标。但 USPTO 商标审查与上诉委员会认为个案审查中难免不一致，USPTO 商标审查与上诉委员会在该案中仅处理涉案商标，对其他商标是否应该被核准不作审查。

USPTO 商标审查与上诉委员会表示已仔细考虑所有在案证据及相关辩述，认为高度近似的商标及相同或密切关联的商品/服务通过相同的销售渠道销售，很可能导致消费者产生混淆。因此，维持对涉案商标的部分驳回决定。

四、启示借鉴

涉案商标遭遇了多次多项审查意见，对应对美国商标注册申请的审查意见有较强的借鉴性。美国商标注册申请中常见的审查意见类型及应对建议概要如下。

（一）指定项目的描述

在涉案商标的第一次审查意见中，对中国等国家或地区可接受的多项指定项目，美国官方要求进一步予以阐明，如要求明确第 9 类"计算机软件（已录制）"的功能。

美国官方对商标指定项目描述的要求较中国等多数国家或地区更为严格，要求项目具体说明商品/服务的通用商业或通用名称。如果没有通用的商业或通用名称，申请人必须描述商品/服务及其主要用途，或使用清晰简洁的语言描述或解释商品/服务的性质。对商标指定项目的审查意见在美国十分常见，为尽量避免因指定项目遭遇审查意见，申请人可考虑从美国的商标标识手册（Trademark ID Manual）中选取符合自身需要的商品/服务项目。如无相近的项目，也可考虑参考、借鉴可被美国接受的项目描述，具体描述自身商品/服务及其性质。

此外，涉案商标是基于中国基础商标的马德里商标申请，指定项目必须与基础商标的项目相同，或属于基础商标的项目。申请人可选择在提交马德里商标申请时对美国指定项目进行调整，以尽量避免因指定项目描述而在美国遭遇官方审查意见，但需注意不可超出基础商标指定项目的范围。

（二）美国在先申请/注册商标

在涉案商标的第一次审查意见中，USPTO 商标审查员还认为该商标 "WiFi Master Key"与引证商标"MASTER KEY"等构成部分商品/服务上的近似商标，这类基于在先商标的审查意见在美国也较常见。

如前所述，美国在大部分商标案件中判断商标混淆可能性的两大关键考虑是商标的近似性和商品/服务之间的相似性。

第一，从商品、服务之间的相似性角度考虑，申请人可以考虑尽量将指定项目限定在自身实际使用的范围，从而与他人在先商标的项目加以区分。

例如，该案引证的"MASTER KEY"商标的指定项目为"用于创作音乐、提供音乐指导和提供源自音乐编排的多媒体图形性质的视觉娱乐的计算机软件"，涉案商标的部分指定项目如"计算机软件（已录制）"较为广泛，被认为包含前述引证商标的指定项目。申请人在答复时将指定项目细化为"计算机软件（已录制），用于搜索无线互联网连接、无线连接到互联网以及共享无线互联网连接"等，与前述引证商标的项目有所区分，从而克服了该引证商标。

第二，从商标的近似性角度考虑，申请人可从外观、发音、内涵和商业印象等方面对比涉案商标和引证商标，阐述其区别以尽力争取克服引证商标。

第三，申请人也可考虑对引证商标采取措施以支持申请商标获得注册，如对引证商标提起连续三年未使用等撤销申请，或与引证商标所有人商谈共存等。

例如，在同样包含"WiFi"的美国第5362521号"onSpot wifi"商标案中，USPTO商标审查员也引用相同的引证商标拟予以驳回，但该商标申请人提交了引证商标所有人出具的同意其商标注册的书件，克服了驳回。

（三）缺乏显著性

该案第一次审查意见还表示涉案商标中的"WiFi"部分仅描述了指定商品/服务的成分、质量、特性、功能、特征、目的或用途，是商标不可注册的部分，要求申请人声明放弃对该部分的专用权。这是克服美国商标中部分元素缺乏显著性相关审查意见的常见应对方式。

如果USPTO商标审查员认为商标整体直接描述相关商品/服务特征，申请人可考虑争辩商标整体具有显著性，并尽量提交商标使用证据和/或在其他法域的注册证据予以支持。此外，在满足下列条件时，申请人还可以考虑将商标移至副簿注册❶（supplemental register）。

第一，申请商标能够用于识别商品/服务来源。

第二，申请人需在申请/后续请求中声明请求副簿注册。

第三，如申请商标的基础仅为"意向使用"，在移至副簿注册前，必须已在指定

---

❶ 大多数商标申请人到美国申请注册商标，除非有特殊说明，一般指主簿注册。在美国，虽然其不具有识别性，但是通过实质性的运用和推广有可能获得第二含义的标志，可以在副簿上进行注册。USPTO. How to Amend from the Principal to the Supplemental Register [EB/OL]. [2024-07-01]. https：//www.uspto.gov/trademarks/laws/how-amend-principal-supplemental-register；中国知识产权保护网. 商标保护 [EB/OL]. [2024-07-01]. http：//ipr.mofcom.gov.cn/hwwq_2/zn/America/Usa/TM.html.

商品/服务上商业使用并提交可被接受的使用声明，否则会被驳回注册。当申请人提交可接受的使用声明并转至副簿注册，商标的有效申请日为提交使用声明的日期，审查员需重新进行在先商标检索。

第四，申请商标并非基于马德里商标指定美国的申请。

例如，在同样包含"WiFi"的美国第 4709737 号"CLOUD WIFI"商标案中，USPTO 质疑该商标仅描述了指定商品第 9 类计算机硬件等的特征和用途，申请人在答复时争辩了商标使用在指定商品上不局限为描述性的，但也声明如果商标审查员未被说服，申请人接受将申请商标移至副簿注册，并同时提交了使用声明及样本。USPTO 商标审查员后续与申请人沟通确认后让其放弃了对"WiFi"部分的专用权，并将该商标移至副簿注册。

虽然美国商标副簿注册获得的保护力度不如一般情况下的主簿注册（principal register），但也可阻碍后续相同/近似商标在相同/相似项目上注册。待商标在副簿注册满 5 年并积累足够多的使用证据，有望证明商标通过使用获得了显著性时，申请人可考虑重新提出新的申请争取主簿注册，以期获得更大力度的保护。

在中国，《中华人民共和国商标法》第 11 条规定：①仅有本商品的通用名称、图形、型号的；②仅直接表示商品的质量、主要原料、功能、用途、重量、数量及其他特点的；③其他缺乏显著特征的标志不得作为商标注册。前款所列标志经过使用取得显著特征，并便于识别的，可以作为商标注册。

实践中，被国家知识产权局认为缺乏显著性而被驳回的中国商标，申请人可考虑通过复审争辩商标具有显著性（最好能提交大量证据证明经过使用已加强显著性）进行争取，但并无美国移至副簿注册的救济方式。

该案中另一个值得借鉴的做法在于 LS 公司多次利用规则延长审查期限并为该案争取转机，包括：①在答复最终审查意见时同时提起复议请求，向 USPTO 局长提出请求以及复审，并基于前两种救济措施请求 USPTO 中止复审；②在复议请求被拒绝后基于向 USPTO 的局长提出的请求再次请求中止复审；③在向 USPTO 的局长的请求被拒绝后基于引证商标提交使用证据的期限将近请求中止审理该案商标复审案，称如引证商标因未提交使用证据或提交的使用证据不合格而被撤销则不再对该案商标构成障碍；④此间该案申请人从上海 LS 公司转让至南京 SW 公司，并基于转让后需与受让人南京 SW 公司沟通是否仍有意愿复审而申请延期，均被核准。

从 2020 年 7 月 16 日提起复审，至 2022 年 12 月 2 日南京 SW 公司提交复审意见，间隔 2 年有余。

如果美国商标注册申请人希望延长商标申请的有效期间，或配合其他措施（对引证商标的不使用撤销请求等）争取商标注册，可考虑合理利用 USPTO 规则申请延期、中止。

综上所述，中国企业在美国商标注册申请遇阻时，可结合 USPTO 审查意见的具体内容有针对性地积极应对，尽力争取成功注册商标，为在美国的发展奠定基础。

(供稿：吕文颖)

42

欧盟商标注册申请之显著性审查

该案涉及欧盟商标注册申请因缺乏显著性被驳回的问题。涉案商标的注册申请人为中国南京 TNSG 公司。

涉案商标为中国南京 TNSG 公司于 2023 年 1 月 5 日在欧盟申请注册的第 018820024 号"whole brain"商标，指定使用在第 5 类"膳食营养补充剂"等商品上。

一、案情介绍

EUIPO 对涉案商标下发了两轮驳回通知。

第一轮驳回：2023 年 2 月 15 日，EUIPO 认为涉案商标在其指定的第 5 类部分商品上仅具有描述性，没有任何显著特征，依据《欧盟商标条例》第 7 条第 1 款（b）项和（c）项以及第 7 条第 2 款驳回了涉案商标在除"医用糖；医用糖果"外的指定商品，即"膳食营养补充剂；膳食营养食品制剂；婴幼儿食品；维生素制剂"等商品上的注册申请。

第二轮驳回：2023 年 8 月 31 日，EUIPO 再次对涉案商标下发驳回通知，对该商标在"医用糖；医用糖果"上的注册申请也予以驳回。

该两轮驳回主要基于以下理由。

第一，一般消费者会将涉案商标"whole brain"理解为"全脑"，并认为涉案商标意在表明其第 5 类的食品和饮料、营养、饮食或维生素制剂或补充剂可以帮助实现大脑的正常功能（例如成人、婴儿或动物的大脑），医用糖和糖果可以帮助实现大脑的正常或功能更好（例如保持高血糖水平），其商品旨在改善整个大脑的功能。因此，涉案商标描述了指定商品的预期目的，即指定商品将对整个大脑产生积极影响等。

第二，鉴于涉案商标具有清晰的描述性含义，缺乏任何显著性特征。一般消费者会理解涉案商标仅仅是提供称赞性的信息，即指定商品改善和优化了全脑功能。这意味着涉案商标无法实现商标的基本功能，即无法区分来自不同企业的商品/

服务。

该案商标申请人中国南京 TNSG 公司于 2023 年 6 月 15 日就第一轮驳回通知提交意见，但未对第二轮驳回通知提交进一步意见（但这不直接导致该案商标被视为放弃，EUIPO 依然会对全案进行审理）。

申请人提交的意见概要如下。

第一，涉案商标不会被一般消费者理解为对指定商品的描述。鉴于指定商品与健康相关，其消费者由普通公众和具有医学领域专业知识的专业公众组成，他们有相对较高的注意力水平。一般消费者面对涉案商标时，不会认为涉案商标和其标识的商品之间具有直接和明确的关联，不会经过多重考虑、分析、审视，进而认为涉案商标在传递其商品预期目的的信息。

第二，申请人进行的互联网搜索没有显示涉案商标与指定商品相关的任何结果。"whole brain"这个表述似乎指的是认知多样性相关理论，除了营养，还有许多其他因素可能影响大脑的功能。

第三，第 008460719 号欧盟商标"Whole Brain Thinking"，最初在第 41 类特定教育服务上注册，已被 EUIPO 撤销。在该案中，EUIPO 认为，无论是专业消费者还是一般消费者，都会将该术语理解为描述性的，意味着"用整个大脑而不仅仅是大脑的某部分进行思考"；认为其是对第 41 类服务的描述性的术语，不可能同时对第 5 类商品也是描述性的。

第四，EUIPO 已经核准注册了几个包含"whole brain"一词的商标，例如"WHOLE BRAIN CONSULTING"（第 W01656179 号）、"WHOLE BRAIN BRANDING"（第 004038139 号）、"WHOLE BRAIN SELLING"（第 018127610 号）和"WHOLE BRAIN"（第 017202763 号）。

2023 年 12 月 8 日，EUIPO 下发针对涉案商标的正式驳回决定。

二、处理结果

根据《欧盟商标条例》第 7 条第 1 款（b）项和（c）项和第 7 条第 2 款的规定，EUIPO 决定驳回涉案商标在其所有指定商品项目上的注册申请。

三、要点分析

涉案商标因被 EUIPO 认为缺乏显著性而经历两轮驳回通知后，最终在全部指定商品项目上被不予注册。EUIPO 针对申请人对驳回决定提出的反驳意见进行了详细的分析，具体如下。

（一）商标相对于特定商品或服务的描述性

申请人认为第 5 类商品的相关公众包括具有医学领域专业知识的专业人士和普通公众，他们具有较高水平的注意力。EUIPO 认为即使相关公众具有较普通公众更高的注意力，也不能对评估商标显著性的法律标准产生决定性的影响，具有专业知识的相关公众不一定能有效识别显著性较弱的标志，且专业培训和经验会使相关公众更容易理解标志的描述性含义。涉案商标明确传递了其指定的第 5 类商品的描述性信息，而这样的信息易被相关公众包括专业人士理解，涉案商标对专业人士而言描述性更强，更不具有显著性。

由于商标注册是针对注册申请中指定的商品或服务进行的，因此《欧盟商标条例》第 7 条规定，任何驳回理由是否适用于某商标必须针对该商标具体指定的商品或服务进行评定，且"唯一的决定性因素是相关公众如何理解申请商标与其申请的商品和服务的关系"。涉案商标会被一般消费者理解为与第 5 类的营养、饮食或维生素制剂以及医用糖和糖果相关，且相关商品可以帮助消费者或其孩子或宠物实现整个大脑的正常运行，且相关商品旨在提升整个大脑的功能。

涉案商标指定的商品与"whole brain"有关，与"人或动物的全脑"相关。"whole brain"由"whole"和"brain"两个单词组成，该词组并不罕见，一般消费者容易将其含义理解为其指定商品旨在改善整个大脑的功能，与涉案商标指定的第 5 类营养、膳食或维生素制剂和糖、糖果等有关。正如申请人在反驳意见中提到消费者一般不会对商标进行分析性的审视，商标应该足以让一般消费者在不经过分析、比较并施以特别关注的情况下区分不同主体提供的商品/服务。而除了"whole brain"，涉案商标中没有其他元素对其整体印象有决定性影响，或容易使相关公众将其作为区分商品来源的标识。故涉案商标具有描述性，不具备显著性。

（二）相关市场上使用的相关性

对于根据《欧盟商标条例》第 7 条第 1 款（c）项被驳回注册的商标，不需要证明所申请注册的标志实际上是作为描述性标志使用的。只要标志的某个含义描述了相关商品的某个特征，并且可以合理地预期在未来会有这样的使用，足以认定该标志是描述性的。因此，申请人辩称其在互联网搜索的结果没有显示任何涉案商标使用在指定相关商品上则涉案商标不具有描述性的主张是不成立的。

该案中，无论"whole brain"是否也用于不同的场景，或存在其他可能对正常大脑功能有利的因素，都不影响 EUIPO 根据《欧盟商标条例》第 7 条第 1 款（c）项认定"whole brain"具有描述性且应被不予以注册。

（三）涉案商标相对于第5类商品的描述性含义

申请人提到第008460719号欧盟商标"Whole Brain Thinking"因被认为对第41类教育相关服务具有描述性而被EUIPO撤销，辩称对第41类服务的描述性的术语不可能同时对第5类商品也是描述性的。

该案中，涉案商标"whole brain"会被理解为与营养、饮食或维生素制剂或补充剂以及医用糖和糖果相关，且表示相关商品会对整个大脑功能有用。

同一表达在不同商品或服务上使用时是否具有描述性含义，与根据《欧盟商标条例》第7条第1款（c）项审查涉案商标申请并不相关。

此外，申请人提到的欧盟商标"Whole Brain Thinking"与涉案商标不同，前者另包含"Thinking"。

（四）在先注册商标的相关性

申请人提到一些已注册的包含"whole brain"的欧盟商标，例如"WHOLE BRAIN CONSULTING"、"WHOLE BRAIN BRANDING"、"WHOLE BRAIN SELLING"和"WHOLE BRAIN"。

但是，某标志能否作为欧盟商标注册应该仅基于《欧盟商标条例》及相关欧盟司法解释，而非EUIPO过往的实际操作。申请人引用的在先商标与该案不可直接作比较，其中多数相关商标不仅包含"WHOLE BRAIN"，另有其他文字元素，且注册在不同的商品和服务上，"WHOLE BRAIN CONSULTING"在第35类、第40类、第42类、第45类上注册，"WHOLE BRAIN SELLING"在第35类、第41类、第42类上注册，这两个表述对于相关服务并无明显的描述性含义，"WHOLE BRAIN BRANDING"早于多年前即已在第35类、第41类上注册，这些商标与涉案商标所处的欧盟法律、判例法和实践相关环境不同。申请人另引用的"WHOLE BRAIN"商标在第9类软件和应用程序相关商品上注册，且正处于撤销程序审查中。

四、启示借鉴

欧盟商标能否通过EUIPO的显著性审查是其获得注册的关键之一。已经或有意申请欧盟商标的中国企业应关注EUIPO对商标显著性的审查要点和应对方案。

（一）欧盟商标显著性审查的要点

EUIPO不会主动援引在先商标驳回在后申请，也不常认为某标志易产生不良影响而予以驳回，欧盟商标能否通过EUIPO初步审查的关键一般在于其显著性，即是否足以使得消费者区分商品或服务的来源。

欧盟商标显著性审查的依据是《欧盟商标条例》的相关条款，特别是第 7 条第 1 款（b）项和（c）项规定了不得注册商标的情形："……b. 该标识不具有显著性；c. 该标识仅包含核定使用商品或服务的质量、数量、产地、生产时间等的描述性信息"；第 7 条第 3 款规定："如果商标因使用而在申请注册的商品或服务上具有显著性，则本条第 1 款（b）项、（c）项、（d）项不适用。"

从该案来看，欧盟商标的显著性审查主要考虑以下三个因素。

第一，是否具有描述性。如果一个商标仅仅描述或可以描述商品/服务的性质、用途等特征，可能被认为缺乏显著性。

第二，相关公众的认知。如果相关公众是具有专业知识的专业人士，他们可能更容易识别和理解描述性词汇。

第三，和特定商品/服务的相关性。商标在不同商品/服务上是否具有显著性需要区分判断。

(二) 欧盟商标因缺乏显著性被驳回后可采取的应对方案

在欧盟商标注册申请过程中，如果被认为缺乏显著性，EUIPO 会发出驳回通知。若遭遇此种情况的驳回，可考虑根据 EUIPO 和相关法院的审查标准、判例、实践等采取如下应对方案。

第一，向 EUIPO 提交意见，强调商标本身并非相关商品/服务的通用、常用名称/符号，且如果商标有特殊的字体、颜色组合或图形等元素，注意强调包含这些元素的商标整体更具有显著性。

在提交意见的同时提供通过网络检索、市场调查等方式收集的证据、相关商标的使用/知名度证据和在其他法域已经获得注册/通过显著性审查的证据（如有），尽力证明相关商标在相关公众中已经具有区分商品或服务来源的能力，商标具有显著性。

如果 EUIPO 决定维持驳回商标申请，申请人可以根据《欧盟商标条例》第 67 条、第 68 条的规定，向 EUIPO 上诉委员会提出上诉。

第二，也可考虑对商标名称进行修改或在商标中增加更多显著性更强的元素再申请注册。

(三) 中国与欧盟关于商标显著性等法律规定和审查程序的异同

从法律规定上来看，中国关于商标显著性的法律规定主要体现为《中华人民共和国商标法》第 9 条"申请注册的商标，应当有显著特征，便于识别"，以及第 11 条"下列标志不得作为商标注册：（一）仅有本商品的通用名称、图形、型号的；

(二) 仅直接表示商品的质量、主要原料、功能、用途、重量、数量及其他特点的；

(三) 其他缺乏显著特征的。前款所列标志经过使用取得显著特征，并便于识别的，可以作为商标注册。"

可见，中国与欧盟对于缺乏显著性的商标禁止注册的规定类似。在判断商标标志是否具有显著特征时，中国和欧盟的法律都从同一个出发点进行考量：即该商标标志能否让消费者作为指示商品或服务来源的标志予以识别。

从程序上来看，中国与欧盟的商标审查存在较大差异，主要在于以下两个方面。

第一，中国国家知识产权局会依法针对商标是否具有法律规定不得作为商标注册、使用的情形和商标是否具有便于识别的显著特征等（又称绝对理由）进行审查，还会针对商标是否与他人在相同/类似商品或服务上的在先商标冲突（又称相对理由）进行审查，如存在前述情形，会下发驳回通知。如果商标未遭遇驳回或克服驳回并初审公告，其他主体通过己方或第三方监测等途径获知后可考虑是否提出异议申请。

第二，EUIPO虽然也会针对商标缺乏显著性等绝对理由下发驳回通知，但不会主动援引在先商标驳回在后申请，只是会出具一份欧盟商标检索报告，报告中列出EUIPO认为与申请商标相同或近似的他人在先注册的欧盟商标，并在商标初审公告后向报告中所列的在先欧盟商标所有人发送通知，由在先商标持有人自行决定是否提出异议申请。

综上所述，中国企业在申请商标时应注意尽量选择较特别的而非相关商品/服务领域较常见、常用的词汇，避免商标因被认为缺乏显著性而被驳回，进而提高商标注册的成功率。

(供稿：李珏　张静雅)

43

日本商标注册申请之驳回理由通知书的应对

该案涉及日本商标注册申请中驳回理由的应对。涉案商标申请人在收到日本特许厅驳回理由通知书后提交意见书进行反驳。涉案商标注册申请人为中国无锡LPS公司。

该案的涉案商标为"Arcbonding",申请号为2023-2229,指定商品为第9类半导体、集成电路等。

一、案情介绍

2023年1月12日,中国无锡LPS公司向日本特许厅提交了涉案商标注册申请。

2023年6月28日,日本特许厅针对涉案商标下发驳回理由通知书,认为他人在先注册、申请的4件"ARC"商标与涉案商标近似且指定使用的商品类似。

2023年9月25日,中国无锡LPS公司针对上述驳回理由通知书向日本特许厅递交了意见书予以反驳。

2023年9月26日,中国无锡LPS公司针对其意见书向日本特许厅递交了与商标审查员进行电话/当面沟通的申请。

二、处理结果

2023年11月8日,日本特许厅对涉案商标核准注册。

2023年12月19日,日本特许厅下发了涉案商标的注册证。

三、要点分析

该案中,日本特许厅初步审查后下发驳回理由通知书,认为涉案商标与以下4件他人在先申请/注册的引证商标相似且其指定商品类似,适用日本商标法第4条第

1款11项规定"与在先注册商标的相似性",不得获准注册。涉案商标与引证商标对比情况如表1所示。

表1 涉案商标与引证商标之对比

明细	涉案商标	引证商标			
		1	2	3	4
标样	Arcbonding	ARC			
商标号	2023-2229	5095288	5342417	2021-049842	2022-093882
类别	9	9	9	9	9
指定商品	半导体；集成电路；计算机；电线及电缆；生物识别扫描仪；光电传感器等	计算机硬件及其部件和附件；集成电路芯片及其部件和附件等	电子应用机械设备及其部件	人工智能用、机器学习用、学习算法用、数据分析用计算机硬件/软件；集成电路；半导体等	半导体；集成回路；电线及电缆；蓄电池等

中国无锡LPS公司针对上述驳回理由通知书,主要反驳理由如下。

第一,涉案商标中的"bonding"一词,意为"纽带"或"黏合",未直接描述指定商品的特征。而且,涉案商标作为一个整体,其含义为"电弧焊接"或"利用电弧放电进行焊接",涉案商标整体为臆造词,整体与引证商标不近似。

第二,涉案商标与引证商标在文字构成、读音、含义及整体外观上均不同,不构成近似商标。

第三,对于涉案商标与引证商标是否近似的判断,商标审查员过于关注涉案商标的"Arc"部分,而未考虑商标整体,认定错误。

第四,根据日本最高裁判所和日本特许厅的一些在先案例,商标相似性判断应基于对商标的整体观察,而不应抽出商标的一部分与他人商标进行比较,从而判断两件商标是否相似。

在收到中国无锡LPS公司提交的意见书后,日本特许厅对涉案商标是否可以获得注册重新进行了审查,并直接下发了涉案商标核准注册通知书,即采纳了中国无锡LPS公司的意见书,反驳理由成立。

四、启示借鉴

笔者就日本商标注册申请的常见驳回理由进行梳理,并结合该案和其他在先案例提供应对思路,对比中日两国商标注册申请程序的主要区别,以便为有在日本商标注册需求的中国企业提供参考,提高日本商标注册成功率。

(一) 常见的驳回理由及应对思路

1. 日本在先申请/注册商标

根据日本商标审查基准,日本特许厅在判断是否基于某在先商标驳回某在后商标注册申请时,尤其重视商标是否相似以及商品或服务是否类似。关于商标是否相似,日本特许厅主要对比商标的外观、读音和含义。关于商品或服务是否类似,日本特许厅主要看相关商品/服务是否易被认为由同一主体生产、销售、提供,重点对比相关商品/服务的用途/目的,提供方式/场所,消费者,是否受相同的法律规制等。

该案中,面对日本特许厅关于涉案商标与他人在先商标构成相同或类似商品上的相似商标的驳回理由,中国无锡 LPS 公司采取的应对方案是:提交意见书并与审查员通过电话/面谈详细沟通,强调应整体对比涉案商标和他人在先商标,论述相关商标在文字构成、含义、读音及整体外观等方面存在区别,并援引了日本最高裁判所的在先案例判决及 5 份日本特许厅驳回复审决定书,以证明涉案商标与他人在先商标不相似。中国无锡 LPS 公司最终克服了涉案商标驳回理由,该商标得以注册。

由上可知,针对这类驳回理由,可借鉴该案的上述成功经验。此外,如果他人在先商标已注册 3 年以上,可通过网络等途径调查其使用情况,如果未查到相关使用信息,进而可以考虑对其提起连续三年不使用撤销申请以尝试移除障碍。

2. 指定项目的描述

日本特许厅也可能因为商标注册申请指定商品或服务描述不符合日本类似商品和服务审查基准的要求而下发驳回理由通知书。

为避免或克服这类驳回理由,申请人在申请商标时,可直接从日本特许厅发布的日本类似商品和服务审查基准中所明确列举的商品/服务项目中进行选择,在提交商标注册申请时予以指定,或在收到相关驳回理由通知书后予以修订。

3. 指定项目覆盖的范围

如果商标注册申请在某个类别指定的商品或服务覆盖的类似群组超过 22 个(根据日本类似商品和服务审查基准),日本特许厅会认为其申请人缺乏实际使用意图,下发驳回理由通知书。

为避免或克服这类驳回理由,可向日本特许厅提交意见书及如下材料(择一即可)。

第一,已在日本实际开展与指定商品或服务相关的商业活动的证明材料,包括但不限于相关媒体报道、产品目录、商业合同及交易记录等。

第二，具有在日本相关商品或服务上使用商标的意图的证明材料，包括：①书面使用意向声明，说明计划何时在日本的哪些商品/服务上使用相关商标；②商业计划文件，说明相关商业准备的当前进展。

第三，删除部分指定商品或服务的书面请求，使得每个类别覆盖的类似群组不超过 22 个。

例如，中国苏州 DKJ 公司向世界知识产权组织提交了"WADFOW"马德里国际商标注册申请，指定日本等国家，指定商品和服务类别为第 6 类、第 7 类、第 8 类、第 9 类、第 11 类、第 21 类、第 35 类，国际商标号为 1594528，曾在日本收到第 1750112 号"WADFOW"商标驳回通知，包括：①部分指定商品的描述过于模糊或宽泛；②第 6 类、第 7 类、第 9 类、第 11 类、第 21 类指定商品的范围过于广泛。

针对上述驳回理由，中国苏州 DKJ 公司向日本特许厅递交了意见书，修改了部分商品的描述，并提交了商标使用意向声明及商业计划文件，最终克服了驳回理由，其商标在日本获得注册保护。

4. 未在日本申请/注册的其他国家的知名商标

根据日本商标法第 4 条第 1 款 10 项规定"混淆误认"，如果日本特许厅认为日本消费者可能将申请商标和其他国家的知名商标混淆，即便该知名商标尚未在日本使用，日本特许厅也会下发驳回理由通知书。

针对这类驳回理由，可尝试与他人知名商标的权利人进行沟通，说服该商标权利人出具同意申请商标获准注册的书面声明，以提升克服驳回理由的胜算。

例如，中国南京 HQZ 公司向世界知识产权组织提交了"Darkflash"马德里国际商标注册申请，指定国家日本，指定商品和服务类别为第 9 类计算机等，国际商标号为 1461277，曾收到日本特许厅发出的第 1461277 号"Darkflash"商标驳回通知，主要原因是涉案商标易使消费者误认为该商标标识的商品来自美国 DFI 公司，或中国南京 HQZ 公司与美国 DFI 公司存在某种联系。其中，该商标驳回理由通知中援引的美国 DFI 公司的"darkFlash"商标尚未在日本注册。中国南京 HQZ 公司向日本特许厅递交了意见书和美国 DFI 公司出具的同意中国南京 HQZ 公司的上述商标使用和注册的书面声明，最终克服了驳回理由，涉案商标在日本获得注册保护。

综上，当日本特许厅认为商标注册申请存在不能注册的理由时，会先下发驳回理由通知书，申请人可在该阶段积极应对，向作出驳回理由通知书的商标审查员递交意见书，论辩申请商标与他人在先商标不相似，或调整商品或服务项目，或递交日本特许厅引证的国外知名商标权利人出具的同意书等，以说服商标审查员核准商标注册，避免日本特许厅下发正式驳回决定。如果日本特许厅下发正式的驳回决定，届时只能通过复审程序争取克服驳回理由，而在复审阶段克服驳回理由的难度相对较大，且会耗费更多的时间和金钱成本。

(二) 中国与日本在商标注册申请程序上的主要区别

中国与日本在商标注册申请程序上的主要区别如表2所示。

表2 中国与日本在商标注册申请程序上的主要区别

区别点	主要内容
官方会不会以公告形式发布商标注册申请信息	中国：不会。 日本：会。即便相关商标尚未注册，日本商标注册申请人可基于该公告及日本商标法如下规定，对在其商标指定项目上使用其商标的主体发出警告，并在其商标注册后主张对方赔偿其发出警告之后至商标注册之前因对方相关行为遭受的损失。 日本商标法第13条之二规定，如果商标注册申请人在提起商标注册申请后基于记载该申请内容的文件发出警告，则对其发出警告之后、商标权登记注册之前在指定商品或指定服务上使用该商标的任何人，该商标申请人可主张被警告方赔偿其相关商业损失。根据前项规定的请求权，只有在商标权登记注册后才能行使。根据第一项规定行使的请求权，不妨碍商标权的行使
官方审查结果的下发方式和应对途径	中国： ①如果官方认为商标注册申请指定商品和服务项目不规范、文件章戳不清等，一般会下发补正通知书，申请人可提交书面补正以继续推进申请，无须支付额外官费。 ②如果官方认为涉嫌不以使用为目的的恶意商标注册申请等，一般会下发审查意见通知书，申请人可提交书面说明/修正意见和相关证据材料以争取克服审查意见，无须支付额外官费。 ③如果官方认为商标缺乏显著性、易产生不良影响/误认、与他人商标近似等，一般会下发驳回通知书。申请人可申请复审以争取克服驳回，无法向官方申请进行电话/当面沟通，若申请驳回复审需要支付官费。官方作出驳回复审决定后，如果申请人不服，可向北京知识产权法院提起行政诉讼以继续争取注册。 日本： ①如果官方认为申请缺少必要的文件或信息，一般会下发补正通知，申请人可提交书面补正以继续推进申请，无须支付额外官费。 ②如果官方认为商标缺乏显著性、损害公共利益、与他人商标近似等，一般会下发驳回理由通知书，申请人可提交书面意见书，还可申请与审查员电话/当面沟通，以争取克服驳回理由。如果官方仍坚持其驳回理由和/或发现新的驳回理由，一般会下发第二轮驳回理由通知书，申请人仍可提交书面意见书并申请与审查员电话/当面沟通。如果官方仍坚持其驳回理由，则一般会下发驳回决定，申请人可申请复审以争取克服驳回决定，复审需要支付官费。官方作出驳回复审决定后，如果申请人不服，可向日本知识产权高等法院提起诉讼以继续争取注册

续表

区别点	主要内容
他人可提起异议的时间	中国：如果官方经审查未发现对商标应予以驳回的理由，将下发初步审定公告通知书并发布商标初步审定公告，初步审定公告之日起3个月内他人可向国家知识产权局提起异议。 日本：官方下发商标注册证后将发布商标公告，商标公告发布之日起2个月内他人可向日本特许厅提起异议
官方费用的缴纳时间、方式	中国：如果商标注册申请通过官方形式审查，官方下发缴费通知书，要求缴纳商标注册申请费，申请人及时妥善缴纳后官方下发受理通知书。 日本：申请人提交注册申请时缴纳申请费，收到官方核准注册通知后还需缴纳注册费才能使商标最终获得注册。申请人可根据商标的使用周期、自身经济情况等选择一次性缴纳10年的注册费（每标每类32900日元），或分两次缴纳注册费（每次缴纳5年的注册费，每标每类17200日元），多数非日本的申请人会选择一次性缴纳10年的注册费（分两次缴纳一般会有额外的当地代理服务费，一次性缴纳注册费的整体成本很可能小于分两次缴纳的整体成本）。官方收到注册费后下发商标注册证

综上所述，中国企业在申请注册日本商标之前应了解以上常见的驳回理由，通过申请前检索排查是否存在与拟申请商标相同/近似的日本在先申请/注册商标或虽然未在日本申请/注册但有一定知名度的商标。如有，可考虑通过调整自身商标和/或其指定的商品和服务项目予以避让，还应尽量选择日本官方明确可接受的商品和服务描述，尽量避免指定项目覆盖的群组过多（最好不超过22个）。如果收到驳回理由通知书，应根据通知书中的具体驳回理由，制定有针对性的应对策略，准备并提交详尽的意见书，积极争取商标在日本获得注册，以保护中国企业的品牌权益和商业利益。

（供稿：李珏　周静）

44

韩国商标注册申请驳回相关诉讼之前期检索和应对

该案涉及韩国商标注册申请被驳回后发生的诉讼应对策略,类似于我国商标驳回复审行政诉讼。涉案当事人分别为原告中国 H 公司和被告韩国知识产权审判与上诉委员会(IPTAB)。

该案的涉案商标为原告中国 H 公司于 2019 年 6 月 3 日向韩国知识产权局提交的第 40201985813 号"W FreeBuds"商标注册申请,指定使用在第 9 类"耳机、入耳式耳机"等商品上。韩国知识产权局以涉案商标与他人在先注册商标"FREEBUDS 프리버즈"近似为由,拒绝准予注册。

一、案情介绍

2019 年 6 月 3 日,中国 H 公司向韩国知识产权局提交了第 9 类"W FreeBuds"商标注册申请。

2019 年 11 月 25 日,韩国知识产权局经审查认为中国 H 公司提交的"W FreeBuds"商标与在他人在先注册的第 4012538140000 号商标"FREEBUDS 프리버즈"在外观、称呼及概念上近似,因此下发了拒绝注册的通知。

2020 年 1 月 3 日,中国 H 公司向韩国知识产权局提交了书面意见书,主张虽然涉案商标中的"FreeBuds"部分可能与在先商标近似,但"W"部分具有显著识别力。因此,涉案商标整体不应被认定为与在先商标近似。

2020 年 3 月 16 日,韩国知识产权局作出裁定,认定涉案商标与在先注册商标"FREEBUDS 프리버즈"近似,驳回涉案商标注册申请。

2020 年 4 月 9 日,中国 H 公司针对韩国知识产权局的上述驳回决定向韩国知识产权审判与上诉委员会提交了审查请求,请求撤销韩国知识产权局拒绝涉案商标注册的决定。

2021年5月25日，韩国知识产权审判与上诉委员会作出裁定，认定涉案申请商标与在先注册商标"FREEBUDS 프리버즈"近似，仍驳回涉案商标注册申请。

2021年10月27日，中国H公司向韩国特许法院提起诉讼，请求撤销韩国知识产权审判与上诉委员会作出的上述裁定。

2022年12月15日，韩国特许法院对该案作出判决。

二、处理结果

韩国特许法院对该案作出的判决概要如下。

第一，涉案商标与他人在先注册商标"FREEBUDS 프리버즈"近似，指定使用商品类似，双方商标构成近似商标，应不予核准注册，韩国知识产权审判与上诉委员会作出的上述裁定结论正确。

第二，原告要求撤销该案裁定的请求没有法律依据，予以驳回。

三、要点分析

（一）涉案商标中的"FreeBuds"具有独立的识别力

涉案商标在外观上是由空格分开的"W"和"FreeBuds"两部分构成，该两部分的组合并未形成新的含义。

在商业实践中，家电产品上通常除了标注商品的商标，还会标注制造商的商号。"W"是一家中国公司的商号，在消费者中享有广泛的知名度，相关消费者很容易将涉案商标中的"W"识别为商号，而将"FreeBuds"识别为相关商品对应的商标。相关消费者可能仅以涉案商标中的"FreeBuds"部分认知为其简称或理解其含义。

"FreeBuds"由"Free"和"Buds"两个英文单词组合而成，"Free"一般被译为"自由"，"Buds"一般被理解为"花蕾"的英文单词的复数形式。"FreeBuds"整体并非常见的英文单词或惯用的英文组合，具有独立的识别力。

（二）在先注册商标可能被识别为"FREEBUDS"或"프리버즈"

从外观上看，在先注册商标"FREEBUDS 프리버즈"由上下两部分构成，上部分为英文"FREEBUDS"，下部分为韩文"프리버즈"，上下两部分之间有空白间隔，使这两部分明显区分开来。

从含义上看，在先注册商标下部分"프리버즈"是上部分"FREEBUDS"的韩文音译，上下两部分结合未形成新的含义和概念。相关消费者可能仅通过在先注册商标的上部分"FREEBUDS"或下部分"프리버즈"来识别该商标。

（三）韩国知识产权审判与上诉委员会和韩国特许法院均认为涉案商标与在先注册商标近似

第一，涉案商标与在先注册商标可能均被消费者仅以"FREEBUDS"来识别，在这种情况下，涉案商标与在先注册商标的外观、称呼、含义相同或相似。

第二，涉案商标与在先注册商标的指定商品相同/类似。涉案商标指定的商品为"入耳式耳机、耳机、麦克风、智能手机用无线耳机"等，在先注册商标指定的商品为"便携式音响设备、通信用耳机、耳机"等。涉案商标与在先注册商标的指定商品都属于便携式音频装置，属于类似商品。

第三，原告提交了一些证据并着重主张：涉案商标中"FreeBuds"部分会使消费者直接联想到其指定商品"无线耳机"，缺乏识别力，涉案商标只会被消费者通过其中识别力强的"W"部分来识别，或者通过其"W FreeBuds"整体来识别，双方商标不相似。但韩国知识产权审判与上诉委员会和韩国特许法院认为原告提交的证据不足以认定"FreeBuds"表示指定商品性质，除了认为"buds"部分不能使消费者直观地联想到耳机，还有以下七点因素。

① 虽然"bud"具有"芽、花蕾、雪"等含义，但一般消费者不太可能未经深思熟虑或查字典就能直观地想到其含义。

② 虽然"earbuds"具有"微型耳机"等含义，但不能确定"buds"部分是否被普通消费者识别为"earbuds"的缩写。

③ 虽然在互联网上搜索"buds"能搜到关于无线耳机的网页，但这可能只是因为这些网页涉及名称中包含"buds"的无线耳机；虽然有些包含"buds"的第9类商标已获得注册，但数量不多，只有30多个，且不确定其指定商品中是否包含耳机或与耳机类似的商品。

④ 虽然有些购物商城或网站上将制造商的商号和"Free Buds"或"Freebuds"一并列出，但不能仅凭这些事实确定"Free Buds"或"Freebuds"用来表示商品种类（无线耳机），且原告提交的某个证据中将"W"和"Free Buds 3"分开使用，看起来"Free Buds 3"是作为产品标识而非产品种类的名称使用。

⑤ "Free"具有"自由的、不受控制的、免费的"等含义，虽然原告提供的证据中提到有些无线耳机产品的名称中包含"Free"，但这样的例子不多，不能因此认为"Free"在消费中被广泛使用并识别为"无线"。

⑥ 虽然原告提供了一些认定"Free"缺乏识别力的官方决定，但这些决定都是

基于"Free"具有"自由的"或"免费的"等含义，与该案的争议焦点之"Free"是否直接指向"无线"不同。

⑦ 虽然原告委托舆论调查专业机构韩国盖洛普公司进行了问卷调查，但该问卷调查是从舆论调查机构拥有的受访者中提取的样本进行的，该样本很难代表所有消费者，且该问卷是通过电子邮件发送问卷的形式进行的。这种情况下，受访者可以一目了然地看到整个问卷，问卷的构成可能对回答产生很大影响。且问卷中的问题有暗示受访者"W FreeBuds"是特定公司的蓝牙耳机的商标并暗示"Freebuds"指的是产品本身即蓝牙耳机。

第四，涉案商标与在先注册商标共存容易导致相关消费者混淆。判断商标是否近似，应客观、全面、独立地观察涉案商标与在先注册商标的外观、称呼、概念等，以普通消费者或交易主体的直观认知为基准，判断是否存在对商品来源的误解或混淆的风险。由于涉案商标与在先注册商标都可能被识别为"FREEBUDS"，因此相关消费者可能将上述商标混淆。

第五，虽然原告主张EUIPO判定"FreeBuds"用在耳机、耳塞等商品上缺乏识别力，但涉案商标的注册与否应根据韩国商标法独立判断，不应受不同法系国家商标注册案件的限制。

综上，涉案商标与在先注册商标均可能被识别为"FREEBUDS"，双方商标相似，指定商品相同/类似，涉案商标的注册属于韩国商标法第34条第1款（7）项规定的不予注册情形，韩国官方拒绝对涉案商标申请予以注册。

四、启示借鉴

该案中，韩国知识产权审判与上诉委员会、韩国特许法院均不认可中国H公司关于涉案商标"W FreeBuds"整体不会与他人在先注册商标 FREEBUDS 프리버즈 造成混淆的主张，坚持不予注册。

依据韩国知识产权审判与上诉委员会、韩国特许法院的审理结果体现的审查标准，如果中国企业在韩国申请注册由其商号和其他文字组合而成的商标，因他人与前述商标除申请人商号外的文字相同或近似的在先商标被拒绝注册，在书面意见书乃至诉讼中单纯通过论证商标不近似克服在先商标的成功率较低。

而"W FreeBuds"已在包括中国、欧盟、英国在内的多个法域获准注册。

鉴于此，建议中国企业在申请注册韩国商标时注意如下事项。

（一）提前检索，预估商标注册前景和风险

建议在韩国申请注册商标之前先进行检索，特别留意是否有与申请商标在构成、

读音上相同或近似的商标。

如果申请商标与他人在先商标或其主要部分的构成相同或近似度较高，即便他人在先商标或其主要部分相关文字或图案在申请人本国和/或其他法域被认为识别力缺乏或较弱，和/或申请商标与前述他人在先商标在其他法域已经共存注册，不代表申请商标在韩国也能注册。通过在商标中添加其他比较特别的元素特别是申请人商号的方式可能并不能实质提升商标在韩国注册的成功率。例如该案涉案商标申请可能是其申请人不能在韩国注册"FreeBuds"商标的权宜之计，但该权宜之计并不奏效。对这类情况，建议尽量避免申请注册的韩国商标完整包含他人韩国注册商标，选用与他人在先韩国商标有明显差异的元素。

如果申请商标中包含拉丁字母、汉字等在韩国常见的文字，需要特别注意检索读音与申请商标相同或近似度较高的韩文商标。韩国很看重商标的读音，很可能援引读音相同或近似的在先韩文商标拒绝注册在后商标。例如，在"Acro·"马德里国际商标指定韩国案件中，韩国知识产权局援引他人在先注册的"아크로"韩国商标拒绝注册"Acro·"商标，认为"Acro·"商标显著识别部分"Acro"与在先商标"아크로"的读音近似，双方商标构成使用在相同/类似项目上的近似商标。

综上，在韩国申请注册商标之前进行检索的过程中，不仅需要注意检索是否有与拟申请商标包含相同或近似的文字、图形的他人在先商标，而且需要了解与拟申请商标中的文字的读音对应的韩文，注意也以前述韩文进行检索，排查他人是否已在先申请/注册读音与拟申请商标相同或近似的韩文相关商标。另外，日本在商标近似性审查中也非常看重读音，如果我国企业准备在日本申请注册商标，除了检索是否有文字构成上相同或近似的商标，也应该注意检索与拟申请商标读音相同/近似的日文商标。

（二）申请注册韩国商标因他人在先商标被拒绝注册后，可考虑及早对在先商标采取措施

如果在韩国申请注册商标被韩国知识产权局援引他人在先近似商标而拒绝注册的，可以考虑在提交意见书详细论述己方商标与他人商标的差异的同时对在先引证商标采取措施。例如对在先引证商标提起撤销连续三年不使用注册商标申请，或者与引证商标权利人商谈共存（韩国商标法修正案于2023年10月31日颁布，并于2024年5月1日生效，引入了商标共存同意书制度）或者转让，以解决在先商标的障碍。例如北京M公司的图文组合商标在韩国注册申请被韩国知识产权局认定与他人在先文字商标近似而拒绝注册，北京M公司在提交书面意见书时也对他人在先商

标提起了撤销连续三年不使用注册商标申请，最终他人在先商标因连续三年不使用被撤销，韩国知识产权局对北京 M 公司的商标予以核准注册。

如果对他人在先商标提起撤销连续三年不使用注册商标申请并在意见书等应对拒绝注册通知/决定的程序中请求韩国官方暂缓/中止审理相关商标注册申请，韩国知识产权局一般会同意，并等待在先商标撤销案审结后再重启对在后商标注册申请案的审查。

韩国撤销连续三年不使用注册商标提交使用证据的期限与我国撤销连续三年不使用注册商标提交使用证据的期限一致。被撤销人需要在收到官方通知后的两个月内提交自被申请撤销之日之前的三年内在其指定商品或服务上使用注册商标的证据。如果被申请撤销的商标的所有人未提供使用证据或者提供的使用证据未被官方采纳的，被申请撤销的商标将被官方决定予以撤销。

综上，中国企业申请注册韩国商标之前应注意提前检索，排查是否存在很可能构成阻碍的他人在先商标。如果发现严重障碍，可以基于韩国官方的商标近似判断标准调整商标至预估注册前景相对乐观后再申请注册。如果坚持申请但被韩国官方拒绝注册，可以考虑在向官方提交书面意见书时及早对构成阻碍的他人在先商标提起撤销或与其所有人商谈共存、转让等，以尽力争取在韩国注册相关商标。

（供稿：李珏　蔺婉贞）

45

印度商标注册申请之驳回应对

该案涉及印度商标注册申请遭遇驳回后的应对程序。涉案商标注册申请人为中国江苏 HT 公司。

该案的涉案商标为"HAITUO 海拓",国际注册号为 1628364,指定使用类别为第 9 类"精密测量设备;测量仪器;湿度计;压力指示器;材料检验仪器和机器"等商品。

一、案情介绍

2021 年 12 月 28 日,世界知识产权组织向中国江苏 HT 公司转达印度商标注册处对涉案商标下发的临时驳回通知:根据印度 1999 年商标法第 9 条第 1 款(a)项的规定,认为涉案商标缺乏显著特征,无法将申请人的商品或服务与他人的商品或服务区分开,不得作为商标注册,故驳回涉案商标注册申请。

2022 年 1 月 29 日,中国江苏 HT 公司对该驳回不服,向印度商标注册处提交了针对该驳回的书面答复,请求印度商标注册处核准涉案商标在全部指定商品上的注册申请。

2022 年 9 月 27 日,印度商标注册处并未直接认可中国江苏 HT 公司的书面答复,决定于 2022 年 11 月 16 日举行视频听证会。

二、处理结果

2022 年 11 月 16 日,印度商标注册处准予涉案商标公告。

2023 年 11 月 21 日,世界知识产权组织转发由印度商标注册处下发的核准保护通知,核准涉案商标在所有指定商品上注册。

三、要点分析

该案的涉案商标因绝对理由即缺乏显著性而遭遇驳回,该案主要涉及商标因被认为缺乏显著性而被驳回后如何有效应对的问题。

印度商标注册处根据印度1999年商标法第9条第1款(a)项对涉案商标下发临时驳回通知,第9条第1款规定了下列标志不得作为商标注册:(a)缺乏显著特征,无法将一人的商品或服务与他人的商品或服务区分开;(b)仅由在贸易中表示商品或服务的性质、质量、数量、用途、价值、地理来源或生产商品或提供服务时间或商品或服务的其他特点的商标或标志组成;(c)仅由在现行语言或在行业惯例中已约定俗成或普遍使用的商标或标志组成,不得作为商标注册。但商标在申请日前已经由于使用而获得显著特征或者商标是驰名商标的,不得驳回注册。

该案中,中国江苏HT公司在其商标因被认为缺乏显著性被驳回后,向印度官方提交书面答复,着重从涉案商标固有的显著特征及经后期使用显著特征加强等方面进行论述,成功说服印度商标注册处核准涉案商标注册。

第一,申请人的知名度和影响力。申请人成立于2005年,从事环境测试领域产品的研发和制造等,建立了标准化的管理体系,并通过国际标准《质量管理体系 要求》(ISO 9001:2000)❶质量管理体系认证,将工业计算机应用技术用于产品的控制系统,提供多类型产品,且可以根据客户需求定制测试设备。

第二,涉案商标固有的显著特征。根据印度1999年商标法第17条第1款规定,当商标由数个部分组成时,其注册应赋予所有人对整个商标的专有使用权。作为组合商标的涉案商标在审理过程中应被作为整体考虑,而不是分成若干部分单独审理。涉案商标"HAITUO 海拓"为组合商标,由字母"HAITUO"及汉字"海拓"构成,其中汉字"海"意为"海、海洋",汉字"拓"意为"开发、扩展"。"海"和"拓"的组合没有任何含义,由申请人原创,属于臆造词汇,具备显著性和识别性,不属于日常用语,可以起到区分商品来源的作用,且涉案商标的外观和布局均有一定的设计,整体来看涉案商标具有创造性、独特性和显著性。

第三,指定商品。涉案商标指定的商品为第9类"精密测量设备"等,涉案商标应用在其指定商品上具有商标应有的显著特征,能够起到区分商品来源的作用。

第四,涉案商标的使用及其他法域的注册情况。申请人在泰国和日本已投入使用,并已在中国和美国等多个法域注册。

第五,在判定商标是否具有作为标识商品来源的"显著特征"时,应考虑市场

---

❶ 该标准已废止。

和环境的所有适用事实和情况以及其他类似提供商的相关商业使用情况，包括使用该商标的具体商品和服务、普通消费者的看法以及申请人提供的任何其他证据。商标在商品和经营主体间建立的联系越紧密，那么商标作为区分商品来源的基本功能就越容易显现，可通过不断使用加强联系和显著性。该案申请人强调其已获得了相关消费者的广泛认可并已积累一定知名度，其产品获得了相关奖项，申请人参加了各种展览会宣传其产品和商标，其商标经广泛宣传已具有较高知名度，产生较大的影响力，具有足以区分商品来源的显著特征。

中国江苏 HT 公司在书面答复中提交了证据并引用了多个在先案例支持其上述观点。

① 证据：公司营业执照、销售订单、带有商标标样的产品照片、产品认证证书、展会照片等宣传材料、中国和美国等其他法域申请/注册相关商标的文件等。

② *Chandra Bhan Agarwal and Another v. Arjundas Agarwal and Others* 案：强调涉案商标应被作为整体考虑，不应被拆分审理。

③ *Abercrombie Formulation, developed by the 2nd Circuit Court of Appeals in Abercrombie & Fitch Co. v. Hunting World, Inc* [537 F. 2d 4, 9–11 (2d Cir. 1976)] 案：说明认定商标是否具有显著性的标准，强调涉案商标用在指定商品上具有商标应有的显著特征，能够起到区分商品来源的作用。

④ *Milmet Oftho Industries & Ors v. Allergan Inc.* [Civil Appeal No. 5791 of 1998] 案：证明经长期使用已积累一定知名度且取得了很强的显著性的涉案商标应当在印度获得保护。

⑤ *OHIM V BORCO* Case C–265/039 P [2011] ETMR 案：强调确定商标是否具有显著性时，有必要考虑市场和环境的所有适用事实和情况。

四、启示借鉴

印度商标注册处收到商标注册申请后会进行形式审查和实质审查，其形式审查主要针对申请文件是否符合其形式要求，实质审查主要根据印度 1999 年商标法的规定审查申请商标是否缺乏显著性（绝对理由），是否与他人在先申请/注册的商标相同或近似（相对理由）等。对于没有通过实质审查的商标申请，印度商标注册处会下发驳回通知，要求申请人在驳回期限内提交书面答复，如果收到了申请人提交的书面答复但未被说服，则会下发听证通知，申请人可以在听证阶段向审查员陈述自己的意见并提供证据材料以争取商标获准注册。

如果希望在印度注册商标，中国企业尤其需要了解印度商标获准注册的关键及其商标注册处实质审查的要点，以及遇到相关驳回后如何应对。

（一）绝对理由驳回——缺乏显著性

该案的涉案商标正是被印度商标注册处根据印度 1999 年商标法第 9 条第 1 款（a）项的规定以缺乏显著性的绝对理由驳回申请，认定涉案商标不应获准注册。

商标的显著特征是商标标志获得商标注册的重要要件。商标的显著特征是指商标应当具备的足以使相关公众区分商品或者服务来源的特征，即商标能够使消费者识别、记忆，可以发挥指示商品或者服务来源的功能与作用。

在印度，商标的显著性分为两种：固有显著性和经使用获得的显著性。固有显著性是商标本身具有的，通过使用获得的显著性则是商标通过不断、广泛实际使用获得的。

判断商标是否具有显著特征，除了要考虑商标标志本身的构成、含义、呼叫和外观等，还要结合商标指定的商品或者服务、商标指定商品或者服务的相关公众的认知习惯、商标指定商品或者服务所属行业的实际使用情况等，进行具体的、综合的、整体的判断。

我国对商标显著特征的规定与印度有不少相似之处。根据《中华人民共和国商标法》第 11 条规定："下列标志不得作为商标注册：（一）仅有本商品的通用名称、图形、型号的；（二）仅直接表示商品的质量、主要原料、功能、用途、重量、数量及其他特点的；（三）其他缺乏显著特征的。前款所列标志经过使用取得显著特征，并便于识别的，可以作为商标注册。"

在中国，一旦被官方认定缺乏显著特征而被驳回，无论是争辩商标本身具有固有显著性，还是提交大量证据证明商标经过使用已获得显著特征，或强调商标本身具有固有显著性且经过使用加强了显著特征，克服驳回的难度均相当大。而在印度，虽然商标审查员可能认为包含中文的商标无法被印度公众有效识别而以缺乏显著特征为由驳回，但遇到这类驳回时可考虑向印度商标注册处提交书面答复（也可能被通知参加听证会）论证商标具有固有显著性，强调并证明相同商标已经在多个法域核准注册，且提供相关商标的使用情况说明和证据强调商标经使用后显著特征进一步加强等。参考该案，可提交至印度商标注册处的信息及证据示例如下。

① 商标的设计理念、含义等说明，如果商标为包含中文的商标，可考虑在提交注册申请时即详细说明各个汉字及汉字整体的音译及含义，以尽量避免被认为缺乏显著特征。

② 商标在印度的首次使用日期及实际使用的证据（如果已在印度实际使用），如相关商品的印度代理商/经销商等信息名单，代理/销售合同、销售证据、展会照片、宣传材料等。

③ 商标在其他法域的注册情况及使用证据等。

(二) 相对理由驳回——在先相同或近似商标等

除了上述绝对理由驳回，印度商标注册处在实质审查中常见的另一驳回理由为存在相同或近似的他人商标，相关规定和案例如下。

印度1999年商标法第11条第1款规定，除第12条规定的情形外，商标由于下列原因，公众可能产生混淆，包括可能与在先商标产生联想的，不予注册：(a) 与在先商标相同，与该商标所涵盖的商品或服务类似；或 (b) 与在先商标近似，与该商标所涵盖的商品或服务相同或类似。

在第7类第4491705号"HENGLI 恒立"印度商标注册申请案中，印度商标注册处以该商标与在先商标"洪力"近似为由予以驳回，该商标申请人提交书面答复争辩：①其申请商标与在先商标在视觉、构成文字、含义等方面均差异显著，不易导致相关公众混淆，未构成类似商品上的近似商标；②根据商标相关法律，在对比商标是否近似时，应整体对比，其申请商标与在先商标整体存在明显差异，不易导致公众混淆；③申请商标与在先商标的指定商品与业务领域不同，不易导致相关公众混淆误认。该商标已克服驳回，在全部指定商品上核准注册。

在第5类第IR1508861号"Simcere"印度商标注册申请案中，印度商标注册处以该商标与在先商标"SINCARE"近似为由予以驳回。该商标申请人提交书面答复，从涉案商标与在先商标的视觉、构成文字、含义等方面争辩涉案商标与在先商标差异明显，不易导致相关公众混淆。该商标已克服驳回，在全部指定商品项上核准注册。可见，印度商标因相同或近似的他人在先商标被驳回时，可考虑积极、及时地向印度商标注册处提交书面答复，从构成要素、整体外观、显著部分、含义、指定项目等方面论证申请商标与在先商标不近似，不会导致相关公众混淆。此外，也可提供相关商标的使用情况说明和证据，包括最早使用情况、产品销售、广告宣传等相关证据，以证明商标经过使用已在相关公众中具有一定的影响力和知名度，不易造成消费者混淆等。若与在先商标的近似程度较高，也可考虑通过删除与在先商标指定商品/服务相同或类似的指定项目等方式克服驳回。

综上，印度作为中国企业开拓国际市场的重要选择之一，中国企业在印度申请商标前应尽量通过印度商标数据库排查他人是否已在先于相同或类似商品/服务上申请或注册相同或近似商标。在设计商标时尽量选用较独特的文字、图形等，避免使用行业内通用的术语或设计元素，提前了解印度关于商标注册的要求（不得缺乏显著性，不得与他人商标构成相同/类似商品/服务上的相同/近似商标等），积极在印度使用商标以加强商标的显著特征并妥善保存相关使用证据以便在可能发生的驳回应对程序中提交,证明己方商标已经投入使用,其显著特征得以加强,相关公众能够将其商标与他人在先商标区分识别等,争取商标在印度顺利注册。

(供稿:吕文颖 刘畑)

商标异议及无效篇

46

欧盟商标异议和上诉以及与诉讼之商标冲突判断

该案涉及欧盟商标异议、上诉及诉讼和上诉重新裁定。涉案当事人分别为异议、上诉、诉讼发起方美国 ME 公司和商标注册申请人中国南京 ASY 公司。

该案的涉案商标为"Ⅲ"（三道爪痕图形），商标号为 017634478，指定商品和服务为第 18 类书包、旅行箱、钱包等，第 25 类内衣、服装、裤子、鞋、帽、袜等，第 35 类广告、商业组织和管理咨询、进出口代理等。

一、案情介绍

2017 年 12 月 22 日，中国南京 ASY 公司向 EUIPO 提交涉案商标注册申请。

2018 年 4 月 20 日，美国 ME 公司向 EUIPO 对当时处于初审公告期的涉案商标申请提起了异议，异议基础为Ⅲ相关的 8 件欧盟和英国商标。

2019 年 3 月 21 日，EUIPO 异议部门决定驳回上述异议，认为尽管双方商标中主要线条的数量相同且线条设计上有近似之处，但其线条的组合方式、抓痕细节明显不同，且美国 ME 公司相关商标看起来像字母 M（美国 ME 公司主张双方商标都看起来像字母 M），EUIPO 异议部门认为美国 ME 公司的商标看起来像字母 M，但涉案申请商标看起来不像字母 M，双方商标在视觉、概念上的近似度低，并不存在混淆可能性，双方商标不冲突，对美国 ME 公司的异议请求不予支持，由美国 ME 公司承担中国南京 ASY 公司应对异议的代理费用 300 欧元。美国 ME 公司不服，针对上述异议决定向 EUIPO 提起上诉。

2019 年 11 月 13 日，EUIPO 第五上诉委员会（Fifth Board of Appeal of EUIPO）经审理后认为即便是在相同的商品和服务上，双方商标的近似度也不足以产生混淆可能性，决定驳回美国 ME 公司的上诉请求，并命令其承担中国南京 ASY 公司应对相关程序的代理费用 850 欧元，其中包括异议阶段的 300 欧元和上诉阶段的 550 欧元。美国 ME 公司不服，针对上述异议上诉决定向欧盟普通法院提起诉讼。

2020年12月2日，欧盟普通法院经审理后认为至少双方商标在指定的相同商品和服务上不能排除双方商标的混淆可能性，判决撤销上述上诉决定，由EUIPO承担诉讼官费。

2021年6月7日，EUIPO第四上诉委员会（Fourth Board of Appeal of EUIPO）遵从欧盟普通法院上述判决及其相关理由，针对涉案商标申请重新作出上诉裁定。

二、处理结果

EUIPO重新作出的上诉裁定决定如下。

第一，支持美国ME公司在涉案申请商标如下指定商品和服务上的异议上诉请求，即驳回该商标在如下指定商品和服务上的注册申请。

第18类：书包；旅行箱；旅行包；运动包；运动袋；包；手提箱；行李箱（行李）；背包；购物袋；手提包；托特包；帆布背包；背囊；旅行用服装包。

第25类：内衣；衣服；裤子；上衣（服装）；童装；服装；T恤衫；大衣；打底裤（裤子）；和服；裙子；婴儿连体衣；泳衣；鞋；帽；袜；短袜。

第35类：广告和广告服务；广告和宣传服务；在通信媒体上以零售为目的展示商品；在计算机网络上的在线广告；公共关系；为商业或广告目的组织贸易展览会；替他人推销；营销他人商品和服务；广告和营销；为商品和服务的买卖双方提供在线市场；赞助搜索。

第二，驳回美国ME公司在涉案申请商标其他指定商品和服务上的上诉请求，即该商标在如下指定商品和服务上可获得注册。

第18类：钱包；钥匙袋；钥匙包；用于包装的皮袋（信封、小袋）。

第35类：商业组织与管理咨询；商业管理咨询；为一般消费者提供商业信息和建议（一般消费者建议机构）；进出口代理服务；为他人提供采购服务（为其他企业购买商品和服务）。

第三，鉴于美国ME公司的上诉请求仅被部分支持，美国ME公司和中国南京ASY公司各自承担与该案相关的费用。

2021年11月19日，涉案商标已注册在美国ME公司上述异议和上诉请求未被官方支持的商品和服务上。

三、要点分析

该案中，美国ME公司的异议基础包括欧盟、英国商标及相关商誉。

① "🔱" 欧盟商标，商标号 6433817，于 2008 年 11 月注册在第 25 类服装、帽等和第 16 类商品上；

② "🔱" 欧盟商标，商标号 12705679，于 2014 年 8 月注册在第 35 类通过分发印刷品、音频和视频宣传材料推销运动和音乐相关商品和服务等服务上；

③ "🔱" 欧盟商标，商标号 12924718，于 2014 年 10 月注册在第 18 类运动包、背包等，第 25 类服装、帽、鞋，第 5 类、16 类、30 类、32 类商品上；

④ "🔱" 欧盟商标，商标号 12924973，于 2014 年 10 月注册在与上述 "🔱" 商标相同的商品上；

⑤ "🔱" 英国商标，商标号 3254978，于 2017 年 9 月申请，于 2017 年 12 月注册在第 18 类运动包、背包等，第 25 类服装、帽、鞋和第 35 类通过分发印刷品、音频和视频宣传材料推销运动和音乐相关商品和服务等商品和服务；

⑥ "🔱" 英国未注册商标，已使用在服装、帽、鞋商品上；

⑦ "🔱" 英国未注册商标，已使用在包、服装、帽、鞋、饮料商品上；

⑧ "🔱" 英国未注册商标，已使用在包、服装、帽、鞋、饮料商品上。

欧盟官方针对美国 ME 公司的异议基础及相关主张等进行了详细分析，概要如下。

第一，英国商标在欧盟不再被保护，不能有效对抗他人欧盟商标。涉案商标和异议人引证的英国商标不存在冲突。

因英国退出欧盟，自 2021 年 1 月 1 日起，英国商标无论是否已注册均不在欧盟被保护。❶由于异议程序中作为在先权利的商标在异议发起时和官方相关决定作出时均应有效，因此该案中 EUIPO 上诉委员会重新作出裁定时（2021 年 6 月），美国 ME 公司援引作为异议基础的英国商标在欧盟不再有效，不能作为对抗该案欧盟商标注册的在先权利。

第二，判断某在先商标能否阻碍在后商标注册的关键是双方商标是否存在混淆可能性，而判断是否存在混淆可能性的关键是商标本身是否相同或近似，以及商品和服务是否相同或类似。涉案商标与异议人引证的欧盟商标本身的相似度中等，在相同商品和服务上存在混淆可能性进而存在冲突（如果商标本身不相似或相似度低，

---

❶ Official Journal of the European Union. International agreements [EB/OL]. [2024-11-12]. https://eur-lex.europa.eu/legal-content/EN/TXT/HTML/?uri=OJ：L：2020：029：FULL.

则可以排除混淆可能性)。

根据《欧盟商标条例》第 8 条第 1 款（b）项规定，基于在先商标所有人的异议，如果因申请的商标与在先商标相同或近似，以及申请的商标与在先商标的商品或服务相同或类似，而存在对在先商标受保护区域的公众产生混淆的可能性，则申请的商标不得注册。混淆可能性包括与在先商标产生联系的可能性。

（1）比较商品/服务

① 哪些商品、服务相同

根据有关判例，如果在先商标覆盖的商品和服务包含申请的商标指定的（某些）商品/服务，则这些商品/服务视为相同。

涉案申请商标指定的第 18 类"书包；旅行箱；旅行包；运动包；运动袋；包；手提箱；行李箱（行李）；背包；购物袋；手提包；托特包；帆布背包；背囊；旅行用服装包"与美国 ME 公司在先商标覆盖的"多用途运动包；多用途手提袋；背包；旅行袋"重叠，视为相同。

涉案申请商标指定的第 25 类"服装；鞋"与美国 ME 公司在先商标指定的"服装；鞋"相同；涉案申请商标指定的"内衣；衣服；裤子；上衣（服装）；童装；T 恤衫；大衣；打底裤（裤子）；和服；裙子；婴儿连体衣；泳衣；帽；袜；短袜"被美国 ME 公司在先商标指定的"服装；帽"包含。因此，这些商品也视为相同。

涉案申请商标指定的第 35 类"广告和广告服务；广告和宣传服务；在通信媒体上以零售为目的展示商品；在计算机网络上的在线广告；公共关系；为商业或广告目的组织贸易展览会；替他人推销；营销他人商品和服务；广告和营销；为商品和服务的买卖双方提供在线市场；赞助搜索"与美国 ME 公司在先商标指定的"通过分发印刷品、音频和视频宣传材料推销运动和音乐相关商品和服务；为他人推广运动和音乐活动和竞赛"重叠。因此，这些服务视为相同。

② 哪些商品/服务类似

判断商品或服务是否相似，必须对相关商品或服务的全部相关特征一并考虑，如其性质、用途/功能、使用方法、终端用户、是否存在竞争或补充关系、销售渠道，以判断相关公众是否会认为相关商品或服务来自同一商业主体。

涉案申请商标指定的第 18 类"钱包；钥匙袋；钥匙包；用于包装的皮袋（信封、小袋）"与美国 ME 公司在先商标覆盖的"多用途手提袋"的性质、用途/功能和使用方法较相似，生产商、销售渠道和相关公众通常一致，相似度中等。

涉案申请商标指定的第 35 类"商业组织与管理咨询；商业管理咨询"主要由专门协助工商企业运营或管理的企业提供，这些企业的主要目标是为其客户收集信息并提供必要的工具和专业知识以利其客户开展商业活动、发展、增加市场份额等，而美国 ME 公司在先商标指定的第 35 类服务是通过广告宣传促进客户产品的推广/销售或加强客户的市场地位并获得市场竞争力,双方商标指定的服务的目的不同且不会由相同企业提供;涉案申请商标指定的第35类"为一般消费者提供商业信息和建议(一般消费者建议机构);进出口代理服务;为他人提供的采购服务(为其他企业购买商品和服务)"与美国ME公司在先商标指定的第35类服务的目的、相关公众、提供主体均不同。因此,双方商标上述第35类指定服务的相似度低或不相似。

(2)比较商标标志

评估商标混淆可能性时,须考虑其给人的整体印象,特别需要考虑其中独特的占主导的元素。涉案商品/服务相关的一般消费者对商标的感知在混淆可能性的评估中起着决定性作用,而一般消费者通常将商标视为一个整体,不会分析其各个细节。

涉案申请商标由三道爪状抓痕及其底部的四个斑点组成。美国ME公司的在先商标由三道竖直、平行排列且长短不一的波浪线组成,可能被识别为指头、爪子或字母M的高度设计形式等。双方商标标志至少会被一些相关公众识别为爪状抓痕,在视觉上的相似度中等,无法从听觉上比较(均为图形商标)。综合看来,双方商标标志本身的相似度中等。

(3)在先商标的显著特征

美国ME公司的在先商标本身具有显著特征,即其商标与相关商品和服务的属性、特征等并无必然关联,并非相关商品和服务的通用、常用符号、描述。尽管美国ME公司提交了很多其在先商标相关的宣传、销售、荣誉等知名度证据,但是未能证明其在先商标在除了第32类能量饮料的商品/服务上具有更强的显著特征。

(4)混淆可能性

应全面评估商标混淆可能性,考虑不同因素之间的相互依赖性,特别是商标标志的相似性和商品/服务的相似性。

如果商标标志的近似性较高,则可能抵消商品/服务相似性较低的影响。

如果在先商标的显著特征越强,他人相同或近似商标越容易产生混淆可能性。相较于显著特征较弱的商标,显著特征较强的商标天生或因其在相关市场的声誉而享受更广泛的保护。

一般消费者对商标的关注程度可能根据所涉及的商品/服务而有所不同,一般消费者很少有机会直接比较不同的商标标志,而需要依赖其脑海中保留的对相关标志不完整的印象。这也意味着,当公众看到涉案申请商标时,很可能不会同时看到或很好地记得美国ME公司的相关商标,从而难以意识到双方商标在细节上的区别,不易有效地区分涉案申请商标和美国ME公司的在先商标。

综上,至少在认为双方商标即便在相同商品/服务上仍不存在混淆可能性这点上,EUIPO第五上诉委员会判断错误。EUIPO第四上诉委员会在重新作出的上诉裁定中决定,双方商标在上述相同商品/服务上存在混淆可能性,支持美国ME公司在这些相同商品/服务上的异议请求，驳回在其他不相同的商品/服务上的异议请求。

第三，在相关法域享有知名度的注册商标有望能够对抗非相同/相似的商品/服务上的在后商标，但须同时满足多个条件。在该案中，美国 ME 公司不满足相关条件。

根据《欧盟商标条例》第 8 条第 5 款规定，基于在先注册商标所有人的异议，如果申请的商标与在欧盟享有知名度的欧盟在先商标或在相关欧盟成员国享有知名度的欧盟成员国本国商标相同或近似，且没有正当理由使用申请的商标的行为会对在先商标的显著特征或声誉存在不公平的利用或危害的，无论其商品/服务相同、相似、不相似，申请的商标不得注册。根据该规定和相关判例法，若希望基于上述规定使在先商标享有更广泛的保护必须同时满足如下条件。

第一，在先商标已在欧盟或欧盟成员国注册，或基于国际约定而在欧盟或欧盟成员国有效（如通过马德里国际商标申请指定欧盟或欧盟成员国并获得注册保护）。

第二，在先商标和申请的商标必须至少近似，即存在混淆相关商标的可能性，或存在相关公众认为双方商标有关联的可能性（如看到申请的商标会想起在先商标），商标标志本身越近似、显著特征越强、知名度越高，越容易存在前述可能性。

第三，在先欧盟商标须在欧盟享有知名度，或在先欧盟成员国商标须在相关成员国享有知名度。

第四，没有正当理由使用申请的商标的行为导致存在不公平地利用或危害在先商标的显著特征或声誉的风险。

该案中，美国 ME 公司未能证明其在先商标在除第 32 类能量饮料以外的商品/服务上享有知名度，而涉案商标指定的与美国 ME 公司在先商标指定的商品/服务不相同的商品/服务与美国 ME 公司享有知名度的能量饮料在性质、用途/功能、使用方法、目标公众等方面明显不同，相关公众在该案上述不相同的商品/服务上看到涉案商标时不会想起美国 ME 公司的在先商标。

因此，该案中，美国 ME 公司的相关在先商标不能基于《欧盟商标条例》第 8 条第 5 款及相关判例法阻碍涉案商标注册。

四、启示借鉴

向 EUIPO 递交的欧盟商标注册申请，一旦获得注册，其效力可覆盖欧盟各个成员国（奥地利、比利时、保加利亚、塞浦路斯、捷克、克罗地亚、丹麦、爱沙尼亚、芬兰、法国、德国、希腊、匈牙利、爱尔兰、意大利、拉脱维亚、罗马尼亚、立陶宛、卢森堡、马耳他、荷兰、波兰、葡萄牙、斯洛伐克、斯洛文尼亚、西班牙、瑞典）。欧盟商标因其正常注册的费用和人力成本远低于分别向 27 个欧盟成员国申请注册商标，其费用一般相当于单独向2~3个欧盟成员国申请注册商标的费用。因此，为了降低注册成本，在欧洲注册、使用商标的主体一般倾向于选择在欧盟申请注册商标。

但鉴于该案上述相关情况，建议中国企业注意如下事项。

第一，了解欧盟商标异议相关可能性、程序、官方的商标判断标准。

欧盟商标被提起异议的可能性明显大于任何欧盟成员国本国商标被提起异议的可能性，主要原因在于，尽管EUIPO不会主动援引他人在先商标驳回在后商标注册申请（不同于其他多数法域，如美国、日本、韩国、中国、澳大利亚、加拿大、新加坡、泰国等），但欧盟商标及各个欧盟成员国本国商标的所有人可能会基于EUIPO的警示通知（仅发给欧盟认为相同或近似度很高的在先欧盟商标的所有人或其代理）或自行/代理机构进行的商标监测而注意在后商标注册申请并认为存在冲突，进而对之在3个月初审公告期间内提起异议。

不少欧盟商标因他人提起异议等程序而注册周期明显延长（顺利情况下，一般5~6个月即可获得注册，但如果被提起异议，可能需要1~3年或更长时间才能获得注册）甚至无法获得注册。此外，欧盟商标异议程序较复杂，商标审查员考虑的因素较多且存在主观裁量，异议结果难预测，还可能经历上诉、诉讼（一审及二审）等程序，且结果难以预测，成本较高。

该案中，涉案商标在异议相关的不同程序阶段的结果存在较大差异：①在异议、上诉阶段，EUIPO认为双方商标不冲突，不支持异议人的主张；②在诉讼阶段，法院认为双方商标在相同商品/服务上存在混淆可能性进而存在冲突；③在上诉阶段，EUIPO基于法院判决裁定驳回涉案商标在与异议人在先商标相同的商品/服务上的注册申请，核准涉案商标在其他指定商品/服务上注册。

自2018年4月美国ME公司提起异议至2021年6月欧盟重新作出上诉裁定，耗时长达3年多且成本较高。

因此，考虑在欧盟申请注册商标时，中国企业应对欧盟商标异议发生的可能性、相关程序和不同程序结果可能存在的曲折性有所预期，提前了解欧盟官方的商标冲突判断标准。

第二，慎重选择申请注册欧盟商标和/或部分欧盟成员国本国商标。

建议中国企业在申请注册欧盟/欧盟成员国相关商标之前进行初步检索，可通过多法域商标数据库如世界知识产权组织的Global Brand Databas和EUIPO的TMview等进行检索，探明相同/相似商品/服务上是否存在与目标商标相同或近似度较高的他人在先商标，以及这些在先商标是欧盟商标还是部分欧盟成员国本国商标。如果在相同或类似商品/服务上存在相同/近似的他人欧盟商标或部分欧盟成员国本国商标，可考虑仅申请注册重点关注的欧盟成员国本国商标，这样被提起异议的风险可能更小，获得注册的胜算可能更大。

如果希望尽可能顺利且快速地在部分欧盟成员国注册商标，也可优先考虑申请注册部分欧盟成员国本国商标。

对于重要商标，有些企业既申请注册欧盟商标又在重点关注的欧盟成员国单独申请注册商标，以兼顾商标覆盖范围的广泛性与获得注册的效率和成功率。

第三，欧盟商标被提起异议后可优先考虑尽力促成和解。

出于成本、胜算等因素考虑，多数欧盟商标的申请人、（潜在）异议人愿意进行商谈以争取针对（潜在）异议纠纷达成和解。如果能达成和解，说服异议人撤回异议或说服潜在异议人不提异议，欧盟商标则可以比经历异议相关程序的商标更快获得注册。

EUIPO鼓励和解，欧盟商标异议被受理后会有2个月的冷静期，冷静期还可基于双方请求而延长至24个月，以便双方协商并通过和解方式解决异议纠纷。

欧盟商标异议和解商谈可能由异议人或打算提起异议的主体发起（有些主体不直接提起异议，而是先通知商标注册申请人可能提起异议等），也可能由被异议方发起，可由这些主体直接沟通，也可由其双方代理沟通。

就欧盟商标异议达成和解的主要方式有：①商标注册申请人向EUIPO提起对其商标指定商品/服务的限缩请求，即删减或调整某些商品/服务措辞，或在商品/服务描述的尾部增加说明"前述商品/服务不包含……"商标注册申请人的限缩请求经官方核准后，异议人撤回异议或潜在异议人放弃提起异议；②商标注册申请人书面承诺不会在什么商业领域、以什么方式、在什么地域范围使用相关商标等。双方可能针对和解合意起草、商议并签订书面协议，但也可能仅通过邮件等沟通和解细节并推进、完成相关行动，以节省时间和费用成本。

如果欧盟商标注册申请人不愿或无法与（潜在）异议人达成和解，但仍希望尽力争取注册相关商标，鉴于异议及后续上诉和诉讼阶段的结果可能大不同，建议企业积极应对、利用相关程序以争取克服异议。

第四，不同法域官方可能对案情相同、相近的商标异议案作出迥异的决定。

该案异议人美国ME公司对该案商标申请人中国南京ASY公司的中国、日本等商标也提起了异议，结果不尽相同：前者对后者第35类第25818877号""中国商标的异议获得中国国家知识产权局支持，后者提起不予注册复审但仍未能克服（由于双方商标均由三条边缘参差不齐的线条构成，在设计风格、视觉效果和整体外观方面差异细微，因此双方商标构成使用于类似服务上的近似商标，并存使用易造成一般消费者的混淆误认）；前者对后者第25类第6261891号""日本商标提起的异议未获得日本特许厅支持（双方商标在视觉上有明显差异，不近似；异议人商标虽具有一定知名度,但双方商标共存不足以导致一般消费者对商品来源产生混淆)。相关商标申请人可根据不同法域相关商标的重要性、克服异议的前景和成本等决定如何应对异议等相关程序,避免因在某法域商标异议案中失利而丧失注册其他法域商标的信心,也避免因在某法域异议案中获胜而疏于应对其他法域商标异议。

综上,鉴于欧盟商标受异议影响的可能性较大,建议中国企业提交商标注册申请前进行检索分析,慎重选择申请方式,重视并积极应对异议(威胁),以争取顺利注册相关商标。

(供稿:李珏)

47

欧盟商标无效宣告后续诉讼之混淆可能性的判断

该案涉及欧盟商标无效宣告后续诉讼的混淆可能性判断。原告为中国镇江 CB 公司，是该案的涉案商标的注册人。被告是欧盟知识产权局，即作出被诉无效宣告上诉决定的机构。该案第三方是意大利 CI 公司，即原无效宣告程序发起人。

该案的涉案商标为原告中国镇江 CB 公司于 2013 年 1 月 23 日在欧盟申请注册的"CCTY"商标，指定使用在第 7 类"滚珠轴承；轴承［机器部件］"等商品上。

一、案情介绍

2016 年 7 月 19 日，意大利 CI 公司向 EUIPO 提交了针对涉案商标"CCTY"的无效宣告申请，称该商标与其欧盟注册商标"ccvi bearing industries"近似，可能导致公众混淆。其在先商标指定商品为"滚珠和滚柱轴承；支架轴承；轴衬"。

2020 年 3 月 6 日，EUIPO 撤销部门（Cancellation Division❶）支持了意大利 CI 公司的无效宣告申请，并宣告"CCTY"商标在所有指定商品上无效。

2020 年 4 月 28 日，中国镇江 CB 公司向 EUIPO 提出上诉。

2021 年 2 月 3 日，EUIPO 第四上诉委员会驳回了中国镇江 CB 公司的上述上诉请求。中国镇江 CB 公司不服，向欧盟普通法院提起诉讼，请求撤销 EUIPO 作出的涉案商标无效宣告上诉决定并由 EUIPO 支付相关费用。

2022 年 7 月 13 日，欧盟普通法院对该案作出判决。

二、处理结果

欧盟普通法院驳回该案中国镇江 CB 公司的诉讼，即维持了 EUIPO 此前对涉案

---

❶ 欧盟商标的连续五年不使用撤销程序和无效宣告程序均被称为 Cancellation，均由该部门管理。

商标作出的无效宣告上诉决定,并责令中国镇江 CB 公司支付诉讼费用(但未明确具体金额)。

三、要点分析

意大利 CI 公司的无效申请基于两个基础:①相对理由:《欧盟商标条例》第 8 条第 1 款(b)项规定,如果申请注册的商标因与在先商标相同或相似且涵盖的商品或服务相同或相似导致存在受保护地区的公众产生混淆的可能性,基于在先商标所有人提出的反对,不得注册该申请商标;②绝对理由:《欧盟商标条例》第 52 条第 1 款(b)项(现条例 2017/1001 的第 59 条第 1 款(b)项)规定,如果申请人在提交商标申请时存在恶意行为,基于 EUIPO 收到的申请或在侵权诉讼的反诉,其商标应被宣告无效。

针对意大利 CI 公司提起无效宣告的相对理由,为判断涉案商标与在先商标是否会导致公众混淆,法院从在先商标的显著识别元素和双方商标在视觉、听觉、含义以及指定商品的相似度等角度进行了分析、判定,概要如下。

(一)在先商标的主要识别元素是"CCVI"

在先商标中的黑色背景是纯装饰性的,其中的条纹球体和"bear industries"是对其指定商品的描述。在先商标中的大写字母"CCVI"因其文字属性、更易为公众呼叫和记忆、在商标中的大小和位置且并非对指定商品的描述而应作为在先商标的主要识别性元素。

(二)双方商标在视觉上的相似度属于平均程度

第一,在先商标中的主要识别元素"CCVI"和涉案商标"CCTY"包含的字母数量相同。

第二,双方商标的头两个字母均是"CC",而消费者一般会对短商标首部的字符更关注。

第三,尽管双方商标中其他的字母"TY"和"VI"并不相同,但这些字母在形状上确有一定近似度,特别是其中的大写字母"Y"和"V"。

第四,虽然在先商标包含其他图形和文字元素,但这样的差异因前述元素于在先商标中的次要地位及描述性或弱显著性而不会在双方商标的视觉对比中发挥重要作用。

(三)双方商标在听觉上的相似度高

第一,双方商标包含的音节数量相同。

第二，在先商标和涉案商标会被分别读作"si – si – vi – ai"和"si – si – ti – wai"，其前两个音节"si – si"相同，后两个音节特别是第四个音节的读音有所不同。

（四）无法比较双方商标的含义

涉案商标和在先商标均无含义，无法进行比较。在先商标中的条纹球体会被理解为滚珠轴承，还有其中的"bearing industries"，均仅是对该商标指定的商品的描述，这些元素不应该影响双方商标的含义对比。

（五）双方商标指定的商品相同或类似

第一，双方商标均指定了"滚珠轴承；滚柱轴承"。

第二，涉案商标指定的"机器用轴承支架"与在先商标指定的"支架轴承"高度相似。

第三，涉案商标指定的其他项目与在先商标指定的商品存在包含或重叠关系，被视为与在先商标指定的商品相同。

（六）全面评估混淆可能性

第一，混淆可能性的全面评估意味着所考虑的因素之间存在一定的相互依赖性，特别是商标的相似性与所涵盖的商品/服务的相似性之间存在依赖性。指定商品或服务之间的低相似度可能被商标之间的高相似度所抵消，反之亦然。

第二，在对混淆可能性的全面评估中，视觉、读音、含义对比所占的权重可能不同，需考虑可能出现相关商标的市场的客观条件。商标之间的相似度或差异度可能特别取决于商标的固有特征或指定商品/服务相关市场的条件。如果相关商品一般在自助商店出售，消费者自行选择商品，则必须主要依赖产品上的商标图像。在这种情形下，商标之间的视觉相似性通常更为重要。

第三，如果相关商品主要是通过口头沟通销售的，那么对其相关商标的对比通常更重视商标之间在读音上的相似性。

第四，该案中，尽管相关公众的关注程度很高，但仍存在混淆的可能性，因为双方商标覆盖的商品相同或高度相似；双方商标在视觉上的相似度处于平均水平，在读音上的相似度高，无法在含义上进行对比；在先商标具有正常水平的显著性；涉案商标所有人未能证明双方商标共存。主张商标已共存时必须首先证明公众已在市场上同时遇见涉案商标和在先商标，而该案并非如此。

关于意大利 CI 公司提起无效宣告的绝对理由，在案证据不足以证明中国镇江

CB公司申请注册涉案商标存在恶意，但这一点对最终的判决并无决定性的影响，可基于商标存在混淆可能性而宣告商标无效。

四、启示借鉴

近年来，中国企业在国际市场上的拓展愈发活跃。欧盟作为全球主要的经济体之一，是中国企业的重要目标市场。如何在欧盟进行商标保护和处理商标纠纷是中国企业进军欧盟市场需要面对的重要挑战，而欧盟商标保护和纠纷处理的关键往往在于相关商标是否存在混淆可能性。对此，建议中国企业了解如下事项。

（一）欧盟、中国在商标无效宣告相关程序中对混淆可能性的判断要点

1. 欧盟

从该案及如下一些案例可看到欧盟在无效宣告相关程序中判断商标是否存在混淆可能性时一般会综合考虑：①相关商标在视觉、读音、含义、指定项目等方面的相似度（评价各方面的相似度）；②相关消费者的注意力程度（低、平均水平、高）；③相关市场上消费者赖以识别商标的主要因素（视觉、读音等，相关商标在前述主要因素上的相似度应在混淆可能性判断上权重更大）；④在先商标的显著性（无、弱、正常水平、强）等。

在第018738002号"NICE VAPE"案件中，EUIPO于2024年8月13日对欧盟注册商标"NiCEVAPE"（指定第34类电子香烟等商品）作出无效宣告审查决定，支持了在先商标"nice"所有人对之提起的无效宣告申请。EUIPO认为该案双方商标存在混淆可能性的主要论点有：①双方指定商品至少是类似的；②相关公众的注意力较高；③商标在视觉上的相似度处于平均水平，在读音上的相似度至少是平均水平，在含义上无法进行实质比较；④在先商标的显著性处于正常水平；⑤双方商标均以"nice"为显著识别部分；⑥相关消费者很可能认为被申请无效宣告的商标是在先商标的子品牌。

在第018659946号"KANGIX"案件中，EUIPO于2023年3月7日对中国南通Y公司的欧盟注册商标"KANGXI"（指定第28类护肘等商品）作出无效宣告审查决定，支持了在先商标"KANGUI"所有人对之提起的无效宣告申请。EUIPO认为该案双方商标存在混淆可能性的主要论点有：①双方指定商品存在包含关系，即其指定商品相同；②相关公众的注意力至少是平均水平；③商标在视觉、读音上的相似度很高（均由6个字母组成，且仅第5个字母不同），在含义上无法进行比

较；④在先商标的显著性处于正常水平；⑤6个字母中仅1个字母不同而产生的视觉、读音差异明显不足以抵消双方商标在视觉、读音上的相似性，即便在公众注意力较高的情况下，仍存在混淆可能性。

2. 中国

相较于EUIPO等欧盟官方机构，中国国家知识产权局在无效宣告相关程序中判断商标混淆可能性时主要考虑：①相关商标在构成、读音、整体外观、视觉效果、含义、指定项目（功能用途、原料材质、销售渠道及消费场所等上是否一致或具有一定共性和关联性）等方面的相似度；②在先商标的知名度。

第一，在第57554093号"HATSHAY'S"商标无效宣告案中，国家知识产权局于2023年7月29日作出无效宣告决定，不支持"HERSHEY'S"等在先商标的所有人对之提起的无效宣告申请。国家知识产权局认为该案双方商标不存在混淆可能性的主要论点有：双方商标在整体外观、视觉效果、字母构成等方面相近，不构成近似标识。

第二，在第62053663号"mother lulu"商标无效宣告案中，国家知识产权局于2023年8月7日作出无效宣告决定，支持"lululemon"等在先商标的所有人对之提起的无效宣告申请。国家知识产权局认为该案双方商标存在混淆可能性的主要论点有：双方商标核定使用的商品属于同一种或类似商品；争议商标与引证商标均包含显著识别文字"lulu"，在字母构成、呼叫上相近，已构成近似标志。

第三，在第58768937号"回春居 回春居印"商标无效宣告案中，国家知识产权局于2023年7月29日作出无效宣告决定，支持了"方回春堂及图"等在先商标的所有人对之提起的无效宣告申请。国家知识产权局认为该案双方商标存在混淆可能性的主要论点有："居"和"堂"均是表示商品、服务提供场所的用词，争议商标显著认读部分"回春居"与引证商标显著认读部分"方回春堂"等相比较，在文字构成、读音、含义上近似，构成近似标识；双方商标核定使用的商品在功能用途、原料材质、销售渠道及消费场所上基本一致或具有一定共性和关联性的，属于相同或类似商品；申请人提交的证据可以证明其商标具有一定知名度。

以上案例所体现的EUIPO、国家知识产权局在商标无效宣告相关程序中判断商标混淆可能性的角度存在相同之处但也有差异。了解这些有利于商标所有人在欧盟、中国考虑被动应对或主动发起商标无效宣告时更好地预估前景，可以互相有所借鉴但又有区分，最终决定是否进行无效宣告相关程序，且着重注意在相关程序中针对欧盟、中国关注的要点进行争辩和举证。

（二）欧盟商标被无效宣告的风险和应对策略

鉴于EUIPO不会主动援引在先商标驳回在后欧盟商标注册申请，且在先商标所有人可能因各种原因没能在他人欧盟商标初审公告期提起异议，即便相同或类似商品/服务上存在他人相同或近似在先商标，在后欧盟商标也可能获得注册。但这样的注册商标的维系存在被无效宣告的风险。

从以上欧盟商标无效宣告相关案例可以看出，EUIPO及欧盟普通法院在商标无效宣告相关程序中判断商标混淆误认可能性时会综合考虑较多因素，一般会对商标在视觉、读音、含义、商品上的相似程度予以明确，如相似程度无，或低，或中等，或高。在这样细致的考量下，某个或某些因素的相似度被认定为中等/平均甚至高/强的可能性较大，EUIPO更容易认为无法排除混淆可能性并得出存在混淆可能性的结论，并对争议商标予以无效宣告。

此外，欧盟商标无效宣告相关程序的成本较高，无效宣告申请人一般会在认为存在较大的混淆可能性甚至已经实际产生混淆时才会启动无效宣告程序，并会针对各个可能对其有利的因素进行论证。这种情况下，证明可以完全排除混淆可能性的难度一般比较大。

建议中国企业在申请注册欧盟商标之前先排查在相同/类似商品或服务上是否存在相同或近似度较高的他人在先商标。如果存在这样的商标，可查询、判断其所有人是否仍有效存续、是否曾对他人相关商标提出异议、无效宣告。如是，建议尽量调整、选用其他不存在前述情况的商标申请注册。此外，在已有欧盟商标被他人提起无效宣告申请时，中国企业应先分析是否存在与无效宣告申请人和解的可能性，主动设想和解方案，可重点考虑通过向官方请求调整已有商标的指定商品/服务（删减部分指定项目，或添加限制性的描述等）以避开对方关注的商品/服务的方式换取对方撤回无效宣告申请，再尝试联系无效宣告申请人或其代理，沟通和解方案。在对方不予积极回应时，中国企业可提醒并适时鼓励对方对和解方案提出反馈意见。

综上，欧盟注册商标一旦被申请无效宣告，被宣告无效的风险较大，欧盟商标所有人应该关注欧盟官方在相关程序中对商标混淆可能性的判断要点，并考虑协商和解，针对官方关注的诸多要点逐个击破进行抗辩，争取维持商标注册。

（供稿：谢静　王笑）

48

英国商标异议和无效宣告合并审理之异议主要基础

该案涉及多件英国商标异议和无效宣告合并审理。涉及的当事人分别是：①自然人 CXL，异议人、被申请无效宣告的商标注册人；②中国深圳 MXX 公司，被异议商标的申请人、无效宣告申请人。

自然人 CXL 引用其英国在先商标，向英国知识产权局（UKIPO）对中国深圳 MXX 公司名下的第 3238084 号、第 3289424 号"HEYTEA"英国商标注册申请提起了异议。面对前述异议，中国深圳 MXX 公司对 CXL 作为前述异议基础的第 3248493 号、第 3216975 号、第 3224448 号"HEYTEA 喜茶及图"英国商标提起了无效宣告。

一、案情介绍

自然人 CXL 分别于 2017 年 9 月 29 日、2018 年 7 月 3 日对中国深圳 MXX 公司的第 3238084 号"HEYTEA"商标、第 3289424 号"HEYTEA"商标提出了异议申请，其异议基础是 CXL 第 3248493 号、第 3216975 号、第 3224448 号"HEYTEA 喜茶及图"英国商标。

中国深圳 MXX 公司于 2018 年 9 月 28 日对前述 CXL 的 3 件英国注册商标均提起了无效宣告，其无效宣告基础是中国深圳 MXX 公司第 3202416 号、第 3202486 号、第 3237404 号、第 3237395 号英国商标和著作权；异议相关商标概要信息之比对如表 1 所示；无效宣告相关商标及著作权作品概要信息之比对如表 2 所示。

该案审理过程中，双方都提交了证据：中国深圳 MXX 公司的证据主要有证人陈述、在先商标的使用和声誉证据、相关的著作权登记证书以及中国法院的判决；自然人 CXL 的证据主要有一份证人陈述、一些未标明日期的照片。双方都没有要求听证，只有中国深圳 MXX 公司针对对方的证据提交了书面陈述。

48 英国商标异议和无效宣告合并审理之异议主要基础

表1 异议相关商标概要信息之比对

异议人 CXL			被异议商标申请人 中国深圳 MXX 公司
引证商标1：  商标号： 第 3248493 号； 类别： 第 16 类、第 32 类、第 35 类； 申请日： 2017 年 8 月 5 日； 注册日： 2017 年 10 月 27 日	引证商标2：  商标号： 第 3216975 号； 类别： 第 43 类； 申请日： 2017 年 3 月 7 日； 注册日： 2017 年 6 月 2 日	引证商标3：  商标号： 第 3224448 号； 类别： 第 30 类； 申请日： 2017 年 4 月 11 日； 注册日： 2017 年 6 月 30 日	被异议商标1： HEYTEA 商标号：第 3238084 号；类别：第 16 类、第 30 类、第 32 类、第 35 类、第 43 类；申请日：2017 年 6 月 18 日； 被异议商标2： HEYTEA 商标号：第 3289424 号；类别：第 16 类、第 29 类、第 30 类、第 32 类、第 35 类、第 43 类；申请日：2018 年 2 月 12 日

表2 无效宣告相关商标及著作权作品概要信息之比对

被申请无效宣告商标的注册人 CXL			无效宣告申请人 中国深圳 MXX 公司
争议商标1：  商标号： 第 3248493 号； 类别： 第 16 类、第 32 类、第 35 类； 申请日： 2017 年 8 月 5 日； 注册日： 2017 年 10 月 27 日	争议商标2：  商标号： 第 3216975 号； 类别： 第 43 类； 申请日： 2017 年 3 月 7 日； 注册日： 2017 年 6 月 2 日	争议商标3：  商标号： 第 3224448 号； 类别： 第 30 类； 申请日： 2017 年 4 月 11 日； 注册日： 2017 年 6 月 30 日	①商标 引证商标1： 商标号：第 3202416 号；类别：第 30 类、第 32 类、第 35 类、第 43 类；申请日：2016 年 12 月 15 日；注册日：2017 年 3 月 10 日； 引证商标2： 商标号：第 3202486 号；类别：第 30 类、第 32 类、第 35 类、第 43 类；申请日：2016 年 12 月 15 日；注册日：2017 年 3 月 10 日；

续表

被申请无效宣告商标的注册人 CXL			无效宣告申请人 中国深圳 MXX 公司
			引证商标 3： 商标号：第 3237404 号；类别：第 16 类；申请日：2017 年 6 月 14 日；注册日：2017 年 9 月 8 日； 引证商标 4：喜茶 商标号：第 3237395 号；类别：第 16 类；申请日：2017 年 6 月 14 日；注册日：2017 年 9 月 22 日； ②著作权作品

二、处理结果

2019 年 9 月 27 日，UKIPO 对上述案件一并作出如下决定。

第一，宣告自然人 CXL 第 3248493 号、第 3216975 号、第 3224448 号商标无效。

第二，对中国深圳 MXX 公司第 3238084 号、第 3289424 号商标准予注册。

第三，自然人 CXL 赔偿中国深圳 MXX 公司该案相关费用 2400 英镑，该笔费用必须在上诉期满后的 21 天内支付，或者如果有上诉，在上诉程序结束的 21 天内支付。

三、要点分析

中国深圳 MXX 公司对自然人 CXL 作为上述异议案基础的商标提起了无效宣告请求，这些商标如果被无效宣告，则自然人 CXL 提起的异议失去权利基础而不应获得支持。因此，UKIPO 着重对上述无效宣告申请案的争议焦点进行分析、评述，概要如下。

第一，自然人 CXL 的涉案商标是否可能导致混淆，违反英国 1994 年商标法第 5 条第（2）款（b）项。

根据相关判例确定的原则，必须全面评估混淆可能性，考虑所有相关因素。该案中，UKIPO 主要从双方商品/服务对比、在先商标的显著特征、双方商标标识对比等因素评估混淆可能性。

（1）双方商品/服务对比

在对比商品或服务时，应考虑与这些商品或服务相关的所有因素，包括它们的性质、预期用途、使用方法、使用群体、销售渠道、是否相互竞争或互补（一方的商品/服务对使用另一方的商品/服务而言必不可少或重要）等。

根据对双方商标各个类别和各指定项的逐一对比，UKIPO 认定：①自然人 CXL 第 3248493 号商标指定的第 16 类、第 32 类、第 35 类商品/服务、第 3216975 号商标指定的第 43 类服务与中国深圳 MXX 公司的第 3237404 号商标指定的第 16 类商品、第 3202416 号商标指定的第 32 类、第 35 类、第 43 类商品/服务类似；②自然人 CXL 第 3224448 号商标指定的第 30 类"木薯和西米；面粉；糖果；酵母；发酵粉；盐；冰"商品与中国深圳 MXX 公司在先商标指定的商品/服务不类似，其指定的其他商品"咖啡、茶、可可和人造咖啡"等与中国深圳 MXX 公司在先商标指定的商品/服务类似。

（2）在先商标的显著特征

对商标显著性特征的评估需要参考涉案商标指定的商品和服务，并参考相关公众对商标的认识。

该案中，中国深圳 MXX 公司的在先商标是一个人用杯子喝水的图形，在第 30 类、第 32 类、第 43 类这些与饮料相关的商品/服务上，显著性较低，在第 16 类、第 35 类商品/服务上，显著性中等。虽然中国深圳 MXX 公司提交了一些在先商标的使用证据，但均与英国无关，这些证据不足以证明其商标通过使用而加强了显著性。自然人 CXL 提供的证据因无日期且与英国无关而不足以证明相关图形被广泛使用。

（3）双方商标标识对比

普通消费者通常将商标作为整体予以识别，而不会分析其细节，必须参照商标所产生的整体印象评估商标的视觉、听觉和概念上的相似性，同时要考虑商标的显著识别部分。

该案中，自然人 CXL 和中国深圳 MXX 公司的商标都包含几乎相同的一个人用杯子喝水的图形，虽然 CXL 的商标中的杯子上和商标下部另有文字，但其文字部分相对于图形部分小很多，双方商标在视觉上的相似程度高。且双方商标都让人看到一个人喝水，在概念上亦存在高度的相似性。在听觉上，消费者很可能至少能从

CXL 的商标中清楚地读出"HEYTEA"这个词,无论是"HEYTEA"这个词单独发音,还是"HEYTEA"这个词与汉字一起发音,无论其发音如何,CXL 的涉案商标与中国深圳 MXX 公司的在先商标在听觉上都存在差异。

但是,该案双方商标在视觉上的高相似性特别重要。即便消费者是专业人士,视觉和概念上的相似性可能导致间接混淆,即商标之间的差异可能被注意到,但不足以给消费者造成产品来自不同公司的印象。鉴于听觉因素在购买中的作用较小,听觉上的差异不会减轻混淆的风险。自然人 CXL 的商标无论是相对于中国深圳 MXX 公司的在先商标显著性中等还是显著性较低的商品/服务,均存在间接混淆的可能性,理由是:①这些商品/服务很可能是以较低但仍然合理的注意力程度被购买的;②CXL 商标中的图形对公众识别该商标起重要作用,且与中国深圳 MXX 公司在先商标的唯一元素几乎相同;③但凡双方商品和服务之间存在一定程度的相似性,消费者将认为这些商品和服务属于同一企业或关联企业的责任范围。

综合以上因素,该案双方商标存在混淆可能性,根据英国 1994 年商标法第 5 条第(2)款(b)项的规定,支持中国深圳 MXX 公司针对自然人 CXL 第 3248493 号、第 3216975 号商标的无效宣告申请,支持中国深圳 MXX 公司针对自然人 CXL 第 3224448 号商标在相同或类似商品上的无效宣告申请。

第二,自然人 CXL 的涉案商标是否侵犯中国深圳 MXX 公司的著作权,违反英国商标法第 5 条第(4)款(b)项。

英国 1988 年版权、外观设计和专利法(the Copyright, Designs and Patents Act 1988,CDPA)第 17 条第(2)款规定,就文学、戏剧、音乐或艺术作品而言,复制是指以任何物质形式再现该作品。

该案中,自然人 CXL 的涉案商标与中国深圳 MXX 公司的著作权作品实质相同,CXL 未对其商标的来源作出解释。虽然并无证据证明中国深圳 MXX 公司的在先商标在英国的知名度,但 CXL 的涉案商标与中国深圳 MXX 公司的著作权作品的相似度已可作为其抄袭的初步证据。鉴于 CXL 未提供其注册与中国深圳 MXX 公司著作权作品几乎相同的商标的正当理由或解释,其涉案商标被视为是对中国深圳 MXX 公司享有著作权的作品的非法复制,涉案商标的使用将违反英国 1988 年版权、外观设计和专利法。根据英国 1994 年商标法第 5 条第(4)款(b)项,CXL 的 3 件涉案商标均应在全部指定项目上被宣告无效。

四、启示借鉴

该案为中国企业如何应对他人对已有英国商标提起的异议提供了很好的借鉴,即如果他人的异议基础商标是对自有其他商标、著作权作品的抄袭、模仿,可对他人用作异议基础的商标提起无效宣告等措施以使其丧失在先权利并克服其对自有商标的异议。

中国企业了解英国商标异议的主要基础（在先注册商标）和程序要点对在英国商标异议案中取得好的结果至关重要。

（一）英国商标异议的主要基础之在先注册商标

英国 1994 年商标法第 5 条第（1）款规定，如果一个商标与另一个在先商标相同，并且所申请的商品或服务与该在先商标被保护的商品或服务相同，则该商标不予注册。

英国 1994 年商标法第 5 条第（2）款规定，以下商标不应被注册，如果：（a）与某一在先商标相同，且拟注册在与在先商标被保护的商品或服务相似的商品或服务上；（b）与某一在先商标近似，且拟注册在与在先商标被保护的商品或服务相同或类似的商品或服务上，存在公众混淆可能性，包括与在先商标相联系的可能性。

该案中，在自然人 CXL 与中国深圳 MXX 公司的异议/无效宣告案中均重点基于英国 1994 年商标法第 5 条第（2）款（b）项的规定。在适用该条款时，UKIPO 主要评估双方商标是否存在混淆可能性，对此的主要分析角度包括双方商品/服务对比、在先商标的显著特征、双方商标标识对比。

在中国上海 HL 公司与德国 P 公司的英国商标异议案❶中，德国 P 公司基于其在先的第 25 类第 12697066 号 " "英国商标，主张上海 HL 公司的第 25 类第 3325698 号 " "商标与其商标近似，违反了英国 1994 年商标法第 5 条第（2）款（b）项。UKIPO 亦从以上分析角度对案件进行评估，并着重对比商标标识的近似性，认为双方商标从视觉上看均是抽象的图形，但被异议商标" "中图形的主条纹的斜率随着条纹向上移动而增加，而异议人在先商标中图形的主条纹的斜率随着条纹向下移动而增加。此外，被异议商标图形上有额外的条纹等使其与异议人在先商标之间产生了相当明显的差异。UKIPO 认定双方商标不近似，不存在混淆可能性，准予被异议商标注册。

在中国上海 JTC 事务所与英国 A 公司的英国商标异议案❷中，英国 A 公司基于其在先第 45 类第 3079492 号 "**ALBRIGHT IP**" 商标、第 3179637 号 "**ALBRIGHT**" 商标，主张中国上海 JTC 事务所的第 45 类第 WO0000001491748 号的 "ALLBRIGHT" 和第 WO0000001491254 号 " " 商标与其商标相同/近似，违反了英国 1994 年商

---

❶ 该案案号为 O/721/19。

❷ 该案案号为 O/993/22。

标法第5条第（1）款、第5条第（2）款（a）项和第5条第（2）款（b）项。关于异议人基于英国1994年商标法第5条第（1）款、第5条第（2）款（a）项（双方商标相同）的主张，UKIPO表示根据相关判例，如果一个标志不加任何修改或添加地复制他人商标的所有要素，或者整体看来其与他人商标的差异微小到普通消费者不会注意到，则该标志与他人商标是相同的。而该案中，双方商标的字体不同、大小不同且字母构成不同，双方商标并不相同，根据英国1994年商标法第5条第（1）款和第5条第（2）款（a）项提出的异议不被支持。关于基于英国1994年商标法第5条第（2）款（b）项的主张，UKIPO亦对是否存在混淆可能性进行了详细评估，并着重从视觉、听觉、含义等方面比对双方商标标识，认为：视觉上，双方商标中均有相同的字母"A-L-B-R-I-G-H-T"，字母构成高度重合，双方商标存在高度的视觉相似性；听觉上，双方商标的显著识别部分"ALBRIGHT"和"ALLBRIGHT"发音相同，听觉相似度亦很高；概念上，双方商标难以区分。因此，UKIPO认为相关消费者可能误认为被异议商标是异议人在先商标的品牌延伸或子品牌，存在间接混淆的可能性，并决定对该案被异议商标不予注册。

（二）英国商标异议的程序要点

1. 被异议商标申请人不及时提交抗辩书的后果

英国商标注册申请人应在收到UKIPO下发的异议通知后的2个月内提交抗辩书或基于与异议人的共同意愿向UKIPO申请进入冷静期，否则被异议商标将在异议针对的商品/服务上视为被放弃。若异议仅针对部分指定商品/服务，被异议商标将在未被异议的商品/服务上获准注册。

2. 可利用冷静期争取和解或更多准备抗辩材料的时间

如果英国商标异议案双方均同意，可以由任一方在被异议商标申请人收到异议通知后的2个月内向UKIPO申请进入冷静期，则前述提交抗辩书的期限将被延长7个月，进入冷静期。冷静期结束之前，如果异议未因双方和解等被撤回，被异议人应该提交抗辩书，或再基于异议双方的同意（一方发起延期申请，官方转告另一方，另一方向官方表示同意延期），再向UKIPO申请延长冷静期，还可以再延长9个月。

如果双方能通过冷静期协商和平解决异议，不仅可以节省时间和费用，而且可以避免后续复杂的异议程序。即便不能达成和解，被异议人也可以利用申请进入和延长冷静期而赢得更多时间以更好地准备抗辩材料。

另外，也可考虑在收到异议通知后优先分析异议人介意的被异议商标指定的商品/服务项目，考虑向UKIPO申请限缩指定项目（删减异议人介意而被异议人并不看重的指定项目，或对商品/服务描述添加限定其范围的措辞等），UKIPO在收到被异议商标的限缩申请并核准限缩后会第一时间通知异议人，询问其是否因此而撤回异议。如果异议人因此撤回异议，被异议商标将被核准注册，被异议人则以较低的成本克服了异议。

综上，中国企业在申请注册英国商标之前，应进行商标检索，并在申请注册商标之后注意进行商标监控，排查在相同或类似商品/服务上是否存在他人相同或近似商标，以降低被异议、被抢先注册的风险，并了解UKIPO判断商标是否存在混淆可能性的主要考虑角度和异议程序要点，以便在遇到异议时能够及时、有效地应对，在遭遇抢先申请时能够及时发现并提起异议。在英国商标面临他人异议时，中国企业可积极考虑能否通过无效宣告等程序将对方作为异议基础的商标予以无效等，或通过限缩自有商标指定商品/服务范围来推动对方撤回异议，和/或利用和解期与异议人沟通，争取和平解决异议，以便自有商标尽快获得注册并节省应对异议相关程序的成本。如果无法达成和解，中国企业应注意商标异议程序的官方时限，确保在规定时间内提交抗辩书等，以避免商标申请被视为放弃。

（供稿：李珏　张静雅）

49

英国商标无效宣告之主要基础和程序

该案涉及英国商标无效宣告的主要基础和程序。涉案当事人是无效宣告申请人中国北京 XM 公司、涉案商标注册人中国北京 HM 公司。

涉案商标为中国北京 HM 公司第 918284608 号 "HM LASER" 商标，于 2020 年 8 月 5 日向 EUIPO 申请，并于 2020 年 11 月 26 日注册，指定使用在第 7 类雕刻机、打印机等和第 9 类激光器、激光笔等商品上。由于英国脱欧，该商标后来自动转换为英国商标。

中国北京 XM 公司的英国在先商标为第 9 类第 912672283 号 "mi"，第 9 类、第 35 类、第 42 类第 917601667 号 "mi"，第 8 类第 918106851 号 "mi"。

一、案情介绍

2022 年 7 月 20 日，中国北京 XM 公司根据英国 1994 年商标法第 5 条第（2）款（b）项、第 5 条第（3）款、第 5 条第（4）款（b）项和第 3 条第（6）款的规定，向 UKIPO 申请宣告涉案商标在所有指定商品类别上无效，其主要理由如下。

第一，根据英国 1994 年商标法第 5 条第（2）款（b）项，涉案商标的显著元素是一个经过设计的字母 "M"，双方商标在视觉和概念上高度相似，且指定使用商品相同或高度相似，因此，双方商标存在混淆和/或联想的可能性。

第二，根据英国 1994 年商标法第 5 条第（3）款，中国北京 XM 公司的在先商标在英国已经获得了声誉，中国北京 HM 公司无正当理由使用涉案商标将损害其在先商标的显著性或声誉。

第三，根据英国 1994 年商标法第 5 条第（4）款（b）项，中国北京 XM 公司是 "mi" 作品的版权所有者，该作品于 2010 年 5 月 30 日完成，并在 2010 年 8 月 13 日首次在北京发布，早于涉案商标的申请日期。涉案商标侵犯了其版权。

第四，根据英国 1994 年商标法第 3 条第（6）款，涉案商标的申请出于恶意。

中国北京 HM 公司应当知晓北京 XM 公司的在先知名商标，却仍申请注册包含与中国北京 XM 公司在先商标相同设计的涉案商标。

2022 年 8 月 15 日，UKIPO 向中国北京 HM 公司送达中国北京 XM 公司的无效宣告申请。

2022 年 10 月 17 日，中国北京 HM 公司提交了抗辩书。

该案证据提交阶段，仅有中国北京 XM 公司提交了证据，主要有中国北京 XM 公司法律部门知识产权总监的证人陈述、中国北京 XM 公司在先商标的使用和声誉证据等。

2023 年 7 月 5 日，中国北京 XM 公司提交了最终书面陈述。双方均没有要求进行聆讯。

2024 年 2 月 27 日，UKIPO 作出对涉案商标予以宣告无效的决定。

二、处理结果

经审查，UKIPO 认为：①中国北京 XM 公司成功证明了涉案商标的使用应该被英国 1988 年版权、外观设计和专利法禁止，适用英国 1994 年商标法第 5 条第（4）款（b）项，涉案商标应被宣告无效；②双方商标不具有混淆的可能性，不适用英国 1994 年商标法第 5 条第（2）款（b）项；③中国北京 XM 公司提交的证据不足以证明其在先商标在相关领域被大部分欧盟相关公众所知晓，不适用英国 1994 年商标法第 5 条第（3）款；④中国北京 XM 公司未能证明涉案商标的申请出于恶意，不适用英国 1994 年商标法第 3 条第（6）款。

综上，UKIPO 认为中国北京 XM 公司的无效宣告理由部分成立，决定对涉案商标予以宣告无效，中国北京 HM 公司需赔偿中国北京 XM 公司该案相关费用 1950 英镑，该笔金额必须在上诉期满后的 21 天内支付，或者如果有上诉，在上诉程序结束的 21 天内支付。

三、要点分析

该案的争议焦点是：①涉案商标是否与中国北京 XM 公司在先商标相似，是否会导致混淆；②中国北京 XM 公司的在先商标是否具有声誉，涉案商标是否不正当地利用或损害了中国北京 XM 公司在先商标的显著性或声誉；③涉案商标是否侵犯了中国北京 XM 公司的著作权；④涉案商标的申请是否出于恶意。

UKIPO 针对该案争议焦点逐一进行了详细分析，概要如下。

第一，涉案商标是否会导致混淆，违反英国 1994 年商标法第 5 条第（2）款

(b)项。

审查该条款时,UKIPO 受到以下原则(部分节选)的指导,这些原则是从欧盟法院作出的其他案件的决定中提炼出来的:①必须全面考虑混淆的可能性,考虑所有相关因素;②必须通过所涉及商品或服务的普通消费者的视角来判断;普通消费者被认为是相当了解情况、谨慎和观察力强的人,但很少有机会直接比较不同的商标,而必须依赖于他们头脑中对商标的不完全印象,且他们的注意力也因有关商品或服务的类别而异;③普通消费者通常将商标作为一个整体来感知,不会分析其各种细节;④商标的视觉效果、听觉效果和概念效果通常必须根据商标创造的整体印象以及独特且主要的组成部分来评估。只有在复杂商标中的所有其他组成部分可以忽略不计时,才允许仅基于商标的主要元素进行比较。

该案中,关于双方商标的商品/服务,涉案商标指定的第 7 类商品与中国北京 XM 公司在先商标指定的第 8 类、第 9 类、第 35 类、第 42 类商品/服务的用户、目的、使用方法、性质和贸易渠道都不同,双方的商品/服务并非竞争或互补的,普通消费者不会认为它们来自同一企业,因此并不相似。涉案商标指定的第 9 类"激光指针;光学灯笼;光学灯;光学透镜;无线电真空管;电子电路板;计算机电路板;电路板"商品与中国北京 XM 公司在先商标指定的第 9 类"镜子(光学);电感器(电力)"等商品在目的、贸易渠道等方面存在重合/互补,具有一定相似性,与中国北京 XM 公司在先商标指定的其他类别的商品/服务不相似。

关于商标标识的近似性。从视觉上看,双方商标中的字母"M"都有一条粗竖线,三面被一条右上角带有弧度的粗线包围。普通消费者不会详细比较商标。他们会认为其中的字母"M"是相似的,但字母"M"在中国北京 XM 公司商标的首部,是涉案商标中的第二个字母,而涉案商标还包含其他具有显著特征的部分,如特殊设计的英文"LASER"等。因此,双方商标在视觉上相似程度较低。从听觉上看,中国北京 XM 公司商标会被称为"ME"或"MY",涉案商标会被称为"AITCH – EMM – LAY – ZER"或"TEE – EMM – LAY – ZER",双方商标在听觉上不相似。从概念上看,双方商标的主要元素没有语义,但涉案商标的概念可从其包含的"LA-SER"体现,双方商标在概念上亦不相似。

综上,虽然双方商标标识中使用的字母"M"的设计存在一些相似之处,但各自包含的其他字符及其字母"M"的不同位置使消费者不太可能认为涉案商标是中国北京 XM 公司在先商标的扩展,字母"M"之间的相似性可能使普通消费者遇到涉案商标时想到中国北京 XM 公司在先商标,但这只是一种联想,而不是混淆。涉案商标未违反英国 1994 年商标法第 5 条第(2)款(b)项的规定。

第二,涉案商标是否损害商誉,违反英国 1994 年商标法第 5 条第(3)款。

根据英国 1994 年商标法第 5 条第(3)款规定,如果无正当理由使用与在英国享有声誉的在先商标相同或相似的商标会不公平地利用或损害在先商标的显著性或声誉，则在后商标不得注册。

中国北京 XM 公司提交的使用证据和知名度证据存在许多不足之处，例如，在英国智能手机市场的市场份额数据只表明其在 2020 年 7 月至 2021 年 1 月拥有英国市场的 1.57%，但这并不一定表明它在此之前有显著的市场份额；大部分证据没有显示该案在先商标的标识图样，只是提到了"Mi"或"Xiaomi"等，不足以证明中国北京 XM 公司在先商标在任何注册商品上为英国相关公众所知晓。故涉案商标并未违反英国 1994 年商标法第 5 条第（3）款的规定。

第三，涉案商标是否侵犯了中国北京 XM 公司的著作权，违反英国 1994 年商标法第 5 条第（4）款（b）项。

UKIPO 认为审查该条款时需要判断 4 个问题：①在先商标是否为英国 1988 年版权、外观设计和专利法下的作品并受到著作权保护；②谁是作品的所有者，它是何时创作的；③作品是否符合著作权保护的资格标准；④使用争议商标是否会侵犯任何著作权。

关于在先商标是否为英国 1988 年版权、外观设计和专利法规定的作品，英国 1988 年版权、外观设计和专利法第 4 条规定，图形作品包括：（a）任何绘画、绘图、图表、地图、图表或计划；（b）任何雕刻、蚀刻、平版印刷、木刻或类似作品。英国法院在 *Griggs Group Ltd v. Evans* 案判决中指出：一幅画可以成为作品。因此，如果一个艺术家利用他的技能和劳动以风格化的方式绘制一个单词或短语，就像标志一样，他的绘画可以成为受版权法保护的原创作品。UKIPO 认为，中国北京 XM 公司的标志是一件图形作品，可以受到著作权保护。

关于作品的所有权和创作等时间，中国北京 XM 公司的标志在中国版权保护中心进行了版权登记，其所有者显示为中国北京 XM 公司，登记证书表明该作品创作于 2010 年 5 月 30 日，首次发布于 2010 年 8 月 13 日。

关于作品是否符合著作权保护的资格标准，英国 1988 年版权、外观设计和专利法第 159 条第（1）款规定，当一个国家是《伯尔尼公约》的一方或世界贸易组织（WTO）的成员时，该部分关于文学、戏剧、音乐和艺术作品、电影和已出版版本的排版的规定……（c）适用于在该国首次发布的作品，就像适用于在英国首次发布的作品一样。中国是《伯尔尼公约》的成员国，也是世界贸易组织的成员，因此中国北京 XM 公司的作品符合版权保护的资格标准。

关于商标是否构成对著作权的侵犯，UKIPO 认为判断著作权作品是否被侵权的重要因素是商标是否包含他人著作权作品或著作权作品的实质性部分。该案中，中国北京 XM 公司受著作权保护的作品的实质性部分是经过特殊设计的字母"M"，该作品在中国具有较高的知名度。中国北京 HM 公司很可能事先接触过该作品，涉案商标中特殊设计的字母"M"更有可能是复制中国北京 XM 公司著作权作品的结果，而不是巧合。对此，中国北京 HM 公司没有提出证据来抗辩。因此，UKIPO 认为涉案商标构成对中国北京 XM 公司著作权作品的侵犯，违反了英国 1994 年商标法第 5 条第（4）款（b）项的规定。

第四，涉案商标是否属于恶意申请，违反英国 1994 年商标法第 3 条第（6）款。

UKIPO 认为"恶意"指商标所有人具有不诚实的意图或其他邪恶的主观动机，涉及偏离公认的道德或诚信的商业惯例的行为，属于严重的指控，必须适用通常的民事证据标准来判断。

该案中，虽然中国北京 HM 公司很可能知道中国北京 XM 公司受著作权保护的作品，并且涉案商标与中国北京 XM 公司著作权作品的相似性更有可能是复制的结果而不是巧合，然而这本身并不构成中国北京 XM 公司意图阻止中国北京 HM 公司使用或注册相关商标的证据。涉案商标指定的商品与中国北京 XM 公司的相关商品针对不同的市场，并不像是中国北京 XM 公司的业务会自然衍生的产品。UKIPO 认为未发现中国北京 HM 公司存在恶意的初步证据，涉案商标未违反英国 1994 年商标法第 3 条第（6）款的规定。

四、启示借鉴

该案中国北京 XM 公司的无效宣告申请的理由较为全面，对中国企业如何在英国提起商标无效宣告有较强的借鉴意义。英国商标无效宣告的主要基础和程序概要如下。

（一）英国商标无效宣告的主要基础

1. 在先商标

英国 1994 年商标法第 5 条第（2）款（b）项规定了商标不得注册的条件之一，即与在先注册的商标相似且可能引起公众混淆的情况。商标标识的相似性、商品或服务的相同性或相似性、相关公众混淆的可能性等是适用该条款的关键因素，相似性和混淆可能性需要从整体上进行评估，考虑所有相关因素，如商标的知名度、使用情况、相关公众的注意力水平等。该案审理过程中也重点评述了以上因素。

2. 损害在先商标的声誉

英国 1994 年商标法第 5 条第（3）款规定，如果无正当理由使用与在英国享有声誉的在先商标相同或相似的商标会不公平地利用或损害在先商标的显著特征或声誉，则该商标不得注册。英国 1994 年商标法第 5 条第（3）款是英国用于保护知名商标的重要条款,它为在先商标提供了额外的保护,防止其他商标的注册和使用削弱其商业价值。

3. 恶意申请注册

英国1994年商标法第3条第（6）款规定,如果商标申请出于恶意,商标不得注册。这意味着如果发现商标申请人出于不诚实的意图或其他不道德的动机申请商标,而不是为了在商业中合法使用,那么该商标不得注册。这里的"恶意"与商标注册人的主观动机有关,它涉及的行为背离了公认的道德行为标准或诚实的商业实践。虽然该案中国北京XM公司未能证明中国北京HM公司恶意注册商标,但欧盟商标持有人和无效宣告申请人应注意,恶意注册在英国可能受到法律制裁。

4. 侵犯著作权等在先权利

英国1994年商标法第5条第（4）款（b）项规定,如果某人拥有比待注册商标更早的权利,这种权利不是英国1994年商标法第5条第（1）~（3）款所提及的,而是依据英国1988年版权、外观设计和专利法等法律文件规定获得的权利,那么这个人可以基于该规定阻止相关在后商标的注册和使用。根据该规定,可基于在先版权等在英国对抗与在先版权作品相同或实质相似的在后商标的注册和使用,弥补在先商标因为商标整体不被认为相似,商品/服务不相似等而无法阻碍在后商标甚至是在英国没有在先商标的不足。

（二）英国商标无效宣告的主要程序

1. 申请宣告注册商标无效的主体资格要求

英国商标获准注册后,可能被他人基于如商标缺乏显著性的理由（又称绝对理由）、他人在先相同或近似商标等理由（又称相对理由）等申请宣告无效。异议公告日期在2007年10月1日之前的英国注册商标,任何人可基于绝对理由和/或相对理由申请宣告商标无效。异议公告日期为2007年10月1日或在此之后的英国注册商标,任何人可基于绝对理由申请宣告商标无效,但只有在先商标或权利的所有人或其被许可人可基于相对理由申请宣告商标无效。该案中的无效宣告申请人即是在先商标的所有人。

2. 商标注册人应对举措

如果英国商标注册人收到商标无效宣告申请后未能在规定的2个月期限内提交抗辩书,他们将被视为放弃反对无效宣告。这将导致以下后果:①如果无效宣告申请仅针对注册商标的部分商品或服务,那么该商标在被申请无效宣告的商品或服务上将被宣告无效,而其他未被申请无效宣告的商品或服务上的注册将保持有效;②如果无效宣告申请涵盖了注册商标的全部商品或服务,那么整件商标将被宣告无效。

简言之,不提交抗辩书将使得商标注册人失去对无效宣告申请进行抗辩的机会,导致商标部分或全部无效。该案商标注册人提交了抗辩书。

3. 提交证据和书面陈述

商标注册人提交抗辩书后,无效宣告申请人及商标注册人可以在规定期限提交证据和书面陈述,也可以选择不提交证据而仅提交书面陈述,对对方的证据进行质证。该案中,中国北京HM公司在抗辩后并未提交证据和/或书面陈述,而中国北京XM公司提交了较多证据支持其无效宣告申请,包括市场声誉、商标使用情况和版权登记证明等。

4. 聆讯

证据和书面陈述提交阶段结束后,双方都可以申请聆讯。对于仅由一方申请的聆讯,另一方可选择出席或不出席,不申请聆讯意味着放弃在聆讯过程中直接向审理官陈述案件、提出证据和论点的机会。该案中,双方均未申请聆讯。即使没有聆讯,UKIPO仍将根据双方提交的书面理由、证据等作出决定。

综上,中国企业发起、应对英国商标无效宣告需要综合运用商标法、版权法等法律,尽可能多地参与相关程序并收集和提交相关证据以支持己方主张。

(供稿:李珏 张静雅)

50

日本商标异议程序之特点

该案涉及日本商标异议程序的特点。涉案当事人分别为异议申请人美国 AMD 公司和异议被申请人中国南京 XHZ 公司。美国 AMD 公司对涉案商标向日本特许厅提起了异议申请，中国南京 XHZ 公司未提交答辩书进行反驳。

该案的涉案商标为"X-EPIC"，注册号第 6665473 号，指定商品或服务为第 9 类计算机程序（存储）等、第 42 类计算机系统的设计等。

一、案情介绍

2022 年 8 月 31 日，中国南京 XHZ 公司向日本特许厅提交了涉案商标的注册申请，案号为 2022-100712。

2023 年 1 月 17 日，日本特许厅针对涉案商标下发注册核准通知。

2023 年 2 月 7 日，中国南京 XHZ 公司缴纳注册费后，日本特许厅下发商标注册证。

2023 年 4 月 3 日，美国 AMD 公司针对涉案商标向日本特许厅提交了异议申请。

2023 年 4 月 17 日，日本特许厅向中国南京 XHZ 公司发送异议申请通知。

2023 年 7 月 25 日，日本特许厅向中国南京 XHZ 公司发送异议理由书副本。

2023 年 12 月 6 日，日本特许厅下发异议决定。

二、处理结果

2023 年 12 月 6 日，日本特许厅对涉案商标维持注册。

2023 年 12 月 18 日，日本特许厅下发了涉案商标的确定注册通知。

三、要点分析

日本特许厅针对美国 AMD 公司的异议基础及相关主张等进行了详细分析，认定涉案商标与其在先使用/注册的 2 件引证商标不相似，未违反日本商标法第 4 条第（1）款 11 项"与在先注册商标的相似性"、第（1）款 10 项"与知名品牌的相似性"、第（1）款 15 项"混淆误认"的规定，此外，也没有发现该商标的注册符合日本商标法第 43 条第（2）款"被异议"之情形，维持了涉案商标的注册。涉案商标与引证商标之比对如表 1 所示。

表 1　涉案商标与引证商标之比对

明细	涉案商标（注册）	引证商标	
		1（在先使用）	2（注册）
标样	X-EPIC	EPYC	AMD EPYC
商标号	6665473	—	6022827
类别	第 9 类、第 42 类	—	第 9 类
内容	第 9 类：计算机程序（已存储的）；计算机硬件；集成电路；计算机存储设备等 第 42 类：计算机软件设计；计算机软件设计等	半导体芯片；集成电路；可下载的计算机软件等	半导体芯片；计算机服务器；集成电路；计算机用芯片组；动态随机存取存储器（DRAM）；电子应用机械及其部件；电子计算机用程序等

（一）异议人的主要异议理由

第一，涉案商标与引证商标 1 构成相似商标，涉案商标的注册违反了日本商标法第 4 条第（1）款 10 项规定。

涉案商标由字母"X"、符号"-"及具有"叙事诗"含义的英文词汇"EPIC"组成，通常单独字母"X"会被视为符号，"EPIC"作为其显著部分，发音与美国 AMD 公司的引证商标 1"EPYC"发音相同。自 2017 年起，美国 AMD 公司已连续多年在服务器用 CPU 及其相关商品上广泛使用了引证商标 1，并已被消费者熟知。鉴于涉案商标与引证商标 1 在读音上相似，且其使用在与美国 AMD 公司主营业务紧密相关的第 9 类商品及第 42 类服务上，极易导致消费者在购买或接受商品或服务时产生混淆误认。

第二，涉案商标的注册违反了日本商标法第 4 条第（1）款 11 项规定。

引证商标 2 "AMD EPYC" 由美国 AMD 公司名称缩写"AMD"与"EPYC"组合而成，两个文字要素的字体与大小相同。美国 AMD 公司递交的证据证明，"EPYC"为引证商标 2 的显著识别部分，在核定使用商品上经美国 AMD 公司广泛使用已被消费者熟知，其发音为/epIk/，与涉案商标相似，构成相似商标。而且，两商标所指定使用的商品相同或高度类似，甚至涉案商标所指定使用的第 42 类服务名称与引证商标 2 核定使用的"电子应用机械及其部件""电子计算机用程序"商品名称相似。

第三，涉案商标的注册违反了日本商标法第 4 条第（1）款 15 项规定。

引证商标 1 使用在服务器用 CPU 及其相关商品上，该商品是控制计算机所不可或缺的零部件，其产品功能高度依赖于计算机软件得以实现，该商品与计算机软件之间存在密切关联。在考量涉案商标所指定使用的商品或服务与引证商标 1 所使用的服务器用 CPU 及其相关商品是否构成相似商品或服务时，应考虑双方的商品/服务消费群体在很大程度上相互重叠，极易使消费者的混淆误认。此外，涉案商标指定使用的第 42 类服务中包括"计算机软件设计、计算机硬件设计及开发咨询"等服务与引证商标 2 使用的服务器用 CPU 及其相关商品在功能等方面存在紧密关联，双方的消费群体同样存在重叠，加剧了混淆的风险。消费者会误认为提供这些服务的主体是美国 AMD 公司，而非商标权利人中国南京 XHZ 公司。南京 XHZ 公司作为一家位于中国江苏省南京市的企业，其核心业务亦是涉及电子设计自动化相关的软件、系统开发及其他商品或服务，与美国 AMD 公司业务领域间存在关联性，存在混淆误认风险。

（二）日本特许厅认定

1. 引证商标 1 "EPYC"在日本未达到较高知名度

从现有证据来看，尽管美国 AMD 公司自 2017 年在服务器用 CPU 上使用了引证商标 1，但使用时长仅 5 年，尚不属于长期使用。此外，在相关媒体或报道中涉及引证商标 1 使用的频率不高，每年仅寥寥数篇。而且，在涉案商标注册申请及审查阶段，无证据证明使用引证商标 1 的商品销售额及市场占有率等，亦无美国 AMD 公司对该商标进行广告宣传的证据。因此，现有证据虽可以说明引证商标 1 在一定程度上已在日本进行了使用，但无法证明其已被消费者熟知。

2. 涉案商标不适用日本商标法第 4 条第（1）款 11 项

首先，涉案商标为"X‐EPIC"，由字母"X"与符号"‐"及英文词汇"EPIC"组成，其各部分的字体、大小及间距相同。虽然"EPIC"有"叙事诗"等含义，但消费者不会孤立地仅识别"EPIC"部分,而忽视前缀"X-",因此,该商标应作为一个不可分割的整体被识别。其次,"X-EPIC"并非字典中收录词汇,不会产生特定的含义。而引证商标2由拉丁字母"AMD""EPYC"组合而成,尽管两者间有1个字符的空格,但其仍作为不可分割的整体被识别,发音与涉案商标不同。同样,引证商标2亦为非字典收录词汇,不会产生特定的含义。因此,涉案商标与引证商标2在字母数量、构成要素及整体外观上存在明显差异,这些差异不会引起消费者混淆误认。最后,涉案商标和引证商标2均不产生特定的含义,两者含义无法比较。此外,从发音角度考虑,涉案商标的音节数、语感和语调与引证商标2不同,读音不会引起消费者混淆误认。因此,涉案商标与引证商标2在要素构成、外观、发音及含义等方面存在显著差异,商标不相似。

3. 涉案商标不适用日本商标法第4条第(1)款10项

如前所述,引证商标1在涉案商标的注册申请及注册审查程序中,并未被日本消费者熟知。而且,涉案商标与引证商标1在文字构成、读音、含义、整体外观上均存在差异,商标不相似,不会引起消费者混淆误认。

4. 涉案商标不适用日本商标法第4条第(1)款15项

如前所述,缺乏证据证明在涉案商标的注册申请及注册审查程序时引证商标1已被日本消费者熟知。此外,涉案商标与引证商标1不相似。因此,即便中国南京XHZ公司在核定使用的商品或服务上使用了涉案商标,相关消费者也不会因此联想到引证商标1,更不会误认为这些商品或服务的提供者与美国AMD公司之间存在关联关系。两者在市场上共存,不会造成消费者混淆误认。

四、启示借鉴

设置商标异议程序的主要目的在于纠正审查瑕疵,防止他人的恶意抢注,维护公共利益等。与我国商标异议程序相比,日本商标异议程序呈现出不同特点,了解这些特点,有利于应对海外商标的对抗程序。

(一)日本异议程序后置

在中国,采用异议程序前置模式,即异议程序在商标授权之前。商标审查员基于绝对理由和相对理由对申请商标进行全面审查后,认为申请商标可获得注册的,对该商标予以初审公告,公告日起3个月内,任何人可基于绝对事由、在先商标所有人或利害关系人可基于相对事由对申请商标提起异议申请,可以说我国现行的异议前置模式对抢注行为能起到一定的抑制作用。

而日本采用异议程序后置模式，即商标异议程序设置在商标注册之后的制度。也就是说，商标注册申请经审查无驳回理由的，予以公告，权利自公告之日起生效。商标异议期为两个月，从公告之日开始计算，任何人均可提出异议，可以说日本的异议后置模式为加快商标授权速度起到一定作用。

（二）日本的异议程序并非异议人、被异议人直接对抗的程序

在中国，异议程序可视为异议人与被异议人直接对抗的程序。当异议人就涉案商标提出异议申请后，被异议人可对异议理由提交相关证据并进行答辩。若被异议人选择不答辩，往往会在一定程度上对异议结果产生不利影响。

而在日本，异议程序并非异议人、被异议人直接对抗的程序。任何人均可提出异议，仅起到启动程序的作用，此后异议人基本没有机会继续直接参与异议程序。一方面，当商标遭遇异议时，日本特许厅会向商标注册权人发送异议通知书，正式通知其被异议，并随即启动异议审理程序。在此阶段，被异议人无须答辩，日本没有答辩程序，例如该案的涉案商标，中国南京 XHZ 公司遭遇异议后未进行答辩，日本特许厅经审查后认为异议人的异议理由不成立，维持了涉案商标的注册。另一方面，若异议理由成立，日本特许厅将向商标注册权人发送取消注册的通知，并给予其提交反驳意见的机会。但是在该案中，日本特许厅未给异议人质证的机会。

（三）日本异议救济程序

在中国，如果商标异议成立，则国家知识产权局作出不予注册决定，被异议人不服的，可申请不予注册复审。被异议人对不予注册复审决定不服的，可向法院提起诉讼。如果异议不成立，被异议商标核准注册，异议人可另行提起无效宣告申请。

在日本，如果异议成立，即被异议商标将被予以取消注册，商标申请人可提起诉讼，法院作出的判决为终审判决。反之，如果异议不成立，被异议商标予以维持，异议人则无权诉至法院，但可另行提起无效宣告申请。

（四）日本异议胜率更利于被异议人

在日本，商标异议胜算普遍偏低，大概低于20%。这一原因主要由于日本商标实体审查的严格性与程序设定的特殊性所致，2022~2024 年日本商标异议统计情况如表2所示。

表2　2022~2024年日本商标异议统计情况

年份	异议件数/件（不包括驳回异议申请）	维持件数/件	维持率/%	取消注册件数/件（包括部分）	取消率/%
2022年	7	6	86	1	14
2023年	52	43	83	9	17
2024年	117	103	88	14	12

注：数据截至2024年7月。

第一，日本商标实体审查较严，在异议阶段对于仅以商标近似为由请求取消已注册商标的，往往难以获得商标审查员的认可。

在日本的商标审查过程中，商标审查员对于判断商标混淆可能性较为严格。在这一过程中，商标审查员不仅比对申请商标与在先申请/注册商标的相似性，还会主动采取包括网络搜索在内的多种手段，深入查找申请商标是否存在与其他国家知名品牌产生混淆的风险。商标审查员甚至会通过反复向商标注册申请人下发审查意见，确保任何可能引起消费者误认的商标注册申请均能被驳回。一旦某商标获得注册，则意味着商标审查员已经过全面而细致的考量后，确认该商标既未与在先申请/注册商标构成相似，也不会与具有知名度的品牌产生混淆。因此，即便在后续的异议程序中，异议人尝试以商标近似或知名度导致混淆可能为由提起异议的，往往难以获得审查员的认可与支持。

以该案为例，日本特许厅在审理涉案商标"X-EPIC"的异议案时，未接受美国AMD公司提出的涉案商标与引证商标相似从而造成消费者混淆的异议理由，体现了商标审查员在异议阶段对商标近似度的审查态度及原则。同样，在中国苏州WSE公司的"VESiCURE Therapeutics"商标（注册号：6584036）异议案中，商标审查员认为申请商标与异议人的引证商标"Vesicare"在整体外观、读音及含义上均存在区别，且引证商标在申请商标注册申请及商标审查时未被日本消费者熟知，不易造成混淆误认，从而维持了该商标的注册。❶ 在中国苏州HDW公司的"BIGOLOVE"商标（注册号：6318718）异议案中，商标审查员也一样认为申请商标与异议人的引证商标"BIGO LIVE"从整体外观、读音及含义上均存在区别，且引证商标在申请商标注册及商标审查时未被日本消费者熟知，不易造成混淆误认，从而维持了该商标的

---

❶ 参见日本特许厅第6584036号"VESICURE Therapeutics及图形"注册商标异议决定书。

注册。❶ 值得关注的是，在中国苏州 BML 公司的"**TOPTOY**"商标（注册号：6457315）异议案中，尽管商标审查员认为申请商标与异议人的引证商标"**TOP TOY**"存在相似性，但其认为双方使用商品或服务不相似，且引证商标未被日本消费者熟知，最终仍认定该商标不易造成混淆误认，从而维持了商标的注册。❷

第二，异议人承担的举证责任较重。

在日本对他人商标提起异议申请，胜算的关键在于能否举证证明被异议人有抢注商标的恶意行为，例如双方是否存在任何形式的商业往来关系等。若缺乏直接恶意证据，则需转而依赖大量在日本的商标使用证据，以证明引证商标的广泛知名度及影响力，从而间接推断被异议人的恶意行为。然而，日本特许厅对该类证据的审查标准较为严苛，要求证明引证商标在日本消费者中享有较高知名度，这无疑增加了异议人的举证责任。

例如，以该涉案商标"X‑EPIC"异议为例，美国 AMD 公司递交了 39 份日本新闻报道证据用以证明引证商标经使用在日本已具有较高知名度，但商标审查员认为每年报道的数量不多，很难说明商品的销售额或市场份额，无法认定引证商标具有较高知名度。同样，在中国苏州 WSE 公司的异议案中，异议人递交了包含异议人介绍、产品销售额及市场份额、广告费等证据共计 30 余份，但商标审查员认为广告宣传证据只能证明对企业的宣传，不能证明对引证商标进行宣传所产生的费用，从而未认定异议人的引证商标具有较高知名度。

综上，对于在日本遭遇商标异议的中国企业而言，首先应充分梳理异议人的异议理由及证据情况，不必急于对异议理由直接答辩，而应耐心等待日本特许厅的进一步通知。如果收到日本特许厅下发的取消注册通知，应及时制定有效的反驳策略，力求在最终环节争取到维持注册的有力裁决。

（供稿：周静　王淑贞）

---

❶ 参见日本特许厅第 6318718 号"BIGOLOVE 大口喜"注册商标异议决定书。
❷ 参见日本特许厅第 6457315 号"TOP TOY"注册商标异议决定书。

51

日本商标无效行政诉讼之恶意认定标准

该案涉及日本商标无效诉讼中的恶意认定。涉案当事人分别为无效宣告申请人和诉讼原告中国昆山 BLS 公司，商标权利人、无效宣告被申请人和诉讼被告自然人 CDL。

中国昆山 BLS 公司的全资控股公司上海 BLS 公司持有中国第 9019818 号"花间堂 BLOSSOM HILL 及图"商标，指定使用在第 43 类住所（旅馆、供膳寄宿处）等服务上，即该案的引证商标。

无效宣告被申请人和诉讼被告自然人 CDL，于 1968 年 8 月出生于中国辽宁省辽阳市。

涉案商标为"花間堂"，商标号为 6026952，指定服务为第 43 类（提供住宿设施、提供住宿设施的中介或代理等）。

一、案情介绍

2020 年 5 月 12 日，中国昆山 BLS 公司向日本特许厅提交涉案商标的无效宣告申请。

2020 年 6 月 11 日，日本特许厅向自然人 CDL 送达了涉案商标的无效宣告申请书及答辩通知。

2020 年 10 月 26 日，日本特许厅将自然人 CDL 答辩书副本交换给中国昆山 BLS 公司。

2020 年 12 月 16 日，中国昆山 BLS 公司针对自然人 CDL 的答辩书向日本特许厅递交了回答书予以质证。

2021 年 1 月 29 日，日本特许厅分别向中国昆山 BLS 公司及自然人 CDL 下发了书面审理通知书。

2021 年 4 月 5 日，日本特许厅将中国昆山 BLS 公司回答书副本交换给自然人 CDL。

2021年4月5日，日本特许厅向双方当事人下发了审理终结通知书。

2021年4月30日，日本特许厅认为中国昆山BLS公司的无效宣告理由不成立，认为在案证据不足以证明中国昆山BLS公司的在先注册中国商标"花间堂、英文及图"在核定服务上的使用情况被中国、日本消费者广泛知晓，即使双方商标和服务项目相似，不易造成消费者混淆误认，亦未发现自然人CDL注册涉案商标时存在不正当的目的，对中国昆山BLS公司的无效宣告理由不予支持，并分别向双方当事人下发了无效宣告决定。

2021年9月1日，中国昆山BLS公司不服日本特许厅作出的无效宣告决定，向日本知识产权高等法院起诉。

二、处理结果

2022年1月19日，日本知识产权高等法院认为无效宣告决定审判无误，驳回中国昆山BLS公司诉讼请求。

三、要点分析

涉案商标与中国昆山BLS公司在先使用的中国商标和涉案商标（以下简称"引证商标"）之比对如表1所示。

表1 涉案商标与引证商标之比对

明细	涉案商标（日本注册）	引证商标（中国注册）
标样	花間堂	BLOSSOM HILL 花间堂
商标号	6026952	9019818
类别	43	43
指定/使用商品	提供住宿设施；供餐饮服务等	住所（旅馆、供膳寄宿处）；咖啡馆等

日本法院针对中国昆山BLS公司的无效基础及相关主张等进行了详细分析，认定涉案商标未违反日本商标法第4条第（1）款10项"与知名品牌的相似性"、15项"混淆误认"、19项"恶意/不正当目的"、7项"公序良俗"之规定，无效宣告决定审判无误，驳回中国昆山BLS公司诉讼请求，概要如下。

(一) 事实认定

自然人 CDL 从 1994 年起一直居住在日本福井市，于 2016 年在日本获得了负责日本国内旅行管理业务的资格，并于 2017 年 6 月 26 日在第 43 类"提供住宿设施"等服务上申请了涉案商标"花間堂"。自然人 CDL 基于日本福井市内名为"花堂"的地区，以及京都市东山区名为"三十三间堂"的地名，取"花间"之意，将两者结合独创了"花間堂"商标。自然人 CDL 称在申请注册该案商标时，并不知道中国有"花间堂"的连锁酒店。2019 年，自然人 CDL 以"花间堂先端医学检测中心"为名，将日本医疗体检服务与旅游相融合，策划并推出了一项专为中国人量身定制的专属旅游项目。

原告中国昆山 BLS 公司，于 2012 年 5 月 9 日在中国江苏省苏州市成立，旗下全资子公司上海 BLS 公司于 2011 年 1 月 4 日向中国商标局提交了引证商标的注册申请。从中国昆山 BLS 公司提交的数十篇报道可知，其在中国 19 个地区开设了"花间堂"连锁酒店。

(二) 法律适用是否存在错误

1. 日本特许厅对日本商标法第 4 条第 (1) 款 10 项的认定无误

在涉案商标申请日之前，尽管中国昆山 BLS 公司称已在中国运营了 19 家名为"花间堂"的连锁酒店，并且其子公司已向中国商标局成功申请并注册了引证商标。但是，这些证据主要来源于网络文章，其阅读数量与受众范围的具体数据不明晰，因此不能直接证明引证商标在日本的知名度。而且，根据被告自然人 CDL 的代理人提交的调查结果显示，在面向海外的四大主流旅行社网站上，并未发现任何介绍"花间堂"连锁酒店的文章。因此，在涉案商标的注册申请和注册审查时，引证商标并未被日本消费者广泛熟知。基于以上事实，即便双方商标存在一定程度的相似性，且均用于相同的服务项目上，也难以认定涉案商标违反了日本商标法第 4 条第 1 款 10 项之规定。

2. 日本特许厅对日本商标法第 4 条第 (1) 款 15 项的认定无误

鉴于引证商标未被日本消费者广泛熟知，即便自然人 CDL 在其核定服务上使用涉案商标，日本消费者也不会因此联想到引证商标，更难以将涉案商标使用的服务与中国昆山 BLS 公司之间建立直接关联或误认为两者之间存在某种特定关系。因此，基于前述事实，涉案商标的注册不具备导致消费者混淆或误认的风险。

3. 日本特许厅对日本商标法第 4 条第 (1) 款 19 项的认定无误

如前所述，引证商标在日本消费者中未达到广泛熟知的程度。即便假设引证商标在中国享有较高的知名度，但自然人 CDL 长期居住在日本，且在涉案商标的注册申请之前已取得了负责日本国内旅行管理业务的资格，并已在商标核定服务项目上实际使用了涉案商标。这些证据表明，自然人 CDL 是出于向消费者提供住宿设施等正当商业目的而申请注册了涉案商标。此外，自然人 CDL 还详细阐述了涉案商标的设计来源。基于这些事实，很难认定自然人 CDL 在申请涉案商标时存在获取不正当利益、损害他人权益或存在其他不正当目的的意图或行为。

4. 日本特许厅对日本商标法第 4 条第（1）款 7 项的认定无误

虽然原告主张引证商标的知名度及自然人 CDL 注册涉案商标旨在获取不正当利益，但现有证据不足以证明涉案商标存在违背公序良俗等不正当的目的，原告主张的理由不成立。

四、启示借鉴

中国昆山 BLS 公司作为在中国市场享有较高商誉的连锁酒店品牌运营者，在没有直接证据证明自然人 CDL 具有恶意的情况下，通过提交新闻报道等材料予以证明"花间堂"品牌在中国的知名度，以及在日本的影响力，并据此间接证明自然人 CDL 抢注商标的行为具有不正当目的。这一策略是可取的，只是该案中日本特许厅对关于"花间堂"的日文报道的发表时间、发布频率及涉及范围等全方面进行考量后，认为在案证据不足以证明其在日本为消费者广泛知悉。

在中国，商标无效宣告的实践中针对抢注行为，特别是涉及在外国享有知名度的商标，适用《中华人民共和国商标法》第 44 条"采取其他不正当手段取得商标注册"的，需举证证明商标注册申请人存在围绕同一主体的标识反复多件申请注册或批量注册与不同主体具有一定知名度或较强显著特征的商标相同或近似商标的行为。在依据《中华人民共和国商标法》第 32 条异议或无效通过不正当手段抢注而来的商标时，既需要证明被抢注商标的知名度，也需要证明申请人的恶意。在考量商标申请人是否具有不正当目的或恶意时，若被抢注商标具有较高的知名度及影响力，标识自身的显著性也较强，则对商标注册申请人恶意的证明标准相对较低，如同业经营者、地域相近等与被抢注商标的高知名度结合可推定注册人有恶意。反之，若外国商标的知名度有限，市场影响力不足，标识本身的显著性也不强，则需申请人提供更为直接的证据，诸如高额售卖记录、强迫交易行为等，以充分证明商标申请人存在恶意申请的意图。

然而，在日本，尽管中国昆山 BLS 公司提出了详尽的理由和引证商标在中国的使用证据，以主张被告自然人 CDL 的注册行为具有"恶意/不正当目的"，却未能获得日本特许厅及法院的支持与认可。这一结果说明了中日两国在恶意抢注行为认定标准上存在差异，日本特许厅对新闻报道类证据的审查更为严格。因此，建议提交日本商标无效宣告申请的中国企业对日本官方的恶意判断标准有所了解，对举证要求较高有所预期，若发现商标在日本被抢注时，积极采取应对措施并充分准备相关证据，争取赢回被抢注的商标，在海外商标对抗中获胜。

（一）对于恶意、不正当目的商标申请，日本商标法的适用条款❶

日本商标法对于恶意、不正当目的商标申请的适用条款如表 2 所示。

表 2　日本商标法对于恶意、不正当目的商标申请的适用条款

在日本具有知名度的商标	仅在外国具有知名度的商标	日本或外国都不具有知名度的商标
日本商标法第 4 条第（1）款 10 项：商品或服务类似	—	—
日本商标法第 4 条第（1）款 15 项：即使商品或服务即使不类似，但存在混淆风险	—	—
日本商标法第 4 条第（1）款 19 项：即使不存在混淆风险，但存在不正当目的	日本商标法第 4 条第（1）款 19 项：即使在日本不具有知名度，但在外国具有知名度，且存在不正当目的	—
日本商标法第 4 条第（1）款 7 项：基于申请过程中存在不正当目的等，违反了公序良俗		

（二）关于恶意、不正当目的的适用情形

1. 日本商标审查基准规定的适用情形

日本商标审查基准明确规定适用该规定应综合考虑的因素主要包括：被抢注的商标在日本或外国知名度、申请注册的商标与被抢注的商标相同或相似性、商标申请人基于"不正当目的"使用该商标等，也列举了"不正当目的"的适用情形：

第一，如果被抢注的商标是在外国知名的商标且尚未在日本国内注册时，申请人应该具有该知名商标的使用者高价购买的目的，或者为了阻止外国权利人进入日

---

❶ 森山启. 我が国における悪意の商標出願への対応（针对我国恶意商标申请的对策）[EB/OL]. [2024-08-23]. https：//www.jpo.go.jp/news/kokusai/tm5/document/bad_faith_seminar2/07.pdf.

本市场的目的，或者强迫该知名商标的使用者签订代理商合同的目的。

第二，如果该商标是与日本范围内知名的商标相同或相似的商标，即使不会造成来源的混淆，但该商标的申请可能是以淡化来源表示功能为目的，或者以损害其名声为目的。

2. 在先案例中认定"不正当目的"成立的情形

第一，以高价迫使该知名商标的所有者购买的申请。在日本第 1411562 号 "エコスマイル ECOSMILE" 商标无效宣告案❶中，无效宣告申请人向日本特许厅递交了被申请人向其以 300 万日元出售涉案商标的证据，被日本特许厅认为涉案商标"不正当目的"成立，最终该商标被宣告无效。

第二，与日本或外国知名商标相同或类似的申请。日本商标审查基准明确规定了所谓"消费者之间广泛知晓的商标"，其不仅包含"最终消费者广泛知晓的商标"与"在交易者之间广泛知晓的商标"，而且其知晓范围不限于日本全国，也包含在日本国外被广泛知晓的商标。就该案而言，日本特许厅不仅对新闻报道的发表时间、发布频率及涉及范围等全方面进行了考虑，而且结合了广告宣传、商品销量及市场占有率等综合判断。同样的，在日本第 1337203 号 "DAVID ARCHY" 商标无效宣告案❷中，无效宣告申请人向日本特许厅递交了被抢注商标在天猫、京东上连续 5 年的销售额及在日本亚马逊的销售额，以及在日本的媒体报道，日本特许厅认定被抢注商标在中国具有较高知名度，从而推定商标注册申请人具有"不正当目的"。

3. 举证要求

在日本特许厅进行"不正当目的"的认定时，如果有以下事实的证据材料，日本特许厅将会充分对这些材料进行审查：①他人的商标是一个知名商标；②知名商标由创造性词汇构成，或者在结构上有显著特征；③知名商标所有者进入日本市场的计划；④知名商标所有者的业务扩展计划；⑤来自申请人的商标购买要求或代理合同要求；⑥有损知名商标的信誉、名声、顾客吸引力的风险。

这些因素有助于日本特许厅评估商标注册申请是否存在不正当目的，例如是否存在恶意抢注、不正当竞争或其他违反公序良俗的行为。如果发现涉案商标存在这些不正当目的情形，日本特许厅将判定商标无效。

（三）在日本商标被抢注时可采取的策略

在日本商标被抢注时可采取的策略及对应法条如表 3 所示。

---

❶ 该案案号为无效 2023 – 890054。
❷ 该案案号为无效 2016 – 890037。

表3 在日本商标被抢注时可采取的策略及对应法条

申请商标	注册商标	法条适用
向日本特许厅提交第三方意见	①异议申请；②无效宣告申请	①日本商标法第3条第（1）款 ②日本商标法第4条第（1）款7项 ③日本商标法第4条第（1）款8项 ④日本商标法第4条第（1）款10项 ⑤日本商标法第4条第（1）款15项 ⑥日本商标法第4条第（1）款19项
	取消申请	日本商标法第53条第（2）款

1. 对申请中的商标，向日本特许厅提交第三方意见

基于日本商标法实施规则第19条，任何人对于申请中的商标，可向商标审查员提交第三方意见从而阻止商标注册。日本商标审查指南明确规定了可提交的资料为：刊物、商标使用的产品目录或手册、交易文件、商标使用证据、外国知名商标证明材料、被抢注商标在其他国家申请注册的注册证复印件等。

2. 对已注册的商标，向日本特许厅提出异议或无效申请

日本采取异议后置制度，即异议期在商标核准注册后的两个月内，根据日本商标法第43条第（2）款规定，任何人都可以在商标刊登公报发行之日起2个月以内，对于注册商标可向日本特许厅提出异议申请。然而，在日本商标异议胜率普遍较低。

除了异议申请，利害关系人根据日本商标法第46条规定，基于与在先注册商标近似等理由可在商标注册后的5年内向日本特许厅提起无效宣告申请。由于该程序是当事人双方的对抗程序，因此商标无效胜率相对异议而言较高。2022~2024年日本商标无效宣告统计情况如表4所示。

表4 2022~2024年日本商标无效宣告统计情况

年份	无效件数/件	维持件数/件	维持率/%	无效宣告件数/件	无效率/%
2022年	2	2	100	0	0
2023年	28	19	68	9	32
2024年	15	9	60	6	40

注：数据截至2024年7月。

3. 对注册满三年的商标，向日本特许厅提出撤销申请

商标注册满三年，任何人可依据日本商标法第50条规定，以商标权利人连续三年未在注册的商品或服务上使用注册商标为由，提起注册商标不使用撤销申请。在

日本，采取该程序被撤销注册商标的比例较高。2022~2024 年日本商标撤销统计情况如表 5 所示。

表 5 2022~2024 年日本商标撤销统计情况

年份	撤销件数/件（不包括驳回撤销申请）	维持件数/件	维持率/%	撤销件数/件	撤销率/%
2022 年	15	0	0	15	100
2023 年	272	34	13	238	87
2024 年	255	27	11	228	89

注：数据截至 2024 年 7 月。

综上所述，中国企业在面对在日本商标被抢注时，应充分了解日本认定"恶意或不正当目的"等的法律适用要件及相关程序，制定有针对性的应对策略，通过无效宣告或撤销对方抢注取得的注册商标，维护我国企业在海外的知识产权权益。鉴于日本商标异议、无效宣告程序整体胜率较低，日本官方对这类程序发起方的举证要求较高，为避免商标在日本遭遇抢注而难以维权，有意、有可能向日本拓展业务的中国企业可考虑及早在日本申请注册商标。

（供稿：周静　袁红燕）

52

韩国商标无效宣告后续诉讼之商标近似审查

该案涉及韩国商标无效宣告后续诉讼中的商标近似审查。涉案当事人分别为原告美国 II 公司和被告中国深圳 H 公司。

该案的涉案商标为被告中国深圳 H 公司于 2018 年 8 月 8 日在韩国申请的第 4015797770000 号"MGISEQ"商标，于 2020 年 2 月 27 日获准注册，指定商品为第 9 类"基因信息分析用仪器；科学用核酸测序仪"等。

一、案情介绍

2020 年 6 月 10 日，美国 II 公司基于其在韩国第 9 类"蛋白质序列分析仪器；芯片；非医用诊断仪器；实验室用自动染色层分析"商品上在先注册的第 4010707750000 号"MISEQ"商标（申请日为 2013 年 10 月 22 日，注册日为 2014 年 11 月 19 日），请求韩国知识产权局宣告被告中国深圳 H 公司的韩国注册商标"MGISEQ"无效。

2022 年 5 月 17 日，韩国知识产权审判与上诉委员会作出无效宣告决定，认为涉案商标与在先注册商标不近似，维持被告商标注册。[1]

2022 年 7 月 20 日，美国 II 公司不服上述无效宣告决定，向韩国特许法院提起诉讼，请求撤销韩国知识产权审判与上诉委员会维持中国深圳 H 公司"MGISEQ"商标注册的无效宣告决定。

2023 年 7 月 6 日，韩国特许法院对该案作出判决。

二、处理结果

韩国特许法院认定双方商标不近似，判决驳回原告美国 II 公司的诉讼请求，维持涉案商标注册。

---

[1] 参见韩国知识产权局 2020 당 第 1756 号无效宣告决定。

三、要点分析

第一，关于涉案商标"MGISEQ"与美国Ⅱ公司在先注册商标"MISEQ"，韩国知识产权审判与上诉委员会及韩国特许法院均认为不相似，其理由概要如下。

① 应当考虑交易主体和相关消费者的立场，对商标整体进行比对。虽然该案中双方商标都由大写英文字母构成，且都包含"M"和"SEQ"等英文字母，但双方商标包含的总字母个数不同，且涉案商标比美国Ⅱ公司的商标多了一个字母"G"。

② 考虑到韩国公众的英语水平和一般消费者对英文字母的发音习惯，双方商标的音节数量、不同音节的发音存在明显差异，韩国相关公众可以有效区分，不会产生混淆误认。涉案商标不符合韩国商标法第34条第1款12项规定之情形，即任何可能在商品质量方面误导消费者或欺骗消费者的商标应不予注册。

③ 涉案商标与在先注册商标指定使用在第9类"基因信息分析用仪器"等商品上，相关消费者或交易主体在购买时会施加较高的注意力，不会对商品来源产生混淆误认。另外，在生物学领域及其相关交易行业，用于分析DNA的机器被称为"测序仪"（sequencing），已有多家公司在相同/类似商品上注册包含"SEQ/Seq"的商标。

第二，韩国特许法院认为被告中国深圳H公司申请注册涉案商标不具有恶意，其理由概要如下。

根据原告美国Ⅱ公司提供的涉案商标在交易中的实际使用情况证据，及被告商标的实际使用情况，认定被告申请注册涉案商标是出于实际使用之意图，并非恶意攀附原告在先注册商标之商誉。涉案商标不符合韩国商标法第34条第1款20项规定之情形，即申请人通过与他人之间的合同关系、商业交易关系或合伙、雇佣等关系，明知他人使用或准备使用商标，仍在相同或类似商品上申请注册相同或近似商标的，不予注册。

四、启示借鉴

该案原告美国Ⅱ公司与被告中国深圳H公司双方的知识产权纠纷涉及多个国家和地区。自2019年以来，美国Ⅱ公司及其子公司对中国深圳H公司及其子公司、经销商、客户发起专利、商标侵权诉讼或发送律师函等。中国深圳H公司也采取了反制措施，如在美国法院提起专利侵权诉讼、反垄断诉讼，之后双方就美国境内的所有未决诉讼达成和解。

该案中，针对美国Ⅱ公司对中国深圳H公司在韩国发起的商标无效宣告及诉讼，中国深圳 H 公司积极答辩/应诉，韩国知识产权审判与上诉委员会及韩国特许法院没有因为涉案商标与他人在先商标包含相同的部分而最终认定双方相似，而是综合考虑双方商标在文字构成、读音/呼叫等方面的差异，并且考虑指定使用商品/服务领域中相关公众的注意力程度，认定双方商标不近似且中国深圳 H 公司申请涉案商标并无恶意，从而维持涉案商标注册。该案对中国深圳 H 公司日后在韩国使用和维护其"MGISEQ"相关商标特别是对抗美国 II 公司大有裨益，有利于增强中国企业在韩国对抗美国等公司商标无效宣告等打击措施的信心和勇气。

笔者详细比较中韩两国在商标近似性审查及无效宣告程序方面的异同，以便为中国企业在韩国应对商标无效宣告等挑战提供更为有力的支持和指导。

（一）中韩官方对商标近似审查的主要异同

不同于该案中的商标近似认定，中国国家知识产权局在下列商标驳回复审决定书和无效宣告裁定书中认定美国 II 公司"MISEQ"商标与中国深圳 H 公司"MGISEQ""MISEQDX""MISEQ FGX""MEiSEi"商标在字母构成、读音/呼叫等方面近似，双方商标近似，对中国深圳 H 公司相关商标予以驳回/无效宣告。中国对涉案主体相关商标近似与否进行判定的部分决定如表1所示。

表1　中国对涉案主体相关商标近似与否进行判定的部分决定举例

中国深圳 H 公司商标	美国 II 公司商标	案号、裁定作出时间 裁定部分内容
争议商标： MGISEQ 商标号：第 69477419 号 类别：第 9 类	引证商标1： MISEQ 商标号：第 8142661 号 类别：第 9 类 引证商标2： MISEQ 商标号：第 39118657 号 类别：第 9 类 引证商标3： MEiSEi 商标号：第 G814013 号 类别：第 9 类	关于第 69477419 号"MGISEQ"商标驳回复审决定书，国家知识产权局认为：申请商标指定使用的"基因扩增仪；非医用诊断设备"等复审商品与引证商标1、2、3分别核定使用的"非医用诊断设备；测量器械和仪器；气象学仪器"等商品在主要功能、用途等方面相近，属于同一种或类似商品。申请商标"MGISEQ"与引证商标1、2"MISEQ"及引证商标3文字"MEISEI"字母构成、呼叫、整体视觉效果等方面相近，消费者在隔离状态下以一般注意力不易区分，已构成近似标识。因此，申请商标与引证商标1、2、3在上述复审商品上共存于市场，易导致相关公众对商品来源产生混淆和误认，已构成近似商标

续表

中国深圳 H 公司商标	美国 II 公司商标	案号、裁定作出时间 裁定部分内容
争议商标： **MGISEQ** 商标号：第 25806915 号 类别：第 5 类	引证商标 1： **MISEQDX** 商标号：第 G1226412 号 类别：第 5 类 引证商标 2： **MISEQ FGX** 商标号：第 G1231372 号 类别：第 5 类	关于第 25806915 号"MGISEQ"商标无效宣告请求裁定书，国家知识产权局认为：争议商标与引证商标 1、2 在字母构成、呼叫上相近，消费者施以一般注意力的情况下，难以明确区分，二者已构成近似标识

中韩两国在商标近似审查时均采取整体、隔离比对的观察法，且从商标的读音、整体视觉效果以及含义等方面综合评估，但韩国相关官方机构在商标近似审查中更有如下倾向。

1. 注重从读音角度判断

韩国知识产权局及韩国特许法院特别考虑商标的读音。非韩语之外的语言如英语、中文、日语通常会被翻译或者音译为韩语并被作为文字商标审理，而其他语言通常会被作为图形审理。

该案中，韩国特许法院详细分析了双方商标音译为韩语后的多个读音，对比双方音节数量、发音的不同，强调双方商标整体发音上存在明显的听觉差异。

2. 强调相关公众会施以谨慎态度选择特殊商品/服务

韩国知识产权局及韩国特许法院根据相关商标指定使用的商品/服务是否属于一般消费品/服务范畴，从而判断相关公众在选择相关商品/服务时对商标的注意程度的高低。

该案中，韩国特许法院考虑双方商标核定使用在第 9 类专业性较强的基因类商品上，围绕该类商品的市场交易习惯、商品价格水平、交易目的、交易方式、买卖双方相关专业知识储备等方面综合衡量，判定双方商标虽然在字母构成上有一定近似度，但不会造成相关公众的混淆误认。

3. 韩国商标近似认定的独立性

该案中，原告美国 II 公司提供了商标近似性和混淆可能性调查报告以及其他国家的法院或相关部门认定双方商标构成近似的判决/裁定，但韩国特许法院认为：①考虑到调查结果受到调查者数量、调查内容、调查方式、调查时间等多个变量因素影响，美国 II 公司提供的调查报告不足以证明双方商标容易造成混淆；②判定双方商标是否相同或近似，应根据各国的法律制度、社会整体状况以及时代的变化而独立作出，尽管已有其他国家在先判定该案双方商标近似，但其与韩国商标法律制度和社会整体状况不同，原告提供的其他国家裁定、判决不能作为韩国官方认定双方商标近似的当然依据。

（二）中韩商标无效宣告程序的主要异同

1. 提起商标无效宣告请求的时间限制

（1）韩国

在韩国，依据韩国商标法第119条第6款规定，违反韩国商标法第92条第2款规定（使用注册商标构成不正当竞争行为），注册商标权利人可自该商标注册之日起5年内请求宣告其无效。

韩国防止不正当竞争和商业秘密保护法第2条第1款规定的不正当竞争行为较细致，除了使用与他人注册商标相同/近似商标的行为构成不正当竞争行为，其他多种类型的商业标识也被明确规定为权利客体，如知名商品标识，营业标识，销售产品和提供服务的方法或营业场所的整体外观、招牌、室内装饰，在韩国被广泛认可并具有经济价值的可以区分个人身份的姓名、肖像、声音等标志。

基于下列理由对韩国商标提出无效宣告请求的，可在商标注册后任意时间提出。

第一，商标权利人的不当使用，依据韩国商标法第119条第1款1项：商标权利人故意在指定商品上使用与注册商标近似的商标，或者在与指定商品类似的商品上使用注册商标或者近似商标，造成消费者对商品质量产生误认或者与他人经营的商品相混淆的。

第二，商标权利人的商标被其经销商或代理人恶意抢注，依据韩国商标法第34条第1款21项：任何与注册商标权利人存在或曾经存在合同关系（如合伙、雇佣、商业合同或其他关系）的人，未经商标权利人同意，将与注册商标相同或相似的商标用于指定商品上，且双方商标指定使用的商品相同或相似。

（2）中国

在我国，在先权利人或者利害关系人可依据《中华人民共和国商标法》第44条、第45条提起注册商标无效宣告请求，其中依据《中华人民共和国商标法》第44条提起的无效宣告不受5年时间的限制，《中华人民共和国商标法》第45条中仅有针对恶意侵害他人驰名商标的商标提起的无效宣告不受5年时间限制，而其余的无效宣告受5年时间限制。

第一，《中华人民共和国商标法》第44条所规定的是以不使用为目的的恶意注册（第4条）、禁止作为商标使用的标志（第10条）、不得作为商标注册的标志（第11条）、三维标志作为注册商标的特殊要求（第12条）、商标代理机构违反保密义务注册（第19条），或者是以欺骗手段以及其他不正当手段取得注册的情形。

第二，《中华人民共和国商标法》第45条所规定的是损害他人合法权益的注册商标的情形，例如侵害他人驰名商标（第 13 条）、恶意注册他人商标（第 15 条）、地理标志误导公众的（第 16 条）、与他人在先商标相同/近似（第 30 条）、违反申请在先与使用在先原则（第 31 条）、侵害他人现有的在先权益（如著作权、名称权、外观设计专利权、肖像权、姓名权等）。

对比可见，中韩两国对于以与他人在先商标相同/近似，以及侵害他人在先权益（如姓名权）等理由提起的无效宣告请求一般需要在商标注册之日起 5 年内提起，而以不当使用、恶意抢注等理由提起的无效宣告请求不受时间限制。不同之处在于，我国对于恶意侵害他人驰名商标的商标提起的无效宣告也不受 5 年时间限制。

2. 遭遇无效宣告请求后的答辩程序

在韩国，注册商标遭遇无效宣告请求后，韩国知识产权审判与上诉委员会先进行形式审查，符合形式要求的下发书面无效宣告通知书给被申请人。如果被申请人收到无效宣告通知后不答辩，韩国知识产权审判与上诉委员会依据申请人的书面材料直接作出裁定；如果被申请人答辩，应当在收到无效宣告通知后两个月内答辩。申请人可就被申请人的答辩进行抗辩（类似于我国无效宣告程序中的质证意见），韩国知识产权审判与上诉委员会也可以组织听证，在听证后作出裁定。

依据《中华人民共和国商标法实施条例》第 58 条，中国国家知识产权局商标局受理商标评审申请后应当及时将申请书副本送交对方当事人，限其自收到申请书副本之日起 30 日内答辩；期满未答辩的，不影响商标评审委员会的评审。被申请人提交的答辩一般会被官方转发给无效宣告申请人质证。

可见，就注册商标无效宣告请求答辩而言，中韩两国在程序上也较一致，但韩国注册商标无效宣告的答辩时限为收到答辩通知后的两个月内，我国则需要在收到之日起 30 日内答辩，不过可以先简单答辩，再在首次答辩之日起三个月内补充详细答辩材料。

在案件审理时限上，我国无效宣告程序的审理周期为 12～16 个月。该案涉案商标自美国 II 公司 2020 年 6 月 10 日提起无效宣告请求，至韩国知识产权审判与上诉委员会于 2022 年 5 月 17 日作出无效宣告决定，耗时 23 个月，较我国无效宣告程序审理周期更长。

当事人不服商标无效宣告决定时，在中韩两国均可向法院提起诉讼，在中国向北京知识产权法院提起诉讼，在韩国向韩国特许法院提起诉讼。

综上，中国企业在韩国注册的商标被他人提起无效宣告申请甚至诉讼时，可以考虑积极答辩/应诉，以争取维持韩国商标注册。即便己方商标在中国等其他法域遭遇驳回、复审失利或被宣告无效等不利局面，仍可能在韩国取得好的结果。

（供稿：李珏　蔺婉贞　曹珂欣）

53

菲律宾商标异议后续诉讼之要点分析

该案涉及菲律宾商标异议后续诉讼。涉案当事人分别为上诉人菲律宾 SC 公司和被上诉人中国江苏 YC 公司。

涉案商标是中国江苏 YC 公司于 2012 年 6 月 6 日向菲律宾知识产权局（Intellectual Property Office of the Philippines，IPOPHL）申请注册的"∫SUYAN"商标，申请号为 42012006835，指定使用在第 34 类"香烟；烟草；香烟盒；烟灰缸；火柴；吸烟用打火机；香烟过滤嘴；卷烟纸；雪茄"等商品上。

一、案情介绍

2012 年 11 月 19 日，涉案商标注册申请通过菲律宾知识产权局的审查并被公告。

2013 年 2 月 18 日，菲律宾 SC 公司向菲律宾知识产权局法律事务局（IPO Bureau of Legal Affairs，BLA）对涉案商标注册申请提起了异议，异议基础为其菲律宾商标"S₂U_Y₂E₂N"。菲律宾 SC 公司认为中国江苏 YC 公司的"∫SUYAN"商标与其注册商标近似，若核准注册，会造成公众的混淆误认，请求对涉案商标不予核准注册，其主张概要如下。

第一，菲律宾 SC 公司成立于 1985 年，是一家服装、服饰和配饰的制造公司，制造和销售多个品牌的生活用品，包括菲律宾知名品牌"BENCH"和其他品牌"HUMAN""KASHIECA"等。菲律宾 SC 公司多年来将"Suyen"作为公司名称及产品商标使用，在相关公众中享有一定的知名度，若核准注册涉案商标，会影响其声誉和商誉，使相关公众误认为中国江苏 YC 公司的香烟等产品源自菲律宾 SC 公司，对其产生不利影响。

第二，菲律宾 SC 公司认为中国江苏 YC 公司的商标"∫SUYAN"与其商标

"SUYEN"在外观、构成等方面近似,且双方指定商品类似,均为生活用品,已经构成在类似商品上的近似商标。如果双方商标共存,极易引起相关公众的混淆和误认。根据菲律宾知识产权法典第 123 条第 1 款的规定,涉案商标应不准予注册。

2013 年 3 月 7 日,菲律宾知识产权局法律事务局下发异议答辩通知,但中国江苏 YC 公司未进行答辩。

2014 年 7 月 31 日,菲律宾知识产权局法律事务局依法进行审理后作出裁定,认定双方商标不构成近似,且双方商标指定的商品并无关联或不存在直接竞争,驳回了菲律宾 SC 公司的异议。

菲律宾 SC 公司对该裁定不服,向菲律宾知识产权局局长提起复审,请求撤销关于涉案商标的上述异议裁定。

2018 年 2 月 8 日,菲律宾知识产权局局长驳回菲律宾 SC 公司的复审,维持菲律宾知识产权局法律事务局的认定和异议决定。

菲律宾 SC 公司仍不服,上诉至菲律宾马尼拉上诉法院,请求撤销菲律宾知识产权局局长作出的上述异议复审决定。

二、处理结果

2019 年 3 月 18 日,菲律宾马尼拉上诉法院作出判决,维持菲律宾知识产权局局长作出的异议复审决定,菲律宾 SC 公司的异议不成立。

三、要点分析

该案中,菲律宾知识产权局法律事务局和局长及菲律宾马尼拉上诉法院均认为双方商标不构成近似,且指定商品不类似,官方相关论述概要如下。根据菲律宾知识产权法典第 123 条第 1 款的规定,商标如有下列情况不能被注册:①在相同或密切关联的商品或服务上与他人注册商标或申请日/优先权日在先的商标相同,或与在先商标近似,可能造成欺骗或导致混淆;②与菲律宾主管机关认为已在国际和菲律宾驰名的商标相同或混淆性相似或为其译名,无论前述商标是否已在菲律宾注册,由涉案商标申请人以外的其他人所有,用于相同或类似的商品或服务;但在确定一个商标是否为驰名商标时,应考虑相关公众的认知,而不是广大公众的认知,包括在菲律宾因宣传该商标而获得的认知。

(一)商标的混淆性

关于商标的混淆性问题,*Skechers, U.S.A., INC, vs. Inter Pacific Industrial*

Trading Corp, G. R. No. 164321, 23 March 2011 案中明确说明了两类混淆：①商品混淆（产品混淆），即购买者会被诱导购买某产品，以为自己购买的是另一产品；②商业混淆（来源混淆），即虽然双方的商品不同，但标有申请商标的产品可能被合理地认为源于在先产品的注册人，公众会因此受到欺骗，相信双方之间存在某种而实际上并不存在的联系。

因此，在确定混淆可能性时，必须考虑以下因素：①商标之间的近似性；②商标所附商品的类似性；③对购买者可能产生的影响；④注册人的明示或默示同意以及其他公平公正的考虑因素。在这四个要素中，关键的是商标之间的近似性，即商标或商号在形式、内容、文字、声音、含义、特殊设计或总体外观上与其他商标或商号在整体表现形式或其基本、实质和显著部分上相似，从而可能误导或混淆正常购买正品的人。

该案中，双方商标不近似。将菲律宾 SC 公司的 "S*U*Y*E*N" 商标和中国江苏 YC 公司的 "SUYAN" 商标并列比较，会发现双方商标在表现形式和整体外观上存在显著差异。菲律宾 SC 公司的商标由 "SUYEN" 一词及其日语译文组成，而中国江苏 YC 公司的商标则由 "SUYAN" 一词组成，并在之前添加了特殊设计的字母 "S"。双方商标的视觉差异非常明显，不会造成公众的混淆。虽然双方商标包含相同的 4 个字母 S、U、Y、N，但双方商标在视觉上的显著差异不可能对相关公众造成混淆，或对普通消费者造成欺骗，足以区分菲律宾 SC 公司与中国江苏 YC 公司的产品。

文字的比较并非唯一的决定性因素，不应仅关注商标中的主要文字，还应关注商标中的其他特征。双方商标整体看来存在显著差异时，混淆可能性极小或不大。该案双方商标既不相同也不构成混淆性近似。

（二）商品/服务的关联性

在确定商品是否有关联时，应考虑如下因素：①商品所属的业务（及其地点）；②商品所属的产品类别；③商品的质量、数量或尺寸，包括包装、包装纸或容器的性质；④商品的性质和成本；⑤关于商品的形式、组成、质地或质量的描述性属性、物理特性或基本特征；⑥商品的用途；⑦商品是否被购买用于即时消费，即日常家庭用品；⑧制造领域；⑨商品的通常购买条件；⑩商品流通的贸易渠道，如何被分销、营销、展示和销售。

该案中，菲律宾 SC 公司的服装和服饰等产品与中国江苏 YC 公司的香烟和烟草等产品毫不相关，消费者不可能将其中一方误认为另一方产品的来源。服装和香烟在基本特征、质量、数量、尺寸，包括包装、包装纸或容器的性质方面没有任何共同之处。就目的、描述性属性甚至成本而言，菲律宾 SC 公司和中国江苏 YC 公司的产品亦有明显差异。且服装与香烟通过不同的渠道进行流通和销售。服装和服饰主要在购物中心和精品店分销或销售，而香烟和烟草通常在便利店、杂货店和其他小型分销店销售。因此，双方公司的产品互不干涉，相关公众不大可能认为菲律宾 SC 公司是中国江苏 YC 公司的产品的制造商，反之亦然。

此外，菲律宾 SC 公司和中国江苏 YC 公司的产品不属于同一类别。因此，涉案商标的注册不大可能造成混淆，更不会对菲律宾 SC 公司造成损害。某主体在其商品上采用和使用商标的事实并不能阻止其他主体在不同种类的不相关商品上采用和使用相同的商标。

商标注册证书赋予商标所有人在证书中指定的商品或服务及相关商品或服务上使用该商标的专有权。对注册商标的保护仅限于注册证中指定的商品和服务以及与之相关的商品和服务，不能延伸到完全不同的商品。

（三）不正当竞争

不正当竞争指的是一个人将其商品或服务冒充为另一个人的商品或服务，目的是欺骗公众并可能产生欺骗公众的效果。主张不公平竞争，必须证明有关主体相关行为出于恶意或有不良动机。

该案中，没有证据显示中国江苏 YC 公司故意将其制造的商品冒充菲律宾 SC 公司的商品。双方商标之间存在相似性并不足得出存在不正当竞争的结论。菲律宾 SC 公司未能证明中国江苏 YC 公司在使用其商标时有恶意或不诚实的行为，也没有任何证据表明中国江苏 YC 公司试图欺骗公众或利用菲律宾 SC 公司的商誉或声誉。涉案商标不构成不正当竞争。

综上，菲律宾马尼拉上诉法院认为菲律宾 SC 公司所提出的理由无任何依据，维持菲律宾知识产权局关于驳回菲律宾 SC 公司异议的决定。

四、启示借鉴

在菲律宾，对于通过菲律宾知识产权局实质审查并予以公告的商标，自公告日起 30 天内，利害关系人可提出异议，被异议人应在收到官方通知后的 30 日内提交书面答辩意见。若被异议人未在期限内答辩，不会影响异议程序的审理。若公告期内无人异议或者异议不成立的，商标可获准注册。

该案中，被异议商标的申请人中国江苏 YC 公司在异议后未提交答辩，菲律宾官方仍依法进行审理，认定双方商标不构成近似，双方商标的指定商品或服务无关联，异议不成立，菲律宾 SC 公司提起的异议复审、诉讼亦未被官方支持。

中国江苏 YC 公司可能是考虑到双方商标确实存在较大差异而未积极参加异议相关程序，但如果希望尽力争取商标获得注册，可考虑关注如下事项并积极参与相关程序。

（一）异议能否获得官方支持的要点

为支持己方立场，异议人或被异议人应该着重考虑以下三个方面，以便决策异议跟进策略、异议或答辩重点。

第一，双方商标是否构成相同或近似。比较双方商标在文字构成、发音、整体外观等方面的异同点，菲律宾知识产权局在该案中高度关注、看重双方商标在整体外观上的差异。

第二，双方商标指定项目所属类别及具体商品或服务是否相同或类似。关注双方商标相关商品/服务所属的业务、类别、质量、数量、尺寸、包装/容器、用途、是否属于日常家庭用品、制造商、购买条件、销售渠道、销售对象等方面的异同点。

第三，恶意抢注或模仿抄袭。若异议人认为被异议人存在恶意抢注或模仿抄袭的情形，可根据自行搜集到的和/或异议人在答辩时可能提供的使用证据进行分析，并提交证据证明自身商标的影响力及知名度，说明异议人的恶意等。

在证据方面，可考虑提供商标的在先使用证据材料，如商标的设计理念、商标的含义、公司的发展历史、商标相关商品/服务的宣传手册、商标相关产品或服务的广告等宣传材料、销售发票等，以强调自身商标具有一定的显著性和知名度。

（二）菲律宾商标注册后的后续维持

菲律宾商标注册的有效期为注册日起 10 年，每次到期可续展 10 年。续展申请可在有效期截止前 6 个月内提出，或者在有效期截止后的 6 个月宽展期内提出。商标在菲律宾注册后如连续三年不使用，存在被第三方撤销的风险。前述情况和不少其他国家的法律相同。需要特别提示的是，在菲律宾注册商标后应尽早在相关商品/服务上突出使用相关商标并妥善保存使用证据，因为菲律宾官方要求菲律宾商标所有人在商标注册申请日起 3 年内、注册日起第 6 年内、续展日起 1 年内、每次续展日起第 6 年内向菲律宾知识产权局提交商标使用证据和声明，若所有人在前述期限内未提交，注册商标将被菲律宾知识产权局撤销。常见证据类型包括：①商标标签；②网站页面；③商品本身、商品容器/包装、营业场所的照片；④宣传册、广告材料；⑤销售发票等证据，表明已在菲律宾投放商品或提供服务，或在菲律宾发生交易；⑥合同。

可见，菲律宾商标注册后的后期维护相当重要，商标所有人也应密切关注提交商标使用证据及声明的时间节点，在规定时间内提交符合官方要求的使用证据和声明，以确保菲律宾商标持续有效，保护商标权益。

综上，在面对菲律宾商标异议相关程序时，中国企业可综合考虑官方决定是否支持异议案件的要点，决定如何跟进，注意针对官方关注的要点进行论述和举证以支持己方主张，以更好地在菲律宾保护自己的商标权，并在菲律宾商标注册后注意及早使用并及时、妥善提交使用证据和声明以维持菲律宾商标注册。

（供稿：吕文颖　刘畑）

著作权及其他篇

54

美国著作权侵权诉讼之"长臂管辖"规则

该案涉及美国著作权侵权诉讼中的"长臂管辖"。原告美国DC公司以"Bountiful Baby"为商号开展业务,"Bountiful Baby"也是该公司在美国联邦的注册商标,该公司自2001年起以重生娃娃(Reborn doll)为业。

被告涉及5家中国公司,其中之一为南京NPK公司,在其线上及线下店铺销售仿真娃娃。该公司在1688店铺信息显示,其产品通过亚马逊、速卖通(aliexpress)、ebay销售,可从美国仓发货。除了南京NPK公司,其余4家被告公司为中国ADC公司、深圳AUS公司、惠州OTD公司、RDG贸易公司。

该案原告主张著作权的是由其生产的重生娃娃玩偶,该玩偶采用微型生根等创新技术、乙烯基等材料,用3D扫描仪、专业摄影设备和3D打印机制作而成,在皮肤、面部细节、指甲、重量、姿势等方面都极度接近真实婴儿造型。

一、案情介绍

2022年3月20日,原告针对如上5家中国公司向美国犹他联邦地区法院提起著作权侵权诉讼。原告主张其生产的玩偶是非常独特的受著作权保护的雕塑产品,以异常逼真而闻名。原告提交了24件玩偶模型雕塑和图像的著作权登记证书。原告称被告盗用其受著作权保护的玩偶雕塑,未经授权进行复制,并通过销售假冒产品侵犯原告的权利,请求法院下发禁令并责令被告赔偿原告经济损失。

原告提交了证据证明,5家被告公司分别通过其官网、亚马逊、ebay、速卖通销售了侵犯原告著作权的仿冒品玩偶,通过这些平台接受付款并与消费者沟通。原告主张被告网站的结账页面上有一个下拉菜单,其中美国犹他州被列为可以收货的州。被告通过亚马逊等网站和PayPal在美国接受付款。当原告拥有著作权的玩偶被复制并在网上销售时,客户会因为被告提供的相同产品而上当受骗,并对从被告处收到的劣质假冒商品感到失望。

从原告提交的著作权登记证书来看,原告共提交了10种不同名称、不同样式的玩偶雕塑的登记证书，每种玩偶的头、胳膊和腿部分别进行了登记，不同名称、不同部位的登记证书总计 24 件。原告根据各被告的销售页面分别主张了各被告仿冒原告不同名称玩偶的样式、数量。以该案涉及的中国南京 NPK 公司为例，原告主张南京 NPK 公司侵犯其 7 种不同名称的玩偶共计 17 种不同样式的著作权。

该案涉及的 5 家被告均为中国公司，原告必须证明美国犹他联邦地区法院对该案具有管辖权。对此，原告主张美国犹他联邦地区法院对该案拥有属事管辖权（subject matter jurisdiction）和属人管辖权（personal jurisdiction）。

因该案为著作权侵权诉讼，根据美国法典第 28 编第 1338 条第（a）款的规定，美国联邦地区法院对任何因国会通过的与专利、植物品种保护、著作权和商标有关的法律而产生的民事诉讼拥有原始管辖权。美国任何州法院对任何因国会通过的与专利、植物品种保护或著作权有关的救济请求均无管辖权。因此，原告主张美国联邦地区法院对著作权案件拥有管辖权。

原告另主张法院对被告拥有属人管辖权。针对中国 ADC 公司，原告证明中国 ADC 公司向美国犹他州居民销售了仿冒玩偶，故而美国犹他联邦地区法院可对其实施管辖；针对中国深圳 AUS 公司和 RDG 贸易公司，原告认为其已同意由美国犹他联邦地区法院管辖该案。另外，原告主张基于美国联邦民事诉讼规则第 4 条第（k）款（2）项的规定，法院可对中国惠州 OTD 公司和南京 NPK 公司实施管辖。

二、处理结果

依据原告的请求，美国犹他联邦地区法院于 2022 年 4 月 13 日先针对该案 5 家被告公司下发了临时禁令，后在临时禁令到期前一天，即 2022 年 5 月 9 日，针对 5 家被告公司下发了初步禁令。原告于 2022 年 9 月 8 日向法院申请缺席判决和永久禁令。法院于 2022 年 11 月 2 日作出第一次判决，仅认为其对中国 ADC 公司具有属人管辖权，因为在案证据仅能证明中国 ADC 公司向美国犹他州居民销售了仿冒玩偶，而对其余 4 家被告公司不享有管辖权，从而驳回了原告的部分请求。

原告补充论据后针对除中国 ADC 公司外的 4 家被告公司向法院提出第二次缺席判决和永久禁令的请求，法院于 2023 年 5 月 17 日作出第二次判决，认为：①法院对中国惠州 OTD 公司也享有属人管辖权，因为原告已证明中国惠州 OTD 公司向美国销售了仿冒玩偶，并针对中国惠州 OTD 公司的侵权行为作出了实体裁判；②原告未能证明法院对其他 3 家被告中国深圳 AUS 公司、RDG 贸易公司、南京 NPK 公司享有管辖权，也未能证明这些主体同意由该法院管辖或者有针对美国消费者的销售和交易，从而驳回了针对中国深圳 AUS 公司、RDG 贸易公司、南京 NPK 公司的缺席判决和永久禁令的申请，并撤销了对该 3 家被告公司的初步禁令。

针对中国 ADC 公司和惠州 OTD 公司，法院对其销售的仿冒品与原告提交登记证书的雕塑进行了非常细节的对比，细节一致则认定构成侵权，细节有明显差异则认定不构成侵权，以此确定了这 2 家被告公司侵犯原告著作权的数量，判决中国 ADC 公司赔偿原告经济损失 1050000 美元，中国惠州 OTD 公司赔偿原告经济损失 780000 美元，对这 2 家被告公司下发永久禁令并连带承担原告律师费和诉讼费 52477.59 美元。

原告之后针对中国深圳 AUS 公司、RDG 贸易公司向美国犹他联邦地区法院递交再次考虑的动议，法院进行了重新考虑但仍维持了其对如上 2 家公司不具有属人管辖权的决定。原告后续对中国深圳 AUS 公司、RDG 贸易公司不享有属人管辖权的认定向美国联邦第十巡回上诉法院提起上诉。法院更改了美国犹他联邦地区法院的认定，认为其对深圳 AUS 公司、RDG 贸易公司享有属人管辖权，从而将案件发回重审。美国犹他联邦地区法院重审后针对中国深圳 AUS 公司、RDG 贸易公司作出缺席判决，认定这 2 家公司亦侵犯原告著作权，判决中国深圳 AUS 公司赔偿原告经济损失 450000 美元，判决 RDG 贸易公司赔偿原告经济损失 150000 美元。法院对这 2 家被告公司也下发永久禁令并责令其与中国 ADC 公司和惠州 OTD 公司连带承担原告律师费和诉讼费 52477.59 美元。

三、要点分析

该案涉及美国著作权侵权案件中管辖权的确定问题，尤其是美国针对涉及国外主体的民事诉讼如何确认管辖权。对此，法院在判决中较为清晰地阐明了判断的规则和要点。

美国民事案件司法管辖权涉及属事管辖权和属人管辖权。美国有两个主要的法院系统——联邦法院系统和州法院系统，属事管辖权涉及案件应该由联邦法院或州法院审理。该案属于著作权侵权案件，而美国法典对于著作权侵权案件由联邦法院管辖有清晰的规定。因此，美国犹他联邦地区法院具有属事管辖权。

较为复杂的是美国属人管辖权的确定。该案被告为中国主体，原告在美国对中国主体起诉，法院首先需要判断其能否对国外主体实施管辖。该案美国犹他联邦地区法院针对原告提出的两种管辖主张分别进行了评述，并在认定中运用了美国民事侵权案件中非常重要的"长臂管辖"规则。

（一）中国深圳 AUS 公司、RDG 贸易公司和中国 ADC 公司

对于法院判断被告中国深圳 AUS 公司和 RDG 贸易公司是否同意美国犹他联邦地区法院的管辖及是否可对中国 ADC 公司实施管辖时涉及美国犹他州的"长臂管辖"规则，概要如下。

该案中原告针对被告中国深圳 AUS 公司和 RDG 贸易公司提出的管辖理由为：这 2 家被告公司回复原告向亚马逊发出的侵权通知时同意接受亚马逊可能被发现（may be found）的任何司法管辖区的管辖，而数千名亚马逊员工在美国犹他州工作，美国犹他州是亚马逊可能被发现的管辖区，美国犹他联邦地区法院可对亚马逊实施管辖，被告中国深圳 AUS 公司和 RDG 贸易公司应视为同意美国犹他联邦地区法院对该案进行管辖。

美国犹他联邦地区法院在首次判决中指出：美国犹他州的"长臂管辖"规则旨在确保对该州公民提供最大程度的保护，应该被应用来对非居民被告主张管辖权，只要这种主张不超过美国宪法第十四修正案正当程序条款所允许的范围。在美国犹他州法律下，管辖权分析被简化为一个问题即被告是否与犹他州有足够的"最低限度接触"（minimum contacts）以确立对被告的属人管辖权。美国联邦最高法院区分了两种类型的属人管辖权——一般管辖权（general jurisdiction）和特定管辖权（specific jurisdiction），其有关"最低限度接触"的认定如下。

一般管辖权适用：一般管辖权要求被告"基本上在该州"，如个人在该州有住所，公司有住所或主要营业地。因为一般管辖权可与引起诉讼的事件无关，所以法院应采取更严格的"最低限度接触"标准，原告必须证明被告与法院所在州有持续的、系统的实质联系，这种联系必须足够深入和广泛，以至于可以认为该公司在该州具有实质上的"家"（essentially at home）。

该案中法院认为一般管辖权调查并不只关注公司在该州内的联系，还要整体审查公司的活动。亚马逊在很多州都开展业务，很难说它在任何一个州具有实质上的"家"，且亚马逊的住所地和主要营业地都不在美国犹他州，故美国犹他联邦地区法院无法管辖亚马逊进而对被告实施一般管辖权。

特殊管辖权适用：特殊管辖权要求证明被告"有目的地"针对法院地居民开展活动，并且"诉讼是由'因这些活动引起或与这些活动有关'的所称伤害导致的"，以确保"州外被告不必仅仅因为与法院地州的随机、偶然或微弱接触而出庭""即使满足了这两个要求，被告仍可通过证明这样做会'违反公平竞争和实质正义的传统观念'来避免管辖权"。

原告未能就该案如何满足特殊属人管辖权提出任何论据，其所提供的有关亚马逊的唯一事实是亚马逊在美国犹他州的员工人数以及中国深圳 AUS 公司和 RDG 贸易公司如何使用 amazon.com 来销售商品和接受付款，但没有证明亚马逊与美国犹他州之间存在足以使美国犹他州公平、正当对亚马逊进行管辖的"最低限度接触"。因此，美国犹他联邦地区法院认为其对被告中国深圳 AUS 公司和 RDG 贸易公司并无管辖权。

但是法院认为原告证明了中国 ADC 公司向美国犹他州公民进行了 4 次销售，可认定中国 ADC 公司"有目的地"针对美国犹他州居民开展活动，法院对中国 ADC

公司实施管辖并不违反公平竞争和实质正义的传统观念，可适用美国犹他州"长臂管辖"中的特殊管辖权规则对中国 ADC 公司实施管辖。

美国犹他联邦地区法院的上述判决中关于被告中国深圳 AUS 公司和 RDG 贸易公司的管辖问题引发了较大争议，原告针对该两家公司向美国犹他联邦地区法院提出再次考虑的动议并在美国犹他联邦地区法院维持认定后，向美国联邦第十巡回上诉法院提出上诉，而美国联邦第十巡回上诉法院最终更改了美国犹他联邦地区法院的认定。从美国犹他联邦地区法院再次考虑后下发的判决及美国联邦第十巡回上诉法院的上诉判决可以看到，两家法院都确认了案件争议的焦点是亚马逊在美国犹他州是否可能被发现，核心仍应围绕"found"的普通含义进行分析，而两家法院最终结论的不同则是对"found"的含义作出了不同的解读。

美国犹他联邦地区法院依据《布莱克法律词典》对一个公司"may be found"的讨论[1]，认为"found"要求亚马逊在美国犹他州的业务活动必须达到使其可以被起诉和接受传票送达的程度，而原告就亚马逊在美国犹他州有物理设施的主张并不足以证明亚马逊在美国犹他州达到可以被起诉和接受传票送达的程度。因此，美国犹他联邦地区法院认为亚马逊在美国犹他州没有达到"found"的标准。

但美国联邦第十巡回上诉法院拒绝采纳美国犹他联邦地区法院依据《布莱克法律词典》的定义，因其仅适用于对被告公司送达法律文书的情形。在著作权案件中确定能否对公司进行送达，需要进行正当程序分析，而在某些指控网络服务用户实施版权侵权的案件中，这种分析实际上无法完成。因为，在涉及用户根据美国千禧年数字版权法案规定的同意管辖权的案件中，若服务提供商注册为法院所在州，且因此受一般属人管辖权约束，《布莱克法律词典》对"may be found"的管辖权定义或可适用。但如该案情形，当服务提供商非法院所在州居民且可能不"常驻"该州时，该定义则存在问题。同时，此类案件也无法适用特殊属人管辖权，因为服务提供商并非被告，故原告损害不可能源于服务提供商在法院地的活动。由此，《布莱克法律词典》对"may be found"的定义在美国千禧年数字版权法案规定的语境中存在不足，在该案中并不适用。

美国联邦第十巡回上诉法院故而认为应转向非法律词典的释义，依据《韦氏美国家庭词典》《牛津美国桌面词典》，并参考多个在先判例，认为"found"一词在其他法律条文中通常被解释为"通过其代理人或官员在该地区开展业务"，此种解释也应适用于美国千禧年数字版权法案规定的内容。结合在案证据，亚马逊在美国犹他州投资超过 10 亿美元，并在 2020 年开设了新的客户履行中心和配送站，新闻报道

---

[1] 参见《布莱克法律词典》（1990 年第 6 版）：一个公司必须在某个州通过其官员或代理人，或者通过法律授权的方式，从事商业活动，并且这种活动必须达到一种程度，使其可以被起诉，并且可以通过建设性送达或替代送达的方式接受法律文件。

显示，亚马逊在美国犹他州有超过 12 个设施，包括公司办公室，并且是美国犹他州最大的科技公司之一。这些证据表明，亚马逊在美国犹他州有持续的业务活动，其代理人或官员在该州开展业务，因此可以被发现在美国犹他州。从而美国联邦第十巡回上诉法院推翻了美国犹他联邦地区法院的认定，认为美国犹他联邦地区法院对被告中国深圳 AUS 公司和 RDG 贸易公司享有属人管辖权。

（二）中国惠州 OTD 公司和南京 NPK 公司

对于法院在判定可否对被告中国惠州 OTD 公司和南京 NPK 公司实施管辖时运用了美国联邦"长臂管辖"法规，概要如下。

该案原告基于美国联邦民事诉讼程序规则第 4 条第（k）款（2）项的规定对被告中国惠州 OTD 公司、南京 NPK 公司主张管辖。美国各地区法院称该条款被描述为"一种联邦长臂法规"。该法规规定了如果以下条件得到满足，美国各地区法院可对国外被告行使属人管辖权，即使被告被指控的行为完全发生在美国境外：①诉讼主张基于联邦法律；②任何州法院对被告不具有一般管辖权；③行使管辖权符合美国宪法和法律。

该案诉讼主张基于美国著作权法，满足以上第一点；第二点应由被告举证证明其他州对其具有一般管辖权，而该案被告未能证明，原告无须证明此点；法院主要审查第三点，即其行使管辖权是否符合美国宪法。

法院首先明确该审查需要全面分析被告是否与整个美国具有联系，而不仅是与法院所在州具有联系，这是美国联邦"长臂法规"与州"长臂管辖"规则适用时的差异。另外，法院必须认定被告与美国"有目的地建立了最低限度接触"，且"属人管辖权的主张符合'公平竞争和实质正义'"，且"接触必须是被告自己的选择，而不是随机的、孤立的或偶然的"。据此，该案中，法院认为可对中国惠州 OTD 公司实施属人管辖。

1. 中国惠州 OTD 公司有目的地针对美国开展行动

法院认定中国 ADC 公司向犹他州居民销售了仿冒玩偶，而中国惠州 OTD 公司也向美国居民出售了玩偶。中国惠州 OTD 公司在 aliexpress.com 这个网站以美元标价，可以向美国消费者免费送货，其相关页面上有来自美国客户的推荐和评价，中国惠州 OTD 公司存在"吸引或服务于美国受众"的行为。中国惠州 OTD 公司直接从美国接收订单并发货到美国，不仅与美国市场有接触，而且这种接触是有意识和持续的。

2. 中国惠州 OTD 公司的行动与原告的诉讼有关

原告因为中国惠州 OTD 公司销售侵犯原告著作权的仿冒玩偶而提起诉讼。中国惠州 OTD 公司针对美国消费者的行为导致原告受损。

3. 对中国惠州 OTD 公司的管辖公平、合理

法院根据 5 个要素判断管辖是否公平、合理：①被告与法院所在州的接触程度；②被告在外国司法管辖区诉讼的不便；③司法经济；④证据开示程序的可能地点；⑤被告活动的性质及其影响是否跨越多个州。

法院认为中国惠州 OTD 公司的网站可以向美国免费送货，其有代理律师，即便其在中国，考虑到当下便利的交通，只有在极不寻常的情况下，被告在美国参诉的不便才会上升到宪法关注的程度。该案针对的行为是从中国制造假冒玩偶并将其运往美国，其影响超出了美国犹他州，对其予以制止可节省司法资源。

综上，法院认为其可以对中国惠州 OTD 公司实施属人管辖，但针对中国南京 NPK 公司，尽管其网站包含 .us 顶级域名，标价是美元，可针对美国免费运输，但原告不能证明中国南京 NPK 公司有针对美国消费者的销售和交易，不能因网站可拓展至美国就认定美国法院具有管辖权，认定被告和美国有"最低限度接触"的门槛相对较高。

四、启示借鉴

（一）了解美国网络侵权案件中的"长臂管辖"规则

我国企业越来越多地利用电商平台销售产品，由此产生的知识产权侵权纠纷也随之增多，美国的"长臂管辖"规则导致美国法院可能对我国企业实施管辖，而一旦在美国涉诉，我国企业可能面临被下发禁令、冻结账户、赔偿高额损失等问题，而管辖权的确认就成为企业抵挡在美国诉讼的第一道壁垒。

根据该案判决大致可总结出，无论是美国联邦还是各州的"长臂管辖"规则，都要经过美国宪法第十四修正案"正当程序"条款的相关审查。根据美国联邦最高法院于 1945 年在 *International Shoe Co. v. Washington* 案中所确立的"最低联系标准"，如果被告与法院所在地之间存在某种最低联系，法院对该被告行使管辖权便符合"正当程序"要求。也就是"正当程序"的审查主要是判断被告与法院所在地或美国是否存在"最低联系"。

从该案的审判规则可以总结出要符合"最低联系"标准，美国的法院通常要求原告证明被告"有意地"针对法院所在州居民或者针对美国实施了侵害行为，从而发生联系，而且此种联系不是"随机、偶然或微弱的"。

在通过电商平台进行产品销售的相关案件中，由于互联网的全球性特征，因此如何判断被告"有意地"针对美国法院所在州或者美国进行了针对性的侵害行为成为重点。该案中，法院实际上主要根据是否有证据证明有侵权产品实质销售到美国

犹他州或者美国作为主要的判断标准。

另外，实践中，针对法院所在地的特定交易活动、主动向某一特定法院所在地发送信息、选择使用特定的语言、选择使用特定的货币、选择适用特定的法律以及拒绝交易声明等❶也会成为法院的考虑因素。该案法院考虑了被告网站以美元标价、可以将美国作为发货地、开设以 us. 为顶级域名的网站、包含来自美国用户的评价等因素，这些因素也在评判被告与美国犹他州或美国的联系是否"有意"及是否"随机、孤立、偶然"方面产生了影响。

因此，中国企业通过电商平台销售产品时如希望避免被美国法院管辖，应考虑尽量避免如上不利因素。同时，如果在美国被提起诉讼，也可以有针对性地对订单予以排查，判断是否确实发生了销售至美国居民的订单，或查看原告是否提供了证据证明产品实质销售至美国，如果未发现此种情况，则可以考虑以法院不具有管辖权为由予以抗辩。

（二）玩偶在我国也可能被认定为"实用艺术品"而受到著作权法的保护

该案涉及的"重生娃娃"玩偶受到了美国著作权法的保护，而在我国，玩具、家具、饰品、服装等具有实用功能同时具有一定美感的产品也可能被认定为"实用艺术品"，从而作为美术作品享有著作权法的保护。

最高人民法院在（2018）最高法民申 6061 号指导案件中认定，作为美术作品受著作权法保护的实用艺术品，应满足其实用性与艺术性可以相互分离，还需要具有审美意义，具备美术作品的艺术创作高度。这就要求主张构成实用艺术品的产品在造型、图案上与同类产品相比要有一定的创造性，要具有美感。这使得实用艺术品在我国的认定存在一定难度。即便无法受到《中华人民共和国著作权法》的保护，如果某一主体的产品造型、样式被他人大量抄袭，其仍可能寻求《中华人民共和国反不正当竞争法》的保护。❷ 因此，在我国，生产销售上述种类的产品同样具有侵犯他人著作权或构成不正当竞争的风险。企业在设计此类产品时，应尽量避免与他人已有产品外观雷同，以规避侵权风险。

（三）美国著作权侵权的认定标准

该案判决中明确写明，著作权侵权要求原告证明两个要素：一是原告拥有有效的版权；二是被告复制了原告作品中具有独创性的组成部分。对于第二点，法院在

---

❶ 郭玉军，向在胜. 网络案件中美国法院的长臂管辖权 [J]. 国外法制与法学，2002（6）：155-168.
❷ 参见浙江省杭州市余杭区人民法院（2020）浙 0110 民初第 11687 号案件，被告因大量抄袭原告服装款式而被认定构成不正当竞争。

比较作品时必须首先提炼出版权作品的可保护要素，美国联邦第十巡回上诉法院认为这需要"抽象—过滤—比较"测试，但这种测试"虽然在理论上合理，但在实践中往往难以应用"。因此，当被控侵权产品被主张与原告产品完全相同时，法院采用了更为直接的分析方法。如果查看原始图片和复制图片，可以清楚地看到被告复制了"Bountiful Baby"受著作权保护的每一个组成元素，那么法院则认为被控侵权产品与原告产品完全相同。

从该案判决中可以看到，法院并没有详细论证原告玩偶雕塑中究竟哪些属于具有独创性的要素，因为被控侵权产品基本复制了原告产品，法院实际上认为不再需要对原告产品是否有独创性、哪些部分有独创性进行判断。法院后续进行比对时也确实遵循了该逻辑，其将被告销售的产品图片与原告的版权登记逐一进行细节对比，比如头部眼睛，鼻子的大小、形状，手臂部分形状，手指方向，腿部的脚趾卷曲程度、方向，皮肤的折痕等细节，细节均一致就认定构成侵权，如果有差异则认定不构成侵权，最终确定了被告侵犯原告著作权的作品数量。

事实上，与美国的标准类似，中国法院在认定是否构成著作权侵权时，原告作品的独创性以及原告作品与被控侵权作品的近似程度两个因素也会相互影响。如果双方作品近似程度非常高，甚至细节都相同，法院则可能降低对原告作品独创性的认定标准。反之如果双方作品近似程度一般，法院在进行判断时会对原告作品中哪些要素具有独创性、被控侵权作品与原告作品类似的部分是否属于可受著作权法保护的要素作出详细认定，从而可能得出不构成侵权的结论。我国企业应当对著作权侵权认定规则有所了解，尽可能避免侵犯他人的著作权。

关于第一个需证明要素即"原告拥有有效的版权"上，该案中法院仅依据原告提交的版权登记证书就直接认定原告享有著作权。这说明在美国的著作权侵权案件中，版权登记证书在证明权属上具有重要作用。在我国的著作权侵权诉讼中，版权登记证书同样是重要的权属证据：原告如有版权登记证书，再配合提交作品底稿、原件、创作合同、公开发表等证据，在无反证的情况下可被认定对涉案作品享有著作权；如果缺乏证书，法院对于其他权属证据的审查可能更加严格。

因此，中国企业应当重视对原创作品进行版权登记。尽管根据相关国际条约，在我国受著作权法保护的作品亦应当受到美国著作权法保护，反之亦然，但因地域限制，版权登记证书作为重要证据能否被域外法院接受存在不确定性，如果中国企业有在美国进行著作权维权的可能，在美国进行版权登记更为稳妥。

（供稿：谢静）

55

美国软件著作权侵权纠纷之禁令制度

该案涉及美国软件著作权确认不侵权之诉。涉案当事人分别为原告中国苏州 A 公司、中国香港 IIE 公司（以下简称"中国 IIE 公司"）和被告美国 SG 公司、美国 WC 工作室。

该案涉及中国苏州 A 公司起诉要求法院确认其开发的《帝国神话》游戏不侵犯被告美国 SG 公司以及美国 WC 工作室的计算机软件著作权。

一、案情介绍

2021 年 11 月，中国苏州 A 公司的《帝国神话》游戏在 Steam 平台上架销售，首日发售即在美国和中国获得销售榜第一的好成绩。❶ 但是，当月月底，美国 SG 公司即发出声明，指控《帝国神话》游戏的开发团队盗用《方舟：生存进化》游戏的程序源代码，称其存在严重的软件著作权侵权行为。

2021 年 12 月 1 日，美国 SG 公司以及美国 WC 工作室向 Steam 的运营公司 Valve 公司发送信件（Valve Letter），声称通过对比《帝国神话》游戏可执行文件中的代码，初步分析发现了《帝国神话》游戏中存在数百个与《方舟：生存进化》游戏源代码匹配的类、变量和函数名称。❷ 因此，美国 SG 公司以及美国 WC 工作室认为《帝国神话》游戏：①盗用《方舟：生存进化》游戏的程序源代码；②使用该盗用的源代码作为《帝国神话》游戏玩法的基础。

随后，2021 年 12 月 4 日，Valve 公司将《帝国神话》游戏从 Steam 平台下架。

2021 年 12 月 9 日，中国苏州 A 公司向美国加利福尼亚州中区联邦地区法院

---

❶ 佚名. Steam 全球热销榜第一，《帝国神话》堪称完美［EB/OL］.（2021 - 12 - 08）［2024 - 05 - 28］. https：//www.sohu.com/a/506485962_120099885.

❷ 周七. 前员工创业项目《帝国神话》遭蜗牛游戏侵权指控，Steam 已下架［EB/OL］.（2022 - 01 - 07）［2024 - 05 - 28］. https：//www.niaogebiji.com/article - 88737 - 1.html.

（United States District Court，Central District of California）提起诉讼❶，请求法院判决《帝国神话》游戏不侵犯被告的计算机软件著作权、不包含被告的商业秘密，同时指控被告在向 Valve 公司发送的信件中，误导地按顺序呈现了存在于《帝国神话》游戏源代码中一组极小的"名称"（极少量代码），这些"名称"并不受著作权保护，其忽略了实际驱动《帝国神话》游戏运行的软件源代码，包括"游戏机制"，即被告故意误导声称原告发行的《帝国神话》游戏侵犯了其计算机软件著作权，违反了美国 DMCA 第 512 条第（f）款，规定了故意在书面通知中作出虚假陈述的相应责任，要求被告承担原告的损失以及律师费用。

2021 年 12 月 17 日，中国苏州 A 公司向法院申请临时限制令（temporary restraining order，TRO）以及初步禁令（preliminary injunction），要求被告撤回向 Valve 公司发送的指控《帝国神话》游戏使用"被盗源代码"的信件，并禁止被告进一步干扰《帝国神话》游戏通过 Valve 公司或其他分销商分发。

2021 年 12 月 20 日，针对该案，被告进行答辩，声称原告窃取了其为《方舟：生存进化》游戏创建的非常有价值的源代码。同时，被告提交了《方舟：生存进化》游戏的版权注册证明，并称 2018 年 11 月，美国 SG 公司的中国母公司（以下简称"中国 SG 公司"）的一名前员工获得了《方舟：生存进化》游戏的源代码访问权限，并复制了源代码。2019 年 3 月，该名员工退出中国 SG 公司的工作，并开始在中国苏州 A 公司工作。并且，被告声称，在《帝国神话》游戏的员工名单中列出的 82 名中国苏州 A 公司员工，其中有 60 名为中国 SG 公司的前员工。最后，被告提出以下反诉：①直接侵权（direct copyright infringement）：针对中国苏州 A 公司以及中国 IIE 公司；②帮助侵权（contributory copyright infringement）：针对中国 IIE 公司；③代理侵权（vicarious copyright infringement）：针对中国 IIE 公司；④盗用被告商业秘密：针对中国苏州 A 公司以及中国 IIE 公司。

2021 年 12 月 23 日，法院驳回了原告的临时限制令请求，并下令补充理由。

2022 年 1 月 14 日，原告提交了补充摘要，以支持其发布初步禁令的请求。2022 年 1 月 22 日，被告提交了补充摘要，反对发布初步禁令。

2022 年 1 月 31 日，针对是否下发初步禁令，法院举行了听证会。在该听证会上，被告提供了包括员工访问记录、代码相似性分析以及专家证言等证据，用以证明原告使用了被告的源代码。在听证会中，法院认为，被告提供大量与侵犯著作权和盗用商业秘密的反诉有关的间接证据，足以驳回原告的初步禁令请求，且原告无法证明存在无法弥补的伤害等。因此，不颁发初步禁令。同时，法院要求双方在 2022 年 2 月 18 日之前就源代码比较达成一致，如无法达成一致，则必须在 2022 年 2

---

❶ 该案案号为 21 - cv - 09552。

月28日之前提交专家姓名，法院将考虑任命专家。

2022年3月9日，法院正式任命原告提名的专家罗伯特·泽德曼（Robert Zeidman）为源代码比较领域的中立专家，泽德曼于2022年3月14日接受了该中立专家的任命。

2022年3月25日，美国SG公司向美国加利福尼亚州中区联邦地区法院起诉中国T公司❶，指控中国T公司服务器托管的《帝国神话》游戏侵犯《方舟：生存进化》游戏的计算机软件著作权，并声称中国T公司明知《帝国神话》游戏侵犯计算机软件著作权，却拒绝停止托管游戏。美国SG公司认为中国T公司有能力控制其服务器上游戏的托管，但并未采取措施停止侵权行为。因此，美国SG公司请求中国T公司赔偿侵权损失，返还中国T公司因侵权行为而获得的不当利润，并请求法院禁止中国T公司继续利用《方舟：生存进化》游戏的源代码。

2022年4月18日，法院命令双方在2022年4月22日之前提交关于泽德曼源代码比较方案的联合报告，包括任何存在分歧的方面。2022年4月22日，双方提交了关于泽德曼源代码比较方案的联合报告。2022年4月25日，在审查了双方提交的联合报告后，法院下达了命令，改述泽德曼源代码比较程序。

2022年5月27日，美国SG公司提出动议，请求将该案以及另案合并审理。2022年6月6日，中国苏州A公司和中国IIE公司在该案中反对该动议，中国T公司在另案中也反对该动议。

2022年6月28日，美国加利福尼亚州中区联邦地区法院作出初步裁定，认为是否侵犯美国SG公司的著作权问题影响了该案以及另案，但由于这两起案件处于不同的程序阶段，因此合并几乎没有任何好处。同时，中国T公司并未参与中立专家的任命或源代码审查协议的制定。因此，法院拒绝了美国SG公司关于合并该案以及另案的请求。此外，法院认为由于中国T公司还在继续发行《帝国神话》游戏，如果暂缓另案，会使美国SG公司在另案中的努力被合理拖延，因此法院拒绝了中国T公司提出的关于暂停另案的请求。

2022年9月，泽德曼向法院和原被告双方提交了专家报告。

2022年10月6日，二审法院驳回原告针对一审法院不予颁布初步禁令的上诉（维持原判）。

2022年11月15日，被告提出了保证金动议，请求300万美元保证金。被告称其已经支付超过377万美元的律师费，预计该案律师费总额为800万美元。且被告声称，原告在Steam平台以及自己网站上销售《帝国神话》游戏已经赚取超过340万美元。

---

❶ 该案案号为22-cv-02009。

2022年12月5日，原告提交动议请求推翻泽德曼的专家报告。2022年12月16日，法院指示泽德曼针对原告的动议提交一份回应声明。

2022年12月30日，泽德曼向法院和原告、被告双方提交了回应声明，2023年1月23日，被告对原告的动议提出反对，而2023年2月10日，原告提交了答复。

2023年2月27日，法院针对被告的保证金动议举行听证会。法院认为，被告已经提供大量与计算机软件著作权侵权和商业秘密盗用有关的间接证据，尽管原告认为被告应当证明"实质性相似"，但是现阶段被告至少有"合理可能性"获得判决（基于被告对《方舟：生存进化》游戏的版权注册），且原告没有继续提供证据证明被告在DMCA通知中作出了"明知的重大虚假陈述"。同时，法院认为，鉴于被告在执行针对中国的海外原告的判决时可能会遇到困难，因此，支持被告的保证金动议，同时认为75万美元可以被视为针对该案原告DMCA通知方面诉求的合理分配。因此，被告的保证金动议被认可，原告需要在期限内缴纳75万美元的保证金。

同日，法院针对泽德曼的专家报告举行听证会，法院认为泽德曼的专家报告是中立的。同时，依据美国联邦证据规则，法院将允许原告、被告在审判中使用泽德曼的报告以及证词，泽德曼的意见将接受质询，如果任何一方不同意其意见，双方均可以提供自己的专家证词和证据。因此，法院驳回了原告针对泽德曼专家报告的动议。

2023年10月，中国苏州A公司与美国SG公司就该案达成了和解。

二、处理结果

2023年10月11日，中国苏州A公司与美国SG公司就该案达成了和解。根据双方的和解协议，美国SG公司将撤回针对《帝国神话》游戏的DMCA通知，同时，美国SG公司将协助中国苏州A公司在数字平台和零售平台上发行《帝国神话》游戏。

2023年10月23日，法院发布命令，根据双方和解协议，该案双方在诉讼中提出的所有请求均无偏见❶地予以驳回。

2023年12月11日，法院发布命令，认定另案被有偏见❷地驳回。

三、要点分析

该案涉及Steam的下架规则以及软件著作权的确认不侵权之诉。根据美国DMCA

---

❶ "无偏见"指原告可以重新提出指控、更改索赔或将案件提交另一家法院。
❷ "有偏见"指原告不能在任何法院基于相同的理由再次提出同样的指控。

的规定，在线服务提供商（OSP），其中包括互联网服务提供商（ISP）在接收到著作权人或其代理人的版权通知后，需要迅速做出反应，删除或禁止访问声称侵权的材料，及时阻止用户访问（又称安全港条款）。该案中，由于美国 SG 公司针对中国苏州 A 公司的《帝国神话》游戏向 Steam 平台的运营商 Valve 公司提交了 DMCA 通知信件，Valve 公司基于该条款，将《帝国神话》游戏进行了下架。

为了不影响《帝国神话》游戏的分发，中国苏州 A 公司向美国加利福尼亚州中区联邦地区法院提起诉讼，请求法院确认其《帝国神话》游戏不侵权，并请求法院颁布临时限制令以及初步禁令以便其《帝国神话》游戏可以重新在网络平台发行上架。

但是，法院驳回了关于临时限制令的请求，同时，经过听证会审理，法院于 2022 年 1 月 31 日下发命令，基于以下四个方面，驳回原告关于初步禁令的请求。

第一，关于原告胜诉的可能性。关键在于原告《帝国神话》游戏是否包括从《方舟：生存进化》游戏中复制的源代码。

法院认为被告提供了大量间接证据证明原告侵犯了其计算机软件著作权以及商业秘密挪用，足以破坏原告关于初步禁令的请求。包括：①被告提交证据证明原告从事《帝国神话》游戏的 82 名员工中有 60 名为被告的前员工；②被告有证据证明至少一名员工有权限进入《方舟：生存进化》游戏的源代码库；③2021 年 12 月 12 日的初步源代码分析可以看到《帝国神话》游戏包含数百个相同的函数名称；④被告提交的第三方专家声明证明双方源代码有较高相似度。

尽管原告辩称这些相似源代码散落在整个源代码文件中，且为第三方代码，同时原告提交证明员工 Yang Li Ping 所谓的完成下载《方舟：生存进化》游戏的源代码指的是将《方舟：生存进化》游戏的源代码下载到服务器，而非员工自身私有存储设备。

但是，法院仍然认为，针对被告的证据，原告并没有提交更加有力的证据证明其胜诉的可能性。

第二，关于无法弥补的损害。

法院认为原告除了提交雇员的证词（证明损害），没有其他任何证据证明其受到了无法弥补的损害，同时，原告也没有证据证明如果在原告最终胜诉的情况下，金钱赔偿将无法弥补对原告造成的损害。

同时，法院认为，原告可以在其网站上直接向消费者出售《帝国神话》游戏，并没有被迫停业，也不是没有收入。

因此，法院并未认可原告受到了无法弥补的损害。

第三，关于两方的损害之平衡。

法院认为，该案中关于两方损害并未严重倾向于任何一方，且双方的损害都有可能通过在审判中证明的金钱赔偿来获得填平,虽然从 Steam 平台上删除原告的主要创收的游戏对原告的业务造成实质性伤害,但是如果剥夺被告发出 DMCA 通知的权利,被告也将受到损害。

第四,公共利益。

法院认为由于原告并没有证据证明其可能胜诉,因此,即使是依据公共利益,也不赞成发布强制性的初步禁令。

综上,法院认为初步禁令,在当时是不合适的。

由上可以看到,在美国,为了维护自身权益,原告可以请求法院签发临时限制令以及初步禁令。

在美国民事诉讼中,根据美国联邦民事诉讼规则第 65 条第 (b) 款,法官可以不经过书面或口头通知对方当事人或律师的情况下,发出临时限制令,该临时限制令有效期一般为 14 天。

为了获得更长时间的禁令,根据美国联邦民事诉讼规则第 65 条第 (a) 款,申请人可以申请初步禁令。该初步禁令需要进行听证,且法院只有在通知当事人之后才能发出初步禁令。

针对是否需要签发初步禁令,法院通常会审查原告是否遭受不可弥补的伤害等多个因素,判断是否应当颁布初步禁令以确保原告的权利不受损害。具体而言,以 *Winter v. Natural Resources Defense Council* 案为例主要审查四个方面:①原告胜诉的可能性(likelihood of success on the merits, a strong likelihood of success on the merits);②如果初步禁令没有被发布,原告将受到无法弥补的伤害(irreparable harm, the possibility of irreparable injury to plaintiff if preliminary relief is not granted);③两方的损害之平衡(balance of hardships, a balance of hardships favoring the plaintiff);④促进公共利益 [public interest, advancement of the public interest (in certain cases)]。

该案中,由于法院主要判定原告不具有胜诉可能性,且原告的损失很大程度可以通过胜诉后的金钱赔偿弥补,因此法院最终驳回了原告的初步禁令请求。

四、启示借鉴

综上可以看到,在美国,当原告认为自身的权益受到不可弥补的损害时,可以向法院申请判决前的临时限制令以及初步禁令。而在我国,权利人为了防止自身权利的损害,可以申请行为保全。

根据《中华人民共和国民事诉讼法》第 103 条第 1 款❶以及第 104 条第 1 款❷的规定，对于可能由于当事人一方行为或其他原因，使判决难以执行或造成当事人其他损害的案件，可以根据当事人的申请，对财产或行为进行保全。

根据《最高人民法院关于审查知识产权纠纷行为保全案件适用法律若干问题的规定》第 7 条❸规定，我国法院审查行为保全，应当综合考量以下因素：①申请人是否具有法律基础，包含知识产权的效力是否稳定；②不采取行为保全将会使申请人受到难以弥补的损害；③不采取行为保全对申请人造成的损害是否超过采取行为保全措施对被申请人造成的损害；④采取行为保全措施是否损害公共利益。

由上可以看到，从法律规定来看，我国行为保全措施的审查标准，与美国诉前或诉中临时限制令很类似，同样需要考察如果发布禁令、行为保全，是否会对申请人造成无法弥补的损害，原告、被告双方之间的利益平衡以及是否会损害公共利益。实践中，我国的行为保全审查比法律规定还更为严格，除了考虑上述因素，与美国类似，还会考虑胜诉可能性等因素。

与该案类似，在我国，原告同样可以申请诉中保全，例如德国万事乐德案。❹ 该案中，申请人德国万事乐德公司向法院请求责令被申请人万事乐德中国公司停止将"万事乐德"字号及含有"万事乐德"字样的企业名称用于第 20 届 CBME 国际孕婴童展进行商业宣传。法院认为：①"万事乐德"与申请人之间形成明确指代关系，构成有一定影响的企业名称（字号），可以为申请人带来竞争优势，被申请人作为同业竞争者，理应知晓，攀附商誉意图明显，具有构成不正当竞争的极大可能性。②有一定影响的企业名称（字号）报名参加即将举行的第 20 届 CBME 国际孕婴童展，该展会申请人曾经参加，申请人与被申请人企业名称极为相似，容易使公众产生混淆，如果不进行行为保全，对申请人的商业信誉、竞争机会、竞争优势等会造成难以弥补的损害。此外，由于行为保全仅针对在该展会停止使用"万事乐德"字号以及企业名称，并不影响被申请人参展，不会对被申请人产生不当损害，因此采取行为保

---

❶ 参见《中华人民共和国民事诉讼法》第 103 条第 1 款规定："人民法院对于可能因当事人一方的行为或者其他原因，使判决难以执行或者造成当事人其他损害的案件，根据对方当事人的申请，可以裁定对其财产进行保全、责令其作出一定行为或者禁止其作出一定行为；当事人没有提出申请的，人民法院在必要时也可以裁定采取保全措施。"

❷ 参见《中华人民共和国民事诉讼法》第 104 条第 1 款规定："利害关系人因情况紧急，不立即申请保全将会使其合法权益受到难以弥补的损害的，可以在提起诉讼或者申请仲裁前向被保全财产所在地、被申请人住所地或者对案件有管辖权的人民法院申请采取保全措施。申请人应当提供担保，不提供担保的，裁定驳回申请。"

❸ 参见《最高人民法院关于审查知识产权纠纷行为保全案件适用法律若干问题的规定》第 7 条规定："人民法院审查行为保全申请，应当综合考量下列因素：（一）申请人的请求是否具有事实基础和法律依据，包括请求保护的知识产权效力是否稳定；（二）不采取行为保全措施是否会使申请人的合法权益受到难以弥补的损害或者造成案件裁决难以执行等损害；（三）不采取行为保全措施对申请人造成的损害是否超过采取行为保全措施对被申请人造成的损害；（四）采取行为保全措施是否损害社会公共利益；（五）其他应当考量的因素。"

❹ 参见天津市高级人民法院（2020）津民终第 444 号民事判决书。

全，符合损害平衡性。③一审法院已经判决被申请人停止使用企业名称，二审审理期间即将发生对申请人的不可弥补的损害情况紧急。④申请人就该行为保全提供了担保金额为 182998 元的责任保险保函。因此，法院最终支持了申请人的诉中行为保全申请。

在中国苏州 A 公司与美国 SG 公司的案件中，法院没有支持临时限制令，此外，针对初步禁令，法院同样没有支持，法院对未支持的原因进行了详细的论述。而我国，除了上述诉中行为保全，针对诉前同样可以申请行为保全，被称为中国知识产权法院临时限制令第一案的某案件中，广州知识产权法院针对是否应当发出临时限制令，主要审查了以下六个方面的内容。

第一，申请人涉案专利是否稳定有效。

该案中，申请人提交了涉案外观设计专利的专利权评价报告、无效宣告情况（该专利从未被提起无效宣告请求）以及相同的外观设计向他国专利申请情况，用以证明涉案的外观设计专利权稳定且有效。

第二，被申请人正在实施的行为是否存在侵犯专利权的可能性。

法院认为"在处理诉前禁令申请时，法院只有判定被诉侵权行为存在侵权可能性时，才有权要求被申请人停止被诉侵权行为。因此，法院在诉前禁令审查时必须判断被诉侵权行为是否存在侵权的可能性。需要指出的是，在审查被申请人正在实施或即将实施的被诉侵权行为时，法院只要能认定其存在侵权的可能即可。"

在该案中，被控侵权产品均落入涉案外观设计专利之保护范围，因此，被申请人的制造、销售等行为存在侵权的可能性。

第三，不采取有关措施，是否会给申请人的合法权益造成难以弥补的损害。

法院认为，在专利侵权诉讼中，若出现如下情形之一，如不颁发禁令，将会给申请人的合法权益造成难以弥补的损害：一是权利人声誉被损害；二是侵权人没有足够的经济能力支付赔偿；三是损害赔偿无法计算。其中，存在如下情形之一，损害赔偿将无法计算：①产品价格被侵蚀和市场份额丧失共同造成的损失难以计算；②若市场上有数名侵权者，则难以准确计算每名侵权者应承担的赔偿数额；③权利人难以将因与侵权者竞争而降下来的产品价格重新提升到原来的水平。

该案中，法院认为，首先，被申请人并未提交证据证明其财产状况以及盈利能力足以对申请人所遭受的损害进行赔偿。其次，被控侵权产品单价为 270 元，比起专利产品单价 600 元更低，严重抢占市场份额。❶ 如果不颁发禁令，将会使得申请人

---

❶ 专利权人通常会在产品价格中收回研究与开发费用，因此专利权人通常会以较高价格销售其产品，侵权人通常会以较低价格销售其产品（不包含研究与开发费用），专利权人将会因此而丧失其应有的市场份额。稳固的市场一旦确定，竞争对手要想分一杯羹将要付出巨大的代价。为了与侵权者竞争，夺回被抢占的市场份额，申请人将不得不降价销售，其将难以再把因为要与侵权者竞争而降下来的产品价格重新提升到原来的水平，其市场份额将会永久性地被破坏，上述产品价格被侵蚀和市场份额的丧失所共同造成的损失难以计算。

丧失该部分市场份额，而稳固市场份额一旦固定，将很难进行撼动，给申请人造成的损失难以计算。最后，由于涉案的产品为化妆品的外观设计，一旦被控侵权产品在市场上大量销售，会降低公众对其购买的欲望，缩短专利产品的生命周期，因此禁令的颁发具有紧迫性。

第四，颁发禁令给被申请人带来的损失是否小于或相当于不颁发禁令给申请人带来的损失。

在该案中，法院认为，如果颁发禁令，被申请人的损失仅仅在开发费用、宣传费用、生产成本等，而对于申请人而言，除了这些成本，还会导致失去市场份额和竞争优势等，该损失比被申请人的损失要大得多。

第五，责令被申请人停止有关行为是否会损害社会公共利益。

在该案中，法院认为一方面专利产品和被控侵权产品都是化妆品，颁布禁令不会对公众造成影响；另一方面，涉案的外观设计专利具有一定识别功能，颁布禁令反而有助于避免市场混淆。

第六，申请人是否提供了有效、适当的担保。

法院认为，诉前禁令的作用是迅速制止侵权行为，具有很强的时效性，所以法院对此审查往往时间短。法院根据申请人的申请采取的禁令措施既可能与判决结果相符，也可能与判决结果相悖。正是由于法院充分考虑了这一风险，因此要求申请人在申请诉前禁令的同时也要提供相应的财产担保。

在该案中，法院在确定担保数额时，考虑了以下三点：①在听证过程中，经组织双方当事人就担保金额进行协商，被申请人当庭表示，不要求申请人提供担保；②该案申请人胜诉的可能性高，禁令颁发错误的可能性较低；③涉案三项专利仅涉及同一种产品。

最终，该案初步确定申请人提交100万元人民币作为三份禁令的担保。综合以上分析，广州知识产权法院支持了申请人的诉前禁令申请。

由上可以看到，在我国，除法律规定诉前行为保全所要审查的四个方面，在实践中，无论是诉中保全还是诉前保全，法院还要进一步考虑案件的胜诉可能性，以及申请人是否已经提供了足额的担保。

综上所述，无论是美国还是中国，关于临时限制令以及初步禁令的申请，其审查标准都是同样的严格。中国企业在诉讼前，要充分评估自身知识产权的权利基础，以及是否可能胜诉，再决定是否应该提起诉讼。同时，如果企业正在遭受被控侵权产品的侵害，且持续被侵蚀市场份额，企业可以考虑在进行诉讼的同时，申请诉前或诉中的行为保全、临时限制令、初步禁令，以保护自身的权益。

而对于被诉侵权企业来说，如果对方申请了临时限制令、初步禁令，应当积极应诉。特别是在美国，由于初步禁令可以缺席判决，如果被申请人不进行积极抗辩，法院很可能基于原告单方面的证据而判决颁发禁令，从而导致被申请人的权益受到损害。因此，当遭遇临时限制令、初步禁令，企业应当积极应诉，尽可能针对对方不具有胜诉可能性、没有难以弥补的损害等方面进行答辩，以最小化损失。

（供稿：张吉芸）

56

美国软件著作权侵权诉讼对企业上市之影响

该案涉及美国软件著作权侵权诉讼对企业上市的影响。涉案当事人分别为原告美国 I 联盟和被告中国苏州 G 公司。该案涉及美国 I 联盟指控中国苏州 G 公司侵犯 IntelliCAD 的软件著作权以及商业秘密。

一、案情介绍

2019 年 12 月 3 日,美国 I 联盟向美国俄勒冈州地区法院提起诉讼,诉称中国苏州 G 公司侵犯了其软件著作权及商业秘密,且违反受托责任(breach of fiduciary duty)。[1]

美国 I 联盟指控称,中国苏州 G 公司在全球范围内开发和分销软件产品,包括"Gstar CAD"、"Gstar CAD Pro"和"Gstar CAD Std",以及特定学科的解决方案"Gstar CAD Mechanical"和"Gstar CAD Architectural"。这些产品可以直接从美国的网站 www.gstarcad.net 下载和购买。

中国苏州 G 公司早在 2001 年作为准会员加入美国 I 联盟,于 2003 年 11 月成为商业会员,与美国 I 联盟签订了书面的商业会员协议(commercial membership agreement, CMA),最新的商业会员协议日期为 2013 年 1 月 1 日,该协议中包含会员规则。

根据商业会员协议的会员规则,美国 I 联盟会员同意以下条款:①将遵守美国 I 联盟不时修订的会员规则,特别是与使用专有 IntelliCAD 软件和衍生材料有关的规则;②不会将专有软件与任何与美国 I 联盟竞争的软件结合使用;③支付美国 I 联盟对其会员征收的任何会费、费用和评估;④会员或美国 I 联盟可以在 30 天通知后终止会员资格,而无须停止终止前产生的任何义务;⑤美国 I 联盟可以暂停或终止违反协议的会员资格;⑥美国 I 联盟有权审计会员产品,以确定美国 I 联盟的专有信息的销售是否违反美国 I 联盟的会员规则,如果违反,则对每次违反行为处以最低金额为 100000 美元的合理罚款;⑦当发现会员存在违反商业会员协议的情况,在随后

---

[1] 该案案号为 19-cv-01963。

司法程序中产生的律师费和成本将由违约会员支付。

中国苏州 G 公司于 2003 年首次发布了基于 IntelliCAD 的产品。随后基于 IntelliCAD 的产品包括 GstarI CAD 2007、GstarI CAD 2007 Pro、Gstar ICAD 2008、Gstar ICAD 2008 Pro、Gstar ICAD 2009、Gstar ICAD 2009 Pro、Gstar ICAD 2010、Gstar ICAD 2010 Pro、Gstar ICAD 2011 Pro、Gstar ICAD 2012、Gstar ICAD 2012 Pro、Gstar ICAD 2012 Extended，以及用于建筑、机械、电气、暖通空调等的几个不同学科的附加组件。随着市场上对于 IntelliCAD 的业务需求增长，中国苏州 G 公司放弃了其基于 AutoCAD 开发的产品，中国苏州 G 公司将重点转向创建一个基于 IntelliCAD 的产品。

2013 年 4 月，仍是美国 I 联盟成员的中国苏州 G 公司透露了其 Gstar CAD 平台技术的新方向，名为"Gstar CAD 8"。

中国苏州 G 公司在 2013 年仍然支付会员会费，甚至到 2014 年，中国苏州 G 公司在美国 I 联盟董事会中仍有一名代表。但是，中国苏州 G 公司拒绝支付 2014 年的美国 I 联盟会费。

根据商业会员协议第 2.3.5 节规定，中国苏州 G 公司被明确禁止使用 IntelliCAD 基础软件或其任何衍生作品与其他 CAD 软件组合、合并、集成、编译或创建与 IntelliCAD 竞争的 CAD 软件。因此，在 2014 年秋季，根据商业会员协议第 3.5 条和美国 I 联盟会员规则第 23 条规定，美国 I 联盟通知中国苏州 G 公司，将行使其权利对 Gstar CAD 8 进行源代码审计。而中国苏州 G 公司拒绝配合美国 I 联盟完成 Gstar CAD 8 源代码审计。

与此同时，中国苏州 G 公司开始游说现有的美国 I 联盟成员离开美国 I 联盟，转而使用中国苏州 G 公司的新平台 Gstar CAD 8。

2015 年 4 月 2 日，美国 I 联盟向中国苏州 G 公司发出通知，要求其在 30 天内纠正违约行为。而中国苏州 G 公司没有停止违约，因此，美国 I 联盟于 2015 年 5 月 18 日终止了与中国苏州 G 公司的商业会员协议。

同年 5 月，美国 I 联盟就中国苏州 G 公司违反协议提起仲裁程序，2015 年 10 月 3 日，仲裁员认定美国 I 联盟胜诉，命令对中国苏州 G 公司 CAD 软件平台进行审计。

2016 年 1 月 27 日，美国俄勒冈州地区法院发布命令，确认仲裁裁决，要求对中国苏州 G 公司的 CAD 软件平台进行审计，并支付带利息的款项判决。[1] 中国苏州 G 公司拒绝遵守法院命令或支付金钱判决。

美国 I 联盟认为，中国苏州 G 公司新产品"Gstar CAD 8"与其基于 IntelliCAD 所开发的 Gstar CAD 2012 产品极其相似，其 Gstar CAD 2012 产品是通过盗用美国 I 联盟专有源代码的重要部分进行开发，新的产品具有与 IntelliCAD 类似的功能，相似的

---

[1] 该案案号为 3:16-MC-00061-MO。

界面和命令。中国苏州 G 公司作为商业会员，其开发人员完全可以访问 IntelliCAD 的源代码。

此外，"Gstar CAD 8"产品的用户手册中，包含 IntelliCAD 所特有的"icad.pat"和"icadiso.pat"文件：在用户手册中关于选择和定义填充图案一栏的说明中，显示"该程序提供预定义的标准填充图案，这些图案存储在 ICAD.pat 和 ICADISO.pat 填充图案库文件中"字样。

其中，"ICAD"系统变量是 IntelliCAD 独有的。同时，在"Gstar CAD 8"产品的在线帮助代码中，可以找到该 IntelliCAD 所独有的系统变量"ICAD"，如图 1 所示。

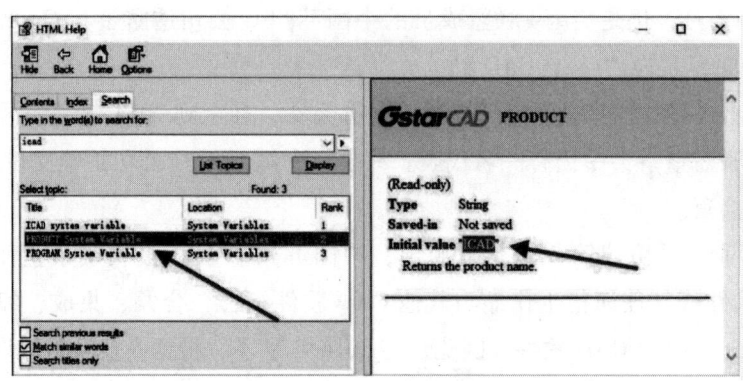

图 1　Gstar CAD 8 产品在线帮助代码中的"ICAD"

此外，除了"ICAD"，中国苏州 G 公司的产品中还包括若干仅在 IntelliCAD 所特有的系统变量。同时，在中国苏州 G 公司产品的 sysvdlg.dat 文件中包含若干 IntelliCAD 独有的资源字符串"ICAD"。

除此之外，ICAD.LSP 文件是仅在 IntelliCAD 中使用的唯一文件名。这个唯一的文件名将在启动时自动将 LISP 程序函数加载到 IntelliCAD 中。而中国苏州 G 公司的 Gstar CAD 产品中亦包含 ICAD.LSP 文件。

综上，美国 I 联盟认为中国苏州 G 公司侵犯了美国 I 联盟的软件著作权及商业秘密，违反受托责任，请求发布针对中国苏州 G 公司产品的禁令以停止侵权，并请求命令中国苏州 G 公司在判决生效后向美国 I 联盟提供 Gstar CAD 8 和新 Gstar CAD 所有版本的源代码副本及其整个源代码存储库，向原告提供所有买方数据，向所有买家声明中国苏州 G 公司产品侵犯了美国 I 联盟专有著作权和商业秘密，并赔偿 1000 万美元。

中国苏州 G 公司认为，在最初的保护令（protective order）中，"高度机密源代码"的定义中没有包括"修订历史"。如果法院批准美国 I 联盟的要求，将使得美国 I 联盟披露中国苏州 G 公司的源代码修订历史，中国苏州 G 公司请求法院重新考虑这个问题。同时，根据商业会员协议，即便要查看修订历史，对修订历史的审计也应当仅限于 2018 年 5 月 18 日（商业会员协议终止 3 年内）之前的中国苏州 G 公司修订历史。

对此，美国 I 联盟认为根据商业会员协议，中国苏州 G 公司同意允许美国 I 联盟在商业会员协议有效期内以及其终止后的 3 年内检查和审计中国苏州 G 公司源代码。其中，该条款中并没有任何内容排斥检查源代码的修订历史。

针对特有信息，中国苏州 G 公司解释称由于 IntelliCAD 和 Gstar CAD 都需要针对 AutoCAD 兼容，因此会使用 AutoCAD 中的系统变量保持与 AutoCAD 的兼容性。上述美国 I 联盟提到的在 Gstar CAD 中发现的 IntelliCAD 源代码中所特有的信息，都是来源于第三方 AutoCAD，而非美国 I 联盟。

法院于 2020 年 12 月 21 日下发意见及命令，法院一方面支持美国 I 联盟的请求，可以查看中国苏州 G 公司的源代码以及修订历史；另一方面，由于双方认可协议在 2015 年 5 月 18 日终止，根据商业会员协议要求仅在自终止之日起 3 年内，向美国 I 联盟提供其场所和所需记录以供检查，因此法院认可美国 I 联盟仅可以查看并检查 2018 年 5 月 18 日之前的修订历史。

针对商业秘密指控，法院认为，有效的方式是允许美国 I 联盟在适当保密的条件下检查中国苏州 G 公司的源代码，然后在一定时间内，美国 I 联盟需要对中国苏州 G 公司的答辩提供更具体的回应（针对特定源代码部分的来源和所有权）。

二、处理结果

该案法院并未下达其他命令或判决，在 2021 年 4 月 27 日，美国 I 联盟与中国苏州 G 公司共同发表声明，双方已经达成了全面和最终的和解。❶ 根据中国苏州 G 公司的招股说明书，2021 年 4 月 23 日，中国苏州 G 公司向美国 I 联盟支付和解金 420 万美元并缴纳相关税费，与该诉讼相关负债 2924.62 万元人民币。❷

2021 年 4 月，美国 I 联盟向美国俄勒冈联邦地区法院申请并经法院准许，解除了针对仲裁确认的诉讼裁决，并撤销了针对中国苏州 G 公司侵犯软件著作权以及商业秘密的诉讼。❸

---

❶ IntelliCAD Technology Consortium 和苏州浩辰软件股份有限公司关于诉讼和解的联合媒体声明 [EB/OL]. (2021-04-27) [2024-05-28]. https：//www.intellicad.org/hubfs/docs/ITC%20Gstar%20Press%20Release.pdf?hsCtaTracking=8d9fd97d-7e84-4181-a99c-d251600b65ec%7Cd9b76da0-f44f-4202-88c8-be536c9dde50.

❷❸ 苏州浩辰软件股份有限公司. 苏州浩辰软件股份有限公司首次公开发行股票并在科创板上市招股说明书 [EB/OL]. (2023-09-27) [2024-05-28]. http：//www.sse.com.cn/disclosure/listedinfo/announcement/c/new/2023-09-27/688657_20230927_9SFY.pdf.

三、要点分析

该案涉及软件著作权侵权和商业秘密侵权,其中,针对软件著作权的侵权认定标准为"接触+实质性相似"。美国在 Arnstein v. Porter 案中首次开创了"接触+实质性相似"的判定标准。在该案中,法院提出著作权侵权分析的两步法:①必须有证据证明被告接触过受著作权保护的作品;②必须有证据证明二者的作品构成实质上相似。

针对实质性相似,美国法院在 Computer Associates International, Inc. v. Altai, Inc. 案中,提出通过三步测试来确定是否构成实质性相似,即"抽象—过滤—比较"(AFC):①抽象(abstraction):确定程序的哪些方面是表达,哪些是思想;②过滤(filtration):删除程序中不受著作权法保护的内容(例如必需的表达、公有内容等);③比较(comparison):将被告程序与原告程序进行比较,仅针对经过抽象和过滤确定的受著作权保护的程序部分,评估确定原告程序是否被复制。此外,法院还会评估被复制的部分对整个程序的相对重要性,以进行综合考量。

该案中,美国 I 联盟通过证明中国苏州 G 公司的软件产品中包含美国 I 联盟所特有的系统变量,来完成针对中国苏州 G 公司软件侵权的初步举证。这些利用特有信息完成初步举证的思路,在我国也存在类似的操作,即当被告拒不提供被诉侵权的计算机软件程序源代码时,如果被诉侵权的计算机软件目标程序中存在原告主张权利的计算机软件的特有内容,则可以认定为构成实质性相似。❶

四、启示借鉴

在该案中,美国 I 联盟与中国苏州 G 公司的纠纷自 2015 年起,直至 2021 年双方全面和解,历时数年,中国苏州 G 公司为此付出了巨额的诉讼费用。

其中,除了美国诉讼,中国苏州 G 公司于 2020 年 9 月,向江苏省苏州市中级人民法院提起了针对美国 I 联盟的诉讼,请求确认美国 I 联盟在中国生产、销售的"浩辰 CAD 平台软件(V2020)"不侵犯美国 I 联盟"IntelliCAD 平台软件"的软件著作权,并请求判令美国 I 联盟立即澄清事实,消除影响。

2020 年 12 月 2 日,中国苏州 G 公司进入上市辅导流程,如前所述,美国俄勒冈

---

❶ 《北京市高级人民法院侵害著作权案件审理指南》第 11.8 条规定,被告拒不提供被诉侵权的计算机软件源程序,原告能够举证证明二者目标程序相同或者相近似的,或者虽不相同或者相近似,但被诉侵权的计算机软件目标程序中存在原告主张权利的计算机软件特有内容,或者在软件结果(包括软件界面、运行参数、数据库结构等)方面相同或者实质性相似,可以认定原告、被告的软件构成实质性相似。

州地区法院于 2020 年 12 月 21 日下发同意审计源代码的命令,随后中国苏州 G 公司与美国 I 联盟和解,结束漫长的诉讼进程,在其招股说明书中对于其与美国 I 联盟的和解原因也给予了说明:综合考虑涉外案件诉讼成本较高、时间较长,长期的诉讼过程对发行人日常经营可能产生负面影响,特别是证据出示环节,源代码出境存在知识产权和商业秘密泄露风险,以及其他影响因素,发行人同意与美国 I 联盟进行和解。❶

对于大部分企业来说,首次公开发行股票(IPO)是企业融资的重要途径之一。根据中国证券监督管理委员会(以下简称"证监会")发布的《首次公开发行股票并上市管理办法》第 30 条规定,发行人不得有下列影响持续盈利能力的情形:……发行人在用的商标、专利、专有技术等重要资产或技术的取得或者使用存在重大不利变化的风险。

因此,在竞争对手进行 IPO 的进程时,如提起相关知识产权诉讼,将会影响该企业的 IPO 进程。而为了最大程度不影响 IPO 的进程,企业往往会采用和解的形式,以便尽快解决纠纷,消除不利影响。

近年来,企业在 IPO 的过程中,特别是科技型企业,很容易成为竞争对手以知识产权诉讼进行阻碍的目标。具体而言,知识产权诉讼通常发生在企业 IPO 的关键节点,给企业造成重大的负面影响。竞争对手借用企业 IPO 的时机,迫使对方和解,达到获得赔偿以及重创企业经营的双重目的。

根据知产宝于 2022 年发布的《中国科创板企业诉讼分析报告(2019—2021)》,2019~2021 年,科创板上市企业共发生相关司法诉讼 7839 件。其中,以侵害发明专利权诉讼为案由的诉讼 272 件,占比 3.5%。❷ 其中,不乏可能被认为恶意的知识产权诉讼。

例如,安翰科技(武汉)股份有限公司(以下简称"安翰科技")❸ 与重庆金山医疗器械有限公司、重庆金山科技(集团)有限公司(以下统称"重庆金山")之间的专利侵权纠纷。2019 年 3 月 22 日,上海证券交易所(以下简称"上交所")受理了安翰科技的上市申请,2 个月后重庆金山即向重庆市第一中级人民法院提起了 8 件专利侵权诉讼。随后,安翰科技向重庆市第一中级人民法院提起"因恶意提起知识产权诉讼侵害责任纠纷"诉讼的同时,陆续针对涉案专利提起无效宣告请求审查。

---

❶ 中信建投证券股份有限公司. 中信建投证券股份有限公司关于苏州浩辰软件股份有限公司首次公开发行股票并上市辅导工作总结报告 [EB/OL]. (2021-09-28) [2024-05-28]. http://www.csrc.gov.cn/jiangsu/c105413/c1492908/1492908/files/1638281090748_57851.pdf.

❷ 齐宝鑫. 重新认知专利战:IPO 企业遭遇"恶意"知识产权诉讼背后 | 非市场战略 [EB/OL]. (2022-09-16) [2025-04-14]. https://m.eeo.com.cn/2022/0916/558208.shtml.

❸ 每日经济新闻. 同行是冤家?安翰科技身陷专利纠纷,科创板审核终止 [EB/OL]. (2019-11-26) [2025-02-14]. https://www.sohu.com/a/355972686_115362.

在此期间，安翰科技向上交所申请主动撤回上市申请。上述8件专利中，6件专利被宣告全部无效❶。2020年8月，针对上述2件有效专利，一审法院作出判决，认定由于重庆金山无法提供证据证明被诉侵权产品具有权利要求1中的某些技术特征，而不构成侵权❷，该案二审维持一审判决❸；2021年6月，重庆市第一中级人民法院作出一审判决，认定不构成恶意诉讼。❹

尽管在上市的过程中，企业遭遇专利侵权纠纷，可能会导致上市的失败，但是，实务中也不乏当次申请被取消后，最终成功上市的案例。例如，上海晶丰明源半导体股份有限公司（以下简称"晶丰明源"）与矽力杰半导体技术（杭州）有限公司（以下简称"矽力杰"）之间的专利侵权纠纷。2019年4月，晶丰明源申请上市，同年7月，晶丰明源收到浙江省杭州市中级人民法院转送材料，矽力杰起诉晶丰明源的2件产品分别侵犯3件发明专利侵权（共计6起诉讼）。随后，晶丰明源的上市申请被取消。2019年8月，浙江省杭州市中级人民法院裁定，上述2件诉讼因未缴纳诉讼费而视为撤回❺。同月，晶丰明源申请二次上会，并被审核同意发行上市。随后，晶丰明源于2019年10月14日在科创板上市。2019年11月，晶丰明源就上述剩余4起诉讼所涉2件专利提出无效宣告请求。2020年，国家知识产权局相继对该2件专利作出部分无效宣告决定。2022年1月5日，晶丰明源发布公告称，上述4件专利侵权诉讼，原告均已主动撤诉。❻

从上述案例来看，虽然法院并未直接认定在上市过程中提起专利侵权诉讼属于恶意诉讼，但是这些竞争对手的维权行为很可能对企业上市产生一定影响。

由上可知，如果企业希望启动IPO上市进程，需要注意以下三个方面。

首先，防患于未然。企业在日常经营的过程中，要形成完整的贯穿研发、采购、生产、销售全过程的知识产权保护体系和制度，从而降低知识产权风险。

其次，对于正在准备进行IPO的企业，要在上市之前，开展相关知识产权风险评估和分析，充分了解企业自身可能遭遇的知识产权风险，并采取无效检索等预防式作业，进行诉讼预案。

最后，当遭遇恶意诉讼时，企业要积极寻求以下应对方式。

第一，评估该诉讼是否存在败诉的可能性，例如产品是否侵权，是否具有其他

---

❶ 21世纪经济报道. 安翰科技专利诉讼案胜诉 科创板IPO折戟系恶意诉讼躺枪？[EB/OL]. (2020-08-25) [2025-02-14]. https://finance.eastmoney.com/a/20211/022168636091.html.

❷ 参见重庆市中级人民法院（2019）渝01民初394号、402号民事判决书。

❸ 参见最高人民法院（2021）最高法知民终317号民事判决书。

❹ 参见重庆市中级人民法院（2019）渝01民初438、436、434、429-431号民事判决书。

❺ 参见浙江省杭州市中级人民法院（2019）浙01民初2663、2664号民事裁定书。

❻ 上海晶丰明源半导体股份有限公司关于诉讼事项进展暨收到撤诉裁定的公告[EB/OL]. [2025-02-14]. https://static.sse.com.cn/disclosure/listedinfo/announcement/c/new/2022-01-05/688368_20220105_1_eC-ZwLRZD.pdf.

抗辩方式等。

第二，针对作为权利基础的知识产权（如专利、商标）提出无效宣告请求，以破坏原告的权利基础。

第三，如确实遭到对方的恶意诉讼，可以考虑提起因原告恶意提起知识产权诉讼损害责任之诉讼。需要说明的是，尽管近年来恶意诉讼的案件数量在不断加大，最高人民法院也曾发布多项意见，加大对于知识产权虚假诉讼、恶意诉讼等行为的规制力度。❶ 但是，在实践中，对于恶意诉讼中"恶意"的判定，是较为严格的。最高人民法院知识产权法庭曾在某生物资源公司恶意提起知识产权诉讼损害责任纠纷案❷中明晰了恶意诉讼的认定标准：认定因恶意提起知识产权诉讼应当满足以下构成要件：①所提诉讼明显缺乏权利基础或事实根据；②起诉人对此明知；③造成他人损害；④所提诉讼与损害结果之间存在因果关系。认定恶意诉讼时要秉持审慎与谦抑的原则，否则不仅可能不利于充分保护民事权利，亦会增添整个社会民商事活动的不确定性。只有在行为人明知其缺乏权利基础、事实根据、正当理由，或者对于被诉侵权人不构成侵权是明知的，但仍提起诉讼，并导致对方当事人损害时，才构成恶意诉讼。该案体现了既依法保护诉权和知识产权，又规制恶意行使诉权和滥用知识产权的司法导向。❸

第四，实际上，即便企业在 IPO 的过程中遭遇诉讼，并不一定会影响企业的 IPO 进程。涉诉问题是否真正影响企业的"持续盈利能力"，才是上市审核机构要重点审核的问题。实践中，也有不少遭遇诉讼但成功上市的案例。

2020 年 6 月，成都纵横自动化技术股份有限公司（以下简称"纵横股份"）IPO 期间，竞争对手北京远度科技有限公司（以下简称"远度科技"）起诉纵横股份的产品侵犯其专利权。

2020 年 9 月，纵横股份在回复上交所时表示：①经过技术比对分析，涉案专利不存在覆盖纵横股份全部产品的情形；②与远度科技的诉讼不会对纵横股份的持续经营产生重大不利影响。❹

2020 年 12 月，纵横股份回复上交所：①披露专利诉讼以及无效宣告请求的最新

---

❶ 《最高人民法院关于加强新时代知识产权审判工作为知识产权强国建设提供有力司法服务和保障的意见》第 13 条规定，加大对于知识产权虚假诉讼、恶意诉讼等行为的规制力度，完善防止滥用知识产权制度，规制"专利陷阱""专利海盗"等阻碍创新的不法行为，依法支持知识产权侵权诉讼中被告以原告滥用权利为由请求赔偿合理开支，推进知识产权诉讼诚信体系建设。

❷ 参见最高人民法院（2021）最高法知民终 1353 号民事判决书。

❸ 徐卓斌，潘柏华. 恶意提起知识产权诉讼的构成要件［EB/OL］.（2024 – 01 – 11）［2025 – 04 – 15］. https：//ipc. court. gov. cn/zh – cn/news/view – 2722. html.

❹ 智通财经. 科创板上市委披露纵横股份意见落实函回复：专利诉讼事项不会对公司产生重大不利影响［EB/OL］.（2020 – 09 – 29）［2025 – 04 – 15］. https：//baijiahao. baidu. com/s?id = 1679161173531454433&wfr = spider&for = pc.

进展；②聘请专业机构对纵横股份全系列无人机产品进行技术鉴定，均不存在侵犯原告专利技术的情形；③不会对持续经营有影响（涉诉产品仅仅是全系列产品的其中一个）；④纵横科技实际控制人承诺如果败诉，将同意连带向纵横股份及其子公司予以全额赔偿。❶

最终，2021年1月，纵横科技获批在科创板上市。

综上所述，即使企业在IPO的进程中遭遇知识产权诉讼，一方面积极应对，进行不侵权抗辩、无效抗辩等方式应对诉讼；另一方面，针对IPO上市，企业可以通过充分披露诉讼进程、及时向证监会说明不会对持续经营有影响等方式应对，以期获得上市。

（供稿：张吉芸）

---

❶ 国泰君安证券股份有限公司. 关于成都纵横自动化技术股份有限公司首次公开发行股票并在科创板上市的发行注册环节反馈意见落实函的回复 [EB/OL]. (2020-12-31) [2025-04-15]. http://static.sse.com.cn/stock/information/c/202101/8aca49e546b1456d9871de5da4d81629.pdf.

57

越南软件著作权侵权诉讼之应对策略

该案涉及越南计算机软件著作权侵权及损害赔偿计算。原告为美国 P 公司，是 PTC Creo 软件和软件版本（Pro/ENGINEER、Pro/E W）的著作权所有者，中国苏州 Y 公司是原告美国 P 公司授权代理商和服务合作伙伴。

被告为越南 C 公司，其未经原告许可，复制使用了原告的 PTC Creo Parametric 3.0 计算机软件。

该案原告主张的计算机软件著作权是其在美国注册登记的 PTC Creo Parametric 3.0 版本软件，该软件著作权注册证书的编号为 TX 8-041-376。PTC Creo Parametric 3.0 是 P 公司开发的一款专业的 3D CAD 软件，主要用于产品设计和制造。

一、案情介绍

2019 年 3 月 12 日，越南跨部门检查组对被告的 34 台运行计算机进行检查发现，初步认定被告未经原告许可，复制使用了原告的 PTC Creo Parametric 3.0 计算机软件，并对其著作权相关行政违法行为进行了记录。

2019 年 3 月 15 日，越南跨部门检查组总督察发布检查结论，认定被告未经许可复制了多个著作权所有者的计算机软件作品，包括原告的 PTC Creo Parametric 3.0 计算机软件，如果著作权所有人想要解决计算机软件侵权问题需要自行谈判。

2019 年 3 月 18 日，被告授权代表的律师事务所向被告发送了信函，通知被告希望通过以下方式解决计算机软件侵权的问题：①购买原告 PTC Creo 软件模块；②2 年内接受原告的监督。

2019 年 3 月 26 日，被告公司代表及员工与原告公司代表及律师召开谈判会议，被告公司代表提出是员工的个人笔记本电脑使用了未经授权的 PTC Creo 软件而非公司电脑使用。因此，被告无须购买 PTC Creo 软件来解决此问题。

2019 年 4 月 3 日，原告代理律师事务所向被告发送了信函，告知被告关于原告的和解意见，用以解决被告侵犯原告计算机软件著作权的问题。该信函中律师事务所告知被告未经许可使用的 1 个 PTC Creo Parametric 3.0 软件副本的价值为 464860 美元，该金额也是原告请求法院解决时的诉赔金额。

2019 年 4 月 11 日，原告代理律师事务所向被告发送了信函，告知被告除原告外，还有其他属于软件企业联盟（The Software Alliance，BSA）的软件公司在被行政违法检查过程中发现被告使用了未经许可的软件。

尽管原告多次尝试联系被告以彻底解决软件侵权问题，但被告仍以没有使用 PTC Creo 软件为由，并且拒绝与其他属于软件企业联盟的成员公司解决侵权问题。原告多次通过说服、调解和谈判来解决争议，但被告仍然故意不配合解决此事。

因此，为了维护自身合法权益，原告根据越南知识产权法的相关条款向法院提起诉讼。

2020 年 9 月 30 日，越南平阳省人民法院作出判决支持了原告的部分请求。

2020 年 10 月 12 日，原告提起上诉。

2020 年 10 月 13 日，被告提起上诉。

2023 年 6 月 15 日，越南胡志明市高级人民法院作出判决驳回原告和被告的上诉，维持一审判决。

二、处理结果

越南平阳省人民法院支持了原告的部分请求，作出一审判决：①被告赔偿原告 5 亿越南盾（约 142875 元人民币）；②被告在越南至少 3 家主要报纸上连续 3 期公开道歉。

越南胡志明市高级人民法院作出二审判决：①驳回原告和被告的上诉，维持一审判决；②原告和被告各承担 200 万越南盾（约 571.5 元人民币）的上诉费。

三、要点分析

该案的主要争议焦点在于被告未经许可复制、使用原告计算机软件的行为是否构成侵权以及侵权赔偿损害计算的问题。法院在判决中较为清晰地阐明了判断的依据和要点。

（一）关于计算机软件著作权侵权的判定

关于该案计算机软件著作权侵权，原告主要依据两点：①其计算机软件 PTC Creo Parametric 3.0 已注册登记；②被告未经许可复制、使用了其计算机软件。因此，原告向法院主张被告的行为侵犯了其计算机软件著作权。一审法院和二审法院均支持了原告关于计算机软件侵权的请求,认定被告未经许可复制、使用原告计算机软件的行为构成侵权。

越南胡志明市高级人民法院认为,被告在行政机关的行政违法检查中对其侵权行为的承认并承诺改正的行为,其根据行政机关作出的行政处罚决定缴纳罚款且未提出任何异议或提起诉讼,以及跨部门调查组对其侵权行为的确认等相关信息和事实可以作为诉讼中的证据,用以证明侵权行为的存在和责任方的确认。因此,认定被告的行为侵犯了原告的计算机软件著作权。

(二)关于计算机软件著作权侵权赔偿的计算方式

根据越南知识产权法第205条第1款对于侵犯知识产权损害赔偿的规定,如果原告证明侵犯知识产权的行为对其造成了物质损失,原告有权请求法院根据下列理由之一确定赔偿金额。第一,权利人因侵权行为所遭受的总物质损失加上侵权人因侵权行为所获得的利润,如果权利人利润减少部分未计入在总物质损失中,该部分损失也会加入进去。第二,知识产权使用权的转让价格,假设侵权人合法获得了知识产权的使用权,其所需支付的转让价格。第三,如果根据本条前述两点无法确定物质损失的赔偿金额,法院将根据侵权的严重程度来确定赔偿金额,但赔偿金额不得超过5亿越南盾(约142875元人民币)。

越南胡志明市高级人民法院认为,原告负有证明侵权行为造成物质损失的举证责任,如果原告无法证明其实际物质损失,则无法按照原告的主张确定赔偿金额。

(三)关于原告主张的赔偿金额

该案中,原告主张的赔偿金额是基于其与第三方公司签订的为期3年的PTC Creo Parametric软件著作权,销售价格为2184019500越南盾(约620654.66元人民币)。

越南胡志明市高级人民法院根据原告提供的证据认为:①原告与第三方公司签订的合同并未明确原告为多少台计算机安装软件,安装的是整个PTC Creo Parametric套件还是部分组件,以及安装的是2016年版本还是之后版本;②发现被告仅有一台计算机在2018年8月1日至2019年3月5日大约7个月内安装和使用了2016版本的PTC Creo Parametric 3.0软件。

基于以上事实,越南胡志明市高级人民法院虽然认为被告存在侵权行为,但由于原告无法证明其实际发生的物质损失和合理的知识产权使用费用,因此无法支持原告主张的根据实际损失进行损害赔偿的请求,最终驳回原告的上诉请求。

四、启示借鉴

（一）了解越南计算机软件侵权赔偿金额的计算方式

根据越南知识产权法第 205 条第 1 款规定，确认了三种赔偿金额的方式：①权利人实际损失＋侵权人获得利润；②知识产权使用权的转让价格；③法定赔偿（不得超过 5 亿越南盾，约 142875 元人民币）。

1. 实际损失＋侵权人获得利润

根据越南知识产权法第 205 条第 1 款 a 项规定，如果原告能够证明侵权行为对其造成了物质损失，原告有权主张权利人实际损失＋侵权人获得利润来确定赔偿金额。

《中华人民共和国著作权法》第 54 条关于侵权赔偿规定，侵权人应当按照权利人因此受到的实际损失或者侵权人的违法所得给予赔偿。

对比中越两国法律，越南的计算机软件侵权赔偿金额既包括原告的实际损失，还包括被告获得利润，而我国是从原告的实际损失和被告获得的利润择其一。可见，越南计算机软件赔偿金额的范围更宽泛一些。

2. 知识产权使用权的转让价格

根据越南知识产权法第 205 条第 1 款 b 项规定，如果原告能够证明侵权行为对其造成了物质损失，原告有权主张知识产权使用权的转让价格来确定赔偿金额。

《中华人民共和国著作权法》第 54 条关于侵权赔偿规定，权利人的实际损失或者侵权人的违法所得难以计算的，可以参照该权利使用费给予赔偿。

对比中越两国法律，越南知识产权法中的知识产权使用权的转让价格和《中华人民共和国著作权法》中规定的权利使用费类似，但是二者在适用情形上略有不同。其中，越南上述的知识产权使用权的转让价格适用情形与权利人实际损失＋侵权人获得利润为并列关系，可选择其一。而我国权利使用费的适用情形是以实际损失或侵权人获得利润难以计算为前提。相较而言，越南在确定赔偿金额的选择上更加多样化。

3. 法定赔偿

根据越南知识产权法第 205 条第 1 款 c 项规定，如果原告能够证明侵权行为对其造成了物质损失，且无法依据该法第 205 条第 1 款 a 项、b 项规定确定赔偿金额的，法院可在不超过 5 亿越南盾（约 142875 元人民币）范围内享有自由裁量权。

《中华人民共和国著作权法》第 54 条关于侵权赔偿规定，权利人的实际损失、侵权人的违法所得、权利使用费难以计算的，由人民法院根据侵权行为的情节，判决给予 500 元以上 500 万元以下的赔偿。

对比中越两国法律，越南的法定赔偿仅规定了最高赔偿额 5 亿越南盾（约 142875 元人民币），法定赔偿的上限约 14.2 万元人民币也较我国法定赔偿的上限 500 万元人民币低很多。可见，我国对于计算机软件侵权案件在法定赔偿标准方面更高。

综上，我国企业应当对越南计算机软件侵权赔偿金额的计算方式有所了解，便于公平合理确定侵权损害赔偿金额。

（二）在越南遭遇计算机软件著作权侵权应对方法

当在越南遭遇计算机软件著作权侵权，如协商不成，权利人可考虑通过行政投诉维权。

近些年，越南知识产权纠纷案件日益增加，但最终通过诉讼解决的知识产权侵权案件并不多。根据相关数据显示，在 2023 年，越南有 644 起知识产权侵权案件以行政处罚的形式进行了处理，只有十几起知识产权纠纷最终是以诉讼的方式得到解决。❶ 可见，在越南知识产权侵权纠纷中，相对于诉讼方式，权利人更倾向于通过行政投诉来维护其权益。

同时，通过该案可以看到，法院直接依据行政机关在对被告进行检查时的行政违法记录及作出的行政处罚决定认定被告构成计算机软件著作权侵权，而并未再就被控侵权软件是否与原告软件构成相似进行判断。同样，在越南第 03/2023/KDTM – ST 号知识产权侵权纠纷案❷中，法院也是基于行政机关的行政违法记录及行政处罚决定认定被告侵犯了原告的计算机软件的著作权。可见，越南行政机关对著作权侵权行为的认定可以成为民事诉讼中法院认定构成侵权的直接依据，这也进一步说明，越南的行政投诉维权在计算机软件侵权纠纷的解决中能够起到重要作用。

相较于越南，我国的计算机软件著作权侵权案件中法院对侵权成立与否的认定则一般很难直接依据行政机关的决定作出。我国的民事案件以"谁主张、谁举证"的原则为基础，那么，在计算机软件著作权侵权案件中，原告对于证明侵权成立所要求的接触可能性 + 实质性相似负有初步的举证责任。只有在原告提交的证据能够初步证明侵权成立，而被告未能提交相反证据或者提交的相反证据不足以推翻侵权认定的情况下，法院才能作出侵权成立的认定。

---

❶ 中国保护知识产权网. 越南知识产权法院将为该国开展知识产权执法工作铺平道路 [EB/OL]. (2024 – 07 – 12) [2025 – 04 – 15]. https：//mp.weixin.qq.com/s?__biz = MzI0OTE3MDAyMg = = &mid = 2650029620&idx = 3&sn = 7cf5292ffc35c2471438ea317e0ac668&chksm = f1950f3dc6e2862bc5f49ec5ff3396a908a2d296ca675355b3025c44cefbe74e7cb1ccdc6165&scene = 27.

❷ 参见越南第 03/2023/KDTM – ST 知识产权侵权纠纷判决书。

例如，在北京某软件系统有限公司与北京某网安科技有限公司侵害计算机软件著作权纠纷一审民事判决书❶中，法院认为，在原告已经初步证明被诉侵权软件与著作权软件的实质性相似之后，为查明是否存在实质性相似，要求双方当事人提交源代码，以便进行更为深入的相似度比对。然而，经技术调查官现场勘验，被告提交的源代码与原告主张的被诉侵权软件相似度仅为50%，两者不具有同一性。因此，无法将其用于与著作权软件的相似性比对。被告无正当理由未能充分完成其举证责任，未能证明被诉侵权软件与著作权软件的实质性差异，应当承担举证不能的不利后果。最终法院认定被诉侵权软件与著作权软件构成实质性相似。

再如，在浙江某科技有限公司与浙江台州某机电有限公司等侵害计算机软件著作权纠纷民事二审民事判决书❷中，二审法院认为，通过对被诉侵权的自动橡筋机设备的操作界面与涉案软件运行后显示的操作界面进行对比，两者功能模块及排布基本相同，特别是被诉侵权软件运行后显示的隐藏暗门按钮以及错误信息亦与涉案软件相同，现有证据可以证明被诉侵权软件与涉案软件实质性相似的可能性大。鉴于被上诉人（原审原告）已经尽力举证，上诉人（原审被告）仍拒不提供被诉侵权软件源程序或目标程序，上诉人（原审被告）应当依法承担举证不能的不利后果。

可见，相较于我国的标准，越南法院在计算机软件著作权侵权案件中直接依据行政机关的行政决定认定侵权成立，实际上减轻了权利人在民事案件中的举证责任。同时，前期的行政违法记录和行政处罚决定在后续的民事侵权诉讼中，对于侵权的认定也具有重要的作用。因此，如果我国企业在越南遭遇计算机软件著作权侵权，注意保留相关证据后可与侵权方进行协商，如果协商不成，可考虑通过行政投诉来维护自己的合法权益。

（供稿：谢静　耿子慧）

---

❶ 参见北京知识产权法院（2018）京73民初661号民事判决书。
❷ 参见最高人民法院（2021）最高法知民终890号民事判决书。

58

美国合同纠纷之仲裁条款的应用

该案涉及美国合同纠纷的仲裁条款。涉案当事人分别为原告美国 BP 公司，被告美国 PC 公司、中国苏州 PC 公司、美国 TGA 公司和自然人 Huang。

美国 BP 公司主要生产 N 品牌的便携式照明设备和 B 品牌的有线照明设备。美国 PC 公司的业务活动主要集中在生产各类便携式和有线照明产品。中国苏州 PC 公司是美国 PC 公司的关联公司。

美国 TGA 公司由 Tim 成立，Tim 是原告的前雇员。美国 TGA 公司在 2006 年 1 月与原告签署制造商代表协议（manufacturer's representative agreement，MRA）后，开始作为原告的制造商代表。Huang 是中国 CMA 公司的董事长兼所有者，同时也是美国 PC 公司和中国苏州 PC 公司的主要股东。

原告和中国 CMA 公司于 2010 年 3 月 31 日签订了代工生产（OEM）协议。在该协议中，中国 CMA 公司及其关联方（与其有关联的企业、组织或个人，包括但不限于工厂、机构、子公司等）同意不会向全球市场销售、招揽订单或营销 OEM 产品，并列出了具体属于未经授权销售/营销的行为。如果 CMA 公司或其关联方违反协议，应停止侵权并赔偿原告损失。

另外，该 OEM 协议还包含了仲裁条款，任何争议都应首先通过协商解决，如无法达成一致，则提交给中国上海国际经济贸易仲裁委员会［上海国际仲裁中心（SHIAC）］进行仲裁。

一、案情介绍

2010 年 3 月 31 日，原告和中国 CMA 公司签订 OEM 协议，同意中国 CMA 公司为原告生产电子便携式照明产品。该 OEM 协议中约定不得向第三方销售 OEM 产品。

原告在 1998 年 7 月至 2005 年 12 月曾雇用 Tim 担任其客户经理。Tim 在为原告工作时的关键客户之一是美国 L 公司。在 Tim 离职后，其成立了美国 TGA 公司。2006 年 1 月 1 日，原告与美国 TGA 公司签订制造商代表协议，使用美国 TGA 公司作为制造商代表。

原告发现：①自2006年起，Huang通过中国CMA公司向中国国家知识产权局专利局申请并获得了9项关于原告OEM产品的外观设计专利。②美国PC公司采用了与原告使用的设计类似的装饰设计。③中国苏州PC公司从中国CMA公司接收其所制造的电子便携式照明产品，自称为这些商品的OEM（这些商品由美国PC公司使用、销售、进口和许诺销售）。④美国TGA公司通过不正当手段获得了原告的商业秘密（客户美国L公司的相关信息），作为美国PC公司和中国苏州PC公司的代理商，向美国L公司销售OEM产品。

2019年9月9日，原告提起诉讼，其具体主张包括：①就销售OEM产品的行为，针对美国PC公司、中国苏州PC公司和Huang提出了美国商标权、不正当竞争和商业外观侵权的主张；②对所有被告提出违反美国得克萨斯州统一商业秘密法（Texas Uniform Trade Secrets Act）和违反保护商业秘密法（Defend Trade Secrets Act）的主张；③两项违反合同的主张：一是Huang违反了中国CMA公司与原告所签订OEM协议中的"商业秘密"条款；二是美国TGA公司违反了其与原告所签订MRA中"机密信息"部分规定的义务。

2019年12月6日，根据OEM协议的仲裁条款与原告进行协商后，中国CMA公司、美国PC公司和中国苏州PC公司向上海国际仲裁中心提起仲裁，后续还提交了补充仲裁请求，声称该请求涵盖了原告在此案中提出的全部主张。

2019年12月31日，被告提出驳回诉讼的动议。

2020年2月17日，上海国际仲裁中心成立仲裁庭，并接受了所有补充仲裁请求。

2020年2月28日，原告向上海国际仲裁中心提交了针对中国CMA公司的仲裁申请。上海国际仲裁中心启动了原告提起的仲裁。

2020年3月20日，原告提交修改后的诉状。

2020年4月10日，所有被告提交首次修正动议，要求驳回诉讼并强制仲裁。

2020年5月12日，法院针对被告的上述动议举行了庭审，并于2020年5月21日作出裁决。2020年6月6日，上海国际仲裁中心安排仲裁听证会。

二、处理结果

原告主张美国PC公司及其相关实体商标权侵权、不正当竞争、商业秘密侵权及合同违约，要求法院予以判决。而被告美国PC公司及其相关实体则以OEM协议中包含仲裁条款为理由，要求法院驳回诉讼并强制仲裁。

对此，法院认为，虽然OEM协议的唯一签署方是原告与中国CMA公司，但因为协议中明确提及中国 CMA 公司的关联方亦纳入协议约束范围（包括仲裁条款），所以即使被告并非协议的签字方，仲裁条款仍适用所有被告。

法院还认为，OEM 协议中的仲裁条款范围足够宽泛，涵盖了原告所提出的所有主张，包括商标侵权、不正当竞争、商业秘密侵权和合同违约。即使原告的部分主张并非直接基于 OEM 协议，但由于其与协议内容密切相关，且原告在仲裁申请中承认其主张与该 OEM 协议"密不可分"，因此被告可以依据该 OEM 协议中的仲裁条款强制仲裁。

最终，法院驳回了原告的诉讼请求，并要求所有争议提交仲裁。

三、要点分析

（一）相关仲裁条款及其适用原则

原告主张，中国 CMA 公司及其关联方向第三方出售或提供 OEM 产品，尤其是将其销售给原告现有或潜在的客户，是未经授权的销售或营销行为。对此，被告根据美国联邦民事诉讼规则第 12 条第（b）款（1）项或第 12 条第（b）款（3）项的规定，以仲裁条款为由要求驳回诉讼，或暂时搁置争议。

双方就以下两点产生争议：①OEM 协议中规定的仲裁条款范围是否包括该案当事人——原告是 OEM 协议的签署方，而被告不是；②该仲裁条款的范围是否包括原告提出的诉讼主张。

法院认为：由于原告是 OEM 协议的签署方，并且在协议中明确规定了仲裁条款，证明原告已考虑到中国 CMA 公司的关联人及关联公司（协议中所述"其他企业、组织或个人"）不仅会遵守 OEM 协议，而且会对违反 OEM 协议的行为负责。因此，仲裁条款本身可以被解释为适用于所有中国 CMA 公司的关联方。

根据中国相关法律文件的规定，美国 PC 公司和中国苏州 PC 公司与中国 CMA 公司有直接联系，并受其控制。原告没有否认这一事实，但认为美国 TGA 公司是一家独立承包商，不属于中国 CMA 公司的关联公司。然而，由于原告在其修正后的诉状中将美国 TGA 公司列为美国 PC 公司和中国苏州 PC 公司的代理商，因此美国 TGA 公司也被视为中国 CMA 公司的关联公司。

而 OEM 协议规定"任何争议……应提交仲裁"，该条款本身很容易被视为包含了所有可能的争议，即使没有直接提及具体的纠纷或纠纷事项，也适用该仲裁条款。因此，被告有权强制执行该仲裁条款。

（二）直接利益禁反言及交织诉求禁反言原则

法院还以第二个独立原因批准了被告关于强制仲裁该案的动议：在直接利益禁

反言（direct-benefits estoppel）和交织诉求禁反言（intertwined-claims estoppel）原则之下，OEM 协议的非签署方也可以通过仲裁条款来强制执行仲裁。

1. 直接利益禁反言

所述直接利益禁反言原则旨在保护合同的整体性，确保那些享受了合同利益的人不能在需要履行合同义务时逃避责任（例如仲裁条例）。

具体来说，如果诉讼当事人主张：①仅来源于合同；②必须参照合同来确定，则该主张被认为是"基于合同"。如果诉讼当事人提出至少一个基于合同的主张，那么所有的主张，无论是侵权主张还是涉及合同的主张，都必须提交仲裁。这一规则的基础在于公平性，即如果一方试图避免有效的仲裁条款，那么该方必须放弃那些可能有权提出的但会导致仲裁程序启动的涉及合同的主张。

在该案中，由于原告提起的违约主张是基于 OEM 协议的，因此必须依据协议中的仲裁条款提交仲裁。

2. 交织诉求禁反言

交织诉求禁止反言原则通常适用于涉及仲裁协议的合同纠纷，其要点在于，当一个非签署方被告与签署方之一有"紧密关系"，且原告的主张"与基础合同义务紧密相关并交织在一起"时，法院会强制进行仲裁。❶

换句话说，如果当事人、合同和争议之间存在"密切联系"而纠缠在一起，那么其可能被要求遵守合同中的仲裁条款，即使当事人没有正式签署该合同。在实践中，当多个相关联的诉讼案件涉及同一份合同义务时，法院可以依据该理论要求当事人进行仲裁，以避免当事人一方"战略性地规避仲裁"。

法院发现：①Huang 是中国 CMA 公司的董事长及所有人，也是美国 PC 公司和中国苏州 PC 公司的主要股东。虽然原告在答辩中声称美国 TGA 公司是一家独立承包商，但在其后续的修正诉状中将美国 TGA 公司列为美国 PC 公司和中国苏州 PC 公司的代理商。因此，所有被告都与 OEM 协议的签署方中国 CMA 公司有着密切的关系。②原告的所有主张均涉及中国 CMA 公司及其关联公司必须遵守的 OEM 协议义务，即不得对 OEM 产品进行任何"未经授权的销售或标记"。由于当事人、OEM 协议和争议之间存在"密切联系"，因此相互交织。所以，法院认为被告有权依据交织诉求禁反言原则，要求原告进行 OEM 协议下的仲裁。

综上，原告的所有主张应受 OEM 协议中有关仲裁条款管辖。法院驳回了原告的诉讼请求，要求强制仲裁。

---

❶ *JLM Indus., Inc. v. Stolt-Nielsen SA*, 387 F.3d 163, 177 (2d Cir. 2004).

四、启示借鉴

（一）仲裁特点及中美仲裁之比较

在跨国合同的缔结中，选择适用的法律和确定司法管辖区是至关重要的一环。这不仅关乎合同的解释与执行，而且是解决潜在法律纠纷的关键。在选择过程中，中国企业需综合考量各国的法律环境、仲裁与诉讼的效率，以及裁决的承认与执行情况。选择对己方有利的司法管辖区和纠纷解决方式，能够在争议发生时获得更有效的法律救济。

仲裁作为一种替代传统诉讼的争议解决方式，具有显著的时间和费用优势。与法院诉讼相比，仲裁程序通常更加快捷且灵活。仲裁员的专业背景和丰富经验使其能够更有效地处理技术性较强的争议，如复杂的商业合同、知识产权和技术转让等问题。仲裁过程的保密性是其另一大优势，这对于保护企业的商业秘密和维护企业声誉至关重要。与公开的法院审理不同，仲裁通常是非公开的，这意味着涉及的商业敏感信息和企业内部事务不会被公开。对于需要保护其商业秘密或避免负面公众关注的企业而言，这一特性尤为宝贵。

在该案中，各方一致同意，OEM协议中的仲裁条款受《承认及执行外国仲裁裁决公约》（以下简称《纽约公约》）的约束，其立法基础在很大程度上借鉴了美国联邦仲裁法（Federal Arbitration Act，FAA）。在中国，仲裁的相关事宜在《中华人民共和国仲裁法》中得到了明确的规定。随着商业活动的日益频繁，中国企业越来越乐于采用仲裁手段来解决纠纷。中美两国在仲裁方面的差异简要对比如表1所示。

表1 中国和美国仲裁差异之简要对比

方面	中国	美国
相关法律	《中华人民共和国仲裁法》	美国联邦仲裁法及相关州法律
仲裁机构	有多个官方认可的仲裁机构，如中国国际经济贸易仲裁委员会（China International Economic & Trade Arbitration Commission，CIETAC）、地方仲裁委员会	美国仲裁协会（American Arbitration Association，AAA）、国际争议解决中心（International Centre for Dispute Resolution，ICDR）等
仲裁程序	较为灵活，但受《中华人民共和国仲裁法》严格规定	高度灵活，允许当事人自行决定程序规则

续表

方面	中国	美国
裁决执行	根据《纽约公约》在中国执行外国仲裁裁决，需向中级人民法院提出申请	根据《纽约公约》，在美国执行外国仲裁裁决，可向地区法院提出申请
仲裁裁决的效力	一裁终局，仲裁裁决作出后立即生效（参见《中华人民共和国仲裁法》第57条）	仲裁裁决作出后具有约束力，但当事人可向法院起诉（参见美国联邦仲裁法第10~11条）
费用	较低，费用相对固定	费用较高，依案件复杂度和仲裁员收费标准而定

（二）仲裁地的选择

在实践中，企业在合同起草时，明确仲裁条款和管辖区选择是至关重要的。首先，仲裁条款应清晰明确地规定争议解决的方式、适用的仲裁机构及仲裁规则。这样可以避免因条款不明确而引发的法律纠纷。其次，选择管辖区时，应考虑各司法辖区对仲裁的态度、法律的稳定性以及裁决的可执行性。可选择如下中立且仲裁友好的第三方，可以确保仲裁裁决更易于执行。

1. 香港国际仲裁中心（Hong Kong International Arbitration Centre，HKIAC）

该中心提供国际和国内的商事仲裁服务，包括争端解决机制的选择、仲裁员的提名和指定、案件管理以及裁决的确认和执行等。除了仲裁服务，HKIAC还提供调解服务，帮助当事人通过非对抗性的协商方式解决争议。作为亚洲的金融和商业枢纽，中国香港特别行政区是国际仲裁的理想之地。双语和多元文化的融合、丰富的法律和仲裁人才资源，使HKIAC在处理跨文化商事争议方面具有独特的优势，确保了高水准的仲裁服务。

特别是执行方面，可参考我国某认可和执行仲裁案件。❶ 该案是2家公司因国际货物买卖合同而产生的争议。2家公司通过电子通信方式进行了合同草案的磋商，其中4份合同草案均包含了提交HKIAC仲裁的条款。尽管B公司未对仲裁条款提出异议，但后来以合同未成立为由拒绝接货，并在A公司申请执行HKIAC已作出的仲裁裁决时，主张不存在仲裁协议且认可和执行该仲裁裁决违背社会公共利益，请求不予认可和执行。

浙江省杭州市中级人民法院在审理此案时，依据《最高人民法院关于内地与香

---

❶ 参见浙江省杭州市中级人民法院（2021）浙01认港1号民事裁决。

港特别行政区相互执行仲裁裁决的安排》《最高人民法院关于内地与香港特别行政区相互执行仲裁裁决的补充安排》的相关规定，认为应适用香港法律对仲裁协议的成立进行审查。法院结合双方磋商过程中的行为，认定双方已就仲裁条款达成合意，具有法律效力。不论双方是否形成合法有效的交易合同，均不影响该仲裁条款的效力。最终，法院裁定认可和执行涉案仲裁裁决。

2. 新加坡国际仲裁中心（Singapore International Arbitration Centre，SIAC）

该中心以其高效管理和广泛的国际仲裁员资源闻名，成为全球争议解决的热门选择。SIAC 主要解决建筑工程、航运、银行和保险等方面的争议，但也受理广泛的国际和国内商事法律争议案件。新加坡法院对仲裁持支持态度，并且仲裁裁决的国际执行力强，这些因素极大地提升了新加坡作为全球仲裁中心的吸引力。

（三）仲裁条款的起草

在跨国合同中，尤其在涉及多个关联方时，精心起草仲裁条款显得尤为重要。

第一，仲裁条款应明确涵盖所有可能参与合同履行的关联方。这不仅包括直接签署合同的各方，而且应包括其母公司、子公司、关联公司及其代表、员工和继任者。通过明确列出这些关联方，可以确保所有相关方均受仲裁条款的约束，从而避免因某一方未被包括在内而引发法律纠纷。例如，可以这样表述："本仲裁条款适用于合同双方及其各自的关联公司、继任者、受让人、代表、员工和代理人。"

第二，仲裁条款应明确界定哪些类型的争议属于仲裁范围。例如，条款可以规定："任何因合同引起或与合同有关的争议、索赔或纠纷，包括但不限于合同的解释、履行、违约、终止或有效性问题，均应提交仲裁"，从而确保所有与合同相关的争议都明确地属于仲裁范围。

（四）知识产权案件诉讼和仲裁的选择

在国际商业活动中，涉及知识产权纠纷时，如何选择适合的争议解决方式至关重要。诉讼和仲裁作为两种主要的纠纷解决途径，各有其独特的优劣，海外主体在面临知识产权争议时应根据自身情况及具体案件进行选择。

第一，诉讼是较为传统的纠纷解决方式。它由国家司法机关主持，法院判决具有强制力，并且公开透明。在知识产权案件中，诉讼的优势在于法院有权力发布强制性禁令和大额赔偿，特别是在知识产权侵权涉及商业秘密或专利侵权时，法院的判决能够对侵权方产生足够的威慑力。然而，跨国诉讼的程序复杂且耗时长久，尤其在多个司法辖区同时进行诉讼时，费用高昂且程序烦琐，这给企业带来较大负担。

第二，仲裁因其灵活性、保密性和效率成为解决国际知识产权纠纷的重要手段之一。仲裁允许当事人自行选择仲裁员，仲裁员的专业背景可以更好地处理技术性强的知识产权案件。此外,仲裁程序相较于诉讼更为快捷且保密性强,能够有效保护商业秘密,避免企业形象受损。同时,仲裁裁决根据《纽约公约》在全球范围内有较高的执行力,尤其是在与仲裁条款相关的商业合同中,其执行力尤为明显。

然而,仲裁也有其局限性。仲裁的裁决无法像诉讼一样发布强制性禁令,仲裁员也无权对刑事性质的知识产权侵权行为作出裁定。此外,对于复杂案件仲裁费用也同样高昂,尤其是对于中小企业来说,成本可能超出其预期。

在选择知识产权纠纷的解决方式时,中国企业应充分考虑诉讼和仲裁的优劣,根据具体案件和商业需求作出合理决策。如果涉及跨国知识产权合同,应在合同条款中明确规定双方权利义务、争议解决方式和管辖地,以降低日后纠纷处理的复杂性和成本。通过合理选择争议解决机制,企业能够更好地保护其知识产权,提升国际市场竞争力并稳步发展。

(供稿:邵晖)

59

美国商业秘密侵权应诉策略之反诉

该案涉及美国商业秘密侵权及反诉的诉讼纠纷。商业秘密侵权案的涉案当事人分别为原告美国 AL 公司，以及被告一美国 LBI 公司及其关联公司（被告三美国 TB 公司、被告四中国苏州 TB 公司）及相关个人［被告二王某、被告五李某、被告六斯蒂芬·吉里斯（Stephen Gillies）］。

在商业秘密侵权诉讼中，原告美国 AL 公司指控被告的 Ablink 平台侵犯其酵母细胞表达平台的商业秘密。针对该商业秘密侵权诉讼，被告反诉原告及其前 CEO 提尔曼·根格罗斯（Tillman Gerngross）恶意诉讼，构成侵权干预（Tortious Interference）和美国马萨诸塞州一般法（Massachusetts General Laws）规定的不公平或欺骗性行为（unfair or deceptive act or practice）。

一、案情介绍

2020 年，原告美国 AL 公司向美国马萨诸塞州高级法院提起商业秘密侵权诉讼❶，提供的证据包括：①指控被告二王某盗用商业秘密帮助被告一美国 LBI 公司进行平台开发（但实际并没有提供具体证据）。②原告美国 AL 公司起诉后，被告一美国 LBI 公司的联合创始人被告五李某于 2021 年 1 月在中国苏州成立被告四苏州 TB 公司。2021 年 6 月，被告一美国 LBI 公司开始为被告四苏州 TB 公司提供抗体研究服务。③2022 年 1 月，被告四苏州 TB 公司成立了全资子公司被告三美国 TB 公司，购买了被告一美国 LBI 公司的大部分资产，完成了被告一美国 LBI 公司资产和员工的转移。之后被告一美国 LBI 公司停止运营。④2022 年 9 月，被告一美国 LBI 公司通过许可协议将其酵母表达平台免费转让给被告三美国 TB 公司。

基于前述事实，原告美国 AL 公司指控被告侵犯其商业秘密，指控包括：①其前员工（被告二）王某窃取了其商业秘密，并利用商业秘密帮助被告一美国 LBI 公司

---

❶ 该案案号为 2084CV00843－BLS2。

开发其抗体表达平台；②被告一美国 LBI 公司使用并将原告美国 AL 公司的技术转移给被告三美国 TB 公司，为其母公司（被告四）中国苏州 TB 公司谋取利益；③被告五李某及被告六 Stephen 在被告三美国 TB 公司和被告四中国苏州 TB 公司收购获得原告美国 AL 公司商业秘密的过程中负有责任。

针对原告美国 AL 公司提起的商业秘密侵权诉讼，被告否认其侵犯原告的商业秘密，并提起反诉，指控原告故意提起明知毫无根据的诉讼，意在威慑潜在的投资方和客户，以阻止被告与其竞争，给被告造成了损害。反诉理由包括：①原告美国 AL 公司的诉讼行为构成对被告一美国 LBI 公司和被告三美国 TB 公司业务关系的侵权干预；②违反美国马萨诸塞州一般法第 93A 条第 11 款的规定，构成不公平或欺骗性行为。

针对被告的反诉，原告美国 AL 公司提出动议，请求法院驳回被告的反诉。

被告四中国苏州 TB 公司以缺乏属人管辖为由提出动议，请求法院驳回原告的商业秘密侵权诉讼。

2023 年 5 月 25 日，法院作出裁决和命令，部分驳回了原告美国 AL 公司的动议。2023 年 12 月 21 日，原告美国 AL 公司宣布双方达成和解协议并撤诉，双方均不承担任何责任。[1]

二、处理结果

在 2023 年 5 月 25 日的裁决和命令中，法院决定：①驳回原告美国 AL 公司请求的驳回被告关于侵权干预和美国马萨诸塞州一般法第 93A 条第 11 款不公平或欺骗性行为的反诉的动议；②批准原告美国 AL 公司请求驳回被告二王某反诉中关于违反竞业禁止协议的动议（王某在其反诉中指控原告违反竞业禁止协议，但其提供的相关事实未能合理证明其因原告违反协议而遭受了可救济的损害）；③允许被告对反诉进行修改，补充关于原告美国 AL 公司前 CEO 实质恶意（actual malice）的相关证据；④驳回被告四中国苏州 TB 公司关于管辖权异议的动议。理由如下：一是被告与管辖地区存在接触。该案被告位于美国马萨诸塞州，且有目的地利用该州法律开展经营活动。二是原告的诉讼请求源于或与被告与管辖地区的接触相关。三是对被告行使管辖权不违背公平竞争与实质正义的要求。

---

[1] METER G V. Adimab Announces Successful Resolution of Lawsuit Brought Against Linked Up Bioscience and Tianti Biotherapeutics [EB/OL]. (2023 – 12 – 21) [2025 – 02 – 14]. https://adimab.com/press – release/adimab – announces – successful – resolution – of – lawsuit – brought – against – linkedup – bioscience – and – tianti – biotherapeutics/.

三、要点分析

该案涉及商业秘密侵权诉讼中的诉讼行为是否构成侵权干预及违反美国马萨诸塞州一般法第93A条第11款规定的不公平或欺骗性行为，以及被告的反诉是否违反"反针对公众参与的策略性诉讼"（anti-SLAPP）法规及马萨诸塞州民事诉讼规则（Massachusetts Rules of Civil Procedure）第12（b）（6）条的规定。

其中，关于anti-SLAPP法规，美国马萨诸塞州一般法第231条第59H款规定，任何针对一方基于美国或美国马萨诸塞州的州宪法行使其诉愿权的诉讼、反诉或交叉诉讼，该方均可提出动议请求法院驳回该诉讼、反诉或交叉诉讼。法院应当批准此类动议，除非提起该诉讼、反诉或交叉诉讼的另一方能够证明：①动议方行使其诉愿权缺乏合理的事实依据和法律依据；②动议方的行为对另一方造成了实际损害。

该案中，法院认定原告美国AL公司的商业秘密侵权指控缺乏合理的事实依据或法律依据，并且给被告造成了实际损害，驳回了原告美国AL公司的动议请求。具体依据如下。

第一，原告声称被告侵犯商业秘密，但未证明被告—美国LBI公司知道或应当知道其参与盗用原告的商业秘密，因此其侵犯商业秘密的主张缺乏合理的事实依据。

第二，原告未能证明涉案抗体表达平台属于其商业秘密。

第三，已有证据表明被告因原告的起诉行为，失去了潜在投资方和客户，潜在投资方和客户的流失构成实际损害。

此外，在美国的知识产权诉讼中，当一方提起诉讼或反诉时，往往会遭到如该案中另一方基于anti-SLAPP法规提出动议的情形，这时诉讼的大部分或部分程序（可能包括证据开示程序）将被暂停，等待法院对该动议的决定结果，如果被法院认定提起诉讼或反诉行为构成如该案中涉及的"针对公众参与的策略性诉讼"（SLAPP）恶意行为，可能导致不利判决，但不同州法院对于anti-SLAPP的相关规定和审查标准也存在差异。这也是中国企业在美国进行知识产权维权和应诉时，应当尤其注意的一个方面。

截至2024年7月，美国已有包括马萨诸塞州在内的35个司法管辖区（34个州和哥伦比亚特区，具体见表1）制定并通过了anti-SLAPP的相关法规，已有9个州（表中标*部分）颁布了统一公共表达保护法（Uniform Public Expression Protection Act，UPEPA）。另外，西弗吉尼亚州（West Virginia）虽然没有颁布anti-SLAPP相关法规，但该州最高法院在 *Harris v. Adkins* 案［432 S. E. 2d 549（W. Va. 1993）］中也支持了诉愿权的保护。

表1 美国制定 anti-SLAPP 相关法规之司法管辖区

序号	司法管辖区	序号	司法管辖区
1	亚利桑那州（Arizona）	19	明尼苏达州（Minnesota）*
2	阿肯色州（Arkansas）	20	密苏里州（Missouri）
3	加利福尼亚州（California）	21	内布拉斯加州（Nebraska）
4	科罗拉多州（Colorado）	22	内华达州（Nevada）
5	康涅狄格州（Connecticut）	23	新泽西州（New Jersey）*
6	特拉华州（Delaware）	24	新墨西哥州（New Mexico）
7	哥伦比亚特区（District of Columbia）	25	纽约州（New York）
8	佛罗里达州（Florida）	26	俄克拉何马州（Oklahoma）
9	佐治亚州（Georgia）	27	俄勒冈州（Oregon）*
10	夏威夷（Hawaii）*	28	宾夕法尼亚州（Pennsylvania）*
11	伊利诺伊州（Illinois）	29	罗得岛州（Rhode Island）
12	印第安纳州（Indiana）	30	田纳西州（Tennessee）
13	堪萨斯州（Kansas）	31	得克萨斯州（Texas）
14	肯塔基州（Kentucky）	32	犹他州（Utah）*
15	路易斯安那州（Louisiana）	33	佛蒙特州（Vermont）
16	缅因州（Maine）*	34	弗吉尼亚州（Virginia）
17	马里兰（Maryland）	35	华盛顿州（Washington）*
18	马萨诸塞州（Massachusetts）		

四、启示借鉴

在美国知识产权诉讼中，面对侵权诉讼甚至不正当侵权指控时，中国企业积极抗辩主张己方正当权利的同时，还可以主动提起反诉对抗原告的诉讼请求，在诉讼中赢得主动权。

一方面，中国企业应充分利用相关法律和有利事实提起反诉，争取有利判决。如该案中的被告在反诉指控原告诉讼的行为构成侵权干预及违反美国马萨诸塞州一般法第93A条第11款规定的不公平或欺骗性行为。

在原告美国GC公司与被告美国SI公司及4名个人被告的剃须刀专利侵权纠纷案中，4名个人被告从原告美国GC公司离职后，入职被告美国SI公司并申请了多项剃须刀相关专利，原告美国GC公司提起诉讼指控美国SI公司及该4名个人被告侵犯其商业秘密。美国SI公司提起反诉，提交其商业活动、与4名个人被告的关系、产品开发过程以及因美国 GC 公司诉讼所遭受的实际损害等方面的证据，指控原告美国 GC 公司故意提起无根据的诉讼，故意干扰业务关系。法院认定原告美国 GC 公司因缺乏合理事实依据，给美国 SI 公司带来了实际损害，最终驳回了原告公司对美国 SI 公司等被告的所有指控，支持了美国 SI 公司的反诉请求。

另一方面，除了在遭遇诉讼后提起反诉，中国企业也可以采用其他策略，以最大化己方利益。

第一，提前进行知识产权布局，充分利用自有专利，主动发起反击。

在美国基因测序 II 公司与中国深圳 HD 公司的全球系列专利诉讼纠纷中，涉及德国、美国、英国、瑞典、瑞士、丹麦、芬兰、土耳其等多个国家，作为反击，中国深圳 HD 公司凭借其早期布局的双色测序相关的两项核心技术专利 US9222132B2、US10662473B2，在美国提起专利侵权诉讼并积极搜集对方故意侵权的证据，同时成功无效宣告美国 II 公司反诉中提出的相关专利，为其在美国的胜诉增加了筹码。美国的法院在历时十天庭审后，陪审团最终判决美国 II 公司构成故意专利侵权并赔偿中国深圳 HD 公司 3.338 亿美元。

第二，充分评估诉讼策略可行性及诉讼成本，抢占诉讼时机和管辖法院。

在中国的司法实践中，当面临知识产权侵权指控时，企业积极利用有利因素主动出击，选择对己方有利的管辖法院抢占诉讼时机，优先提起确认不侵权及损害赔偿之诉等积极的诉讼策略，也至关重要。日本 HMCL 公司与中国石家庄 SH 公司关于外观设计专利权纠纷系列案，就是充分利用有利事实成功反击的典型案例，最高人民法院在（2014）民三终字第 7 号的确认不侵犯外观设计专利权及损害赔偿案中，维持了河北省高级人民法院作出的专利不侵权认定，同时认定日本 HMCL 公司构成不正当竞争。对于日本 HMCL 公司构成不正当竞争侵权的关键，在于其多次向中国石家庄 SH 公司及其经销商发送警告函的两个阶段，具体如表 2 所示。

表 2 警告函发送之两阶段相关信息

阶段	事件发生时间	警告函发送对象/起诉
一阶段	2003 年 9 月 18 日至 10 月 8 日	石家庄 SH 公司
	2003 年 9 月 18 日至 9 月 24 日	L 公司、X 公司（石家庄 SH 公司经销商）
二阶段	2003 年 10 月 15 日	石家庄 SH 公司（定型设计仍侵权）
	2003 年 10 月 16 日	石家庄 SH 公司起诉（不侵权之诉）
	2003 年 11 月 24 日	日本 HMCL 公司起诉
	2004 年 1 月 9 日	石家庄 SH 公司十余家经销商（北京、新疆、珠海、天津、深圳、广东、湖南、昆明、南京）

特别是在第二阶段，日本 HMCL 公司在双方起诉后，未经法院判定侵权且没有进一步证据证明存在侵权事实的情况下，继续扩大发送内容不明确的警告函，还利用公共媒体等途径散布侵权言论等行为，远超过单纯的维权行为，构成滥用专利权，损害竞争对手的合法权益。

针对日本 HMCL 公司的行为，中国石家庄 SH 公司主动发起专利不侵权之诉，选择对自身有利的管辖法院起诉，抢占诉讼时机，降低维权成本，最终获得法院支持，在这场专利侵权博弈中赢得了主动。

（供稿：徐红）

60

荷兰不正当竞争案之"奴隶式模仿"的认定

该案涉及荷兰不正当竞争案件的"奴隶式模仿"的认定。涉案当事人包括原告J&J公司（总部在美国，该案原告是其荷兰子公司），以及作为共同被告的中国江苏FH有限公司和荷兰FH有限公司（统称"FH公司"）。

一、案情介绍

2016年，FH公司开始在荷兰市场销售其产品，并称其产品可以与J&J公司的产品组合使用。

2017年8月3日，J&J公司向FH公司发出停止销售通知，声称FH公司的产品侵犯了其Ethicon产品的著作权，并且是Ethicon产品的"奴隶式模仿"。

2017年10月16日以及11月3日，FH公司发表声明，停止销售相关产品，具体涉及特定产品编号1、3、6和7。

2018年2月21日和5月22日，J&J公司向荷兰健康护理和青少年监察局（Inspectie Gezondheidszorg en Jeugd，IGJ）提出调查和执行请求，指控FH公司在推广其产品时提供了不准确的信息。具体情况为：J&J公司认为FH公司在推广其Cartridges产品（一种外科手术用的缝合器械）时，向客户传达了该产品可以与J&J公司的Ethicon产品（另一种缝合器械）组合使用，并且符合欧盟要求的信息，但实际上，FH公司没有进行相应的临床评估。

2018年10月19日，IGJ在作出的决定中拒绝了J&J公司的执行请求。理由是FH公司已经向IGJ表明，其Cartridges产品和Ethicon产品的组合已不再在荷兰医院中使用，并且FH公司决定在获得临床评估结果之前暂停在荷兰市场上推广上述产品组合。IGJ认为，基于这些信息，不再存在对客户或护理安全构成严重威胁的情况，没有必要进一步调查FH公司的推广行为。

尽管IGJ拒绝了J&J公司的请求，J&J公司仍然通过提起诉讼继续追求其主张，具体情况如下。

(一) 一审程序

2018年10月21日,J&J公司在荷兰鹿特丹地方法院提起诉讼,声称FH公司侵犯其知识产权,并提出如下请求。❶

① 要求FH公司立即停止侵犯J&J公司的知识产权,特别是停止销售、生产、分销和推广被指控为"奴隶式模仿"Ethicon产品的相应产品。

② 要求FH公司召回所有已经销售的涉嫌侵权的产品。

③ 要求FH公司提供一份详细的报告,列出所有涉嫌侵权的产品的销售情况,以及这些销售所带来的利润。

④ 要求FH公司支付损害赔偿,以补偿J&J公司因其侵权行为所遭受的损失。

⑤ 要求FH公司支付诉讼费用,包括J&J公司为该案支付的律师费和其他相关费用。

2019年3月27日,荷兰鹿特丹地方法院通过邮件确定了双方的比较证据(comparative evidence)。

2019年6月6日,J&J公司提交了修改诉讼请求的申请。

2019年7月3日,荷兰鹿特丹地方法院举行了听证会,以讨论双方当事人的比较证据。

2019年11月12日,FH公司对听证会记录提出了意见,并提供了额外的停止销售声明,涉及产品编号5、8和9。

2020年4月22日,荷兰鹿特丹地方法院作出判决,支持了J&J公司的主张,认为FH公司的产品构成了对Ethicon产品的"奴隶式模仿",并且在销售这些产品时违反了医疗设备法规。

(二) 二审程序

FH公司不服上述一审判决,向荷兰海牙上诉法院(Gerechtshof Den Haag)提起上诉。❷

2020年7月20日,FH公司向荷兰海牙上诉法院提起上诉,要求撤销一审判决,并要求J&J公司支付诉讼费用。

2021年11月8日,荷兰海牙上诉法院举行听证会,双方律师在听证会上根据书面诉状进行了案件说明。其间,J&J公司在听证会上撤回了部分关于著作权侵权的请求。

---

❶ 该案案号为ECLI:NL:RBROT:2020:3961。
❷ 该案案号为ECLI:NL:GHDHA:2022:633。

2022年3月29日，荷兰海牙上诉法院作出该案的最终判决，驳回了FH公司的上诉理由，并维持了一审法院的判决。

二、处理结果

（一）一审判决结果

荷兰鹿特丹地方法院于2020年4月22日作出了一审判决，接受了J&J公司的主张和证据，认定FH公司的产品对J&J公司的产品进行了"奴隶式模仿"，并违反了医疗器械的相关法律法规。判定FH公司停止销售和推广相关产品，并对已销售产品进行召回，同时承担相关费用（包括损失赔偿、诉讼费用等）。

（二）二审判决结果

荷兰海牙法院于2022年3月29日作出了二审判决，驳回了FH公司的上诉理由，认为FH公司的产品与J&J公司的产品过于相似，足以引起公众混淆，且FH公司在没有进行必要的临床评估的情况下推广其产品与J&J公司产品组合使用，违反了医疗设备法规。

荷兰海牙法院命令FH公司停止销售侵权产品，并召回已经销售的产品。同时，荷兰海牙法院判决FH公司赔偿J&J公司因其侵权行为所遭受的损失，具体的赔偿金额在后续的损害评估程序中确定。

另外，荷兰海牙上诉法院判定FH公司支付J&J公司的法律费用，金额为4102欧元；❶ 判定J&J公司支付FH公司在上诉中部分法律费用，金额为46189.74欧元。❷

三、要点分析

该案涉及医疗器械领域"奴隶式模仿"的侵权判定，原告J&J公司基于荷兰著作权法和反不正当竞争法主张被告FH公司"奴隶式模仿"了其产品，并进行

---

❶ 根据决定记载，FH公司支付J&J公司的法律费用是根据荷兰的诉讼费用标准计算的。具体费用为3342欧元，加上760欧元的法院手续费，总计4102欧元。

❷ 根据决定记载，J&J公司支付FH公司在上诉中部分法律费用是基于荷兰民事诉讼法典中的第1019条第h款计算的。具体情况为：法院估计J&J公司在上诉中花费的时间是FH公司在上诉中花费时间的1/4。因此，J&J公司应支付费用是FH所计算的总费用（219210.46欧元）的1/4，即54802.62欧元。由于该数额超过了荷兰海牙法院对于普通案件的最高费用限额（20000欧元），因此法院将费用调整到该最高限额。加上专家费用和预付费用（26189.74欧元），总费用为46189.74欧元。

了一系列不合规的商业宣传，从而误导消费者使其对两种产品产生了混淆，损害了原告的商业利益和市场声誉，而被告不认可前述事实。因此，该案的关键在于被告产品是否构成了对原告产品的"奴隶式模仿"。

该案中，J&J 公司主张 FH 公司对其产品进行了"奴隶式模仿"，即过度模仿了 J&J 公司的产品，侵犯了其著作权。具体涉及的产品包括内窥镜切割器（staplers）和填充物（cartridges）。

该侵权纠纷双方相关产品的比对如图 1 所示（左侧为 FH 公司产品，右侧为 J&J 公司的 Ethicon 产品）。

上述第 1、3、5~8 和 10 项下的产品涉及内窥镜切割器：

内窥镜切割器是一种用于外科手术的一次性使用的无菌医疗器械，主要用于同时切割和缝合器官和组织，可在胃束带手术、其他开放式或微创手术中使用，确保手术的安全性和效果，避免组织损伤和确保缝合的牢固性。

上述第 2、4 和 9 项下的产品涉及填充物：

填充物包含在内窥镜切割器中，用于存放缝合的钉子（staples）。这些填充物在手术过程中被置入内窥镜切割器中，并在需要时被激活，以释放钉子进行缝合。

内窥镜切割器由多个功能部件组成，包括用于推动钉子的推动器（pusher）、用于引导钉子的导轨（guide），以及用于切割组织的刀片（blade）。这些部件协同工作，确保刀片精确地切割组织的同时钉子正确地放置及牢固地固定组织。设备的设计允许外科医生精确控制切割和缝合的过程。

针对上述 FH 公司的内窥镜切割器产品是否侵犯 J&J 公司的同类产品，法院从多个角度进行了分析。

（一）"奴隶式模仿"的判定原则

荷兰海牙法院首先指出，根据荷兰最高法院的既定判例法，对于不受或不再受绝对知识产权保护的产品的仿制，原则上可以自由仿制该产品。但是仿制竞争者有义务在不损害其产品的健全性和实用性的情况下，应尽一切合理可能和必要努力，防止因两种产品的相似性而给公众造成混淆。以不必要地造成混淆的方式进行仿冒是一种不正当竞争行为，可对其提起侵权诉讼。

如果与被仿制产品构成混淆，该被仿制产品必须在相关市场上具有"独特面貌"，即必须在外观上与市场上的其他类似产品区别开，才能在仿制品出现时判断是否有构成混淆的可能性，这主要取决于目前相关市场上类似产品的性质和数量。

在评估消费者能否将仿制品和被仿制品混淆时，决定性因素主要是判断相似性对其购买决策产生的影响，该因素是每种产品给人的总体印象，以及毫无戒心的购买者（他们通常不会同时看到这两种产品）对这两种产品所形成的总体印象和考虑。

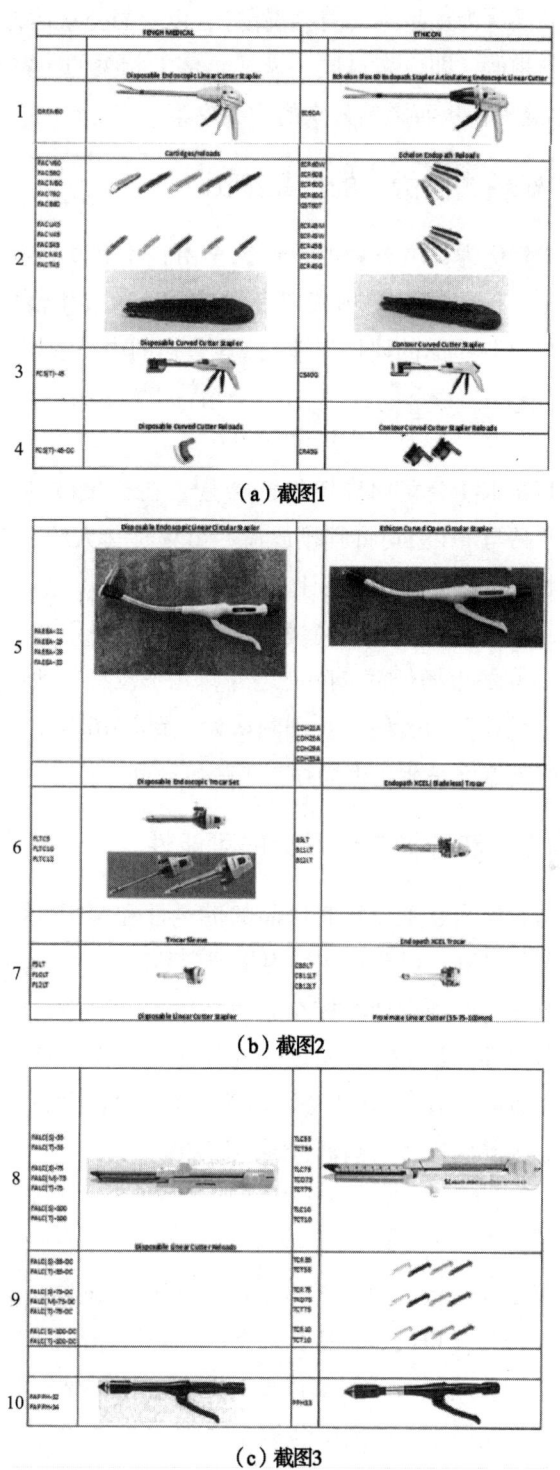

(a) 截图1

(b) 截图2

(c) 截图3

图1 侵权纠纷双方相关产品之比对截图

当公众把仿制品误认为正品时（直接混淆），以及当公众认为有关产品即使不完全相同，但总体印象相似，即应来自同一家或经济上相关的一家或多家公司时（间接混淆），都会产生混淆，从而影响公众的购买决策。

（二）判定"奴隶式模仿"的产品范围

关于填充物，法院认为，填充物的设计完全由技术和功能决定，它们必须与内窥镜切割器相匹配，不可能在不影响其产品的健全性和实用性的情况下偏离设计。因此，对"奴隶式模仿"产品的评估仅涉及 FH 公司的内窥镜切割器。

（三）J&J 公司产品的市场地位

法院认为，要判断 J&J 公司内窥镜切割器是否在相关市场上获得了独立地位，关键在于考察这些产品与 FH 公司将其投放荷兰市场时（大约在 2016 年 2 月）提供的其他同类内窥镜切割器相比，在外形上是否存在区别。

在相关时间内，荷兰市场上的内窥镜切割器由 J&J 公司和美国 MDL 公司主导，两者共同占据大约 97% 的市场份额，除此之外，几乎没有其他同类产品，且这些产品均具备明显的"个性化"设计特征。法院认为，到 2016 年 2 月，已有充分证据表明 J&J 公司内窥镜切割器已在荷兰市场存在了一段时间。

（四）技术确定性和选择其他设计的可能性

法院认为，模仿者应当在不损害其产品的健全性和实用性的前提下，模仿者须采取一切合理且必要的措施，以避免在使用相同产品时产生不必要的混淆风险。

由于内窥镜切割器的外观设计不完全是由技术因素决定，因此存在通过不同的方式设计其产品的可能性。从 J&J 公司以外的制造商提供的具有相同功能的内窥镜切割器的不同设计可以明显看出，FH 公司在不损害其产品的健全性和实用性的基础上，拥有足够的机会为其内窥镜切割器选择不同的设计。

（五）混淆的风险

一审法院和二审法院一致认为，FH 公司的内窥镜切割器与 J&J 公司的该类产品在外观上存在高度相似性。FH 公司用于区分 J&J 公司产品的设计元素不仅数量有限，而且不够明显，无法避免两者的整体外观几乎相同的情况。此外，这种一致的整体形象并不会仅仅因使用不同的品牌名称而改变。

禁止"奴隶式模仿"可以降低公众做出购买决策时出现混淆的风险。考虑到 FH 公司内窥镜切割器与 J&J 公司全系列内窥镜切割器之间存在高度相似性，法院认为不能排除直接混淆的可能性，即便客户知晓 FH 公司提供的产品并非"原装正品"，也可能认为两者之间存在某种关联,并不能消除间接混淆的风险。

(六)构成"奴隶式模仿"

法院认为,为避免公众混淆,FH 公司有必要也有足够的机会为其内窥镜切割器选择一种既不影响其健全性和实用性,又能与 J&J 公司产品相区分的设计。两者设计上的差异微乎其微,以至于即使医生等专业人士也难以分辨。因此,FH 公司必须在合理的情况下选择不同的设计,以消除引发公众产生不必要的混淆风险。基于上述理由,法院判定 FH 公司构成侵权。

四、启示借鉴

在知识产权领域,"奴隶式模仿"通常被用来描述一种模仿行为,是模仿者在没有独立思考或创新的情况下,机械地复制或模仿他人的行为。这种行为可能侵犯他人知识产权。

中国企业在扩展海外市场时,除了需要规避涉及知识产权的侵权行为,还需要注意防范商业活动中可能涉嫌的不正当竞争行为的法律风险。

在上述案例的判决中,荷兰法院从判定原则到具体比对,系统分析了 FH 公司产品通过"奴隶式模仿"构成不正当竞争的侵权理由。其中所述"奴隶式模仿"的定义与《中华人民共和国反不正当竞争法》中规定的构成混淆的不正当竞争行为存在类似之处。

《中华人民共和国反不正当竞争法》第 6 条中规定:"经营者不得实施下列混淆行为,引人误认为是他人商品或者与他人存在特定联系:(一)擅自使用与他人有一定影响的商品名称、包装、装潢等相同或者近似的标识;(二)擅自使用他人有一定影响的企业名称(包括简称、字号等)、社会组织名称(包括简称等)、姓名(包括笔名、艺名、译名等);(三)擅自使用他人有一定影响的域名主体部分、网站名称、网页等;(四)其他足以引人误认为是他人商品或者与他人存在特定联系的混淆行为。"

在中国也有相似案件,例如在某不正当竞争案件中,法院认为,A 公司在其产品"长白山泉"饮用水上,采用了与 B 公司的"恒大冰泉"矿泉水瓶体、瓶贴相近似的包装、装潢,其主观上存在攀附的故意,从而侵害了 B 公司对知名商品特有包装、装潢的合法权益,违反了公平竞争和诚实信用原则,构成不正当竞争。❶

此外,在中国针对不正当竞争行为,除了可通过司法程序进行规制,还提供了

---

❶ 参见吉林省长春市中级人民法院(2016)吉 01 民初 310 号民事判决书。

行政救济的途径。根据《中华人民共和国反不正当竞争法》第18条规定，经营者违反该法第6条规定实施混淆行为的，由监督检查部门责令停止违法行为，没收违法商品。违法经营额5万元以上的，可以并处违法经营额5倍以下的罚款；没有违法经营额或者违法经营额不足5万元的，可以并处25万元以下的罚款。情节严重的，吊销营业执照。

可见，无论在中国还是在欧盟，对于现有产品的设计在外观上足以造成混淆的仿制行为，均有可能被视为不正当竞争，进而构成侵权，并需承担相应的法律责任，此类行为甚至可能存在导致产品失去整个地区市场的风险。

因此，我国企业必须高度重视国内外侵权纠纷中可能涉及不正当竞争行为的相关法律法规。对于走向世界的中国企业来说，充分了解所在国的商业和法律环境尤为重要，以应对未来可能遇到的风险，未雨绸缪，提前制定有效的研发和市场策略，从而为企业的长期良性发展保驾护航。

（供稿：王普天　刘兴）